DESCRIPTION
DE
L'ÉGYPTE,
RECUEIL
DES OBSERVATIONS ET DES RECHERCHES
QUI ONT ÉTÉ FAITES EN ÉGYPTE
PENDANT L'EXPÉDITION DE L'ARMÉE FRANÇAISE.

SECONDE ÉDITION

DÉDIÉE AU ROI
PUBLIÉE PAR C. L. F. PANCKOUCKE.

TOME VINGT-QUATRIÈME
HISTOIRE NATURELLE
ZOOLOGIE.

IMPRIMERIE
DE C. L. F. PANCKOUCKE.
M. D. CCC. XXIX.

Nota. Le tome xv, auquel se rapportent les trente-six planches *d'inscriptions et alphabets orientaux (voyez* tome xv, page 481 et 582), étant très-volumineux, on a été forcé de porter ces planches au tome xviii (3ᵉ partie).

Le tome de l'*Explication des planches d'Antiquités* forme le tome x de la Collection ; l'on en trouvera le titre annexé au tome xiv.

(Tome xxiv.)

DESCRIPTION
DE
L'ÉGYPTE.

DESCRIPTION

DE

L'ÉGYPTE

OU

RECUEIL

DES OBSERVATIONS ET DES RECHERCHES

QUI ONT ÉTÉ FAITES EN ÉGYPTE

PENDANT L'EXPÉDITION DE L'ARMÉE FRANÇAISE.

SECONDE ÉDITION

DÉDIÉE AU ROI

PUBLIÉE PAR C. L. F. PANCKOUCKE.

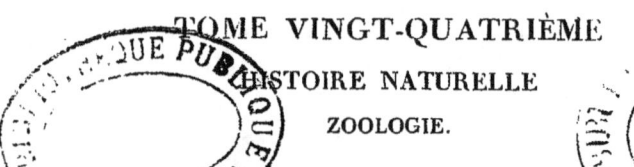

TOME VINGT-QUATRIÈME

HISTOIRE NATURELLE

ZOOLOGIE.

PARIS

IMPRIMERIE DE C. L. F. PANCKOUCKE

M. D. CCC. XXIX.

HISTOIRE NATURELLE.

ZOOLOGIE
ANIMAUX VERTÉBRÉS (SUITE).

DESCRIPTION
DES REPTILES
QUI SE TROUVENT EN ÉGYPTE,

Par M. GEOFFROY SAINT-HILAIRE,

MEMBRE DE L'INSTITUT.

§. I.

LE TRIONYX D'ÉGYPTE (GRANDE TORTUE DU NIL).

(REPTILES, pl. 1.)

DES êtres, qui, comme les tortues, transportent avec eux une sorte de maison, dans laquelle ils se renferment et vivent en sécurité, devaient exciter l'intérêt des hommes les moins attentifs aux merveilles de la nature : aussi voyons-nous qu'on les connut et recherseimpl de tous temps. On ne tarda pas à s'apercevoir qu'il en existe dans la mer, dans les fleuves et sur la terre : on fut tout aussitôt persuadé que cette diversité de séjour tenait à quelque chose d'essentiel dans leur organisation, et l'on s'accoutuma à les désigner sous les noms de tortue de mer, de tortue de fleuve et tortue de terre. La science sanctionna toutes ces premières données; car c'est tout ce qu'expriment les noms correspondans de *chélonées*, d'*émydes* et de *tortues* proprement dites.

Cependant, comme se plaire dans les eaux douces pouvait, pour quelques tortues, dépendre d'organisation et de motifs différens, on examina de nouveau les tortues fluviatiles; ce qui donna lieu à d'autres distinctions génériques. L'une des espèces les plus singulières du Nouveau-Monde, la *matamata*, fut séparée des émydes sous le nom de *chelys;* et je jugeai aussi nécessaire d'en séparer également les tortues molles, dont je formai le genre *trionyx*. La grande tortue du Nil, que je vais décrire dans cet article, est l'espèce la plus remarquable de cette petite famille.

C'est, en quelque sorte, un privilège pour les grands fleuves des pays chauds d'avoir de ces grandes tortues d'eau douce, comme de nourrir de grands lézards, des tupinambis, des crocodiles : on a trouvé des trionyx dans les rivières de la Géorgie, de la Caroline, du Sénégal, de la Perse et de l'Inde. Toutes ces tortues se ressemblent par le cercle mou de leur carapace et par une disposition particulière de leurs pieds, d'où les noms de *tortue molle* et de *testudo triunguis* qui furent donnés sans distinction à toutes les espèces. Cependant, quand on eut appris qu'à la circonstance de leur position géographique différente, correspondaient des diversités organiques, on éleva les premières remarques faites à leur sujet, à des conditions classiques d'un degré supérieur.

Nous allons dire ce que sont ces distinctions ; mais, pour les présenter avec plus d'ordre, nous jetterons un coup d'œil rapide sur l'ensemble des faits qui caractérisent les tortues en général.

C'est vraiment les embrasser dans la vue la plus étendue et la plus philosophique, que de les voir comme un amalgame de l'organisation des oiseaux et de celle des insectes, sous le rapport des formes de leur thorax. Par tous les organes splanchnologiques, les tortues se rapprochent des oiseaux; et ceci doit d'autant plus surprendre, que leur squelette rejeté à l'extérieur est un fait des formations entomologiques. Effectivement, la première fois qu'en remontant la série des êtres on rencontre des animaux avec des parties fixes et résistantes, la périphérie du corps est seule solide, le squelette est extérieur, la peau est immédiatement posée sur les plaques osseuses qui la composent; elle y adhère et s'y confond le plus souvent. Et comme ces lames sont disposées en anneaux, et que ces anneaux sont rangés en série longitudinale, cet ordre nouveau des développemens progressifs est déjà un arrangement qui reproduit celui des êtres des degrés supérieurs : il présente réellement une distribution de vertèbres; en sorte qu'il serait vrai de dire que les êtres, ayant déjà atteint ce point élevé des développemens, comme les insectes et les crustacés, vivent au centre de leur squelette : or, tel est le mode d'arrangement qui caractérise les tortues. Que l'on arrive plus haut dans l'échelle animale, l'on voit des parties vasculaires, des muscles épais et nombreux s'interposer entre le système tégumentaire et le système osseux, et repousser successivement celui-ci de la circonférence au centre. Bien loin de là, chez les tortues, ou du moins chez la plupart d'entre elles, il n'est plus même de derme pour tenir lieu d'une dernière enveloppe : elles ne sont défendues contre l'action des élémens ambians que par des lames cornées, que par de simples feuillets épidermiques, qui posent à cru sur les os.

Mais les trionyx présentent une exception sous ce rapport. Le tissu tégumentaire des autres animaux reparaît : une peau, d'une composition uniforme dans toute son étendue, et pourvue, à l'ordinaire, d'un épiderme extérieur, revêt la carapace; et de plus, ce qui a motivé le nom de *tortues molles*, anciennement donné aux trionyx, tout le pourtour de leur tronc est formé par un bord épais, large et flexible. Un cartilage, se trouvant à la place de lames osseuses, cause cette anomalie. Ainsi, la boîte dans laquelle les tortues se renferment, perd chez les trionyx de son ampleur et de sa solidité. On sait que cette boîte est formée par le coffre pectoral inégalement partagé, quant aux élémens de ses deux cloisons, quant aux pièces qui entrent dans la composition de la carapace et du plastron.

Cette carapace, qui forme le premier plan de la boîte, ou le plafond de la maison dans laquelle les tortues se retirent, est un bassin elliptique plus ou moins profond, dont la convexité est en dehors. A l'exception d'une ligne d'osselets sur le devant, toutes les parties du coffre pectoral entrent dans sa composition. Chaque côte s'accroît en largeur et dirige ses flancs sur sa voisine; et celle-ci réciproquement. Chacune, par conséquent, se change en lames dont les bords se touchent, puis s'articulent, et puis, en vieillissant, se confondent et se soudent. Combien de ces lames existent en travers? Une coupe de la carapace nous montre cinq pièces; savoir, au centre le *corps vertébral;* en second lieu, à droite et à gauche, la tige osseuse dite la *côte vertébrale;* puis enfin, tout-à-fait en dehors, une autre tige qui, chez l'homme, fait partie du sternum, et qu'on y appelle la *côte sternale.* A ces cinq pièces, d'un segment transversal, correspondent cinq écailles en travers. J'ai autrefois insisté sur ce rapport, qui m'a paru intéressant par sa généralité; les parties épidermiques, comme comprises et entraînées dans un mouvement général, se développent sous l'influence du système osseux principal et dominateur.

Si nous venons demander aux trionyx une répétition de ces faits, celle-ci nous est rendue avec les modifications suivantes. Il n'y a de complètement osseux que les trois pièces centrales de l'arc; savoir, le corps vertébral au centre, et ses côtes propres : nous n'apercevons plus au-delà ni en dehors de côtes sternales; un cartilage divisé, et qui renferme la carapace, en tient lieu. Qu'offre d'extraordinaire cette anomalie caractéristique des trionyx? Ce n'est là qu'un fait de persévérance dans les conditions primitives de ces parties organiques; car il ne faut pas oublier que tout os commence par être un cartilage. Or, nous ne sommes pas sans exemple de cette persistance à demeurer dans le caractère des premières formations, même en ce qui concerne les côtes sternales : chez l'homme lui-même, les côtes sternales restent cartilagineuses jusque dans l'âge de la vieillesse.

Le domicile des tortues se complète par un plancher ou par le plastron qui sert de base à l'édifice; ce plastron est formé par le surplus du sternum non employé pour la composition de la carapace : ce sont les os d'axe chez l'homme, les os propres du sternum; ils sont dans les tortues agrandis et enlacés d'une manière vraiment merveilleuse. La nature ne s'est jamais montrée aussi sobre dans l'exigeance de ses moyens, aussi ingénieuse pour les façonner, aussi riche dans ses combinaisons pour les diversifier si à propos.

Voilà ce qu'une observation de l'ensemble des êtres nous apprend au sujet des os du sternum. Font-ils partie d'un coffre pectoral dont rien n'entrave le développement, ils sont au nombre de neuf : gênés, au contraire, chez d'autres animaux, quelques-uns ou s'atrophient entièrement, ou s'engagent et se soudent dans d'autres de si bonne heure, que les os sternaux restent au-dessous de ce nombre. Mais le thorax peut prendre dans les deux sens un développement considérable. Est-ce dans le sens de la longueur, comme chez les phoques, les deux parties du sternum sont allongées et disposées en une seule file ou en série. Au contraire, l'accroissement a-t-il lieu en largeur, les neuf pièces sternales s'élargissent; changées en lames, elles s'accouplent deux à deux, et, en recevant une pièce impaire entre deux autres, elles montrent sur un point une série transversale de trois élémens. C'est ainsi qu'il est satisfait chez les tortues à la nécessité de proportionner à la largeur de la carapace celle de sa base ou du plastron. Le plan primitif reste le même; mais pouvait-il être plus ingénieusement diversifié, plus convenablement approprié aux nouveaux besoins des tortues?

Le plastron n'arrive non plus que la carapace à une entière ossification de ses élémens chez les trionyx; le cas contraire caractérisait le plastron des tortues à écailles : il est, dans l'espèce d'Égypte, évidé à son centre, et complété sur ses bords par une expansion du cartilage de la carapace. J'en ai donné la figure dans les *Annales du Muséum d'histoire naturelle*, tome XVI, pl. 2. Je vais le décrire.

Le sternum des tortues conduit à celui des oiseaux; cependant il se manifeste ici un autre arrangement des parties, naturellement approprié aux habitudes différentes de ces animaux. Les oiseaux, obligés de ramer dans un fluide très-rare, et d'y employer une force considérable, avaient besoin que le centre de leur sternum fût très-étendu et d'une certaine solidité pour offrir une grande surface et un point très-résistant aux agens dont ils font usage dans le vol. C'est en conséquence l'os impair, ou *l'entosternal*, qui est chez eux la pièce la plus développée, une base solide, et comme une carène pour les autres.

Les tortues, et principalement les trionyx qui se déplacent sans de pénibles efforts, se seraient accommodées d'un sternum faible et formé de cartilages, comme celui de la plupart des mammifères; mais leur sternum, étant compris dans un vaste appareil élevé au plus haut point de développement, a participé à cette hypertrophie générale, et est entièrement osseux. La pièce impaire, ou l'entosternal, n'étant plus sous l'influence d'un développement excessif des membres pectoraux, est devenue, chez les tortues (tout au contraire de ce qui est chez les oiseaux), la plus petite des neuf pièces, tandis que les parties dites les *annexes sternales,* et qui sont composées des *hyosternaux* et des *hyposternaux,* devant soutenir chez les tortues tout le poids du corps, ont été portées aux plus grandes dimensions. Ces annexes sont augmentées chez les tortues d'une paire d'appendices antérieurs, les *épisternaux,* et d'une paire postérieure, les *xiphisternaux,* lesquels n'existent qu'en cartilage chez les oiseaux. Telles sont les neuf pièces qui, dans les tortues à plastron solide, commencent par autant de points séparés, et qui y croissent jusqu'à leur rencontre et leur entière ossification.

Entre les chélonées et les trionyx, voici quelques différences. L'entosternal, dans les trionyx, ressemble à un fer à cheval : il est surmonté de deux pièces ayant la forme d'un X ; l'arc inférieur est employé à l'articulation de l'entosternal, ou os impair : puis celui-ci reçoit, dans l'écartement de sa fourche, la première partie des annexes, l'hyosternal. Au contraire, la forme du corps médian et impair de l'entosternal, est dans les chélonées, un appendice ensiforme, dont la pointe est dirigée en arrière. Cet entosternal est comme suspendu aux deux épisternaux, fortement engrénés l'un à l'autre. Il n'y a à l'égard des autres pièces que des différences dans la proportion de leur volume. Les annexes, ou les hyosternaux et les hyposternaux, forment une masse plus considérable en longueur chez les chélonées, et en largeur chez les trionyx; et les xiphisternaux au contraire sont étendus et fort épais chez ceux-ci, quand ils s'en tiennent à la consistance d'un simple filet chez les tortues de mer.

Les pieds fournissent aussi d'excellens caractères génériques; ceux de derrière ont les doigts distincts et susceptibles de mouvemens propres, bien que réunis par une membrane. Ceci caractérise aussi bien les émydes que les trionyx; mais ce qui est propre à ces derniers, c'est qu'ayant les pieds très-larges, ils n'ont d'ongles qu'aux trois doigts intérieurs : cependant les deux autres doigts ne manquent pas; ils ont même conservé un volume proportionnel à la grandeur des trois autres.

Enfin, les considérations suivantes éloignent encore les trionyx des autres tortues : l'existence d'une petite trompe, la mobilité des lèvres et la situation de l'anus.

Quant à de véritables lèvres qu'on trouve dans ces tortues, c'est un caractère dont l'anomalie a d'autant plus sujet de nous étonner, que l'affinité des tortues avec les oiseaux semblait nous donner le motif de l'absence totale des lèvres chez les autres tortues, et nous porter enfin à concevoir l'existence des enveloppes cornées de leurs mâchoires.

La position de l'anus n'est pas moins remarquable : on le trouve tout à l'extrémité du dessous de la queue. Si l'on se rappelle que c'est la seule ouverture qui existe en arrière, et qu'à elle aboutissent le rectum, les uretères et l'oviductus, on concevra ce qu'une telle position peut produire de difficultés pour l'accouplement.

Par leur long cou, les trionyx ressemblent à des émydes qui vivent continuellement dans l'eau. Ils rentrent à volonté tout leur cou dans l'intérieur de la carapace; la peau, qui ne tient aux muscles que par un tissu cellulaire très-lâche, se plisse en avant quelquefois assez pour se rabattre par-dessus la tête, mais le plus souvent de façon à former en arrière une suite de plis égaux et réguliers. C'est plus habituellement de cette dernière manière qu'ils portent la tête ; ils n'allongent le cou et ne l'étendent droit que pour atteindre leur proie, ou que pour blesser par une morsure.

La partie molle de la carapace a beaucoup plus d'utilité qu'on le pourrait croire. Les trionyx, en abaissant ou relevant les bords latéraux de cette large enveloppe, parviennent à nager avec une vitesse extrême; et, ce qu'il y a de plus surprenant, par un mode qui leur est propre, elles roulent sur elles-mêmes, de manière que lorsqu'elles nagent à fleur-d'eau, on aperçoit alternativement le dos et le ventre. C'est la manière de nager des cétacés qui allaitent leurs petits, pour procurer à ceux-ci les moyens de venir puiser à la surface de l'eau l'air nécessaire à leur respiration.

Il suit de cette observation que j'ai faite en Égypte, que voilà des animaux qui emploient une partie de leurs appendices vertébraux au mouvement progressif : les serpens le font de même, quand ils tendent leurs côtes, et qu'avec ce levier, agissant au travers de la peau, ils se cramponnent sur le sol pour exécuter la reptation et pour voyager.

Forskael n'avait qu'annoncé, mais point décrit le trionyx d'Égypte; aussi tous les monographes, Schœpff, Latreille, Daudin et Bosc, ne purent-ils en prendre une idée exacte : on l'avait donc confondu avec les tortues molles des autres contrées de la terre.

Le trionyx d'Égypte se distingue de celles-ci par le caractère suivant, exprimé en termes linnéens : *quatre callosités au plastron; carapace peu convexe; les deux appendices antérieurs* (épisternaux) *très-écartés l'un de l'autre et parallèles.*

J'ajoute, pour développement, que la carapace est fort légèrement renflée au-dessus de la colonne épinière : cette légère saillie s'annonce dans les jeunes sujets pour une double série de petits points. Sa couleur est le vert moucheté de blanc. Les côtes vertébrales font saillie dans le quart de leur longueur totale. L'extrémité antérieure de la partie molle de la carapace est légèrement festonnée et dépourvue de tubercules. Le plastron a ses deux *épisternaux* très-écartés et dirigés parallèlement en devant. Quatre plaques calleuses occupant d'une part le centre des annexes sternales (*les hyosternaux et les hyposternaux*), et d'autre part, le milieu des appendices postérieurs (*les xiphisternaux*), sont ainsi formées par des bosselures du système osseux, se manifestant à la peau. Les extrémités des annexes montrent extérieurement une double bifurcation, et sont en dedans festonnées; savoir, l'hyosternal en quatre parties, et l'hyposternal en huit. Les derniers appendices ou les *xiphisternaux* ne sont articulés l'un avec l'autre que par quelques points de leurs bords et en devant. La queue est plus courte que la partie de la carapace qui la recouvre.

On donne, en Égypte, à notre trionyx le nom de *tyrsé* : j'ai vu des individus qui, étant arrivés à leur plus grande dimension, avaient jusqu'à un mètre de longueur.

On connaît sept autres espèces de trionyx, auxquelles on a donné les noms suivans : *trionyx subplanus*, *T. stellatus*, *T. carinatus*, *T. javanicus*, *T. coromandelicus*, *T. georgicus*, et *T. euphraticus*.

Nota. *L'ordre des planches appellerait ici la Description du crocodile ; mais l'auteur a cru devoir consacrer à cet article des développemens particuliers.* (Voyez plus bas)

Le reste de la Description des reptiles est l'ouvrage de M. Isidore Geoffroy Saint-Hilaire, aide-naturaliste de zoologie au Muséum royal d'histoire naturelle, *désigné par S. Exc. le Ministre de l'intérieur pour la continuation du travail.*

§. II.

LE TUPINAMBIS DU NIL

(Reptiles, pl. 3, fig. 1),

ET LE TUPINAMBIS DU DÉSERT

(Pl. 3, fig. 2).

La plupart des tupinambis vivent, comme les crocodiles et les caïmans, sur le bord des fleuves ; comme eux, ils se nourrissent d'une proie vivante qu'ils vont chercher au fond des eaux, ou qu'ils rencontrent sur les rivages : mais, d'une taille bien inférieure à celle de ces reptiles redoutés, et pourvus d'armes bien moins puissantes, ils ne peuvent attaquer que de très-petites espèces ; et l'homme, loin d'avoir à les craindre, est pour eux un objet de terreur. Leurs mœurs ne sont d'ailleurs pas véritablement plus douces que celles des grandes espèces de sauriens ; et c'est uniquement parce qu'ils sont faibles qu'ils ne sont pas dangereux. Cependant, tandis que le vulgaire, quelquefois par des motifs réels, mais le plus souvent par l'effet de préjugés sans fondement, ne voit dans les autres reptiles que des objets d'épouvante, d'horreur et de dégoût, les tupinambis passent généralement pour des animaux innocens et qui se rendent même utiles à notre espèce ; et les noms de *sauve-gardes*, de *sauveurs* et de *monitors*, qui leur ont été donnés fréquemment, sont même autant de preuves de la réputation de douceur et presque de bienfaisance qu'on leur a faite en divers pays. On prétend que lorsque des hommes se trouvent, à leur insu, menacés par le crocodile, le tupinambis s'empresse de les avertir par des sifflemens de la présence du redoutable quadrupède : mais ces sifflemens ne sont que des cris d'alarme par lesquels la sauve-garde exprime son effroi à la vue d'un ennemi non moins dangereux pour elle-même que pour l'homme.

Les tupinambis n'ont pas les pattes palmées, comme cela a lieu chez presque tous les mammifères et les oiseaux nageurs, et chez beaucoup de reptiles, tels que les émydes, les chélonées, les crocodiles et un grand nombre de batraciens : ils ont, au contraire, les doigts bien séparés ; et la forme de leur queue, ordinairement comprimée, est presque le seul caractère qui puisse indiquer leurs habitudes aquatiques, encore ce caractère est-il à peine sensible chez quelques tupinambis, comme, par exemple, chez celui du désert (figuré sous le nom d'ouaran de Forskael). Il est curieux de comparer, sous ce rapport, les deux espèces que nous avons à décrire : l'une d'elles, le tupinambis du Nil, a la queue comprimée latéralement, et fortement carénée en dessus, c'est-à-dire surmontée d'une crête longitudinale très-prononcée; l'autre, le tupinambis du désert, a la queue presque exactement ronde et sans carène. Cette différence dans l'organisation est en rapport avec une différence dans les habitudes : tandis que le premier va fréquemment à l'eau, et nage avec beaucoup de facilité, le second vit dans le désert, et reste habituellement à terre; d'où le nom de *monitor terrestre d'Égypte*, sous lequel il a été indiqué par M. Cuvier dans le *Règne animal*, et celui de *crocodile terrestre*, sous lequel Hérodote en a fait mention.

Cette différence dans la forme de la queue des deux tupinambis d'Égypte, et celle, très-notable, qui existe également entre eux, comme nous le verrons, sous le rapport de leur système dentaire, n'empêchent pas, au reste, que ces deux espèces ne soient assez voisines : toutes deux appartiennent au sous-genre des tupinambis proprement dits, sous-genre dans lequel M. Cuvier place tous les monitors de l'Ancien-Monde. Nous décrirons d'abord le tupinambis du Nil (*tupinambis Niloticus*, Daud.), appelé aussi quelquefois le *tupinambis ouaran* ou *varan*, du nom qu'il porte en Égypte.

Cette espèce, à laquelle on doit rapporter, suivant l'opinion de la plupart des auteurs, le *lacerta Nilotica* de Linné, ne diffère pas non plus, suivant celle de M. Cuvier, du *lacerta dracæna*. L'individu qui a servi de type à la figure, et d'après lequel nous donnons la description de l'espèce, a trois pieds trois pouces de long du bout du museau à l'extrémité de la queue. La distance du membre antérieur au postérieur est à peu près de dix pouces. La crête ou carène caudale ne commence à paraître qu'environ cinq pouces après le point d'insertion des membres de derrière : elle a quatre lignes de hauteur dans presque toute l'étendue de la queue; mais elle est un peu moins saillante vers son origine, et de même vers son extrémité.

Les écailles sont fort petites chez ce tupinambis, comme chez tous ses congénères : celles de l'extrémité de la queue et celles des parties latérales de la tête n'ont guère, suivant leur plus grand diamètre, qu'une demi-ligne de longueur; celles du dessous du corps, les plus grandes de toutes, ont, au contraire, plus d'une ligne ; celles des membres et des autres parties de la tête, du tronc et de la queue, tiennent le milieu par leurs dimensions. Sous le rapport de leurs formes, elles sont toutes ovales, celles des membres étant les moins allongées, et paraissant même presque circulaires. Enfin, elles sont, presque partout, et surtout à la région inférieure du corps et sur la queue, disposées en séries, de manière à former des lignes droites, transversales, plus ou moins régulières : les petits sillons qui séparent les unes des autres ces lignes, sont ordinairement beaucoup plus distincts que ceux qui séparent entre elles les écailles d'une même rangée; disposition qui est surtout très-manifeste à la queue, celle de toutes les parties du corps où s'observe le plus de régularité. Il résulte de la forme ovale des écailles, qu'elles laissent entre elles de petits intervalles : mais ceux-ci étant beaucoup moins prononcés que les sillons, on croit, lorsqu'on n'examine pas la peau de très-près, y voir la limite même des écailles, qui paraissent ainsi avoir une forme quadrilatère.

Les cinq doigts, couverts presque entièrement d'écailles ovales, comme le reste du corps, sont très-fendus et très-séparés : on ne remarque entre eux aucune trace de membranes; ils sont d'ailleurs très-inégaux, surtout aux pattes postérieures.

Les ongles, comprimés, crochus et bien acérés, sont noirâtres. Il est à ajouter que le doigt externe des pieds de derrière est beaucoup plus libre et plus mobile que les autres, et qu'il peut même s'écarter à angle droit de ceux-ci.

Quant à la couleur des écailles, celles du dessous du corps sont verdâtres, celles des autres régions sont en partie de cette dernière couleur, en partie noires, et elles sont disposées de manière à dessiner, sur les côtés de la queue, des bandes assez irrégulières et peu marquées. Le noir forme sur le dos des taches de diverses formes : le plus grand nombre d'entre elles ne sont que de simples lignes noires entourant un espace de couleur claire, au milieu duquel se trouvent aussi quelques écailles noires. Cette disposition ne se voit guère que lorsqu'on observe de près le dos de l'animal; autrement, il semble marbré de vert et de noir. Le dessus de la tête est uniformément d'une teinte obscure.

Nous avons dit que les écailles de la région inférieure du corps sont les plus larges de toutes : il résulte de cette disposition que les bandes transversales du dos sont plus étroites et plus nombreuses que celles du ventre, et qu'elles ne peuvent toutes correspondre exactement à celles-ci. En effet, on voit fréquemment deux des bandes supérieures se continuer sur les flancs avec une seule des inférieures; ce qui n'empêche pas que, même en ce lieu, toutes les écailles ne paraissent distribuées avec beaucoup de régularité.

Les dents, au nombre de trente environ à la mâchoire supérieure, au nombre d'une vingtaine seulement à l'inférieure, sont remarquables par leurs formes. Celles de devant sont très-petites, très-fines, et très-aiguës; celles du fond de la bouche, très-grosses, mais courtes et à pointes mousses; enfin, les intermédiaires sont généralement de forme conique, les plus antérieures étant les plus petites et les plus aiguës.

Le tupinambis du désert (*tupinambis arenarius*, *Nob.*), auquel M. Cuvier rapporte avec doute le saurien figuré par Séba dans la planche xcviii de son *Thesaurus*, est à peu près de la même taille que l'espèce précédente : l'individu qui a servi de type à la figure, a trois pieds du bout du museau à l'extrémité de la queue. La distance du membre antérieur au postérieur est de neuf pouces environ.

La queue, qui est, comme nous l'avons déjà dit,

arrondie et sans carène, est proportionnellement aussi large à la base que chez le tupinambis du Nil ; mais, vers son tiers antérieur, elle devient beaucoup plus grêle, et continue toujours de diminuer de diamètre jusqu'à son extrémité. Du reste, les proportions des deux espèces sont généralement très-peu différentes.

Les écailles sont presque partout circulaires, et non pas ovales : celles de la queue, de la gorge et du milieu du ventre sont les seules qui présentent cette dernière forme. Elles sont généralement un peu plus grandes que chez le tupinambis du Nil : cependant celles du dessus de la tête sont, au contraire, plus petites que chez ce dernier. Du reste, on observe également, dans les deux espèces, la disposition des écailles en bandes régulières transversales.

Le tupinambis du désert n'est pas, comme la plupart des lézards de nos pays, peint de couleurs vives et brillantes : son dos est généralement d'un brun assez clair, sur lequel on voit quelques taches carrées d'un jaune-verdâtre pâle ; cette même nuance dessine sur la queue des bandes transversales, peu distinctes, mais distribuées avec assez de grâce et de régularité.

Les ongles, d'un brun-jaunâtre, sont comprimés, crochus et acérés, mais moins que chez le tupinambis du Nil : ils sont aussi proportionnellement plus petits. Quant au système dentaire, il est très-différent de celui de l'espèce précédente : toutes les dents sont très-petites, très-fines, et très-aiguës ; caractère assez remarquable, mais auquel il ne faut pas néanmoins attacher une bien grande importance, parce qu'il ne se trouve pas lié d'une manière constante avec la modification de la forme de la queue, que nous avons signalée chez le tupinambis du désert. En effet, quelques espèces indiennes, chez lesquelles on retrouve le même système dentaire qui caractérise ce dernier, ont la queue carénée comme le tupinambis du Nil.

———

Les deux monitors que nous venons de décrire paraissent avoir été de tout temps bien connus dans l'Égypte : l'un d'eux, celui du Nil, se trouve même figuré sur les monumens antiques de cette contrée.

Celui du désert paraît être, comme l'a remarqué Prosper Alpin, le véritable *scinque* des anciens, dont le nom a, depuis, été transporté à d'autres sauriens. Nous avons déjà dit qu'Hérodote avait aussi fait mention de ce dernier sous le nom de *crocodile terrestre*; dénomination qui indique la remarque, déjà faite dans l'antiquité, de beaucoup de ressemblance entre les tupinambis et les crocodiles. Cette ressemblance a également frappé les modernes; car le peuple croit, en Égypte, que le tupinambis du Nil n'est autre que le jeune crocodile éclos dans un terrain sec : erreur assez singulière que Daudin s'était d'abord laissé entraîner à partager, mais qu'il a lui-même ensuite appréciée à sa juste valeur, comme on peut le voir dans son *Histoire des reptiles*.

C'est sur les bords du Nil, comme son nom l'indique, que se trouve l'espèce que nous avons décrite en premier lieu : on la voit assez fréquemment sur le rivage, et on la pêche même quelquefois dans le fleuve. L'espèce terrestre habite principalement les déserts qui avoisinent l'Égypte du côté de la Syrie; ce qui n'empêche pas qu'elle ne soit très-bien connue dans l'Égypte proprement dite, et surtout au Kaire, parce que les bateleurs de cette ville possèdent presque toujours quelques individus qu'ils emploient dans leurs tours et leurs exercices, après leur avoir arraché les dents.

Le tupinambis du Nil est très-carnassier : en captivité, il attaque tous les petits animaux qu'il peut atteindre, et se jette avec avidité sur les alimens qu'on lui présente. Lorsqu'il est irrité, il siffle avec force, et cherche à mordre, ou à frapper avec sa queue. Le tupinambis du désert a des habitudes très-différentes: bien loin de se jeter sur sa proie avec avidité, il la refuse même tout-à-fait lorsqu'il est captif; et l'on ne parvient à le nourrir, qu'en lui mettant dans la gueule des morceaux de chair, et en employant la violence pour les lui faire avaler.

Les Arabes ont très-bien senti les rapports de ressemblance qui rapprochent les deux tupinambis d'Égypte, et les différences qui les distinguent; et ils ont même parfaitement exprimé et ces rapports et ces différences par les noms qu'ils ont donnés aux deux espèces : l'aquatique est appelée *ouaran*[1] *el-bahr*, c'est-à-dire lézard du fleuve; et l'autre, *oua-*

---

[1] B. Merrem, dans son ouvrage sur les reptiles (*Versuch eines Systems der Amphibien*), a latinisé ce mot, dont il fait un nom générique pour le groupe des monitors proprement dits de M. Cuvier. Le tupi-

DESCRIPTION DES REPTILES.

ran el-hard, c'est-à-dire lézard des sables ou du désert. Nous avons cru ne pouvoir mieux faire que d'adopter, comme scientifique, cette nomenclature qui, due à des peuples ignorans et à demi civilisés, n'en est pas moins très-conforme à l'esprit des méthodes linnéennes.

EXPLICATION DE LA PLANCHE VI.

Anatomie du tupinambis du Nil et du tupinambis du désert.

Tupinambis du Nil : fig. 5, crâne vu en dessus; fig. 6, crâne vu en dessous; fig. 7, mâchoire inférieure; fig. 8, 9, 10, 11, 12 et 13, myologie de la tête, et langue, hyoïde, trachée-artère, etc.

Tupinambis du désert : fig. 14, crâne vu en dessus; fig. 15, mâchoire inférieure vue de côté.

§. III.

LE STELLION SPINIPÈDE

(Reptiles, pl. 2, fig. 2),

ET LE STELLION DES ANCIENS

(Pl. 2, fig. 3).

Le stellion spinipède (*stellio spinipes*, Daud.; *uromastyx spinipes*, Merr.) appartient au sous-genre, ou plutôt à la section des stellions bâtards de Daudin, ou des fouette-queue de quelques auteurs; groupe auquel M. Cuvier assigne pour caractères particuliers, d'avoir toutes les écailles du corps petites, lisses et uniformes, et celles de la queue très-

nambis du Nil est appelé par lui *varanus dracæna*, et notre tupinambis du désert, *varanus scincus*. On concevra facilement les motifs qui nous ont porté à ne pas adopter cette nouvelle nomenclature.

grandes et très-épineuses ; une série de pores à la partie interne de la cuisse ; enfin, la tête non renflée en arrière par les muscles des mâchoires. Tous ces caractères existent en effet chez le stellion spinipède.

Cette espèce a communément de deux à trois pieds de long de l'extrémité de la tête à celle de la queue ; mais l'individu qui a servi de type à la figure, était beaucoup plus petit, et n'avait qu'un pied trois pouces de long, la distance entre les deux paires de membres étant de cinq pouces, et le point d'insertion de l'antérieure se trouvant éloigné du bout du museau, de trois pouces et demi. Les écailles ont des dimensions et des formes très-variables, suivant les régions où on les observe : ainsi, celles de la partie supérieure du corps et de la gorge, généralement circulaires, présentent des différences remarquables sous le rapport de leur étendue ; déjà très-petites dans toute la partie qui avoisine la ligne médiane, elles le deviennent encore davantage sur le reste du dos, sur le cou, à la gorge, et sur les flancs, où elles ont même à peine un demi-millimètre de diamètre. Les écailles du ventre et de la partie interne des membres, de forme à peu près carrée, sont deux fois environ plus grandes que celles du dos, et celles des pattes, de la tête et du membre antérieur, ont généralement d'un à deux, et même trois millimètres : leur forme est d'ailleurs très-variable. La face externe de la cuisse est en grande partie couverte d'écailles semblables à celles des flancs ; mais, au milieu de celles-ci, on en voit d'autres beaucoup plus larges, et qui, au lieu d'être plates comme toutes celles dont nous avons parlé jusqu'à présent, sont saillantes, coniques et comme épineuses : leurs pointes sont d'ailleurs très-obtuses. On voit aussi quelques écailles semblables à ces dernières, mais plus petites, sur les flancs : elles sont disposées sur deux ou trois lignes fort irrégulières, dirigées suivant l'axe du corps. La partie inférieure de la queue est couverte, à sa base, de petites écailles carrées, semblables à celles du ventre; plus loin, d'écailles de même forme, mais beaucoup plus grandes; enfin, vers l'extrémité, d'écailles quadrilatères assez étendues, dont chacune présente à sa partie postérieure une éminence conique, pointue, dirigée en arrière, et très-semblable à une épine. Les écailles des parties supérieures et latérales de la queue, les plus grandes de toutes, ont généralement quatre ou cinq lignes de long sur deux de large : elles sont d'ailleurs très-semblables à celles que nous venons de décrire en dernier lieu, et portent, comme elles, des épines qui, très-peu prononcées vers la base du prolongement caudal, deviennent au contraire, vers son extrémité, très-saillantes et très-aiguës.

Les écailles du dos, placées en séries, forment des lignes assez régulières, mais très-peu apparentes : la disposition en lignes régulières, transversales, de celles du dessous du corps, est au contraire très-visible, et les bandes caudales sont surtout très-remarquables. Celles-ci sont au nombre de vingt-quatre environ, chacune d'elles ayant une largeur égale à la longueur des écailles qui la composent, c'est-à-dire une longueur de quatre ou cinq lignes, et une largeur variable suivant le nombre de ces mêmes écailles, ou, ce qui revient au même, suivant l'épaisseur de la partie de la queue sur laquelle elle se trouve placée.

Ainsi, tandis que les premières de ces bandes caudales sont très-larges et composées d'un très-grand nombre d'écailles, les dernières deviennent de plus en plus étroites, parce que le nombre des écailles va toujours en diminuant.

Le stellion spinipède, ainsi nommé de la forme singulière de quelques-unes des écailles de ses membres postérieurs, est très-remarquable par la beauté et la vivacité de ses couleurs : il est généralement d'un vert de pré très-brillant, et dont il est difficile de se faire une idée par l'inspection des individus conservés dans les cabinets.

Cette espèce est principalement répandue dans la haute Égypte et dans le désert; elle est fréquemment apportée au Kaire par les bateleurs, qui l'emploient habituellement dans leurs exercices, à peu près de la même manière que le tupinambis du désert. Dans l'état de nature, elle vit sous terre, dans des trous, et ressemble généralement par ses habitudes à ses congénères.

Le stellion des anciens (*stellio vulgaris*, Daud.; *lacerta stellio*, Linn.), connu des Grecs modernes sous le nom de κοςκορδυλος, et des Arabes, sous celui d'*hardun*, n'a qu'un pied environ du bout du museau à l'extrémité de sa queue, et est par conséquent beaucoup plus petit que le spinipède. Appartenant au groupe des stellions proprement dits, dont il doit être considéré comme le type, il diffère de l'espèce précédente par sa queue plus longue et plus grêle, par sa tête renflée en arrière par les muscles des mâchoires, par l'absence des pores cruraux, et par l'existence, à la face supérieure du corps, d'écailles beaucoup plus grandes que les autres, et un peu épineuses : celles-ci se trouvent placées en séries les unes au-dessus des autres sur les flancs, où elles forment un certain nombre de lignes transversales.

Les couleurs de ce stellion, sans rappeler en aucune façon la richesse et l'éclat de celles du spinipède, sont assez agréables à l'œil : il est généralement d'un noir-olivâtre.

Nous croyons inutile de décrire plus au long cette espèce fort anciennement connue, et qui est même devenue célèbre par les prétendus usages pharmaceutiques de ses excrémens, long-temps répandus dans le commerce sous les noms de *cordylea* ou *crocodylea*, et de *stercus lacerti*. Aujourd'hui cette substance, si long-temps regardée comme un précieux cosmétique, et si recherchée dans l'Orient, paraît être complètement tombée en discrédit : on prétend même que les musulmans ont pris en aversion le stellion, parce qu'il a l'habitude de baisser sa tête; ce qu'il fait, disent-ils, pour imiter l'attitude qu'ils prennent pendant leurs prières, et pour les railler.

Dans le deuxième volume du *Règne animal*, M. Cuvier a remarqué que le stellion des Latins est probablement la tarentule ou le gecko tuberculeux du midi de l'Europe, ainsi que l'avaient conjecturé divers auteurs, et il donne à l'espèce que nous venons de décrire, le nom de *stellion du Levant*. Ce nom indique parfaitement la patrie de ce saurien, qui, très-commun en Égypte, paraît aussi répandu en abondance dans tout le Levant.

§. IV.

L'AGAME VARIABLE ou LE CHANGEANT

(Reptiles, pl. 5, fig. 3, 4),

ET L'AGAME PONCTUÉ

(Pl. 5, fig. 2).

Les agames ressemblent généralement aux stellions, soit par leur organisation interne, soit par leurs formes extérieures : cependant, ils se distinguent très-facilement de ces derniers par l'existence, à la queue, d'écailles imbriquées, qui ne présentent rien de particulier sous le rapport de leur figure ou de leurs dimensions, et qui sont ainsi très-différentes de ces plaques épineuses dont se trouve hérissé le prolongement caudal chez les stellions. C'est en se fondant sur cette modification assez remarquable, et sur quelques autres d'une moindre importance, que Daudin a motivé la formation, pour les agames, d'un genre particulier, genre aujourd'hui généralement adopté, et qui a même été subdivisé en plusieurs sous-genres.

L'espèce figurée sous le nom d'agame variable, l'une des intéressantes découvertes dont l'histoire naturelle est redevable à l'expédition d'Égypte, compose à elle seule un de ces sous-genres, celui auquel M. Cuvier a donné le nom de changeant (*trapelus*). Si ce petit animal eût été connu de l'antiquité; si, abondamment répandu dans quelques-unes des contrées que fréquentent les Européens, il eût pu devenir le sujet de fréquentes observations, sans doute le nom du caméléon ne serait point de nos jours aussi célèbre, et une comparaison cent fois répétée n'eût point fait de ce reptile l'emblème ingénieux de l'inconstance et de la flatterie. En effet, l'agame variable est sujet à des changemens de couleur plus prompts encore et plus rapides que ceux du caméléon, quoique ce dernier lui-même puisse, en quelques minutes, se peindre d'une foule de nuances différentes, comme chacun a pu dans ces dernières années le constater, en France même, par ses propres observations.

Sous le rapport des caractères qui ont porté M. Cuvier à le séparer, comme sous-genre, des autres agames, le changeant est remarquable par ses écailles qui sont toutes lisses, non épineuses et extrêmement petites, et par ses dents semblables à celles des stellions. Au contraire, les agames ordinaires ont quelques écailles épineuses sur diverses parties du corps, et particulièrement dans le voisinage des oreilles; et la ressemblance entre leur système dentaire et celui des stellions est moins grande. Ces caractères différentiels paraissent d'une assez faible importance : néanmoins, le sous-genre *trapelus* a généralement été adopté par presque tous les auteurs qui ont écrit depuis M. Cuvier; et quelques-uns ont même trouvé le changeant assez différent des autres agames pour penser qu'il ne doit peut-être pas être rapporté, comme section, à ce genre, mais bien à celui des stellions[1] : telle est, en effet, l'opinion émise par l'auteur de l'article *Agame* du Dictionnaire classique d'histoire naturelle, M. Bory de Saint-Vincent.

L'agame variable est, comme la plupart de ses congénères, de petite taille : il n'a que cinq pouces et demi du bout du museau à l'extrémité de la queue, celle-ci formant environ la moitié de la longueur totale; la distance du membre antérieur au postérieur est d'un peu moins d'un pouce et demi. Les membres sont plus allongés proportionnellement que chez la plupart des lézards, les antérieurs ayant près d'un pouce et demi, et les postérieurs ayant deux pouces. La tête, d'une forme très-remarquable, est triangulaire, et aussi large à sa partie postérieure que longue; le corps, de forme allongée, mais légèrement renflé dans sa partie moyenne, se rétrécit au contraire entre les deux membres de derrière. La queue, large et un peu déprimée à sa base, est mince et arrondie dans le reste de sa longueur. Les membres sont aussi très-grêles, surtout dans leur dernière

---

[1] Au contraire, Merrem, dans son ouvrage (publié en 1820), ne fait du sous-genre *trapelus* de M. Cuvier qu'une simple section dans le genre *agama*; et il indique le changeant sous le nom d'*agama mutabilis*, traduction littérale de celui que l'espèce porte dans l'Atlas.

portion : ils sont tous terminés par cinq doigts armés d'ongles crochus et acérés, très-inégaux, et dont les proportions, fort remarquables, doivent être indiquées avec soin. A la patte postérieure, les doigts vont en augmentant de longueur, à partir du premier jusqu'au quatrième, de telle sorte, que le premier, quoique d'une dimension moyenne, se trouve égal seulement au tiers du quatrième : quant au cinquième, il est aussi court que l'interne, et se trouve si reculé, que son extrémité atteint à peine la première phalange de celui qui le précède. La disposition des doigts antérieurs est analogue à celle des postérieurs : ils vont en augmentant depuis le premier jusqu'au quatrième, le plus grand de tous, le cinquième étant au contraire seulement égal au premier. Du reste, les cinq doigts antérieurs sont beaucoup moins inégaux entre eux que ceux du membre de derrière ; les trois intermédiaires ont même des dimensions très-peu différentes, et aucun d'eux n'est, à beaucoup près, aussi allongé que le quatrième de la patte postérieure.

Les écailles de l'agame variable sont, pour la plupart, très-petites; et celles qui couvrent le dos sont même assez fines pour qu'on ne puisse les distinguer nettement qu'avec le secours d'une loupe, ou du moins avec beaucoup d'attention. Celles de la gorge, de la poitrine et de la partie inférieure de l'abdomen, se voient beaucoup plus aisément ; et l'on aperçoit sans aucune difficulté celles du dessous de la queue, celles des membres, celles du ventre, qui se trouvent rangées en lignes transversales régulières, et celles du dessus de la tête, qui sont les plus grandes de toutes. Elles sont généralement disposées comme chez les agames ordinaires ; mais on ne voit point, comme chez ces derniers, quelques épines répandues sur diverses parties du corps, et principalement sur le pourtour du trou auditif et sur les côtés du cou.

Les individus conservés dans les cabinets depuis quelques années, paraissent généralement d'un gris-brunâtre en dessus, avec le dessous blanchâtre. Mais ces couleurs ne ressemblent presqu'en aucune façon à celles que l'animal présente dans l'état de vie : il est souvent alors d'un beau bleu foncé nuancé de violet, avec la queue annelée de noir, et des taches rougeâtres peu distinctes, disposées sur le dos de manière à former quatre ou cinq petites bandes transversales assez irrégulières. Dans d'autres instans, le bleu est remplacé par le lilas clair : alors la tête et les pattes sont ordinairement nuancées de verdâtre, et rien ne rappelle plus les premières couleurs du changeant, si ce n'est les petites taches rougeâtres du dos.

———

L'agame ponctué est une espèce un peu plus petite que la précédente, à laquelle elle ressemble par les proportions de son corps et de sa queue, mais dont elle diffère beaucoup par ses pattes plus courtes et surtout par sa tête plus allongée. Ses doigts sont généralement conformés comme ceux des autres agames ; mais, à la patte postérieure, le quatrième ne présente pas cet allongement disproportionné qui forme, à l'égard du changeant, un caractère si remarquable. La langue est charnue, épaisse, non extensible, comme dans toute la famille des iguaniens, et dans celle des geckotiens, avec laquelle ce saurien a beaucoup de rapports. Les écailles sont généralement très-petites.

Cette espèce est généralement brune, avec de petites taches noirâtres, peu distinctes, assez irrégulièrement disposées sur le dos. Les flancs sont d'un lilas-bleuâtre, sur lequel on aperçoit d'autres taches également bleuâtres, mais d'une nuance très-claire.

Nous nous bornerons, au sujet de ce saurien, à ce petit nombre de détails : nous ne le connaissons, en effet, que par un dessin colorié ; circonstance qui nous met dans l'impossibilité de le décrire d'une manière plus complète, et même, ce qui serait surtout important, de nous assurer s'il appartient réellement au genre *agama*, dans lequel nous le laissons provisoirement.

§. V.

LE GECKO ANNULAIRE

(Reptiles, pl. 5, fig. 6 et 7),

ET LE GECKO LOBÉ

(Pl. 5, fig. 5).

M. Cuvier a partagé le grand genre des geckos en quatre sections, qu'il a caractérisées d'après la forme de leurs doigts, et auxquelles il a donné les noms de platydactyles, d'hémidactyles, de thécadactyles et de ptyodactyles. C'est à la première de ces divisions qu'appartient le gecko annulaire (*gecko annularis*); le gecko lobé (*gecko lobatus*) se rapporte, au contraire, au groupe des ptyodactyles, dont on peut le considérer comme le type.

Le gecko annulaire est beaucoup plus grand que le gecko lobé : l'individu qui a servi de modèle à la figure, avait un peu plus de huit pouces du bout du museau à l'extrémité de la queue, celle-ci formant la moitié de la longueur totale; la distance du membre antérieur au postérieur était de deux pouces environ.

Cette espèce est remarquable par sa queue enveloppée de nombreuses bandes transversales et circulaires, séparées les unes des autres par des sillons très-prononcés, et qui rappellent, à quelques égards, celles que nous avons décrites chez le stellion spinipède. Cette ressemblance est, au reste, plus apparente que réelle; car, tandis que, dans les bandes caudales des stellions, chacune des plaques écailleuses qui les composent, s'étend depuis le sillon qui borne leur partie supérieure jusqu'à celui qui les termine inférieurement, les bandes caudales du gecko annulaire sont, au contraire, formées d'une multitude de petites écailles, placées les unes au-dessus des autres, en lignes plus ou moins irrégulières. De là l'existence sur chaque bande d'une foule de sillons secondaires, très-peu visibles, surtout à la face supérieure de la queue, et très-différens des sillons principaux, qui, formés par des replis écailleux de la peau, et entourant tout le prolongement caudal, s'aperçoivent généralement avec la plus grande netteté. Il est à ajouter que lorsque la queue vient à se casser par un accident quelconque chez un gecko annulaire, elle repousse, comme cela a lieu chez tous les lézards, mais très-différente de ce qu'elle était primitivement : il n'y a plus alors aucune trace ni des larges sillons que nous venons d'indiquer, ni des tubercules épineux que l'on voit dans l'état normal sur les parties latérales, et on n'aperçoit plus qu'une multitude de petites écailles quadrilatères ou pentagonales, dont la disposition ne présente rien de bien remarquable. On peut prendre une idée exacte de la singulière anomalie produite par la fracture de la queue, en comparant les deux individus figurés dans l'Atlas, l'un d'eux (fig. 7) présentant le type régulier de son espèce, et l'autre (fig. 6) ayant au contraire éprouvé, quelque temps avant sa mort, l'accident dont nous venons de parler.

Cette reproduction d'un organe aussi complexe que la queue d'un lézard, et surtout sa reproduction avec des caractères différens de ceux qu'il présentait primitivement, est un fait bien digne d'attention sous tous les rapports. Elle offre à la théorie philosophique de l'organogénie un de ces cas peu nombreux où l'œil du physiologiste peut voir, pour ainsi dire, à découvert, et suivre facilement, et presque de jour en jour, les inconcevables phénomènes dont le résultat est d'amener la formation d'une nouvelle partie de l'être vivant; et elle montre au zoologiste combien la queue, organe variable par l'effet des circonstances, et, si l'on peut employer cette expression, accessoire et comme surnuméraire chez la plupart des sauriens, est peu propre à fournir, pour une classification erpétologique, des caractères exacts, constans, et qui puissent indiquer avec quelque bonheur les affinités naturelles.

Le corps et la tête sont, chez le gecko annulaire, comme chez la plupart de ses congénères, larges et déprimés; les membres sont épais, courts et trapus, et la queue, large et aplatie à sa base, devient, dans sa dernière moitié, arrondie et très-grêle. Les doigts, au nombre de cinq, à chaque extrémité sont élargis, sur toute leur longueur, par une membrane écailleuse qui les déborde à droite et à gauche, et garnis, en dessous, de petites plaques transversales d'une extrême finesse [1]. Les ongles sont généralement aplatis et peu distincts, et ils manquent même entièrement à quelques doigts : au contraire, parmi les trois intermédiaires, deux sont constamment armés d'ongles très-grêles, mais longs, crochus et bien acérés.

Les écailles du gecko annulaire sont partout assez petites : celles du ventre, remarquables par leur disposition en quinconce; celles du dessous de la queue dont la forme est très-variable, mais dont la distri-

---

[1] On peut prendre une idée exacte de la disposition que présente le dessous des pattes chez les geckos, par la planche 79 des *Lectures of comparative anatomy* de sir Everard Home, où ces parties sont représentées beaucoup plus grandes que de nature.

bution en lignes transversales est assez régulière ; enfin, celles du dessus de la tête, les plus grandes de toutes, varient d'un demi-millimètre environ à un millimètre : celles de la gorge, des membres, du dessus du corps et de la queue sont généralement beaucoup plus petites ; mais elles sont mêlées, sur le dos et sur toute la queue, d'un grand nombre de tubercules saillans et arrondis, placés à peu de distance les uns des autres, et rangés sur des lignes longitudinales, plus ou moins régulières, dont le nombre est de douze ou quinze environ. Parmi ces lignes, les plus latérales se trouvent généralement composées de tubercules plus gros que ceux qui avoisinent la ligne médiane. Une semblable disposition s'observe sur les membres et sur la queue, avec cette différence, à l'égard de cette dernière région, que les tubercules les plus latéraux deviennent coniques et comme épineux. Enfin, pour terminer ce qui concerne la description des écailles, la lèvre supérieure est bordée d'une rangée de plaques quadrilatères, dont les plus antérieures surtout sont très-larges. L'inférieure présente une rangée d'écailles, semblables à celles de la supérieure ; et, de plus, une seconde rangée, composée, vers la symphyse, de plaques si grandes, que la plus interne, placée exactement sur la ligne médiane, a jusqu'à cinq millimètres de long sur deux de large ; dimensions qui surpassent de beaucoup celles des autres écailles du corps et de la tête.

La langue est charnue comme chez les autres geckos; les mâchoires sont garnies sur toute leur longueur d'une rangée de dents très-petites, très-fines et très-nombreuses. La série des pores cruraux n'existe pas.

Les couleurs de cette espèce, beaucoup moins belles que celles dont se trouvent parées plusieurs de ses congénères, n'ont d'ailleurs rien de désagréable à l'œil : le gecko annulaire est généralement d'un vert foncé en dessus, et d'un vert clair en dessous. Les tubercules ne diffèrent des écailles ordinaires que par une nuance un peu plus foncée.

On trouve, dans plusieurs parties de l'Ancien-Monde, et particulièrement aux Indes et dans le midi de l'Europe, des geckos très-voisins de l'annulaire sous plusieurs rapports, mais qui nous paraissent aussi, du moins pour la plupart, différens par quelques caractères, et principalement par la forme, le nombre et la position des tubercules épineux de la queue. Il nous semble donc fort douteux que ces derniers doivent être considérés comme ne différant pas spécifiquement du gecko annulaire; ce qu'on ne peut, au reste, regarder comme certain dans l'état présent de la science, à cause du petit nombre d'individus que possèdent encore les collections, et surtout à cause de l'imperfection des documens fournis par les voyageurs.

———

Le gecko lobé (*gecko lobatus*), que plusieurs auteurs ont indiqué sous le nom de *lacerta gecko* et de *lacerta Hasselquistii*, et que M. Cuvier a désigné sous le nom de *gecko des maisons*, est une espèce un peu mieux connue que la précédente, avec laquelle elle paraît cependant avoir été confondue par plusieurs auteurs, même parmi les modernes. L'individu qui a servi de type à la figure, avait cinq pouces du bout du museau à l'extrémité de la queue, celle-ci formant la moitié de la longueur totale : l'intervalle qui sépare le membre antérieur du postérieur est seulement d'un pouce et demi, et la tête a près d'un pouce d'avant en arrière.

Le gecko lobé est généralement couvert de petites écailles : celles du dessous du corps, de la région interne des membres et de la partie antérieure de la face, sont les seules qu'on puisse distinguer facilement. Cependant la commissure des lèvres est bordée, comme chez le gecko annulaire, par des plaques quadrilatères, assez larges ; et l'on remarque, parmi les écailles qui couvrent le dos, le dessus de la queue et la face externe des cuisses, un assez grand nombre de tubercules arrondis, disposés sur plusieurs lignes irrégulières. Les doigts ressemblent à ceux du gecko annulaire, en ce qu'ils sont tous presque égaux en longueur ; mais ils en diffèrent d'une manière très-remarquable, en ce qu'ils ne sont pas élargis sur toute leur longueur, mais seulement à leur extrémité, où se voit une petite plaque circulaire, dont le dessous présente un assez grand nombre de stries, et dont la circonférence a des dentelures correspondant aux stries de la face inférieure. Tous les doigts sont placés au milieu de semblables plaques, et enveloppés par elles jusqu'à la dernière phalange : leur position est indiquée en dessus par une ligne saillante, en dessous par un sillon. Quant aux ongles, leur situation est également remarquable ; chaque plaque présente, à son extrémité, une échancrure qui fait suite au sillon de la face inférieure : c'est dans cette échancrure qu'ils se trouvent logés, et, on peut le dire, profondément cachés. Ils sont tous crochus et acérés, mais d'une telle petitesse, qu'on ne les distingue bien qu'avec le secours d'une forte loupe, et que plusieurs observateurs ont cru qu'ils manquaient à plusieurs doigts, ou même qu'il n'en existait aucune trace. Cette opinion n'est nullement fondée : nous avons constaté que tous les doigts sont onguiculés, comme l'a dit M. Cuvier dans son ouvrage sur le *Règne animal;* et il est même très-facile de s'assurer de ce fait, en examinant avec une loupe, ou, mieux encore, en touchant avec un corps dur ou avec le doigt le dessous de la plaque.

La queue, épaisse à sa base, mais très-grêle dans sa moitié postérieure, est arrondie dans toute sa longueur : le corps et la tête sont, au contraire, déprimés et aplatis. La série des pores cruraux n'existe pas. Enfin, les deux mâchoires ont, comme chez le gecko annulaire, une rangée de dents très-petites et très-nombreuses.

Cette espèce est, en dessus, d'un gris tirant sur le lilas, et, en dessous, d'une nuance plus claire : les tubercules paraissent aussi d'une couleur un peu différente de celle des petites écailles.

Le gecko lobé est très-commun en Égypte, où il est bien connu du peuple, qui le regarde comme un animal venimeux : quelques auteurs affirment que, lorsqu'il marche sur la peau, il y fait naître des rougeurs; effet qui dépend peut-être uniquement, comme le pense M. Cuvier, de l'extrême finesse de ses ongles. On prétend aussi que l'usage de quelques alimens, sur lesquels il aurait passé, suffit pour produire la lèpre : d'où le nom de *abu burs*, c'est-à-dire *père de la lèpre*, sous lequel il est connu au Kaire. Hasselquist (*Voyage dans le Levant*) dit même avoir vu, dans cette ville, « deux femmes et une fille qui pensèrent mourir, pour avoir mangé du fromage sur lequel cet animal avait répandu son venin. » Il est difficile d'admettre la possibilité d'un tel danger, et l'on peut n'attacher que très-peu d'importance à ce témoignage du voyageur suédois; mais le fait qu'il rapporte ensuite ne peut guère être révoqué en doute : « J'eus occasion, dit-il, de me convaincre une autre fois, au Kaire, de l'âcreté du venin d'un *lacerta gecko*; comme il courait sur la main d'un homme qui avait voulu l'attraper, sa main se couvrit à l'instant de pustules rouges, enflammées et accompagnées d'une démangeaison pareille à celle que cause la piqûre de l'ortie. »

§. VI.

LE CAMÉLÉON TRAPU

(Reptiles, pl. 4, fig. 3).

Nous avons déjà vu que l'agame variable est, comme les caméléons, sujet à divers changemens de couleur, suivant les passions qui l'animent et les circonstances dans lesquelles il se trouve placé. Un grand nombre de sauriens partagent également cette propriété singulière avec les caméléons; ensorte que ce n'est pas sous ce point de vue que ces animaux sont le plus dignes de l'attention du naturaliste : ce qui les rend véritablement bien remarquables, c'est la forme bizarre de leur tête, la disposition non moins singulière de leurs yeux presque entièrement recouverts par la peau, et dont l'un peut se mouvoir en sens inverse de l'autre; la structure de leur langue charnue, cylindrique et très-extensible; leur queue prenante; enfin leurs doigts divisés en deux paquets opposables l'un à l'autre. Ces deux derniers caractères se retrouvent chez des animaux d'une organisation bien différente, tels que la plupart des singes hélopithèques, parmi les mammifères; et comme de semblables modifications des organes du mouvement, chez quelques animaux qu'elles viennent à se rencontrer, commandent chez tous de semblables habitudes, les caméléons vivent, comme les hélopithèques, sur les branches des arbres; rapport qui a fait dire à M. de Lacépède que

« le caméléon peut être regardé comme l'analogue sapajou dans les quadrupèdes ovipares. »

Nous ne connaissons le caméléon représenté dans l'Atlas sous le nom de *trapu*, que par deux très-beaux dessins coloriés qui font partie de la riche collection de vélins que possède le Muséum royal d'histoire naturelle; et nous ne pourrons donc présenter, à l'égard de cette espèce, qu'un petit nombre de détails, sans rechercher, dans les divers ouvrages des voyageurs et des naturalistes, quelles indications doivent lui être rapportées.

L'individu qui a servi de type à la figure, avait environ sept pouces du bout du museau à l'extrémité de la queue, celle-ci formant un peu moins de la moitié de la longueur totale, et l'intervalle qui sépare les membres postérieurs des antérieurs étant de deux pouces et demi.

On conçoit, à l'égard des animaux susceptibles de changer de couleur, tels que les caméléons, qu'une suite d'observations faites sur le vivant peut seule permettre d'indiquer d'une manière complète ce qui concerne leur système de coloration, et de décrire avec exactitude les modifications qui peuvent être produites par les variations des circonstances extérieures. Nous regrettons de ne pouvoir fournir ici ces données intéressantes, et de n'avoir, pour décrire les couleurs de notre caméléon, d'autres élémens que ceux qui peuvent nous être procurés par l'examen de deux dessins coloriés. Ces deux dessins nous le montrent généralement gris avec des bandes transversales jaunes sur le corps, la queue et les jambes : celles du corps sont au nombre de huit, et on voit au-dessus de chacune d'elles, une tache blanche. Il existe aussi, sur la tête, trois bandes longitudinales jaunes, dont la disposition est très-remarquable : l'une d'elles prend naissance sur la lèvre supérieure, passe sur la commissure, et se continue sur le bord de l'inférieure.

§. VII.

LE SCINQUE SCHNEIDER [1]

(Reptiles, pl. 3, fig. 3).

S'il est vrai de dire que tous les animaux sont dignes de l'attention et de l'étude approfondie du zoologiste, ce serait au contraire soutenir une grave erreur que de prétendre que tous le sont au même degré, et qu'on ne peut expliquer, par aucun motif réel, ce goût et, pour ainsi dire, cette sorte de prédilection que les naturalistes montrent pour certains genres ou pour certaines familles, qui, après les avoir occupés depuis un grand nombre d'années, sont encore aujourd'hui les continuels sujets de leurs recherches.

On ne peut nier, en effet, que quelques animaux offrent véritablement un intérêt tout particulier; et (si nous écartons ceux qu'il importe à l'homme de bien connaître, soit à cause des services qu'ils lui ren-

[1] Figuré dans l'Atlas sous le nom d'*anolis gigantesque*.

dent, soit même à cause du dommage qu'ils peuvent lui causer) de ce nombre sont principalement ceux dont l'organisation est telle, qu'on ne peut les rapporter à aucune grande famille naturelle; et ceux, au contraire, qui, placés sur les limites de deux divisions, présentent un mélange des caractères de toutes deux, et pourraient être presque également rangés dans l'une et dans l'autre. Les premiers sont ceux qu'on a coutume de désigner par le nom un peu impropre d'anomaux; et l'on dit, à l'égard de ces derniers, qu'ils sont le passage d'un genre, d'une famille, d'un ordre et quelquefois même d'une classe à une autre.

Dans la première de ces deux sections se place le genre singulier des caméléons (pour prendre un exemple parmi les animaux que nous venons de décrire); et l'on peut rapporter à la seconde, la famille des scincoïdiens de M. Cuvier, famille composée des genres *scinque*, *seps*, *bipède*, *chalcide* et *bimane*, c'est-à-dire d'êtres qui tiennent, pour ainsi dire, le milieu entre le groupe des sauriens et celui des ophidiens. Ces reptiles qui n'ont que des pattes ou très-courtes, ou même complètement rudimentaires, et dont quelques-uns ne sont même plus que bipèdes, pourraient être presque également regardés, ou comme des lézards à formes de serpens, ou comme des serpens à pieds de lézards; et ils lient entre elles ces deux grandes familles d'une manière si intime, qu'un de nos plus savans naturalistes, M. de Blainville, a cru devoir les réunir toutes deux en un seul ordre, sous le nom de *bipéniens*, et que la même idée a été également développée avec beaucoup de succès en Allemagne par Merrem[1].

De tous les genres que nous venons de nommer, le groupe des scinques est celui qui se rapproche le plus des formes normales des vrais lézards; et, si celui des seps, qui se distingue par un corps aussi allongé que celui des orvets, mais qui présente tous les caractères principaux des scinques, ne formait pas un lien intime entre ces derniers et les bipèdes, on aurait peut-être quelque peine à concevoir que les uns et les autres dussent être placés dans la même famille. Au reste, on trouve même de très-grandes différences entre les scinques, sous le rapport du plus ou du moins de ressemblance qu'ils ont avec les ophidiens; et, par exemple, le scinque des pharmacies (*scincus officinalis*, Schneid.) et le scinque mabouïa des Antilles, sont beaucoup plus semblables aux véritables lézards que les trois espèces dont nous avons à présenter ici la description.

Le scinque Schneider, *scincus Schneiderii*, a été ainsi appelé par Daudin, qui l'a dédié au savant erpétologiste saxon Schneider, auteur de l'*Historia naturalis amphibiorum* : c'est une des plus grandes

---

[1] Cet auteur, l'un des erpétologistes les plus distingués de l'Allemagne moderne, a, dans son ouvrage publié en 1820, proposé une classification qui ne diffère presque sous aucun rapport de celle de M. de Blainville. En effet, il divise, comme notre célèbre compatriote, tous les reptiles en deux classes, celle des *pholidota* et celle des *batrachia* (les *squammifères* et les *nudipellifères* de M. de Blainville); et il partage aussi le premier de ces groupes en trois ordres, qu'il nomme *testudinata*, *loricata* et *squammata* (les chéloniens, les émydosauriens et les bipéniens de M. de Blainville).

et des plus belles espèces du genre. Il a été indiqué assez anciennement par Aldrovande, sous le nom de *lacertus cyprius scincoïdes*, et mentionné dans le *Règne animal* par M. Cuvier, qui le désigne seulement par ces mots : « le scinque le plus commun dans tout le Levant[1]. »

Quoique cette espèce soit assez bien connue, et qu'on en trouve des individus dans presque toutes les collections de reptiles, elle n'a été décrite que d'une manière fort incomplète par Daudin et par les autres zoologistes qui se sont occupés d'elle : nous croyons donc devoir indiquer les principaux caractères avec quelques détails.

L'individu qui a servi de type à la figure avait un pied trois pouces du bout du museau à l'extrémité de la queue, celle-ci formant les deux tiers de la longueur totale, et l'intervalle entre le membre antérieur et le postérieur étant d'un peu plus de trois pouces. Les pattes de devant ont à peu près un pouce et demi, et celles de derrière, deux pouces de long; cette différence de dimension tient principalement à ce que les doigts postérieurs, et surtout deux des trois intermédiaires, sont beaucoup plus longs que les antérieurs. La queue, aussi grosse que le corps à son origine, diminue peu à peu jusqu'à son extré-

---

[1] Merrem fait du *scincus Schneiderii* une espèce américaine : il paraît l'avoir confondue avec un autre scinque, appartenant effectivement au Nouveau-Monde; ce dont il serait, au reste, presque impossible de s'assurer, à cause de l'extrême brièveté des phrases indicatives de cet auteur. Les caractères qu'il assigne au scinque de Schneider, peuvent en effet convenir à plusieurs autres; car il dit seulement : *Scincus Schneiderii, S. squamis glaberrimis, caudâ corpore duplo longiore.*

mité, et devient même, dans son quart terminal, extrêmement grêle; elle est d'ailleurs exactement ronde dans presque toute sa longueur, et représente ainsi un cône dont la hauteur serait très-considérable par rapport au diamètre de sa base : toutefois, sa première portion est légèrement carrée, de même que tout le corps[1] et la partie postérieure de la tête. Celle-ci, assez courte, représente une petite pyramide quadrangulaire, sa forme se trouvant ainsi en rapport avec celle du corps.

Le tronc est généralement couvert d'écailles imbriquées, très-distinctes entre elles, assez grandes, et de forme assez irrégulière : leur diamètre transversal est beaucoup plus grand que l'antéro-postérieur. Les écailles de la queue sont généralement semblables, par leur figure et leurs dimensions, à celles du corps; seulement, celles de la portion terminale sont beaucoup plus allongées : en outre, la face inférieure est recouverte dans sa première portion, de bandes écailleuses d'une seule pièce, et qui, très-larges et très-étroites, ressemblent aux plaques ventrales d'un grand nombre de serpens. Les écailles du cou et de la tête ne diffèrent guère de celles du corps que par leur petitesse. Il en est de même de presque toutes celles des membres; toutefois celles des doigts sont quadrilatères, et celles de la plante et de la paume, les plus petites de toutes, sont à peu

---

[1] Ce caractère est important à remarquer; car Oppel fait du *scincus Schneiderii* le type d'une section qu'il caractérise ainsi : *Corpus cylindricum, elongatum, cauda corpore longior*; ce qui est inexact.

près circulaires. Enfin les écailles de la mâchoire inférieure, celles du dessus de la tête, et surtout celles qui se trouvent placées entre les yeux, sont très-grandes; les unes sont carrées, d'autres irrégulièrement quadrilatères, et d'autres enfin de forme triangulaire.

Le système de coloration de cette espèce est assez remarquable; le dessus du corps est d'un jaune très-brillant, tirant sur le brun-olivâtre, et la queue est irrégulièrement variée de jaune et de noir : on remarque également quelques écailles noires semées de distance en distance sur le dos, et principalement sur la partie qui avoisine la queue. La gorge, la poitrine, le ventre, le dessous de la queue, les membres dans leur presque totalité, sont blanchâtres; et la tête est en partie de cette dernière couleur, en partie d'un bleuâtre clair. Enfin, et ces derniers caractères sont très-importans pour la distinction de l'espèce, il existe sur les côtés de la tête, du corps et de la queue, une bande blanche dont la disposition est assez remarquable : elle commence au-dessous de l'œil, à l'angle de la commissure des lèvres, passe sur le trou auditif, se prolonge sur les côtés du cou et sur les flancs jusqu'à l'insertion du membre postérieur, et se continue ensuite, mais en devenant de moins en moins apparente, sur presque toute la longueur de la queue. Cette ligne que nous avons dit passer sur le trou auditif, recouvre même en partie cet orifice par des dentelures saillantes dont le nombre est de quatre, quoique quelques auteurs en aient décrit trois seulement, sans doute pour n'avoir pas aperçu l'une d'elles, l'inférieure, qui est quelquefois très-peu visible. La bande blanche latérale que nous venons de décrire, est placée entre deux autres bandes longitudinales plus larges qu'elle-même, mais moins prononcées : l'inférieure, peu distincte, est d'un bleuâtre clair ; elle commence sur la lèvre inférieure, un peu en avant de l'angle de la commissure, et s'étend jusqu'à l'insertion du membre postérieur : la supérieure, d'un bleu plus foncé, est beaucoup plus distincte et beaucoup plus longue ; car, très-large et très-apparente sur les flancs, elle peut être suivie, en arrière, sur toute la première moitié de la queue, et, en avant, jusqu'à la partie antérieure de la lèvre supérieure.

§. VIII.

LE SCINQUE PAVÉ[1]

(Reptiles, pl. 4, fig. 4),

ET LE SCINQUE OCELLÉ[2]

(Pl. 5, fig. 1).

Ces deux scinques présentant généralement tous les mêmes caractères que le précédent, il nous suffira presque d'indiquer leurs dimensions et leurs couleurs.

---

[1] Figuré dans l'Atlas sous le nom d'*anolis pavé*.

[2] Figuré dans l'Atlas sous le nom d'*anolis marbré*.

Le scinque pavé (*scincus pavimentatus*, Nob.) appartient à la deuxième section de Daudin, ou à celle des scinques rayés de blanchâtre; et il doit être considéré comme voisin des espèces que ce zoologiste a désignées sous les noms d'*octolineatus* et de *melanurus*. Il se rapproche, en effet, de l'un et de l'autre par les proportions de son corps et de sa queue, et par son système de coloration; mais sa taille est beaucoup plus considérable.

L'individu qui a servi de type à la figure, avait treize pouces environ du bout du museau à l'extrémité de la queue, celle-ci formant un peu moins des deux tiers de la longueur totale, et l'intervalle qui sépare le membre antérieur du postérieur étant de trois pouces. Les pattes de devant ont un pouce un quart, et celles de derrière un pouce trois quarts; le corps est généralement beaucoup plus grêle que chez le scinque Schneider; le grand doigt de la patte postérieure est plus long, et les ongles sont aussi plus grands et plus acérés. Les écailles sont généralement de même forme que dans l'espèce précédente; mais tout le dessous de la tête, et non pas seulement, comme chez celle-ci, la partie comprise entre les deux branches de la mâchoire inférieure, est couvert de plaques de largeur et de forme variables. Quatre dentelures placées en avant du trou auditif qu'elles recouvrent en partie, rapprochent encore le scinque pavé du scinque Schneider.

Sous le rapport de ses couleurs, le corps est, en dessous, d'un jaune-blanchâtre, et, en dessus, d'un brun assez pur, sur lequel on remarque neuf ou dix raies blanches, s'étendant généralement depuis la partie antérieure du cou jusque sur la moitié de la queue. Ces raies ou lignes longitudinales sont formées par une suite de petites taches quadrilatères, que présentent, vers leur partie moyenne, presque toutes les écailles du dos : ces lignes, parallèles entre elles et parfaitement régulières, se trouvent d'ailleurs interrompues en plusieurs points, parce qu'il existe aussi sur leur trajet quelques écailles entièrement brunes. Le système de coloration de la queue est le même que celui du corps, avec cette différence que les écailles brunes deviennent beaucoup plus nombreuses, et les taches blanches beaucoup plus petites et beaucoup moins nettes, et que, vers son extrémité, on aperçoit à peine quelques vestiges des raies longitudinales.

Les membres, d'un jaune-blanchâtre à leur face interne, ont leur côté externe brun avec quelques petites taches disposées en lignes longitudinales : les parties latérales de la tête en présentent aussi quelques-unes; mais celles-ci sont peu visibles et distribuées assez irrégulièrement. On aperçoit au contraire très-distinctement sur la partie inférieure des flancs, blanchâtres comme le ventre, une ligne brune qui s'étend de l'insertion du membre antérieur à celle du postérieur.

Le scinque pavé est, comme on le voit, remarquable par son système de coloration, et peut être placé au nombre des plus belles espèces du genre.

Le scinque ocellé (*scincus ocellatus*), type de la quatrième section de Daudin (les ocellés), nous présentera un système de coloration très-différent, mais peut-être plus remarquable encore.

Ce scinque, décrit sous le nom d'ocellé dans l'*Histoire des reptiles* de M. Latreille, dans celle de Daudin et dans celle de Merrem, a été mentionné par Forskael dans son ouvrage sur les *Animaux du Levant*. Ce voyageur l'a même caractérisé avec assez d'exactitude par la phrase suivante :

Longitudo totius animalis, spithamalis : crassities digiti. Corpus nitidissimum, squamosum, depressum; subtùs album, imbricatum; suprà griseo-virescens; ocellis subrotundis, radio fuscis, disco albo, rectangulo. Pedes teretes, breves, sine verrucis. Digiti 5-5.

Forskael ajoute ensuite que cette jolie espèce vit près des maisons, et qu'elle est désignée par les Arabes sous le nom de *sehlie*. Nous n'ajouterons que peu de détails à ceux que donne le naturaliste suédois.

La queue forme, chez le scinque ocellé, seulement la moitié de la longueur totale; et comme le cou n'est guère plus long que dans les espèces précédentes, il suit de cette proportion que l'intervalle qui sépare les membres postérieurs des antérieurs, est beaucoup plus considérable que chez celles-ci. La queue est assez épaisse dans presque toute sa longueur, et c'est seulement dans son dernier quart qu'elle devient véritablement grêle. Les pattes sont très-courtes : les antérieures n'ont guère que neuf lignes de long, et les postérieures, onze lignes. On n'aperçoit point de dentelures au devant du trou auditif; caractère que nous avions trouvé également chez le *scincus Schneiderii* et chez le *scincus pavimentatus*.

La queue présente environ trente bandes transversales, noirâtres, sur lesquelles on distingue plusieurs taches blanches, de forme ovale, et dont le plus grand diamètre est l'antéro-postérieur : ce sont ces taches blanches, placées sur un fond noir ou noirâtre, qu'on a comparées à des yeux, et qui ont fait donner à l'animal le nom d'ocellé (*ocellatus*). Les bandes du tronc sont à peu près en même nombre que celles de la queue : mais elles diffèrent de celles-ci, en ce qu'elles ne se prolongent pas aussi bas sur les parties latérales; de plus, tandis que toutes les bandes caudales sont perpendiculaires à l'axe du corps, et parallèles entre elles, celles du tronc sont, pour la plupart, très-obliques, soit d'avant en arrière, soit d'arrière en avant. Le dessous du corps et de la queue est blanchâtre; et les membres, de cette même couleur à leur face externe, ont en dehors de petites bandes transversales, semblables, pour leurs couleurs, à celles du corps.

§. IX.

L'ÉRYX DE LA THÉBAÏDE

(Reptiles, pl. 6, fig. 1),

ET L'ÉRYX DU DELTA

(Pl. 6, fig. 2).

Daudin a établi sous le nom d'*éryx* un genre d'ophidiens principalement caractérisé par la forme obtuse et la briéveté de la queue, par le peu de largeur des plaques transversales du dessous du corps, et par la disposition des bandes sous-caudales, qui sont toutes d'une seule pièce. Ce genre, voisin, à plusieurs égards, du groupe des orvets et de celui des boas, mais bien distinct de l'un et de l'autre, méritait d'être adopté ; et il l'a été en effet par presque tous les auteurs qui ont écrit depuis Daudin, et particulièrement par M. Cuvier. Seulement, tandis que Daudin avait placé les éryx près des orvets, et très-loin des boas, M. Cuvier, sans les écarter beaucoup des *anguis*, les a considérés comme liés, par les rapports les plus intimes, avec les boas, et les a même placés parmi ces derniers, en les distinguant seulement comme sous-genre.

Les espèces qui composent le genre éryx dans l'état présent de la science, sont encore très-obscures : Daudin, dans son *Histoire des reptiles*, en a décrit onze ; mais il s'en faut bien que les auteurs modernes les aient admises toutes, comme bien établies : plusieurs sont purement nominales, et quelques-unes sont même des doubles emplois d'ophidiens de genres différens. Aussi l'histoire des éryx est-elle encore à faire dans l'état présent de la science[1]; et c'est ce qui nous oblige à ne donner ici qu'une simple description de ceux qui se trouvent figurés dans l'Atlas, sans rechercher jusqu'à quel point ils peuvent être considérés comme différens du couleuvrin et du javelot, qui habitent tous deux l'Égypte. Possédant trop peu de matériaux pour qu'il nous soit possible de résoudre cette question d'une manière certaine, nous croyons devoir nous borner ici à exprimer nos doutes, sans nous exposer à embarrasser de quelques noms de plus une des parties les plus difficiles de la science erpétologique.

L'espèce figurée sous le nom d'éryx de la Thébaïde, a deux pieds du bout du museau à l'anus, et un pouce neuf lignes de l'anus à l'extrémité de la queue : celle-ci forme donc environ le quinzième de la longueur totale. Le corps, qui est à peu près de la grosseur du pouce, et la tête, sont un peu déprimés, et la queue est également aplatie à sa base, le reste de sa longueur étant au contraire arrondi, et représentant un petit cône. La tête est, en dessus comme en dessous, presque entièrement recouverte de petites écailles : on ne voit de plaques un

---

[1] On peut dire même que, de toutes les espèces du genre, une seule est connue d'une manière satisfaisante : c'est celle qu'Olivier a décrite et figurée sous le nom de *boa turk*, dans l'Histoire de son voyage en Orient.

peu larges qu'entre les narines, au-dessous des yeux et le long de la commissure des lèvres, principalement à la mâchoire supérieure et sur la ligne médiane. Les bandes écailleuses du dessous du corps commencent très-près de la tête : les quatre ou cinq premières sont très-petites et très-peu différentes des écailles ordinaires, et il est même assez difficile d'assigner avec précision à partir de quel point on doit commencer à compter les plaques ; ensorte qu'il entre nécessairement un peu d'arbitraire dans les nombres qu'on pourrait donner comme caractéristiques à l'égard de cette espèce. Au reste, il ne peut y avoir de difficulté que pour les premières bandes : les autres, quoique assez étroites, comme chez tous les éryx, sont très-distinctes, et ont généralement quatre à cinq lignes, suivant leur diamètre transverse, et une ligne et demie d'avant en arrière ; seulement celles qui avoisinent l'anus deviennent un peu plus étroites, et prennent ainsi quelque ressemblance avec les premières caudales. Il suit de la forme de la queue que ces bandes doivent être d'autant plus petites qu'elles sont plus rapprochées de sa terminaison ; et c'est ce qui a lieu en effet. Les dernières caudales reprennent les mêmes dimensions que nous présentaient les premières cervicales ; ce qui n'empêche pas, du reste, qu'on ne puisse les compter très-facilement. Leur nombre est de vingt-trois comme chez l'*eryx jaculus*, et on pourrait admettre également que le nombre de celles du corps est de cent quatre-vingt-six, comme chez ce dernier, en négligeant quelques-unes des cervicales, presque semblables, comme nous l'avons remarqué, aux écailles ordinaires.

Quant à ses couleurs, l'éryx de la Thébaïde a le dessous du corps blanchâtre, et le dessus généralement noirâtre, avec de petites taches blanchâtres, assez étroites, placées, pour la plupart, à sept ou huit lignes les unes des autres : la plupart d'entre elles forment des lignes irrégulières, longitudinales ou obliques, quelques-unes des bandes transversales. La tête est uniformément noirâtre en dessous, avec les parties latérales blanchâtres. Les taches de la queue sont beaucoup plus rapprochées les unes des autres que celles des autres régions : sa partie inférieure est de même couleur que celle du corps; seulement son extrémité est, sur l'étendue de deux lignes, noire en dessous comme en dessus.

L'éryx du Delta est d'un quart environ plus petit que l'espèce précédente ; il a un pied et demi du museau à l'anus, et un pouce et demi de l'anus à l'extrémité de la queue, qui se trouve ainsi proportionnellement plus longue que chez l'éryx de la Thébaïde : elle est aussi beaucoup plus obtuse ; ensorte que son extrémité, grosse et arrondie, ne peut nullement, comme chez ce dernier, être comparée au sommet d'un cône. Ces différences de forme et de proportion de la queue pourraient faire conjecturer, par analogie, que les bandes caudales doivent être, chez l'éryx du Delta, et plus nombreuses et plus larges que chez l'éryx de la Thébaïde. C'est précisément le contraire qui a lieu ; car, d'une part, il n'en existe que vingt, et, de l'autre, les dernières sont si étroites, qu'elles représentent de petits hexagones réguliers ou même de petits cercles, et qu'elles surpassent à peine en grandeur les écailles ordinaires. Quant aux plaques du dessous du corps, moindres proportionnellement que chez l'éryx de la Thébaïde, elles sont au contraire plus nombreuses : on en trouve environ six de plus, soit que l'on compte les premières cervicales, soit qu'on ne les veuille considérer que comme de simples écailles ordinaires ; car la même difficulté existe à l'égard des deux espèces, et l'on éprouve, pour l'une et pour l'autre, la même indécision. Enfin, toute la partie antérieure de la tête est couverte de plaques de forme et de dimension variables ; toutes sont d'ailleurs assez petites, à l'exception de celles qui, placées sur la ligne médiane, couvrent le devant de la mâchoire supérieure.

Les couleurs de cette espèce sont les mêmes que celles de la précédente ; mais les taches blanchâtres, presque toutes transversales, sont plus rapprochées les unes des autres, plus nombreuses et en même temps plus régulières. Les flancs sont généralement couverts d'écailles blanchâtres ; mais on remarque de distance en distance quelques écailles noires disposées par petits groupes. La queue présente une disposition de couleurs assez remarquable : les taches blanchâtres de cette partie ne sont pas transversales, mais longitudinales, et elles se continuent les unes avec les autres, de manière à former sur la face supérieure une seule ligne blanche. Du reste, les parties latérales sont noirâtres; et l'on remarque aussi quelques écailles noires sur la face inférieure. La tête est généralement brune, à l'exception de la région comprise entre l'œil et la partie postérieure de la commissure des lèvres.

§. X.

LES COULEUVRES

(Reptiles, pl. 7, fig. 2, et pl. 8, fig. 1 et 1', 2 et 2', 3 et 3', 4 et 4').

Sous le rapport de leur distribution géographique à la surface du globe, tous les genres, sur quelque type classique qu'ils soient établis, peuvent être rapportés à deux sections : ceux dont les espèces sont rassemblées et, pour ainsi dire, confinées toutes dans une seule région ; et ceux qui se trouvent au contraire répandus et comme disséminés dans toutes les parties du monde et sous toutes les latitudes. Sous un autre point de vue, les animaux ont aussi été partagés en deux tribus : les uns désignés par les mots de normaux ou ordinaires, et les autres, d'anomaux ou extraordinaires ; mots dont on saisit facilement le sens, quoiqu'ils paraissent un peu vagues, et qu'ils soient très-inexacts. En effet, ces formes que le naturaliste appelle anomales, et le vulgaire monstrueuses, n'ont en elles-mêmes rien d'anomal ni de monstrueux :

elles sont seulement insolites pour nous; et si nous les trouvons anomales, c'est parce que nous voulons leur appliquer des lois, résultats d'observations trop circonscrites; si nous les trouvons extraordinaires, c'est seulement par rapport à l'ordre que nous avons journellement sous les yeux, c'est parce que nous pensons et nous agissons toujours sous l'empire des préjugés. Les premiers chevaux transportés dans le Nouveau-Monde firent l'étonnement comme la terreur des Américains; et un naturel de la Nouvelle-Hollande regarderait comme monstrueux la plupart de nos mammifères, par comparaison avec ceux qu'il a l'habitude de voir journellement, et qui sont, à ses yeux, les véritables êtres normaux, tels que les kanguroos, le phascolome, les échidnés, et cet ornithorhynque que les savans européens, presque d'un accord unanime, ont nommé paradoxal. Et cependant les ornithorhynques, comme les animaux de notre pays, ne sont en eux-mêmes ni anomaux ni irréguliers; car ils sont ce qu'ils doivent être, par rapport aux lois et à l'ordre de la nature, dans ce grand ensemble où règnent partout, suivant une expression célèbre de Leibnitz, la variété dans l'unité, et l'unité dans la variété.

On conçoit, par ce qui précède, que les deux divisions que nous avons indiquées, doivent en grande partie se correspondre : les genres répandus sur toute la surface du globe seront partout considérés comme normaux; ceux qui se trouvent confinés dans une seule région, et qui n'ont pas d'analogues dans les autres contrées, seront les anomaux. C'est ainsi que les anciens appelaient l'Afrique la patrie des monstres (*patria monstrorum*), parce que cette partie du monde, que traverse la zone Torride, contient un grand nombre de genres qui n'ont pas leurs analogues en Europe: tels sont, parmi les mammifères, les rhinocéros, les hippopotames et les éléphans.

Au reste, il est à remarquer que ces genres, de même que la plupart de ceux qui appartiennent en propre à une région quelconque, tels, par exemple, que les bradypes ou paresseux, les cochons d'Inde, les agoutis, les pacas, les lagothriches, pour l'Amérique, les pangolins, les hyènes, les mégadermes, les orangs, les gibbons et une foule d'autres pour l'Ancien-Monde, sont peu nombreux en espèces; tandis que les genres cosmopolites en renferment presque tous une multitude, comme ceux des vespertilions, des musaraignes, des chats, des chiens, des écureuils, des lièvres et des cerfs. Cependant le genre tapir et le genre lamantin, qui existent à-la-fois dans les deux continens, ne comptent que deux ou trois espèces; et réciproquement, on trouve dans la seule Amérique une multitude d'atèles, de sajous, de phyllostomes, de didelphes, etc., de même que l'Ancien-Monde possède beaucoup de semnopithèques et de guenons. Quelque chose d'analogue a également lieu dans l'Australasie, où l'on connaît déjà plus de douze kanguroos; nombre qui sera peut-être même porté au double, lorsqu'on aura visité l'intérieur de la Nouvelle-Hollande, contrée aussi vaste que l'Europe entière, et dont le littoral est à peine connu en quelques points. Il semble que la nature, en créant un si grand nombre d'animaux établis sur le même plan d'organisation, ait voulu nous montrer, dans son inépuisable richesse, combien de variations secondaires peuvent se grouper sur un même type primitif.

Ce que nous venons de dire, à l'égard des mammifères, est également vrai de toutes les autres classes d'animaux. L'Amérique, par exemple, possède en propre des genres d'oiseaux qui ne comptent que quelques espèces, tels que les genres hocco, pénélope, etc., et d'autres qui en renferment une multitude, tels que les tangaras, les manakins, les oiseaux-mouches et les carouges : mais ces genres sont, comme chez les mammifères, moins nombreux encore que ceux qui sont cosmopolites, comme les pies-grièches, les merles, les fauvettes, les gobe-mouches, les moineaux, les pigeons, les pluviers, les hérons, les canards, et plusieurs autres groupes dont les espèces sont presque innombrables.

Enfin, la même chose a également lieu parmi les reptiles de tous les ordres; et le genre couleuvre, celui de tous qui se trouve le plus généralement répandu sur la surface du globe, est aussi celui de tous qui renferme le plus grand nombre d'espèces. Après avoir séparé des véritables *coluber,* les vipères, les pythons, etc., Daudin a encore trouvé près de cent soixante-dix espèces dans ce groupe très-naturel. A la vérité, plusieurs de celles indiquées dans l'*Histoire des reptiles* sont purement nominales, et doivent être retranchées du *Systema*; mais aussi combien d'autres, seulement découvertes depuis le commencement de ce siècle, n'ont pu être indiquées dans l'ouvrage de Daudin, publié en 1802 ? et combien même, parmi celles déjà connues dès cette époque, ont été omises par cet auteur ?

Cinq couleuvres, très-différentes par leur taille, leurs proportions et leurs couleurs, ont été figurées dans l'Atlas : nous les décrirons successivement, en commençant par celles que leurs formes plus sveltes et plus gracieuses éloignent davantage de la plupart des vipères.

LA COULEUVRE OREILLARD.

Pl. 8, Fig. 4 et 4'.

Nous avons examiné deux individus de cette espèce : l'un d'eux avait un pied onze pouces du bout du museau à l'anus, et dix pouces trois quarts de l'anus à l'extrémité de la queue; l'autre, un peu plus grand, avait deux pieds deux pouces et quelques lignes jusqu'à l'anus, sa queue mesurant un peu moins d'un pied. La longueur totale du premier était donc de deux pieds neuf pouces trois quarts, et celle du second, de trois pieds deux pouces. Le nombre des plaques du dessous du corps était presque exactement le même chez tous deux; le plus petit individu en avait cent soixante-une, et le plus grand, cent soixante-deux : quant aux caudales, on en comptait de chaque côté cent onze chez l'un et chez l'autre. Le dessus de la tête présentait neuf grandes plaques, dont la forme, la grandeur ont été parfaitement rendues par la figure 4', et qu'il est par conséquent inutile de décrire ici : de plus, les côtés de la face étaient couverts de larges écailles irrégulièrement quadrilatères. Celles de la mâchoire inférieure étaient généralement de même forme : seulement, on voyait de chaque côté deux plaques longues et étroites, placées l'une à la suite de l'autre, et distinctes de leurs congénères par un sillon correspondant à la ligne médiane. La fin de ce sillon, aussi éloignée de la symphyse de la mâchoire que de la première des plaques du dessous du corps, n'était séparée de celle-ci que par trois écailles dont deux sont plus longues que larges, et dont la troisième, à peu près carrée, commence à prendre la forme des plaques.

Dans cette espèce, le corps, et surtout la queue, sont proportionnellement très-grêles : le diamètre du corps surpasse à peine un demi-pouce dans l'endroit où il est le plus considérable, c'est-à-dire vers la partie moyenne de l'animal ; et la queue, qui n'a que neuf lignes de circonférence à son origine, et cinq vers le milieu de sa longueur, est encore beaucoup plus grêle dans sa portion terminale.

La couleuvre oreillard est très-remarquable par son système de coloration. Une ligne longitudinale, blanche, très-fine et très-étroite, placée sur la ligne médiane, commence quelques pouces au-delà de l'occiput, et disparaît peu à peu vers l'origine de la queue. Une autre, de même couleur, mais beaucoup plus large, occupe la partie supérieure des flancs : très-prononcée sur une grande partie de sa longueur, elle l'est beaucoup moins vers ses extrémités, ce qui n'empêche pas qu'on ne puisse la suivre assez facilement, en avant, jusqu'auprès de l'occiput, et, en arrière, jusqu'à la région moyenne de la queue : il est à ajouter que, dans la portion de son trajet où elle est le plus large, elle est bornée à son bord supérieur par une petite ligne noire, qui contribue encore à la rendre plus distincte. Le reste du dos et des flancs est couvert d'écailles verdâtres dont l'extrémité inférieure est noire; ce qui forme, sur le dos, une multitude de petites taches noires irrégulières, et, sur les flancs, trois séries de points noirs disposés en quinconce. Le dessus de la tête est généralement brunâtre avec de petites lignes longitudinales dans la région antérieure de la face et vers la commissure des lèvres, et d'autres transversales devant et derrière l'œil et sur la partie postérieure des côtés de la tête : ces lignes sont, comme les bandes latérales du corps, blanches avec un liséré noir. Telle est la disposition assez compliquée des couleurs sur les parties supérieures : les inférieures sont uniformément blanchâtres.

Cette description a été faite sur le plus petit des individus que nous avons examinés; l'autre nous a présenté quelques différences, dont la seule remarquable consistait dans l'absence presque totale de la ligne médiane du dos.

LA COULEUVRE A BOUQUETS.

Pl. 8, Fig. 2 et 2'.

Nous avons examiné un grand nombre d'individus de cette espèce, ou du moins un grand nombre d'individus semblables par leurs couleurs à celui qui a servi de type à la figure : nous avons trouvé, chez la plupart d'entre eux, deux cent dix-neuf plaques sous le corps, et, de chaque côté, quatre-vingt-dix ou quatre-vingt-onze sous la queue; mais il en est aussi quelques-uns qui nous ont présenté dix ou onze bandes abdominales de moins. La couleuvre à bouquets nous a offert également quelques variations sous le rapport de la taille : en effet, la longueur totale, qui est de deux pieds et demi chez quelques sujets, n'est, chez quelques autres, que de deux pieds ou même un pied onze pouces. Du reste, les plaques de la tête ont toujours la même disposition et la même forme générale; en sorte que nous ne saurions mieux faire, pour en donner une idée exacte, que de renvoyer à la figure 2'. A ce caractère, qui est, comme on le voit, assez constant, on peut en joindre un autre tiré de la forme des écailles qui séparent les plaques longitudinales du dessous de la tête des premières bandes du dessous du corps. Ces écailles, très-nombreuses, très-petites, très-étroites, et par conséquent très-différentes de celles que nous avons décrites chez le *coluber auritus*, forment, sous la partie postérieure du crâne, quatre ou cinq rangées transversales irrégulières.

Cette couleuvre a le corps assez mince : la queue, qui forme toujours un peu moins du quart de la longueur totale, est également assez grêle, mais moins que dans l'espèce précédente. Elle diffère d'ailleurs principalement de celle-ci par ses couleurs : au lieu de lignes longitudinales, elle présente seulement, sur un fond brun-verdâtre, de petites raies transversales, noirâtres, très-rapprochées les unes des autres et très-nombreuses, principalement dans la région moyenne du corps. Ces raies sont généralement perpendiculaires à l'axe du corps, et très-régulières sur le dos ; mais elles deviennent un peu obliques et en même temps un peu irrégulières sur les flancs. La tête est d'un brunâtre uniforme. Tel est le système de coloration des parties supérieures : les inférieures sont entièrement blanchâtres, à l'exception de la région antérieure et surtout de la région moyenne du corps, où l'on voit, à chacune des extrémités des plaques abdominales, une petite tache noire plus ou moins prononcée.

LA COULEUVRE AUX RAIES PARALLÈLES.

Planche 8, Fig. 1 et 1′.

L'individu qui a servi de type à la figure, avait environ deux pieds huit pouces depuis le bout du museau jusqu'à l'anus, et sept pouces de l'anus à l'extrémité de la queue : notre description est faite d'après un sujet dont les proportions sont les mêmes, mais dont la taille est beaucoup moins considérable, sa longueur totale étant seulement de deux pieds sept pouces et demi. Nous avons compté, chez celui-ci, deux cent quarante-quatre plaques sous le corps, et, de chaque côté, soixante-onze sous la queue. Les unes et les autres sont généralement de même forme que chez les autres couleuvres ; mais celles du dessus de la tête présentent quelques différences que la figure 1' exprime parfaitement. Les grandes écailles longitudinales du dessous de la tête sont séparées de la première des bandes inférieures du corps, par d'autres petites écailles semblables, par leur forme générale et leur disposition, à celles que nous avons décrites chez la couleuvre à bouquets, mais moins nombreuses et composant seulement trois rangées.

Le système de coloration de cette espèce est assez remarquable. Les parties supérieures présentent, sur un fond vert-brunâtre, un grand nombre de taches noires de forme allongée. Ces taches, qui paraissent composées de plusieurs lignes placées les unes au-dessus des autres, et parallèles entre elles, sont assez écartées les unes des autres, mais aussi assez étendues : elles sont disposées en trois séries longitudinales, dont l'une, celle qui se trouve composée des plus grandes taches, occupe la ligne médiane, et dont les deux autres sont placées latéralement, l'une à droite, l'autre à gauche. La tête est généralement verdâtre ; mais on remarque, en arrière de l'œil, une tache dirigée obliquement en bas, et dont la forme est assez irrégulière. Les parties inférieures sont blanchâtres; seulement, un grand nombre de plaques abdominales présentent sur la ligne médiane un petit trait noirâtre qui se continue en avant avec celui de la plaque précédente, en arrière avec celui de la suivante, et concourt ainsi à former une ligne longitudinale dont la disposition est assez remarquable

LA COULEUVRE MAILLÉE.

Pl. 7, Fig. 6.

Nous avons compté, chez cette couleuvre, cent soixante-quatre plaques sous le corps, et, de chaque côté, environ quatre-vingt-cinq sous la queue : nous ne donnons ce dernier nombre que comme approximatif, parce que le prolongement caudal devient, dans cette espèce, si grêle vers son extrémité, qu'on a beaucoup de peine à apercevoir les sillons qui séparent les écailles de cette région. La longueur de l'individu que nous avons examiné est de deux pieds cinq pouces, celle du corps étant d'un pied dix pouces, et celle de la queue de sept pouces.

Les neuf plaques principales de la tête sont, comme chez les autres couleuvres que nous venons de décrire, disposées sur quatre rangées, dont la troisième est composée de trois plaques, et les autres de deux seulement. Les plus petites de ces plaques sont celles de la première rangée ou de la rangée antérieure; les plus grandes, celles de la quatrième ou de la postérieure : celles de la troisième sont assez étroites, mais très-longues, et peuvent être considérées comme étant d'une grandeur moyenne. Ces proportions, et même la forme générale des plaques, rapprochent beaucoup la couleuvre maillée d'une autre espèce égyptienne, la couleuvre oreillard, dont elle diffère au contraire d'une manière très-remarquable par son système de coloration. En effet, au lieu de présenter, comme celle-ci, des lignes longitudinales, la couleuvre maillée a seulement, sur un fond verdâtre, de petites taches noires, arrondies, bien isolées, et même, le plus souvent, très-écartées les unes des autres; de plus, les parties inférieures du corps, au lieu d'être blanches, sont noirâtres, et l'on y remarque seulement de très-petites taches blanchâtres, la plupart triangulaires, et dont la disposition est d'ailleurs assez irrégulière. Il est à ajouter que la région supérieure du corps est séparée de l'inférieure par deux lignes longitudinales, l'une noirâtre, l'autre blanche : celle-ci, formée d'une série de petites taches contiguës les unes aux autres, est beaucoup plus distincte que la noire, au-dessous de laquelle elle se trouve placée, et peut être facilement suivie depuis l'occiput jusqu'au tiers postérieur de la queue. La tête est généralement de même couleur que le corps; mais chacune des plaques des trois premières rangées présente une tache brunâtre de même forme qu'elle, et l'on remarque en avant et en arrière de l'œil, et sur les grandes écailles qui couvrent la lèvre supérieure, de petites lignes transversales blanches, dont les deux postérieures, très-obliques, se rencontrent, de manière à former, un peu en arrière de l'œil, la figure d'un V renversé (Λ).

LA COULEUVRE A CAPUCHON.

Pl. 8, Fig. 3 et 3'.

Cette jolie espèce, remarquable par la disposition très-gracieuse de ses couleurs, l'est également par la brièveté de sa queue. L'individu qui a servi de type à la figure avait un pied du bout du museau à l'anus, et seulement deux pouces de l'anus à l'extrémité du prolongement caudal; les plaques du dessous du corps, proportionnellement assez larges, étaient au nombre de près de cent soixante, et on comptait, sous la queue, trente-six doubles bandes environ; les grandes écailles du dessus de la tête étaient en même nombre et à peu près de même forme que chez la plupart des couleuvres, comme on peut le voir par la figure 3'.

Le nom de couleuvre à capuchon a été donné à cette espèce à cause d'une grande tache noirâtre qui couvre le dessus de sa tête depuis le bout du museau jusqu'à l'occiput. Le dos est généralement brunâtre; mais il offre, sur sa ligne médiane, une grande série de taches arrondies d'une nuance beaucoup plus claire : ces taches, qui ont généralement trois lignes de diamètre, sont très-rapprochées les unes des autres, et les bandes noirâtres qui les séparent sont même à peine aussi larges qu'elles-mêmes. La région inférieure du corps est blanche; seulement, on remarque de petites lignes noires disposées en série, vers l'union des plaques abdominales, avec les écailles latérales voisines.

Tels sont les principaux caractères des cinq couleuvres figurées dans l'Atlas. Il est facile, en comparant leurs proportions et les nombres très-divers de leurs plaques abdominales et caudales, ou même, en se bornant à tenir compte des différences de coloration que présentent les parties supérieures et inférieures du corps, de reconnaître que ces cinq espèces sont bien distinctes, et ne peuvent, en aucune façon, être confondues entre elles. Il est donc inutile, pour prévenir quelque difficulté à cet égard, de rien ajouter à nos descriptions : au contraire, il est très-important d'examiner si les couleuvres, dont nous venons de donner les caractères, sont bien réellement distinctes de celles qui se trouvent déjà indiquées, soit dans les traités systématiques de Lacépède, de Daudin et de quelques autres naturalistes, soit dans les ouvrages des voyageurs qui ont parcouru plus anciennement l'Égypte et les régions voisines de l'Asie et de l'Afrique. Cet examen, que nous allons faire en comparant successivement les espèces que nous avons décrites avec toutes celles qui se rapprocheront d'elles à quelques égards, nous montrera si les noms qui ont été publiés dans l'Atlas, et que nous avons dû conserver provisoirement, devront être adoptés d'une manière définitive par les zoologistes.

Les espèces anciennement décrites, qui ont quelques rapports avec la couleuvre oreillard, sont au nombre de quatre, en négligeant celles que leur patrie ne permet pas de confondre avec celle-ci. Ces quatre sont, 1°. le *coluber situla* de Linné; 2°. la couleuvre quatre raies de Lacépède; 3°. la couleuvre trois raies du même auteur; 4°. le *schokari* de Forskael. Les trois premières, ayant l'une trois cent soixante-six bandes abdominales et quarante-cinq caudales, la seconde deux cent vingt abdominales et soixante-onze caudales, et la troisième cent soixante-neuf abdominales et cinquante-quatre caudales, se distinguent suffisamment par ce seul caractère. Quant à la couleuvre schokari, trouvée par Forskael dans les montagnes de l'Yémen, elle se rapproche beaucoup plus de l'oreillard : ses principaux caractères sont ainsi exprimés par le naturaliste suédois :

« *Longitudo sesquicubitalis : crassities digiti. Color suprà fusco-cinereus, vittâ utrinque duplici longitudinali albâ. In majoribus in medio dorso (non autem juxtà caput nec in caudâ) vitta parva conflata guttis albidis. Vitta superior alba, cinerea dimidio superiore; prorsùs verò alba dimidio inferiore. Ad marginem ejus superiorem est linea angusta, nigra, longitudinalis, continua : ad inferiorem alia tenuor interrupta. Vitta inferior altera tota nivea. Cauda duplo ferè brevior corpore.* »

Presque tous ces caractères conviennent parfaitement à l'oreillard, et il en est de même de ceux que Forskael a tirés de la forme des plaques du dessus de la tête. Cependant il en est un, sans parler de quelques autres d'une moindre valeur, qui semble distinguer d'une manière très-précise le schokari de l'oreillard : c'est l'existence, chez le premier, d'une double bande blanche longitudinale de chaque côté (*utrinque*). Ce dernier mot ayant été omis dans la traduction que Daudin (dans son *Histoire des reptiles*) a faite du passage que nous avons cité, la description du schokari, telle que l'a donnée ce naturaliste, pourrait faire regarder cette espèce et la couleuvre oreillard comme identiques. La phrase de Forskael est, au contraire, très-claire, et dit positivement qu'il existe de chaque côté, chez la couleuvre schokari, deux bandes longitudinales très-distinctes, l'une supérieure, semblable à celle que nous avons décrite chez l'oreillard; l'autre inférieure, très-distincte, puisqu'elle est tout entière d'un blanc de neige (*altera tota nivea*). Celle-ci manque complètement dans notre espèce. Le nombre des plaques est aussi, chez le schokari, plus considérable que chez l'oreillard : Forskael a trouvé, chez un individu, cent quatre-vingt-trois bandes abdominales et cent quarante-quatre caudales, et, chez un autre, cent quatre-vingts abdominales seulement et cent quatorze caudales; mais, ajoute-t-il, la queue de ce dernier avait sans doute été mutilée.

La couleuvre à bouquets se rapproche, à quelques égards, du dhara de Forskael, du *coluber pethola* de Linné et de la couleuvre audacieuse de Daudin : mais le dhara a deux cent trente-cinq bandes abdominales et seulement quarante-huit caudales; ce qui ne permet pas de le confondre avec la couleuvre à bouquets. La péthole, au contraire, a presque le même nombre de plaques transversales; mais elle se distingue très-nettement par ses couleurs. Enfin la couleuvre audacieuse, voisine de la couleuvre à bouquets par le nombre de ses plaques, par ses proportions et sa taille, et même par l'ensemble de son système de coloration, nous semble également s'éloigner de celle-ci à plusieurs égards. En effet, si la figure de Daudin est exacte, le *coluber audax* n'a pas les bandes du dessous du corps blanches avec une tache noire à leur extrémité; et ses taches transversales ont aussi une disposition un peu différente.

Le dhara, que nous venons de comparer à la couleuvre à bouquets, se rapproche aussi un peu, à d'autres égards, de la couleuvre à raies parallèles; mais il n'a point de taches, selon la description de Forskael (*color supernè cupreo-cinerescens, immaculatus*).

Le *coluber tyria* de Linné est indiqué dans le *Systema naturæ* de la manière suivante : *Albidus, macularum rhombearum fuscarum ordine triplici longitudinali; scutis* 210, *scutellis* 83. Tous ces caractères, à l'exception de ce dernier, assez peu important, conviennent parfaitement à la couleuvre aux raies parallèles; et si nous avons conservé ce dernier nom, c'est uniquement parce qu'une indication aussi courte et aussi incomplète que celle donnée par Linné, ne peut servir de base à une détermination exacte, et que nous croyons devoir laisser dans le doute ce point obscur de la science, tant que nous n'aurons pas de matériaux assez nombreux pour qu'il nous soit possible d'émettre une opinion, sans nous exposer à remplacer un doute par une erreur.

La couleuvre à raies parallèles a également de très-grands rapports avec le *coluber guttatus*, espèce établie avec doute par Forskael, et que M. de Lacépède a rapportée à la couleur tyrie.

La couleur maillée a quelques rapports avec le *coluber domesticus*, Lin.; mais cette espèce, qui habite la Barbarie, a deux cent quarante-cinq bandes abdominales.

Enfin, la couleuvre à capuchon, voisine, à différens égards, du *coluber latonia* de Daudin et du *coluber scaber* de Linné, se distinguera facilement de l'un et de l'autre par son système de coloration et par le nombre de ses plaques.

Quant à la couleuvre du Kaire, *coluber cahirinus* de Gmelin, il nous suffira de dire qu'elle n'est autre que le *coluber guttatus* de Forskael.

Il suit des détails dans lesquels nous venons d'entrer, 1°. que l'espèce figurée dans l'Atlas sous le nom de couleuvre à raies parallèles, a les plus grands rapports avec le *coluber tyria*, et qu'elle devra sans doute lui être rapportée; 2°. que les autres espèces dont nous venons de donner la description, paraissent différer de toutes celles connues jusqu'à ce jour, et devoir être admises par les naturalistes. Nous proposerons, pour elles, les noms de *coluber auritus*, *coluber florulentus*, *coluber insignitus* et *coluber cuculla-*

SCYTHALE. PL. 8.

tus, qui sont analogues à ceux de *couleuvre oreillard*, *couleuvre à bouquets, couleuvre maillée*[1] et *couleuvre à capuchon*, sous lesquels elles ont été figurées dans l'Atlas.

§. XI.

LE SCYTHALE DES PYRAMIDES[2]

(Reptiles, pl. 8, fig. 1).

Le genre scythale, assez anciennement proposé par M. Latreille, a été adopté par la plupart des erpétologistes, et nommément par Daudin, et par MM. Duméril, Cuvier et Merrem; mais, le plus ancien de ces auteurs, Daudin, le seul qui se soit occupé avec quelque détail des espèces de ce groupe, n'avait pas apporté à ce travail très-difficile, cet esprit de doute et de critique éclairée, si utile au naturaliste observateur, et si indispensable au compilateur; et l'histoire des scythales est encore à faire. M. Cuvier a montré que sur les cinq espèces décrites dans l'*Histoire des reptiles*, deux appartiennent à une autre tribu d'ophidiens, deux ne peuvent être considérées que comme très-douteuses, et une seule se trouve établie sur des caractères réels : cette dernière est le scythale zig-zag (*scythale bizonatus*), ou l'*horatta-pam* de Russel, et le *boa horatta* de Shaw.

C'est tout près de ce scythale qu'on devra placer

---

[1] Cette espèce a reçu le nom de *maillée*, parce que les taches noires qui ornent son dos ont été comparées aux mailles des jeunes perdrix.

[2] Figuré dans l'Atlas sous le nom de *vipère des Pyramides*.

le serpent dont nous allons donner la description sous le nom de *scythale Pyramidum :* tous deux présentent absolument les mêmes caractères génériques; tous deux sont aussi, comme nous le verrons, très-voisins par leur taille, par leurs proportions, par le nombre de leurs bandes abdominales et caudales, et par leurs couleurs.

Le scythale des Pyramides (*scythale Pyramidum*, Nob.), très-semblable aux vipères à divers égards, se distingue au premier aspect de celles-ci par les bandes sous-caudales, qui sont d'une seule pièce, comme les sous-abdominales; en sorte que, suivant la classification de Linné, il appartiendrait au genre *boa*, et non au genre *coluber*. Il diffère d'ailleurs des crotales par l'absence de ce qu'on a si improprement nommé chez ceux-ci la sonnette ou les grelots, et par celle des fossettes que l'on remarque derrière les narines dans ce groupe et dans quelques autres. La tête, large et très-renflée postérieurement, est presque entièrement couverte de petites écailles carénées, dont la forme est ovale, et qui sont très-semblables à celles du corps; on voit au contraire quelques plaques sur le pourtour de la commissure des lèvres, vers les narines, vers l'extrémité du museau, et, à la région inférieure de la tête, sur les bords d'un petit sillon qui s'étend de la symphyse de la mâchoire à la première bande abdominale. La queue, courte et très-grêle, finit en une pointe très-fine; l'anus est simple et ne présente rien de particulier. Enfin, pour compléter ce qui a rapport aux caractères génériques, nous nous sommes assuré que les crochets venimeux existent semblables à ceux des vipères.

Le scythale des Pyramides est sujet à un grand nombre de variétés, comme nous avons pu le constater par la comparaison que nous avons faite de plus de trente individus. Quelques-uns d'entre eux avaient un pied et demi du bout du museau à l'anus, et deux pouces et demi de l'anus à l'extrémité du prolongement caudal; chez d'autres, le corps avait seulement dix pouces et demi, et la queue un peu plus d'un pouce : mais la plupart avaient environ un pied et demi de longueur totale. Le corps, généralement déprimé, avait communément un pouce de tour près de la tête, un pouce et demi vers sa partie moyenne, et un pouce vers l'anus. La queue, de forme triangulaire et un peu comprimée, avait neuf lignes de circonférence près de son origine, et seulement un demi-pouce dans son milieu : son extrémité, presque ronde, est très-amincie.

Les bandes abdominales ne présentent rien de remarquable; mais la disposition des plaques qui environnent l'anus, ne doit pas être oubliée : la partie antérieure de cet orifice en présente une très-grande qui le recouvre en entier, et quelques autres, très-petites, placées à droite et à gauche; enfin, en arrière, l'anus est ordinairement suivi par deux doubles bandes, dont la première est très-peu visible et très-étroite. Presque toutes les écailles du corps et de la queue sont comme celles de la tête, carénées et de forme ovale; mais celles qui composent la rangée la plus inférieure, de chaque côté, sont beaucoup plus larges et plus lisses.

Le nombre des plaques qui couvrent la face inférieure du corps et de la queue est sujet à une multitude de variations : le plus grand de nos individus avait (en omettant celles dont nous avons parlé en décrivant le pourtour de l'anus) cent soixante-dix-huit bandes sous-abdominales, et trente-quatre sous-caudales; deux autres individus, de taille moyenne, avaient, l'un cent quatre-vingt-deux abd., et trente-deux sous-caud., et l'autre, cent soixante-neuf abd. seulement, et trente-huit sous-caud.; enfin, le plus petit de tous avait cent quatre-vingt-trois des premières, et trente-quatre des secondes. Ce dernier présentait d'ailleurs une anomalie très-remarquable : plusieurs des bandes de la moitié terminale de la queue étaient formées de deux plaques, comme chez les vipères; et il existait une bande semblablement divisée vers la partie antérieure de l'abdomen.

Le scythale des Pyramides se rapproche, par la plupart des caractères que nous venons d'indiquer, du scythale zig-zag : il a également quelques rapports avec cette espèce par la disposition de ses couleurs. La région supérieure du corps est généralement brune avec de petites bandes irrégulières, blanchâtres, composées pour la plupart d'une tâche centrale arrondie, et de prolongemens plus étroits dirigés transversalement sur les flancs : quelquefois la partie centrale existe uniquement; quelquefois il n'y a de prolongement que sur un côté du corps. On compte ordinairement de trente-six à quarante de ces bandes transversales, depuis l'occiput jusqu'à l'anus; mais le plus petit de nos individus n'en présentait que trente-deux. Le système de coloration de la queue est le même que celui du corps; seulement les taches blanchâtres sont, dans la région caudale, plus rapprochées les unes des autres, plus arrondies et moins distinctes. La tête est, à sa partie supérieure, généralement brunâtre, avec quelques petites lignes blanchâtres, très-étroites, très-irrégulières et de direction très-variable. La gorge et une portion du bord des deux mâchoires sont de cette dernière couleur. Le dessous du corps et de la queue est généralement blanchâtre, avec quelques points noirs disposés de la manière suivante : chacune des plaques abdominales en présente cinq ou six, parmi lesquels un ou deux, très-peu prononcés, sont placés près de la ligne médiane, et les autres, beaucoup plus distincts, sont rejetés vers les flancs. Les points noirs des plaques caudales ont une disposition un peu différente, et sont moins nombreux : on n'en voit même, chez quelques individus, qu'une seule série placée sur la ligne médiane; ce qui pourrait faire supposer, si l'on n'examinait les bandes de la queue que de loin ou sans beaucoup d'attention, l'existence de plaques divisées sur la ligne médiane. Cette erreur d'observation, dans laquelle il est très-facile de tomber, serait très-grave; car, aux yeux de celui qui la commettrait, ce serpent serait nécessairement pris pour une vipère, et serait ainsi rapporté à un groupe très-différent.

Ce scythale n'est pas rare aux environs des Pyramides; le peuple de cette partie de l'Égypte connaît bien le danger de sa morsure, et le redoute beaucoup : on le trouve aussi quelquefois dans les lieux bas des habitations du Kaire [1].

---

[1] C'est le plus souvent au sujet de cette espèce que l'on a recours à une corporation, reste dégénéré des anciens psylles, sur laquelle il ne sera pas sans intérêt comme sans utilité, de donner ici quelques détails. Ce qui suit est extrait des registres d'observations, rédigés en Égypte par mon père.

« Les psylles se sont perpétués en Égypte de père en fils; ils y sont établis et s'y manifestent de trois manières :

« 1°. Ils figurent dans les fêtes et promenades religieuses, et en sont un des plus curieux ornemens : ils portent l'émotion du peuple au plus haut degré d'énergie, principalement à la fête consacrée à l'intronisation du riche tapis destiné à la Mekke, et que l'on promène avec pompe dans les principales rues du Kaire. Les psylles y paraissent presque nus, affectant des manières d'insensés, et portant des besaces assez vastes, afin d'y rassembler un plus grand nombre de serpens. Ils se font un mérite d'avoir de ces animaux enlacés autour d'eux, enveloppant leur cou, leurs bras et toutes les autres parties de leur corps. Pour exciter davantage l'intérêt des spectateurs, ils se font piquer et déchirer la poitrine et le ventre par les serpens, et réagissent avec une sorte de fureur sur eux, affectant de les manger tout crus.

« 2°. Dans les jours ordinaires, les plus pauvres d'entre les psylles se dévouent au métier de bateleurs dans les carrefours et lieux très-fréquentés : ils emploient les serpens de toutes les façons, variant tous leurs tours, au moyen desquels ils espèrent exciter une extrême surprise et jusqu'à des vifs sentimens de terreur. Le serpent qu'ils préfèrent est le *coluber haje*.

« 3°. Les psylles forment une corporation, se donnant pour seuls capables d'appeler les serpens et d'en débarrasser les habitations. Une de leurs idées fixes, c'est qu'un Égyptien qui serait établi au milieu d'eux et chercherait à imiter leurs procédés, s'il n'était pas né d'un père psylle, ne parviendrait jamais à charmer un serpent.

« Les serpens se voient quelquefois dans les habitations : ordinairement ils y demeurent cachés dans des rez-de-chaussée obscurs et humides; mais si l'humidité de ces lieux bas est trop grande, et, de plus, si la température générale est moins élevée, ils gagnent les appartemens supérieurs; et on est exposé, en rangeant les meubles, à en ren-

§. XII.

LA VIPERE CÉRASTE

(Reptiles, pl. 6, fig. 3).

Nous avons examiné trois individus de cette espèce, et tous trois nous ont présenté un nombre de contrer de blottis sous des tapis ou des matelas. Les gens riches que tient la crainte des serpens, s'adressent aux psylles pour en préserver leurs maisons : mais c'est le plus petit nombre qui agit ainsi par prévoyance ; car une incurie naturelle au musulman, fait que celui-ci ne recourt aux psylles que quand quelques serpens ont été aperçus, et qu'ils ont amené la crainte dans le sein des familles. Cette grande indifférence avant ces momens décisifs, provient aussi de ce que les psylles sont peu nombreux, et qu'ils deviennent très-exigeans quant à la quotité de leur salaire. Comme ils sont payés selon leurs œuvres, c'est-à-dire d'après les résultats obtenus, ils apportent avec eux des serpens qu'ils déposent avant de se montrer, ou bien ils en envoient par leurs compères. On sait cela, et on se défie d'eux ; mais leur habileté à cet égard est rarement surprise en défaut.

« Tout cela sera mieux compris par le récit de l'expérience que voici. Le général en chef, auquel on avait parlé du savoir-faire de la corporation des psylles, ordonne un jour qu'ils aient à opérer sous ses yeux. N'ayant ni la volonté ni le temps de surveiller lui-même le psylle, il me charge de ce soin. Le cheykh el-Mohdi indique trois de ces psylles, et leur prescrit de se rendre où ils seront demandés. Il fallait prendre les plus grandes précautions pour n'être point trompé. Je vais chez l'un d'eux que je choisis au hasard ; je l'emmène sans qu'il sache dans quelle maison : il y est déshabillé, et ses habits sont visités. Rendu chez le général en chef, on lui demande de prendre un serpent qu'on lui dit être dans le rez-de-chaussée, et dont on veut absolument débarrasser le palais. *Mais s'il n'y en a point?* répète souvent le psylle. Les précautions prises et le caractère imposant de ceux qui réclamaient ce service, inquiétaient cet Égyptien. Je parvins cependant par de la douceur et le don de quelques monnoies à le rassurer. « On ne demande point l'impossible, lui dis-je ; mais agis comme si un serpent était réellement dans la maison : appelle-le, pour t'en saisir. »

« Notre psylle, devenu plus calme, se mit sérieusement à la besogne : le général en chef, une partie de sa suite et moi, suivions et examinions attentivement. Les lieux frais et humides furent explorés avec une prébandes abdominales et caudales, différent de ceux qu'on trouve indiqués dans les auteurs : en effet, nous avons toujours compté, sous le corps, de cent quarante-deux à cent quarante-quatre plaques, en comprenant celle qui recouvre l'anus, et, sous la queue, de trente-une à trente-six paires.

Les proportions indiquées par Daudin nous ont paru inexactes : suivant ce naturaliste, la queue d'un individu de deux pieds de long, avait près de cinq pouces, et formerait ainsi environ la cinquième partie de la longueur totale. Or, un des cérastes que nous avons examinés, avait un pied dix pouces et demi du bout du museau à l'anus, et seulement un peu plus de deux pouces et demi de l'anus à l'extrémité du prolongement caudal ; et chez un second individu dont la taille était d'un pied huit pouces, la queue n'avait que deux pouces : d'où il suit qu'elle forme seulement la dixième partie de la longueur totale, et non pas la cinquième.

dilection marquée : le psylle n'appelait que là, parce que c'était seulement dans ces lieux peu accessibles et obscurs qu'il espérait réussir.

« Sa manière d'appeler était de contrefaire le sifflement des serpens, tantôt celui plus sonore du mâle, et tantôt celui plus étouffé de la femelle. Je ne tardai pas à m'apercevoir qu'il plaçait sa confiance dans un appel ou cri d'amour. L'habileté consistait à bien contrefaire la voix du serpent, et ce n'était effectivement qu'à cette condition que le serpent devait entrer en émoi et se déterminer à quitter sa retraite.

Beaucoup de silence était recommandé.

« Un serpent arriva après deux heures et un quart de recherches ; le général en chef avait perdu patience et s'était retiré. Je ne puis jamais oublier le cri de joie que jeta le psylle, même avant de voir l'animal : il l'avait entendu répondre au cri d'amour. Auparavant, il était inquiet, soucieux, désolé ; mais alors il se releva avec fierté, cherchant à lire dans nos regards si nous avions de lui l'opinion qu'il tenait de ses aïeux un pouvoir plus qu'humain. »

Enfin, nous devons signaler, dans l'ouvrage du même naturaliste, une autre erreur qui est également assez grave : dans la figure qu'il donne du céraste (tome VI, pl. 74), la queue est représentée comme étant toute d'une venue avec le corps, tandis qu'elle ressemble, dans la réalité, à un appendice très-grêle qu'on aurait surajouté au tronc, tant elle est disproportionnée avec lui [1] ; c'est ce que rendront évident les mesures suivantes. La circonférence du corps chez le plus grand des individus dont nous avons parlé, est, à la partie antérieure, d'un peu plus d'un pouce et demi ; à la partie moyenne, de trois pouces ; à quelque distance de l'anus, de deux pouces un quart ; enfin, à l'extrémité, de deux pouces. Le corps est donc encore très-gros au niveau de l'anus : or, la circonférence de la queue n'est, à son origine même, que d'un pouce, et elle n'a plus déjà, vers le milieu, que six lignes. Quant à son extrémité, il serait difficile de la mesurer ; car elle finit par une pointe presque aussi fine que celle d'une aiguille.

Le céraste est généralement d'un brun très-pâle, sur lequel un brun plus foncé forme des taches de forme tantôt quadrilatère et tantôt ovale, mais dont le plus grand diamètre est toujours le transversal. Ces taches ou bandes ont généralement une disposition assez régulière ; seulement dans la partie anté-

---

[1] Ce caractère est assez bien rendu dans la figure, d'ailleurs très-grossière et inexacte à plusieurs égards, qu'Aldrovande a donnée du céraste dans ses *Historiæ serpentum et draconum*, p. 175. On le trouve aussi indiqué avec assez d'exactitude dans les figures de Prosper Alpin (*Pr. Alp. rer. Ægyp.* lib. IV).

rieure du corps, au lieu d'une seule grande tache, on en voit deux ou trois petites placées irrégulièrement l'une auprès de l'autre : la même disposition a également lieu dans le voisinage de la queue. En outre de la série des larges bandes que nous venons de décrire, les flancs présentent aussi des taches beaucoup plus petites et surtout moins distinctes : celles-ci sont généralement arrondies, et beaucoup d'entre elles se trouvent unies, par leur bord inférieur, à celles qui les avoisinent. Le dessous du corps est généralement blanchâtre : la gorge est aussi de cette couleur; mais le dessus de la tête est brunâtre. La queue présente le même système de coloration que le tronc : sa face inférieure est blanchâtre, et sa face supérieure présente une série de bandes transversales brunâtres sur un fond clair.

Cette vipère a, comme un grand nombre de ses congénères, la tête couverte d'écailles ovales, carénées, très-semblables à celles du corps, mais généralement beaucoup plus petites; différence qui est surtout très-prononcée à l'égard de celles du museau et des parties voisines des yeux. On ne voit de plaques ni en dessus ni en dessous, si ce n'est sur le pourtour des lèvres, et près de la symphyse de la mâchoire inférieure. Il en existe dans cette partie deux assez larges, mais de forme allongée, entre lesquelles se voit un petit sillon médiane. La fin de ce sillon est séparée de la première des plaques abdominales par plusieurs rangées de petites écailles, peu différentes par leurs formes de celles du corps :

celles-ci, le plus souvent ovales, présentent, ordinairement dans le sens de leur plus grand diamètre, une ligne saillante; d'autres, de forme circulaire, sont également carénées; mais celles qui occupent la partie la plus inférieure des flancs, et qui se trouvent border la série des plaques, sont entièrement lisses.

Les modifications organiques dont il vient d'être question, suffiraient seules pour la distinction spécifique du céraste; et cependant nous n'avons point encore parlé du plus remarquable des caractères de ce singulier serpent. Au-dessus des yeux naît de chaque côté une petite éminence, ou, comme on a coutume de le dire, une petite corne, longue de deux ou trois lignes, présentant, dans le sens de sa longueur, des sillons, et dirigée en haut et un peu en arrière : d'où le nom de *céraste*, κεραστης, donné fort anciennement à l'espèce. La nature des cornes du céraste est très-peu connue, et leurs usages, si toutefois elles peuvent être de quelque utilité pour l'animal, sont entièrement ignorés. Nous ne hasarderons ici aucune conjecture à ce sujet, et nous chercherons encore moins à réfuter l'opinion de Linné, qui les comparait à des dents (*dens mollis*); celle de quelques zoologistes qui, poursuivant l'idée de l'illustre auteur du *Systema*, les croyaient implantées dans la mâchoire supérieure; enfin, celle émise sans plus de fondement par quelques autres naturalistes qui ne voyaient en elles que des ergots implantés artificiellement sur la tête du redoutable reptile, à peu près comme on s'amuse quelquefois en Europe à le faire sur celle d'un coq.

Le céraste était bien connu des anciens : il se trouve figuré sur les monumens antiques, et indiqué, mais d'une manière plus ou moins inexacte, par plusieurs auteurs grecs et latins. On peut consulter à ce sujet l'Histoire des serpens et des dragons d'Aldrovande, ouvrage dans lequel se trouvent rassemblés une foule de détails intéressans.

§. XIII.

LA VIPÈRE HAJE

(Reptiles, pl. 7, fig. 2, 3, 4 et 5).

Cette espèce, indiquée par Linné, décrite par tous les erpétologistes qui ont écrit depuis l'illustre auteur du *Systema naturæ*, enfin mentionnée par presque tous les voyageurs qui ont parcouru l'Égypte, n'est cependant connue, dans l'état présent de la science, que d'une manière très-imparfaite. Daudin attribue à l'haje « deux cent sept plaques abdominales et quatre-vingt-dix-huit doubles sous-caudales, » tandis que d'autres auteurs ont trouvé deux cent six abdominales et soixante caudales, ou même deux cent quatre abdominales et cent neuf caudales : ces derniers nombres sont ceux qu'a donnés Linné ; enfin, l'examen attentif que nous avons fait de l'individu, type de notre description, nous a encore fourni des résultats très-différens ; car nous avons compté, sous le corps, deux cent neuf plaques, et, sous la queue, cinquante-quatre plaques de chaque côté. Daudin, pour expliquer comment quelques auteurs ont trouvé seulement soixante plaques caudales, tandis que Linné en avait trouvé cent neuf, a supposé que l'individu qu'ils avaient observé avait la queue mutilée; mais cette conjecture est purement hypothétique, et aucune observation positive n'a, jusqu'à ce jour, du moins à notre connaissance, prouvé qu'on doive l'admettre comme fondée sur quelque chose de réel. Au contraire, nous avons quelques raisons de croire que la grande différence qui existe entre les nombres donnés par Linné et ceux donnés par les auteurs dont nous venons de parler, vient de ce que ceux-ci n'auraient compté que les plaques d'un seul côté de la queue, tandis que dans le nombre indiqué par Linné, on aurait compté à-la-fois celles des deux côtés. Cette manière de voir, qui concilierait, de la manière la plus simple, des assertions en apparence contradictoires, nous semble assez vraisemblable; et en effet, en comptant à-la-fois sur notre individu les plaques des deux côtés de la queue, et la grande écaille qui enveloppe son extrémité, nous aurions, au lieu du nombre cinquante-quatre, le nombre cent neuf, c'est-à-dire celui même qui a été donné par Linné. Nous avons d'ailleurs la certitude que notre individu avait la queue bien entière; et nous pensons que Daudin n'a été embarrassé que par suite d'une erreur qu'on aurait commise, en confondant le mot *bandes* et le mot *plaques* caudales. Ces deux expressions peuvent bien être considérées comme synonymes, tant qu'il est question des grandes écailles abdominales, toujours formées d'une seule pièce; mais elles ne peuvent plus être employées indifféremment l'une pour l'autre, quand il s'agit des grandes écailles sous-caudales : car, dans cette dernière région, chaque bande est composée de deux plaques : et c'est ainsi qu'on peut dire, à l'égard de l'haje, en employant le premier de ces mots, qu'il a cinquante-quatre bandes caudales, ou bien, en employant le second, qu'il a cent huit plaques, ou, ce qui revient au même et comme nous l'avions fait, cinquante-quatre de chaque côté. Quant aux légères différences qui existent entre les nombres cinquante-quatre et deux cent neuf trouvés par nous, et les nombres soixante et deux cent sept, deux cent six ou deux cent quatre trouvés par différens auteurs, nous croyons inutile d'insister sur elles, et nous omettons à dessein les résultats que Daudin a donnés, d'après ses propres observations, sur les plaques caudales. Il n'est pas impossible, en effet, que l'individu, type de la description de ce naturaliste, différât spécifiquement de celui qui a été figuré dans l'Atlas, et que nous avons examiné. En tout cas, les naturalistes devront, comme l'a fait M. Cuvier, considérer ce dernier comme le véritable haje, puisqu'il appartient bien à l'espèce qui porte ce nom en Egypte, et dont les mœurs et les caractères ont été indiqués par les voyageurs.

Ce doute nous est suggéré, non-seulement par les différences dont nous venons de parler, mais aussi par celles que nous trouvons entre les proportions et la taille de l'individu décrit par Daudin, et celles du nôtre : « La queue, dit ce naturaliste, occupe près du quart de la longueur totale, qui est de deux pieds environ. » Au contraire, l'haje que nous avons examiné avait quatre pieds deux pouces du bout du museau à l'anus, et seulement huit pouces et demi de l'anus à l'extrémité du prolongement caudal : il était, par conséquent, deux fois et demi aussi grand que celui de Daudin; et sa queue ne formait que la septième partie environ de sa longueur totale. Nous croyons devoir ajouter ici que la taille de l'individu de Linné était vraisemblablement peu différente de celle du nôtre; car Linné, sans l'indiquer d'une manière précise, s'exprime ainsi : *Habitat in Ægypto inferiore, maximus,* etc. Or, il n'aurait pas employé ce dernier mot à l'égard d'une vipère qui n'aurait eu que deux pieds de long, la plupart des espèces du genre atteignant communément de semblables dimensions.

Le corps est, chez l'haje, un peu aplati de haut en bas : il a près d'un pouce et demi de large, et trois pouces de tour dans presque toute sa longueur. La queue, arrondie, mais un peu comprimée, a, vers son origine, deux pouces, et, vers sa partie moyenne, quinze lignes de circonférence.

Les écailles qui recouvrent la partie supérieure du corps sont généralement de forme ovale, et celles de la queue, de forme circulaire. Quelques-unes sont blanchâtres, ou variées de blanc et de brun-verdâtre ; mais le plus grand nombre est de cette dernière couleur. Les plaques abdominales, très-larges dans tous les sens, sont blanchâtres dans presque toutes les régions du corps; mais on remarque aussi, principalement dans la partie antérieure, des taches noires, qui tantôt ont une grande étendue, et tantôt ne comprennent que deux ou trois bandes, et quelquefois même une seule. La queue, généralement blanchâtre à sa partie inférieure, présente, comme le corps, des taches noirâtres; mais celles-ci sont toutes très-petites.

Cette vipère appartient au sous-genre *naïa* établi par Laurenti et adopté par M. Cuvier, par Merrem et par la plupart des auteurs modernes. Ce groupe singulier est, comme on sait, principalement caractérisé par la faculté que possèdent les espèces qui le composent, d'élargir en manière de disque la partie la plus antérieure de leur corps [1], en redressant et en tirant en avant les premières côtes, et par leur tête couverte, à leur partie supérieure, de grandes écailles semblables à celles des couleuvres. L'haje a, comme la plupart des espèces de ce dernier genre, neuf plaques disposées en trois rangées, et, de plus, quelques autres un peu moins larges placées autour de celles-ci : ces dernières sont sujettes à diverses variations, même d'un côté de la tête à l'autre.

L'haje est le serpent si célèbre chez les anciens

[1] *Voyez*, à ce sujet, la figure 4.

sous le nom d'aspic. Sa figure, gravée sur le portail d'un grand nombre de temples antiques, témoigne de la vénération dont de superstitieux préjugés l'avaient rendu l'objet. Les Égyptiens le révéraient comme l'emblème de la divinité protectrice du monde, et le gardien fidèle de leurs champs. Cette opinion avait son origine dans une habitude remarquable de l'haje : dès qu'on approche de lui, ce serpent dresse la tête pour veiller à sa propre sûreté et pour éviter d'être surpris sans défense; et c'est pour avoir mal compris et mal interprété ce mouvement qu'on lui avait fait une réputation de bienfaisance et presque de sagesse, quand on aurait dû s'occuper seulement des moyens de prévenir les dangers de sa morsure, et même, s'il était possible, de détruire sa redoutable espèce.

La cruelle efficacité du venin de cette vipère est en effet bien démontrée, et Forskael l'a même constatée par des expériences directes. La plus petite quantité placée dans une incision faite sur la cuisse d'un pigeon, suffit pour déterminer chez cet animal des vomissemens abondans et de violentes convulsions, et pour amener la mort au bout d'un quart d'heure.

La vipère haje est assez abondamment répandue en Égypte : elle se tient quelquefois dans les fossés, plus souvent dans les champs. Les cultivateurs sont donc exposés à la rencontrer fréquemment; mais, quoiqu'ils n'ignorent pas le danger de sa morsure, sa présence ne les empêche nullement de vaquer à leurs travaux ordinaires : connaissant bien les habitudes du redoutable reptile, ils savent qu'ils n'auraient à craindre d'être attaqués par lui, que s'ils venaient à commettre l'imprudence de s'en approcher. En effet, tant qu'ils se tiennent à quelque distance, l'haje se contente de les suivre du regard, en élevant sa tête et en prenant l'attitude dans laquelle la figure 4 le représente.

L'haje est celui de tous les reptiles dont les bateleurs du Kaire savent tirer le plus de parti : après lui avoir arraché les crochets venimeux, ils l'apprivoisent et le dressent à un grand nombre de tours plus ou moins singuliers. Successeurs et peut-être descendans de ces psylles antiques, si célèbres par les récits de Pline, et riches des traditions d'un art déjà ancien en Afrique avant l'ère chrétienne, ils savent produire des effets qui étonnent vivement le peuple ignorant de l'Égypte, et qui, sans doute, étonneraient plus vivement encore les savans de notre Europe. Ils peuvent, comme ils le disent, *changer l'haje en bâton* et *l'obliger à contrefaire le mort*. Lorsqu'ils veulent produire cet effet, ils lui crachent dans la gueule, le contraignent à la fermer, le couchent par terre; puis, comme pour lui donner un dernier ordre, lui appuient avec la main sur la tête [1], et aussitôt le

---

[1] La pratique des psylles antiques avait la plus grande ressemblance avec celle de leurs modernes imitateurs : c'était de même par des attouchemens et par l'usage de leur salive qu'ils prétendaient se rendre maîtres des serpens et guérir leurs morsures. C'est ce que Pline nous apprend par le passage suivant : « *Crates Pergamenus*, dit cet auteur, *in Hellesponto, circà Parium, genus hominum fuisse tradit, quos Ophiogenes vocat, serpentium ictus contactu levare solitos, et manû imparitâ venena extrahere corpori. Varro etiamnum esse paucos ibi,*

serpent devient roide et immobile, et tombe dans une sorte de catalepsie : ils le réveillent ensuite, quand il leur plaît, en saisissant sa queue, et la roulant fortement entre leurs mains. Mon père ayant été souvent en Égypte témoin oculaire de ces effets remarquables, crut s'apercevoir que de toutes les actions qui composent la pratique des psylles modernes, une seule était efficace pour la production du sommeil (si l'on peut employer cette expression); et voulant vérifier ce soupçon, il engagea un bateleur à se borner à toucher le dessus de la tête. Mais celui-ci reçut cette proposition comme celle d'un horrible sacrilége, et se refusa, malgré toutes les offres qu'on put lui faire, à contenter le désir qu'on lui avait témoigné. La conjecture de mon père était cependant bien fondée; car ayant appuyé un peu fortement le doigt sur la tête de l'haje, il vit aussitôt se manifester tous les phénomènes, suite ordinaire de la pratique mystérieuse du bateleur. Celui-ci, à la vue d'un tel effet, crut avoir été témoin d'un prodige en même temps que d'une affreuse profanation, et s'enfuit frappé de terreur.

Les psylles se vantent en effet de tenir de leurs an-

quorum salivæ contrà ictus serpentium medeantur. Similis et in Africâ gens psyllorum fuit, ut Agatharchides scribit... » Au reste, la salive de l'homme passait dans l'antiquité pour avoir beaucoup d'action et produire des effets très-remarquables sur les serpens. L'auteur dont nous venons de citer quelques lignes, ajoute un peu plus bas : « *Et tamen omnibus hominibus contrà serpentes inest venenum : feruntque ictus salivâ, ut ferventis aquæ contactum fugere. Quòd si in fauces penetraverit, etiàm mori : idque maximè humani jejuni oris.* » (l. vii, cap. 2.) — Consultez, sur les *psylles modernes*, les Mémoires de MM. de Chabrol et Jollois, t. xviii, p. 333 et 541.

cêtres et de posséder seuls le secret de commander aux animaux : ils engagent les gens du peuple à les imiter et à faire des tentatives qu'ils savent bien devoir être inutiles, et qui le sont en effet constamment; car ceux-ci, se bornant à faire ce qui les frappe le plus dans la pratique des bateleurs, se contentent de cracher dans la gueule du serpent, et ne réussissent jamais à l'endormir[1].

[1] Le batracien, figuré pl. 4, fig 1 et 2, ne nous est connu que par un dessin non colorié, et nous ne pouvons par conséquent rien ajouter à ce que peut apprendre l'inspection de la planche. Nous croyons donc devoir nous borner ici à remarquer que, dans l'état présent de la science, ce reptile appartient au genre crapaud, et ne peut conserver le nom de grenouille ponctuée, qui lui a été donné dans l'Atlas. Il est d'ailleurs important de ne pas le confondre avec un autre batracien anoure, pour lequel Daudin a également proposé le nom de *rana punctata*.

EXPLICATION SOMMAIRE

DES

PLANCHES DE REPTILES

(SUPPLÉMENT)

Publiées par Jules-César SAVIGNY,

Membre de l'Institut;

OFFRANT UN EXPOSÉ DES CARACTÈRES NATURELS DES GENRES
AVEC LA DISTINCTION DES ESPÈCES,

PAR VICTOR AUDOUIN*.

OBSERVATIONS PRÉLIMINAIRES.

La classe des reptiles comprend tous les animaux vertébrés qui, à l'état parfait, respirent à l'aide des poumons, mais dont le cœur est disposé de manière à n'envoyer à ces organes qu'une portion du sang qu'il a reçu des diverses parties du corps, et a renvoyer le reste à ces mêmes parties sans avoir passé par les poumons et sans avoir subi l'influence de l'air. D'après la classification proposée par M. Alexandre

---

* *Voyez* tome XXII, page 111, la Note concernant l'*Explication sommaire des planches dont les dessins* ont été *fournis par* M. J.-C. Savigny pour l'Histoire naturelle de l'ouvrage.

Brongniart et adoptée par la plupart des naturalistes, ces animaux sont divisés en quatre ordres; savoir :

Les CHÉLONIENS, dont le cœur présente deux oreillettes, et dont le corps, porté sur quatre pieds, est enveloppé par deux espèces de boucliers osseux;

Les SAURIENS, dont le cœur est également à deux oreillettes, et dont le corps, pourvu de deux ou de quatre pieds, est recouvert d'écailles;

Les OPHIDIENS, dont le cœur présente la même disposition, mais dont le corps est dépourvu de pieds;

Les BATRACIENS, dont le cœur n'a qu'une oreillette, dont le corps est nu, et dont la forme générale éprouve diverses métamorphoses avant que de parvenir à l'état parfait.

Les animaux représentés dans ces planches appartiennent seulement aux trois derniers ordres :

REPTILES.-SUPPLÉMENT.

PLANCHE 1.

Sauriens. . Geckos, agames, lézards.

PLANCHE 2.

Sauriens et *Batraciens*. Lézards, scinques, grenouilles.

PLANCHE 3.

Ophidiens.. Aspic.

PLANCHE 4.

—————— Vipères, couleuvres.

PLANCHE 5.

—————— Couleuvres.

REPTILES. - SUPPLÉMENT.

SAURIENS.

§. I.

GECKOS, AGAMES, LÉZARDS

(Reptiles.-Suppl., pl. 1).

Genre GECKO, *GECKO.* Daud.

(*Stellio*, Schneider; *Ascalabotes*, Cuv.)

Fig. 1 et 2.

Les animaux qui appartiennent au genre gecko présentent tous des caractères si tranchés, qu'il est facile au premier coup d'œil de les distinguer des autres sauriens. En effet, leurs doigts sont élargis à leur extrémité ou dans toute leur longueur, et garnis, en dessous, d'écailles ou de replis très-réguliers, à l'aide desquels ils se cramponnent après les murs et peuvent même marcher sur les plafonds. Cette disposition singulière les rapproche des anolis, qui présentent une expansion discoïde de la même nature, sous l'antépénultième phalange ; mais les doigts des geckos sont presque égaux, et ces animaux, au lieu d'avoir la forme élancée des lézards et des anolis, sont lourds et trapus, leur tête est aplatie et assez grosse ; leurs paupières, très-courtes, se retirent entièrement entre l'œil et l'orbite, et disparaissent, ce qui leur donne un aspect particulier ; leurs yeux sont très-grands, et la pupille se contracte à la lumière ; leur langue est charnue et non extensible ; leurs dents, très-petites et serrées les unes contre les autres, forment une rangée tout autour de la mâchoire. La peau de ces animaux est chagrinée en dessus ; en dessous on trouve des écailles un peu moins petites, plates et imbriquées ; leur queue présente des plis circulaires, mais, lorsqu'elle a été cassée, celle qui se reproduit en est dépourvue ; enfin, les ongles qui manquent dans quelques espèces sont recourbés et conservent toujours leur tranchant et leurs pointes.

Les geckos habitent les pays chauds des deux continens : ils n'ont pas l'agilité des lézards ; leur allure est triste ; ils redoutent l'éclat du jour, et c'est pendant la nuit qu'ils vont à la recherche de leur nourriture, qui consiste principalement en insectes.

Les espèces qui se rapportent au genre gecko sont très-nombreuses, et ont été divisées par M. Cuvier en quatre groupes, d'après la disposition de leurs doigts.

La première division des geckos comprend les *platydactyles*, dont les doigts sont élargis sur toute leur longueur, et garnis, en dessous, d'écailles transversales. Quelques-uns de ces animaux n'ont point d'ongles, leurs pouces sont peu développés ;

leur peau, toute couverte de tubercules, présente souvent des couleurs très-vives.

Les *hémidactyles*, qui constituent la seconde division des geckos, présentent, à la base de leurs doigts, un disque ovale formé, en dessous, par deux rangées d'écailles disposées en chevrons. La seconde phalange, qui est très-grêle, s'élève du milieu de ce disque, et porte à son extrémité l'ongle ou la troisième phalange.

Les *thécadactyles* ou geckos de la troisième division, se distinguent des platydactyles en ce que les écailles transversales qui garnissent la face inférieure de leurs doigts, sont partagées par un sillon longitudinal, assez profond pour que l'ongle puisse s'y cacher complètement.

Enfin, les *ptyodactyles* ont le bout des doigts seulement dilaté en une plaque fendue pour loger l'ongle, et striée en éventail à sa face inférieure.

Fig. 1. GECKO DE SAVIGNY
(*Gecko Savignyi*).

Cette espèce de gecko platydactyle n'est peut-être qu'une variété du gecko annulaire figuré par M. Geoffroy, pl. 5 des *Reptiles*, fig. 6 et 7; il se rapproche beaucoup, ainsi que ce dernier, du gecko à gouttelettes de Daudin, qui habite tout l'archipel Indien, et qui est figuré dans l'ouvrage de Seba, t. 1, pl. 108. Quoi qu'il en soit, et en attendant que l'on ait fixé la valeur des caractères dont on s'est servi pour distinguer les différens reptiles d'un même genre, nous

devons regarder le gecko, auquel nous donnons le nom de M. Savigny, comme étant une espèce nouvelle; car aucune figure ni aucune des descriptions que l'on a données des autres espèces de geckos ne peuvent s'y appliquer exactement.

Cet animal, d'un volume assez considérable, est d'une forme lourde et disgracieuse. Sa tête est très-grosse et très-large près du tympan; son ventre est un peu renflé; sa queue, plus longue que le reste du corps, est cylindrique, terminée en pointe, et formée d'environ cinq anneaux adaptés les uns aux autres, comme les tubes d'une lunette; enfin, ses membres sont assez gros, et les cinq doigts larges et épatés qui les terminent, sont pourvus d'ongles, dont deux au moins sont rudimentaires. Les écailles qui recouvrent tout le corps sont très-petites, hexagonales et placées à côtés les unes des autres, si ce n'est sous la queue et les pattes, où elles sont imbriquées. Tout le dessus de la tête est recouvert d'une multitude de petites éminences arrondies et semblables à des verrues, qui donnent à cette partie un aspect comme framboisé; sur le reste de la face supérieure du corps, on trouve encore de ces petites excroissances, mais elles sont assez écartées les unes des autres : sur le dos et sur les flancs, leur forme est un peu ovalaire, et elles constituent plusieurs rangées longitudinales assez régulières. Sur les membres, les verrues ne sont pas disposées avec la même régularité; mais, à la queue, elles forment, pour chacun des treize premiers anneaux, une sorte de petit chaînon transversal; les autres segmens en sont dépourvus. Enfin, sur les parties latérales du bord inférieur des treize anneaux antérieurs, on remarque, de chaque côté, une espèce d'épine arrondie, dirigée en arrière, et qui paraît formée par un tubercule ayant atteint un développement très-considérable. La couleur générale de ce gecko, dont nous avons eu le dessin à notre disposition, est d'un gris-rose terne; le dessus de la tête est d'un jaune-olive obscur au milieu, blanchâtre sur les côtés : les tempes sont, au contraire, d'un lilas assez clair, et la nuque d'une couleur obscure et mélangée de gris et d'olive. Enfin, à la partie antérieure et supérieure du dos, on voit, de chaque côté de la ligne médiane, deux taches d'un blanc plus ou moins vif, et bordées, en avant et sur les côtés, par un demi-anneau d'un noir velouté, ayant la forme d'un fer à cheval. La disposition de ces taches est très-remarquable, et peut servir à faire distinguer au premier coup d'œil le gecko de Savigny du gecko annulaire et du gecko à gouttelettes, qui, à cette différence près, lui ressemble beaucoup.

1. 1. Individu de grandeur naturelle, vu en dessus.

	Cent.
Longueur totale.	25,6
———— de la tête.	3,5
———— du corps.	9,5
———— de la queue.	12,6

1. 2. Tête vue en dessous pour montrer la disposition des plaques qui garnissent la mâchoire inférieure.
1. 3. Un anneau de la queue vu en dessous.
1. 4. Patte vue en dessous, montrant un des doigts plus

gros que nature : on remarque les plaques transversales qui le garnissent depuis sa base jusqu'à sa pointe, et qui ne présentent point de fente capable de cacher l'ongle crochu que l'on aperçoit à l'extrémité du doigt. Il existe simplement un petit sillon.

1. 5, 1. 6, 1. 7. Diverses écailles de grandeur naturelle et plus ou moins grossies.

Fig. 2. GECKO DES MAISONS, Cuv.

(*Lac. gecko* Hasselquist, *Stellio Hasselquistii*, Schn.; *Gecko lobatus*, Geoffroy, *Rept. eg.* v, 5).

La forme générale de cet animal ne s'éloigne pas beaucoup de celle du gecko de Savigny, quoiqu'il soit beaucoup plus petit. Sa tête, plus grosse proportionnellement au corps, est très-renflée vers les tempes et autour du tympan; sa queue, cylindrique, assez grêle, est moins longue que dans l'espèce précédente; ses pattes, au contraire, sont beaucoup plus allongées. Il se distingue surtout par ses doigts qui présentent, près de leur extrémité, un épanouissement arrondi, aplati, fendu au milieu pour loger l'ongle, et strié en éventail à sa face inférieure : ce caractère fixe sa place dans la section des ptyodactyles. Tous les doigts des membres antérieurs sont à peu près de la même longueur et également écartés les uns des autres; mais aux pattes postérieures, le doigt médian est le plus long et l'externe le plus court; enfin, le doigt interne est un peu séparé des autres. La peau de ce reptile, recouverte d'écailles extrêmement petites et comme chagrinée, présente un grand nombre de petites saillies arrondies et verruqueuses, disposées irrégulièrement sur la tête, le dos et les membres, mais formant sur la queue des anneaux transversaux réguliers. Sa couleur générale est d'un gris-roussâtre très-pâle. Sur le dos, on remarque trois rangées longitudinales de larges taches arrondies, d'une couleur plus foncée : l'une de ces bandes occupe la ligne médiane du dos; les deux autres sont placées sur les flancs. On voit sur les membres postérieurs des taches de la même couleur. La queue est entourée également de bandes transversales blanches et violet-rougeâtre : ces dernières correspondent aux rangées circulaires de verrues; leur bord postérieur est très-tranché, mais antérieurement elles se fondent graduellement avec la bande blanche. Enfin, les plaques qui entourent la bouche sont d'une couleur jaune-verdâtre clair.

Ce gecko, dont nous avons vu le dessin, est une variété de l'espèce figurée et décrite par M. Geoffroy Saint-Hilaire, sous le nom de gecko lobé.

2. 1. Individu de grandeur naturelle, vu sur le dos.

	Cent.
Longueur totale.	14,6
———— de la tête.	2,4
———— du corps.	5,4
———— de la queue.	6,8
———— du membre antérieur.	3,6
———— du membre postérieur.	4,7

2. 2. Tête vue par sa face supérieure et grossie pour montrer la disposition des écailles de cette partie, qui

sont beaucoup plus larges sur le museau que sur l'occiput.

2. *3*. Tête également grossie représentée par sa face inférieure. On remarque les deux rangées de plaques de la mâchoire.

2. *4*. Écailles de la queue, très-grossies.

2. *5*. Tête appartenant peut-être à un jeune individu; il semblerait qu'elle a été dépouillée de la peau.

2. *6*. Patte postérieure vue par sa face inférieure, et ayant tous les doigts tronqués, à l'exception d'un seul. On remarque la disposition des disques situés à l'extrémité des doigts, et qui caractérisent la section des geckos ptyodactyles.

Genre AGAME, *AGAMA*. Daud.

Fig. 3, 4, 5, 6.

Les agames, comme tous les autres sauriens de la famille des iguaniens (Cuvier), ont la forme générale, la queue allongée et les doigts libres et inégaux des lézards, dont ils diffèrent par la disposition de leur langue, qui est charnue, épaisse, non extensible et échancrée au bout seulement. Mais ce genre est facile à distinguer des dragons, des basilics, des iguanes et des autres animaux de la même famille, par une physionomie particulière et par les caractères suivans. Leur tête est grosse, calleuse et dilatée vers l'occiput : ils peuvent à volonté remplir leur gorge de manière à former une espèce de goître; leur corps est allongé et plus ou moins épais; leur queue, fort longue et cylindrique, ou légèrement comprimée, est couverte d'écailles imbriquées et en général rhomboïdales et crénelées.

Les agames forment cinq groupes naturels, assez distincts; savoir, les agames proprement dits, les galéotes, les lophyres, les tapayes, les changeans. Ce nombre serait porté à six, si le saurien désigné sous le nom d'agame à queue prenante, appartenait réellement à ce genre; mais la description que Félix d'Azara en a donnée, et qui est la seule que l'on possède, est trop incomplète pour qu'il soit possible de le décider.

Les AGAMES proprement dits (Cuvier) sont caractérisés par les écailles relevées en pointes qui hérissent diverses parties de leur corps, par l'absence complète de verrues, par le fanon qui existe sous leur gorge, lors même que l'animal ne la remplit pas, et par l'absence de crête dorsale sur leur queue, qui est cylindrique.

Les GALÉOTES (Cuvier) sont régulièrement couverts d'écailles imbriquées, libres et tranchantes sur les bords, et souvent carénées et pointues, tant sur le corps que sur la queue et sur les membres; celles du milieu du dos forment une crête épineuse plus ou moins étendue; enfin, ils n'ont ni fanons, ni pores visibles aux cuisses.

Les LOPHYRES (Duméril) ressemblent beaucoup aux galéotes; mais leur crête dorsale, très-élevée, se prolonge sur la queue : aussi celle-ci est-elle comprimée latéralement au lieu d'être cylindrique.

Les TAPAYES ou agames orbiculaires (Daudin) ont

le corps trapu, la queue cylindrique et courte, et présentent un ou deux plis transversaux sous la gorge; ils peuvent à volonté, gonfler la peau de leur ventre, comme le font les crapauds, et ont la faculté de changer de couleur.

Les CHANGEANS (Cuvier) se reconnaissent à leur tête renflée et semblable par sa forme à celle des autres agames, et à leurs écailles, qui sont toutes très-petites, lisses et sans épines.

Les agames paraissent être tous exotiques; ceux représentés dans la pl. 1re appartiennent à la division des agames proprement dits et des changeans.

FIG. 3. CHANGEANT DE SAVIGNY

(*Trapelus Savignyi*).

Ce petit animal ressemble, par sa forme générale, à l'agame variable représenté par M. Geoffroy de Saint-Hilaire; cependant il existe une telle différence entre la figure donnée par ce savant et celle produite par M. Savigny, que nous croyons devoir l'en distinguer. Sa tête est extrêmement forte, relativement au reste du corps; son ventre est un peu renflé et sa queue, cylindrique et pointue, n'est guère plus longue que lui. Les membres sont assez allongés, et les doigts sont minces et garnis d'un ongle pointu. Les écailles qui recouvrent la tête, le corps et les membres, sont d'une petitesse extrême: à la face inférieure du corps, on peut à peine les distinguer les unes des autres; sur la queue, au contraire, elles sont un peu plus développées, et autour de la bouche on trouve des plaques assez grandes; Enfin ici, comme chez tous les autres agames de cette division, ces écailles sont toutes lisses et sans épines, si ce n'est sous les doigts, où elles sont dentelées et imbriquées. La couleur générale de l'animal est le gris-violacé; mais presque tout son corps est couvert de petites taches formées par la réunion d'un certain nombre de petits points blancs et entourées d'une espèce de cercle violet-rougeâtre très-foncé. Cette disposition se remarque sur la face supérieure de la tête, du corps et des membres : mais sur la queue on observe des bandes transversales, les unes blanches, les autres d'un violet-rougeâtre; ces dernières sont deux fois aussi larges que les blanches. Enfin, le dessous de la tête et du corps est d'un blanc sale tirant sur le jaune-verdâtre.

3. 1. Individu représenté au trait, et peut-être jeune, de grandeur naturelle.

	Cent.
Longueur totale.	5,2
—————— de la tête.	1,1
—————— du corps.	2,1
—————— de la queue.	2

3. 2. Le même grossi, et vu de trois-quarts.
3. 3. Tête vue en dessous.
3. 4. Un des doigts isolé et grossi excessivement.

Fig. 4. CHANGEANT DE SAVIGNY, Variété.

(*Trapelus Savignyi*, Var.)

Cet animal ressemble beaucoup au précédent, tant par sa forme générale que par sa couleur; mais il est beaucoup plus grand, peut-être est-ce un individu adulte. Les taches blanches qu'on remarque sur son corps sont moins vives, beaucoup plus larges et presque confondues les unes avec les autres; les cercles, d'un violet-rougeâtre, ne les entourent que partiellement; enfin, les bandes violettes de la queue, au lieu d'être larges et transversales, sont des taches étroites et disposées en carreaux.

4. 1. Individu de grandeur naturelle.

	Cent.
Longueur totale.	12,4
—————— de la tête.	2,3
—————— du corps.	4,8
—————— de la queue.	5,3

4. 2. Tête vue de profil et beaucoup grossie.

Fig. 5. AGAME AGILE, Oliv.

(*Agama agilis*, Olivier, *Voyage dans le Levant*, pl. xxix, fig. 2).

L'agame agile est d'une forme svelte et assez élégante; sa tête, dont la grandeur est bien proportionnée, est relevée au-dessus des yeux en forme de sourcils. Derrière elle, la peau présente plusieurs replis, et sous la gorge se trouve un fanon très-développé, à trois replis, l'un médian, les deux autres latéraux. La forme du corps ne présente rien de remarquable : les doigts, tous armés d'ongles aigus, sont placés, aux pattes antérieures, à peu près sur la même ligne; le second et le troisième, en comptant de dehors en dedans, sont les plus longs, et l'interne est le plus court : aux membres postérieurs, au contraire, le doigt externe est implanté très-près de l'articulation tibio-tarsienne, tandis que les quatre autres ne commencent guère qu'au niveau de sa phalange onguéale. Enfin, la queue est cylindrique, pointue et plus longue que le reste de l'animal.

Les écailles qui couvrent le dessus de la tête sont de grandeurs très-différentes, pointues et saillantes : celles du corps et de la queue sont, au contraire, disposées avec une grande regularité; elles se recouvrent les unes les autres à la manière des tuiles, chacune d'elles présente, à sa partie moyenne, une ligne saillante, et se termine postérieurement par une pointe; enfin, celles qui garnissent la face palmaire des doigts sont verticillées. La couleur générale de cet agame est un jaune-verdâtre tirant sur l'olive : sur le dos, on observe des rangées longitudinales de larges taches brunes assez foncées; mais sur la queue ces taches se réunissent de manière à former des bandes transversales. Enfin, le dessous de la tête et le fanon sont d'une couleur bleue éclatante, très-belle.

Cette espèce ne nous paraît pas différer de celle décrite par Olivier sous le nom d'agame agile, et qui habite, suivant ce voyageur, les environs de Baghdâd.

5. 2. Individu de grandeur naturelle.

	Cent.
Longueur totale.	22
———— de la tête.	3
———— du corps.	6,5
———— de la queue.	12,5

5. 2. Tête vue en dessus et grossie.
5. 3. La même représentée en dessous.
5. 4. Patte postérieure grossie.

Fig. 6. AGAME RUDE, Oliv.

(*Agama ruderata*, Olivier, *Voyage dans le Levant*, pl. XXIX, fig. 3).

La forme générale de l'agame rude est assez semblable à celle de l'agame agile; son fanon est moins développé; son corps, assez large, en arrière du sternum, se rétrécit beaucoup au devant du bassin. Les écailles qui couvrent sa tête, son corps et ses membres sont de grandeurs inégales : généralement elles sont assez petites, pointues, légèrement carénées, imbriquées et disposées avec régularité; mais d'espaces en espaces il s'en élève qui sont de beaucoup plus grandes que les autres, pointues et libres par leur bord postérieur. Sur la queue, on ne voit point de ces grandes écailles épineuses, mais sur le dos il en existe un grand nombre, plusieurs constituent une espèce de crête dorsale; sur la tête on en trouve aussi quelques-unes, mais elles diffèrent moins des autres, car toutes sont très-grandes et saillantes. Les écailles de la face inférieure du corps sont, au contraire, uniformes et non hérissées de pointes.

Le dessus de la tête de cet agame est d'une couleur bleu-grisâtre; le dessous présente des raies de la même teinte, alternant avec d'autres raies blanches mêlées de jaune-olive. La couleur générale du dos est un gris pâle, mais on y voit un grand nombre de taches nuancées de gris-bleuâtre beaucoup plus foncé et de jaune-verdâtre; sur la queue, les taches grises affectent la disposition de bandes transversales; enfin, les flancs, les côtés de la queue et le dessous des pattes sont d'une teinte jaune-verdâtre.

La description qu'Olivier a faite de son agame rude convient assez bien à l'individu représenté ici, et la figure qu'il en a donnée ne peut laisser aucune incertitude sur l'identité spécifique, car une légère différence dans les couleurs pourrait tout au plus les faire regarder comme des variétés l'un de l'autre. Voici ce qu'il en dit : « Elle est d'un gris clair nuancé d'un gris nébuleux; la tête et tout le dessous du corps sont couverts d'écailles de grandeurs inégales, dont quelques-unes, plus grandes et plus élevées, ressemblent à de petites verrues. Les écailles de la queue ont une ligne élevée au milieu; celles du ventre sont simples, rhomboïdales, un peu terminées en pointes. » (*Voyage dans l'Empire ottoman*, tome II, page 428.) L'agame rude d'Olivier est très-commun en Perse et au nord de l'Arabie : il fait son trou dans la terre et court à sa surface avec une grande agilité pendant la chaleur du jour; mais le matin on le trouve quelquefois dans une sorte d'engourdissement.

6. *1*. Individu de grandeur naturelle.

	Cent.
Longueur totale.	15,7
——— de la tête.	2,2

	Cent.
Longueur du corps	5,″
—— de la queue	8,5

6. 2. Tête grossie et vue en dessus.
6. 3. La même représentée en dessous.

Genre LÉZARD, *LACERTA*.

Fig. 7-11.

Les reptiles de la famille des lacertiens sont caractérisés par leur langue mince, extensible et terminée par deux longs filets. Leur corps est allongé; leurs doigts, au nombre de cinq à chaque pied, sont séparés, inégaux, non opposables, et tous armés d'ongles. Leur tympan est membraneux et à fleur de tête; leurs yeux sont protégés par un prolongement cutané orbiculaire, fendu longitudinalement, qui se ferme par un sphyncter, et à l'angle antérieur duquel se trouve un vestige de troisième paupière. Sous le ventre et sous la queue, leurs écailles sont disposées par bandes transversales; leurs fausses côtes ne se réunissent point sur la ligne médiane inférieure; leur anus est fendu transversalement, et, chez les mâles, on trouve une double verge.

Les lézards proprement dits forment le deuxième genre de la famille des lacertiens. On les reconnaît aux deux rangées de dents dont leur palais est armé, et au collier qu'ils portent sous le cou et qui est formé par une rangée transversale de larges écailles séparées de celles du ventre par un espace où il n'y en a que de très-petites, comme sous la gorge. La partie supérieure de leur tête est munie d'une espèce de bouclier formé par une partie des os du crâne qui s'avancent sur les tempes et les orbites. Enfin, leur queue est cylindrique et ne présente ni crête ni carène.

La forme générale des lézards est assez élégante; leurs couleurs sont souvent très-vives et leur agilité est extrême. Pendant la saison froide, ils s'engourdissent, et même, dans les jours les plus chauds, on les voit rechercher les rayons du soleil. Les insectes, les petits mollusques terrestres et les œufs d'oiseaux constituent la principale nourriture de ces animaux. Ils ne paraissent pas dépourvus d'une certaine intelligence, et sont naturellement très-doux. Le moindre danger les fait fuir avec rapidité; mais lorsqu'ils se voient réduits à la défensive, ils montrent du courage et de l'adresse. Au printemps, ils changent de peau, et quand ils sont remis de l'espèce de maladie qui accompagne ce phénomène, ils se livrent aux plaisirs de l'amour. Les mâles sont monoïques, et souvent se battent avec acharnement pour la possession d'une femelle; les individus de chaque couple restent ensemble pendant toute la saison. Leurs œufs sont blanchâtres et membraneux, et c'est la chaleur du soleil qui les fait éclore. Enfin, la queue de ces animaux, d'une extrême fragilité, se détache plus ou moins près de sa base, au moindre effort : le lézard qui a éprouvé cette mutilation ne paraît nullement en souffrir, et, ce qui est plus remarquable encore, il répare bientôt cette perte; mais la nouvelle queue qui se forme n'est pas toujours semblable à l'ancienne, et souvent elle est bifurquée.

Le genre lézard, tel que M. Cuvier l'a décrit, comprend deux sous-genres assez distincts, les takydromes et les lézards proprement dits. Les premiers, dont la queue est excessivement longue par rapport au corps, se rapprochent un peu des serpens par leur forme générale. Ils ont des rangées d'écailles carrées même sur le dos, et deux vésicules aux côtés de l'anus, mais point de tubercules poreux sous les cuisses. Les lézards proprement dits sont, au contraire, dépourvus de vésicules anales, et présentent, à la face interne des cuisses, une rangée longitudinale d'écailles tuberculeuses et percées à leur sommet de pores circulaires. Les espèces figurées dans cette planche et dans la suivante appartiennent toutes à cette division. Mon ami, M. Milne Edwards, qui s'occupe actuellement de recherches zoologiques et anatomiques sur le genre lézard, m'a communiqué la partie de son travail qui a rapport à ces animaux; les détails dans lesquels je vais entrer seront d'autant mieux accueillis des naturalistes, qu'aucun d'eux n'ignore que cette partie de l'herpétologie est une des plus obscures et a toujours été traitée assez légèrement. Les excellens dessins de M. Savigny prouvent qu'il avait aperçu cette lacune, et qu'il se proposait d'étudier avec soin et comparativement les espèces recueillies en Égypte.

Fig. 7. LÉZARD GRIS POMMELÉ

(*Lacerta scutellata*).

La forme générale et les proportions de ce lézard diffèrent peu de celles de notre lézard gris des murailles. Sa tête est pointue, mais peu allongée. Sa queue est à peu près deux fois aussi longue que le corps, la tête exceptée. Les tempes sont chagrinées comme le dos et ne présentent point de plaques semblables à celles qui recouvrent le haut de la tête. Les écailles du ventre ne se distinguent pas nettement de celles du thorax; leur bord externe est très-oblique: elles sont uniformes, et paraissent former des rangées transversales plutôt que longitudinales; enfin, on en compte de chaque côté de la ligne médiane six par rangée transversale. Parmi les écailles situées au-devant de l'anus, celle qui occupe la ligne médiane n'est guère plus large que les autres; celles de la queue, très-étroites et verticillées, sont marquées chacune d'une ligne longitudinale peu saillante. Enfin, les pores que l'on observe sous les cuisses sont petits et au nombre de vingt-trois de chaque côté. Le dessus de la tête de ce lézard est jaunâtre et présente de petites taches bleuâtres. Le dos et la face externe des membres sont pommelés de gris-perle très-pâle et de gris-ardoise violacé. Les écailles, de couleur claire, forment de petites taches irrégulières, très-rapprochées, et séparées entre elles par de petites lignes d'écailles de couleur foncée, qui se joignent toutes de manière à former une espèce de réseau dont les mailles sont représentées par les taches gris de perle. La face supérieure de la queue est également d'un gris perlé très-pâle avec quelques taches ardoises. Enfin, tout le dessous de l'animal est d'un blanc légèrement citrin.

7. 1. Individu de grandeur naturelle, vu en dessus.
7. 2. Le même vu en dessous.
7. 3. Tête vue par sa face supérieure et grossie.
7. 4. Portion de la face supérieure de la queue grossie.
7. 5. La même portion vue par sa face inférieure.

Fig. 8. LÉZARD DE SAVIGNY

(*Lacerta Savignyi*).

Quoique le lézard auquel nous donnons le nom de M. Savigny, ait beaucoup d'analogie avec le lézard pommelé, nous le regardons comme appartenant à une espèce distincte, à cause des différences que l'on remarque dans la forme et la disposition des écailles chez ces deux espèces. En effet, on trouve, à la partie antérieure du front, deux petites plaques impaires qui n'existent point dans le lézard pommelé ; et en arrière des plaques postérieures, on remarque une rangée moniliforme de plaques arrondies, saillantes et très-petites, mais bien distinctes des écailles chagrinées de la nuque. Les écailles qui recouvrent le ventre diffèrent beaucoup de celles du thorax ; elles sont régulièrement arrondies à leurs bords latéraux et inférieurs, et au nombre de trois seulement de chaque côté de la ligne médiane. L'écaille impaire, située au devant de l'anus, est beaucoup plus large que celles placées à ses côtés. Sa queue, à peu près deux fois aussi longue que le reste du corps y compris la tête, est verticillée dans ses trois quarts postérieurs ; mais, près de sa base, les écailles qui recouvrent sa face supérieure sont arrondies, et diffèrent de celles situées sur les côtés ou plus loin en arrière. Ces dernières sont semblables à celles de la queue du lézard pommelé, seulement leur carène est plus marquée. Le dessus de la tête de ce lézard est jaune-verdâtre mêlé de taches bleuâtres ; tout le dessus du corps est tacheté de gris-perle très-pâle et de gris-ardoise violacé très-foncé. Les taches de couleur pâle sont disposées à peu près comme dans le lézard pommelé ; mais elles sont plus larges et moins régulièrement circonscrites. Les lignes bleuâtres qui les séparent se terminent brusquement vers le haut des flancs, et apparaissent de nouveau à quelque distance au-dessous ; en sorte que la teinte générale gris pâle forme, dans cette partie, une raie longitudinale non interrompue depuis la tête jusqu'à la base de la queue. Le dessus de la queue est d'un gris-perle très-pâle mêlé de teintes jaunâtres et de quelques taches d'un gris-ardoise. Enfin, tout le dessous de l'animal est de couleur blanche légèrement jaunâtre.

8. 1. Individu de grandeur naturelle, vu en dessus.
8. 2. Le même vu en dessous.
8. 3. Tête vue par sa face supérieure et grossie.
8. 4. Portion de la face supérieure de la queue très-grossie.

8. *5.* La même portion vue par la face inférieure.

Fig. 9. LÉZARD BOSQUIEN, Daud.

(*Lacerta Boskiana*, Daud.)

Ce lézard, dont la couleur est grise, avec sept raies longitudinales, a la forme générale de l'espèce précédente ; seulement sa tête est un peu plus allongée et plus éloignée des épaules, et la queue est un peu plus longue. Les plaques qui recouvrent sa tête ne se prolongent pas postérieurement jusqu'au niveau des méats auditifs. La partie antérieure du dos est chagrinée ; mais, près de la queue, les écailles deviennent plus grandes, pointues et imbriquées : celles de la face supérieure de la base de la queue sont même carénées et arrondies ou pointues ; sur les côtés et postérieurement, la queue est verticillée. Enfin, les écailles de l'abdomen forment huit rangées longitudinales, et sont presque rectangulaires.

La couleur générale de ce lézard, dont nous avons vu le dessin, est d'un bleu terne très-foncé. Les plaques qui recouvrent la tête sont plus pâles que les autres et bordées de blanc. En arrière de la tête, on voit deux petites raies blanchâtres, très-rapprochées l'une de l'autre, qui se portent en arrière et ne tardent pas à se réunir : la bande impaire, ainsi formée, longe la ligne médiane du dos et se termine en pointe près de l'origine de la queue. De chaque côté se trouvent trois autres raies longitudinales et parallèles, de la même couleur, qui commencent immédiatement derrière la tête : la ligne supérieure se réunit à celle du côté opposé, un peu en arrière de la terminaison de la raie médiane, et se perd bientôt sur la face supérieure de la queue ; la ligne suivante se prolonge beaucoup plus loin, et se perd sans s'être réunie à sa congénère. Enfin, la troisième raie, ou la plus inférieure, commence à la partie moyenne du bord postérieur du méat auditif, passe au-dessus de l'articulation scapulo-humérale, et va se terminer au-devant de la cuisse. Entre chacune de ces raies blanchâtres, et sur les lignes foncées qui les séparent, on remarque aussi une série de petites taches blanches, formées par la réunion de quatre à six petits points blancs. Enfin, la partie externe des membres postérieurs présente des taches arrondies de la même nature, mais plus grandes.

9. 1. Individu peut-être grossi, vu en dessus.
9. 2. Tête d'un individu peut-être de grandeur naturelle, vue en dessus.

Fig. 10. LÉZARD RUDE
(*Lacerta asper*).

Le défaut de renseignemens suffisans ne nous permet pas d'exposer ici les caractères propres à ce lézard, ni d'assurer que ce soit une espèce distincte de la précédente ou de celle qui suit ; cependant nous lui assignons un nom : ses couleurs sont à peu près les mêmes ; mais il en diffère par la disposition des écailles, qui recouvrent la moitié postérieure de son dos et qui sont assez grandes, imbriquées, carénées et pointues. La forme du méat auditif est également un peu différente.

10. *1*. Individu de grandeur naturelle, et vu de trois-quarts.

Fig. 11. LÉZARD D'OLIVIER
(*Lacerta Olivieri*).

Ce lézard, qui se rapproche, sous quelques rapports, du lézard Bosquien, s'en éloigne par des caractères assez tranchés : sa queue n'est pas beaucoup plus longue que le reste du corps. La peau du dos n'est point écailleuse, mais seulement chagrinée dans toute son étendue. Le quart antérieur de la face supérieure de la queue est couvert d'écailles pointues, carénées et imbriquées; dans le reste de son étendue, elle est verticillée. Nous ne connaissons point la disposition des écailles abdominales. La couleur générale de ce lézard est gris-lilas; les plaques qui recouvrent la tête et les membres sont de la même couleur que le dos, mais plus pâles, et présentent également un grand nombre de petites taches irrégulières d'une teinte beaucoup plus foncée que le reste.

11. *1*. Individu de grandeur naturelle.
11. 2. Tête vue en dessus et grossie.

§. II.

LÉZARDS, SCINQUES, GRENOUILLES

(Reptiles.-Suppl., pl. 2).

Genre LÉZARD.

Fig. 1 et 2.

Fig. 1. LÉZARD D'OLIVIER

(*Lacerta Olivieri*).

Ce lézard ressemble beaucoup à l'espèce figurée sous le n°. 11 dans la planche qui précède, et nous ne voyons aucun caractère suffisant pour l'en distinguer : les différences que l'on observe semblent appartenir à l'âge : cet individu nous paraît être encore très-jeune. Sa queue est plus de deux fois aussi longue que le corps, et verticillée dans toute son étendue : les écailles situées sous la gorge, au devant du collier, sont assez larges ; celles du thorax ne diffèrent que peu de celles du ventre, et constituent trois rangées transversales ; les écailles du ventre sont arrondies et forment huit rangées longitudinales à peu près de même grandeur. Les pores, placés sous les cuisses, sont très-gros ; on en compte treize de chaque côté. Enfin, l'écaille médiane, située au devant de l'anus, est extrêmement grande, et recouvre presque à elle seule, toute la portion de la queue située entre le bord antérieur de cette ouverture et les cuisses. La couleur de ce lézard est grise tant sur le dos que sur la tête, la queue, les membres et les flancs. Sur le dos, on remarque quatre rangées de taches moitié noires, moitié blanches : celles qui forment la ligne inférieure sont les plus petites, et leur portion blanche est située en haut ; les taches, qui appartiennent à la rangée supérieure, ont une disposition inverse ; enfin, sur la partie médiane du dos, sur la queue et sur les pattes postérieures, on voit encore de petites taches noires, mais qui, pour la plupart, ne sont pas mêlées de blanc. Le dessous de l'animal est d'un blanc-grisâtre.

1. 1. Individu qu'on croit être un jeune, de grandeur naturelle.
1. 2. Le même considérablement grossi et vu en dessus.
1. 3. Le même vu en dessous.
1. 4. Tête vue en dessus et très-grossie.
1. 5, 6, 7 et 8. Portions tant supérieures qu'inférieures de la queue considérablement grossies.

Fig. 2. LÉZARD D'OLIVIER, Variété.
(*Lacerta Olivieri*, Var.)

Ce lézard paraît être une variété de l'espèce précédente, il lui ressemble beaucoup par la disposition de ses écailles et par sa couleur générale ; cependant, au lieu de quatre rangées de taches noires sur le dos, il offre quatre bandes de la même couleur : la supérieure commence à l'occiput, et est bordée, de chaque côté, de petites taches blanches ; la seconde s'étend jusqu'aux yeux, et présente dans son intérieur une série de petits points blancs; enfin, on voit une troisième ligne noirâtre sur chaque flanc.

2. 1. Individu de grandeur naturelle.
2. 2. Le même grossi.
2. 3, 4, 5, 6. Portions supérieures et inférieures de la queue considérablement grossies.

Genre SCINQUE, *SCINCUS*. Daud.

Fig. 3-10.

La famille des scincoïdiens, ou la dernière des reptiles sauriens, comprend les sauriens dont les pieds sont très-courts, la langue non extensible et le corps tout couvert d'écailles égales et imbriquées. Les scinques proprement dits se reconnaissent à la forme de leur corps tout d'une venue avec la queue, sans renflement à l'occiput, sans crêtes ni fanon. Les uns ont la forme d'un fuseau, d'autres, presque cylindriques, ressemblent à des serpens. Leurs pieds sont très-courts et munis chacun de cinq doigts libres, petits, minces, onguiculés et presque égaux. Les écailles qui couvrent tout leur corps sont uniformes, arrondies ou elliptiques, imbriquées et assez semblables, par leur forme et leur disposition, à celles des carpes. Leur tête, à peine aussi grosse que le cou, oblongue et un peu obtuse, est couverte d'un certain nombre de plaques. Leur langue est charnue, peu extensible et échancrée; leurs mâchoires sont garnies, tout autour, de petites dents dont on voit aussi deux petites rangées au palais. Leur tympan, assez semblable à celui des lézards, est cependant plus enfoncé, et souvent le bord antérieur du méat auditif est garni d'une petite membrane dentelée. Leur anus et leur verge ressemblent à ceux des lézards.

Malgré l'état presque rudimentaire des pieds d'un grand nombre de scinques, il paraît qu'ils se meuvent avec une grande vivacité et sont presque aussi agiles que les lézards. Ils habitent les lieux secs et pierreux, recherchent la chaleur et se nourrissent principalement d'insectes.

Fig. 3. SCINQUE DE SAVIGNY
(*Scincus Savignyi*).

La forme générale de cette espèce que nous nommons scinque de Savigny, se rapproche beaucoup de celle de quelques lézards à queue courte. En effet, la partie antérieure du thorax est un peu renflée; les membres sont très-développés, et les doigts minces, allongés et garnis d'ongles crochus, sont très-inégaux en longueur; enfin, la queue, plus longue que le corps, est recouverte, en dessus, de larges écailles assez semblables à celles que l'on voit au ventre des lézards. La couleur générale de cet animal est brune; derrière la tête, elle est presque noire : la queue, au contraire, est assez pâle. Trois bandes jaunes longitudinales se remarquent à la face dorsale du corps : les trois supérieures, dont une médiane et deux latérales, sont peu marquées et ne commencent à être distinctes que derrière le cou; les deux inférieures, au contraire, commencent sur les mâchoires et se prolongent un peu sur la queue. Enfin, la gorge est d'une couleur brune-noirâtre très-foncée, les pattes sont d'un brun-verdâtre uni, et le ventre d'un gris-jaunâtre peu foncé.

3. *1.* Individu de grandeur naturelle.

	Cent.
Longueur totale.............	18,"
———— de la tête...........	2,"
———— du corps............	6,4
———— de la queue..........	9,6
———— du membre antérieur.....	3,3
———— du membre postérieur....	3,9

3. *2.* Tête vue en dessus et très-grossie.
3. *3.* La même vue en dessous.
3. *4.* Patte postérieure grossie et vue en dessous.

Fig. 4. SCINQUE DE SAVIGNY, Variété.

(*Scincus Savignyi*, Var.)

Ce scinque diffère du précédent, en ce que le méat auditif est situé beaucoup plus près de la commissure des mâchoires. Ses écailles sont plus petites, sa couleur générale est beaucoup plus foncée, les bandes longitudinales sont d'un blanc-jaunâtre et commencent à l'occiput, sa gorge est blanchâtre; enfin, ses pattes postérieures, au lieu d'être d'une teinte brune uniforme, présentent des bandes jaunes, longitudinales sur les cuisses et obliques sur les jambes.

4. *1.* Individu de grandeur naturelle.

Fig. 5. SCINQUE RAYÉ

(*Scincus vittatus*, Oliv., *loc. cit.*, pl. XXIX, fig. 1).

Le scinque représenté par Olivier, est évidemment de la même espèce que celui-ci, qui, au reste, ne diffère lui-même que bien peu du précédent. La disposition des plaques qui recouvrent la tête n'est pas tout-à-fait la même. Sa couleur générale est d'un gris rembruni; les cinq bandes jaunes longitudinales qu'on remarque sur le dos sont bordées des deux côtés d'une ligne de taches noires. Le dessus de la tête offre une teinte un peu bleuâtre, le dessous est jaunâtre; le ventre est d'un blanc sale; enfin, les pattes antérieures présentent des stries longitudinales brunes, et les pattes postérieures des taches de la même couleur.

5. 1. Individu de grandeur naturelle.
5. 2. Tête vue en dessus et grossie.

Fig. 6. SCINQUE DE JOMARD

(*Scincus Jomardii*).

La forme générale de cette espèce s'éloigne un peu de celle des scinques représentés dans les figures précédentes, en ce que la queue est beaucoup plus longue et se rétrécit moins brusquement. Les plaques qui recouvrent la tête et les écailles du dos et des membres ont à peu près la même forme; mais celles de la partie postérieure et supérieure de la queue, au lieu d'être très-longues et semblables aux plaques abdominales de certains ophidiens, ont la même forme et la même disposition que sur le reste du corps. Le dessus de la tête est d'un brun nuancé de bleu; le dos, la queue et les pattes sont bruns, et on remarque, de chaque côté du corps, deux bandes jaunes longitudinales, assez étroites : l'une, supérieure, commence à l'angle de l'œil et se prolonge jusque sur la queue; l'autre, plus large et plus marquée, s'étend de la bouche à la base de la patte antérieure. Outre ces quatre bandes jaunes, on remarque sur le dos de l'animal, de chaque côté de la ligne médiane, une rangée de taches noires allongées et rapprochées au point de se toucher presque. Ces deux rangées de taches commencent à l'occiput et se prolongent sur les deux tiers antérieurs de la queue. Enfin, le ventre est d'un gris perlé sale.

6. *1*.   Individu de grandeur naturelle.

Fig. 7. SCINQUE OCELLÉ, Daud.

(*Lacerta ocellata*, Forskael; *Scinque de Chypre*, Pétivier; *Sehlié* des Arabes).

Cette espèce de scinque, qui nous paraît la même que celle qu'a figurée M. Geoffroy Saint-Hilaire sous le nom d'anolis marbré, ne diffère de celle qui a été décrite par Daudin sous le nom de scinque ocellé, qu'en ce que sa queue est un peu plus longue.

Sa tête de forme triangulaire est d'une seule venue avec le cou, qui est cylindrique comme le reste du corps et à peu près de la même grosseur; la queue, plus longue que le corps, diminue graduellement de volume et se termine en pointe; les membres sont peu développés. Enfin, le dessus de la tête présente des écailles assez larges, mais tout le reste de l'animal est recouvert de petites écailles arrondies et uniformes.

La face dorsale de ce scinque est d'un brun-jaunâtre. Sur la queue on remarque des bandes transversales d'écailles d'un brun chocolat, ayant chacune une petite ligne blanche à sa partie moyenne : sur le corps, on voit aussi des raies de la même couleur; mais elles sont souvent interrompues et anguleuses. Enfin, le ventre est d'un jaune paille, et la gorge est blanchâtre avec quelques points bruns.

7. 1. Individu de grandeur naturelle.
7. 2. Tête grossie et vue en dessus.
7. 3. La même vue en dessous.

Fig. 8. SCINQUE DES BOUTIQUES

(*Scincus officinalis*, Schneider; *El-Adda* des Arabes).

D'après les relations des voyageurs, cet animal habite l'Abyssinie, la Nubie, l'Égypte, l'Arabie, d'où on le porte à Alexandrie. Les Orientaux le regardent comme un aphrodisiaque puissant; et jadis la réputation de ses propriétés thérapeutiques était très-grande dans toute l'Europe. Voici la description assez détaillée et suffisamment exacte que Daudin nous en a donnée : « Le scinque ordinaire ou des boutiques est très-facile à distinguer des autres sauriens par sa forme allongée, presque ellipsoïde.

« La tête, lisse et pointue en devant, est revêtue de plaques à peu près semblables à celles des lézards : elle est petite en comparaison du cou qui est deux fois plus long, et assez gros près des bras ; elle a de petits yeux un peu saillans. Le tympan, placé à chaque côté antérieur du cou, est à peine distinct ; car il est de niveau avec les écailles, et ressemble même assez à une écaille grise plus claire. La mâchoire supérieure est plus longue que l'inférieure, un peu obtuse en devant ; ses lèvres débordent les dents, et servent à contenir la mâchoire inférieure, presque comme le bord d'un couvercle, lorsque la bouche est fermée. Les dents sont très-petites, nombreuses, non aiguës et de hauteur égale. Le corps est un peu anguleux en dessus, parce que la colonne vertébrale est légèrement saillante sur toute la longueur du dos ; les flancs sont au contraire un peu comprimés. La queue, grosse à sa base, mince et comprimée à son bout, a un peu la forme d'un coin, et n'est pas plus longue que la tête et le cou réunis.

« Les quatre membres sont amincis, assez courts, à peu près de longueur égale, et munis chacun de cinq petits doigts plats, séparés, dentelés en scie sur leur bord extérieur, et terminés chacun par un ongle plat et pointu. Plusieurs naturalistes, entre autres Linné, ont cru que le scinque ordinaire n'a pas d'ongles au bout de ses doigts : c'est une erreur qu'il importe de relever, et qui n'a pu être produite que parce qu'on n'aura sans doute décrit alors que des individus plus ou moins mutilés.

« Le corps, le cou et la queue sont entièrement recouverts par des écailles arrondies, lisses, plus larges que longues, disposées par rangées longitudinales, toutes luisantes, grisâtres, et marquées d'un double trait qui est plus clair. On voit en outre dessus cet animal, principalement lorsqu'il est vivant, plusieurs larges bandes transversales plus foncées. » L'individu représenté dans cette figure est d'un jaune assez vif, et les bandes transversales sont lilas; mais chacune des écailles qui concourent à les former, sont bordées de brun, et présentent, à leur partie médiane, une petite tache brune, outre les deux lignes blanchâtres déjà indiquées. Le ventre est d'un jaune-verdâtre sale.

8. 1. Individu de grandeur naturelle.
8. 2. Tête vue en dessus et grossie.
8. 3. La même vue en dessous.

Fig. 9. SCINQUE SEPSOIDE.

(*Scincus sepsoïdes*).

Cette espèce semble établir le passage entre les scinques et les seps pentadactyles. En effet, son corps, droit et allongé, est semblable à celui d'un orvet; ses membres sont réduits à un état presque rudimentaire, et les postérieurs sont très-éloignés des antérieurs : mais elle s'éloigne des seps par la disposition de la queue, qui, au lieu d'être beaucoup plus longue que le corps, ne dépasse guère la moitié de sa longueur; elle diffère encore par ses mâchoires, dont l'inférieure est plus courte que la supérieure, tandis que chez le seps pentadactyle elles sont d'égale longueur. Les écailles du corps sont petites, uniformes, et semblables à celles des autres scinques; les yeux sont très-petits, et le méat auditif est à peine visible. La couleur générale de cet animal est d'un violet-noirâtre clair; mais chaque écaille présente, à sa partie médiane, une tache longitudinale beaucoup plus foncée : il en résulte autant de raies longitudinales noirâtres qu'il y a de rangées d'écailles placées sur le dos et sur la queue, c'est-à-dire neuf, une médiane et quatre de chaque côté; les cinq supérieures commencent à l'occiput, mais l'avant-dernière se continue en avant avec une ligne noire qui passe sur l'œil et va se terminer à la narine; enfin, la cinquième et dernière commence sur le cou et finit à l'articulation de la cuisse : les autres, au contraire, se prolongent presque jusqu'à l'extrémité de la queue. La face inférieure du corps, est d'un blanc sale tirant sur le jaune-verdâtre et comme nacré.

9. 1. Individu de grandeur naturelle.

	Cent.
Longueur totale.	12,"
—————— de la tête et du cou. . . .	1,8
Distance des membres antérieurs aux membres postérieurs.	5,2
Distance des membres postérieurs à l'extrémité de la queue.	4,8

9. 2. Tête grossie et vue en dessus.

Fig. 10. SCINQUE SEPSOIDE, Variété,

(*Scincus sepsoïdes*, Var.)

Le dessus de sa tête est d'un gris-verdâtre mêlé de jaune; la couleur générale du dos est bien moins foncée que dans l'individu précédent, et les lignes longitudinales formées par les taches noirâtres sont moins larges et moins prononcées.

10. 1. Individu de grandeur naturelle.
10. 2. Tête grossie et vue en dessous.

BATRACIENS.

Genre GRENOUILLE, *RANA*. Lin.

Fig. 11 et 12.

Les grenouilles à l'état parfait sont des batraciens dépourvus de queue; ayant quatre jambes, dont les deux postérieures, aussi longues ou plus longues que le corps, sont pourvues de cinq doigts minces, de longueurs inégales, et palmés. Dans quelques espèces on trouve le vestige d'un sixième doigt : les pieds de devant n'ont, au contraire, que quatre doigts; ni les uns ni les autres ne présentent de pelottes visqueuses à leur extrémité. Leur tête est plate et arrondie; leur bouche très-fendue; leur langue, charnue et fixée à la mâchoire par son extrémité antérieure, est libre postérieurement, et peut se renverser en dehors; la mâ-

choire supérieure est garnie tout autour de petites
dents très-fines, dont on trouve aussi une petite rangée au milieu du palais. Les yeux sont arrondis et
saillans; mais le fond de l'orbite n'étant séparé de
la cavité buccale que par des membranes, ils peuvent rentrer ces organes au point de les mettre au
niveau de la surface des parties environnantes : leurs
paupières sont au nombre de trois, deux charnues et
recouvertes par les tégumens, une transparente, horizontale et externe. Une plaque cartilagineuse qui leur
tient lieu de tympan est placée à fleur de tête. La peau
est lisse, et on ne trouve point sur les parties latérales
du cou les tubercules glanduleux que l'on nomme parotides, et qui se remarquent chez les crapauds et
plusieurs autres batraciens; mais chez les mâles on
remarque, dans cette partie, une petite poche membraneuse qui se gonfle d'air lorsque l'animal coasse.

Tous les animaux de ce genre sont dépourvus de
côtes, et, chez eux, l'inspiration de l'air se fait par
des mouvemens de déglutition. Aussi, comme l'a
très-bien observé M. Duméril, suffit-il de leur tenir
la bouche ouverte pendant un certain temps pour
les asphyxier.

Les mâles n'ont point d'organes extérieurs de la
génération, et il n'y a point d'accouplement réel :
cependant le mâle se fixe sur le dos de la femelle
à l'aide des renflemens spongieux dont ses pouces
sont garnis, y reste pendant un temps très-considérable, et féconde les œufs au moment de la ponte.
Lors de leur sortie de l'œuf, les jeunes grenouilles

ne présentent point la forme qu'elles acquièrent par la suite : elles ont une longue queue, sont dépourvues de membres, respirent l'air contenu dans l'eau à l'aide de branchies, et ressemblent à des poissons. On les nomme têtards.

Fig. 11. GRENOUILLE VERTE, Variété

(*Rana esculenta*, Var., Lin.)

L'espèce qu'on voit représentée ici ne diffère guère de la grenouille verte de Spallanzani que par les lignes jaunâtres qui règnent tout le long de son dos et qui sont au nombre de huit. Sa couleur générale est d'un très-beau vert avec des taches noires arrondies sur le dos, et des bandes transversales de la même couleur sur les jambes. Enfin, tout le dessous du corps est blanc.

11. 1. Individu de grandeur naturelle, vu sur le dos, avec les pattes étendues.
11. 2. Le même vu en dessous.
11. 3. Le même vu de profil, et de trois-quarts en dessus.

Fig. 12. GRENOUILLE VERTE, — Variété A DOS BLANC

(*Rana esculenta*, Var., Lin.)

Cette petite grenouille diffère principalement de la précédente par une large bande d'un blanc vif qui s'étend sur la ligne médiane du dos depuis les narines jusqu'à l'anus, et par une ligne de même couleur, mais très-étroite, qui règne sur toute la face supérieure et interne du membre postérieur.

12. 1. Individu de grandeur naturelle, vu en dessus.
12. 2. Le même, vu en dessous.

Genre RAINETTE, *HYLA*.
Fig. 13.

Les rainettes se distinguent des grenouilles en ce que l'extrémité de chacun de leurs doigts est élargie de manière à former une espèce de pelote arrondie et visqueuse, à l'aide de laquelle ces animaux peuvent se fixer aux corps et grimper aux arbres : aussi, pendant l'été, s'y tiennent-elles habituellement pour y chercher les insectes dont elles se nourrissent; mais elles pondent toujours leurs œufs dans l'eau, et ressemblent, tant par leur structure que par leurs habitudes, aux grenouilles proprement dites. Les mâles n'ont point de sacs membraneux derrière les oreilles, mais une poche placée sous la gorge et destinée aux mêmes usages.

Fig. 13. RAINETTE DE SAVIGNY
(*Hyla Savignyi*).

Cette espèce ressemble beaucoup, par sa forme générale, par la couleur vert-pomme de toute la face supérieure de son corps et par la structure granulée des tégumens du ventre et du dessous des membres, à la rainette commune, mais elle en diffère par la disposition des bandes jaunâtres qu'on remarque sur ses côtés. Comme dans la rainette verte une ligne noire s'étend de la narine à l'œil, passe sur le tympan et se prolonge plus ou moins loin sur les flancs, deux autres lignes jaunâtres partent également de l'angle postérieur de l'œil; l'une, inférieure, au lieu de longer le bord inférieur de la ligne noire des flancs, se porte un peu en bas, et borde la face postérieure du membre antérieur jusqu'à son extrémité : la bande jaune supérieure longe le dessus de la ligne noirâtre, mais ne forme point d'angle sinueux sur les lombes, et se prolonge sur toute la longueur du bord externe du membre postérieur. Le dessous du corps est d'un blanc-jaunâtre.

OPHIDIENS.

§. III.

VIPÈRES

(Reptiles.-Supplément, pl. 3).

Genre VIPÈRE, *VIPERA.*

Fig. 1.

Les vipères, de même que les couleuvres, sont des ophidiens dont le corps et la queue sont en général cylindriques et recouverts en dessus d'écailles rhomboïdales réticulées, souvent carénées, et en dessous de larges plaques transversales, entières sous le corps et doublées sous la queue : mais elles diffèrent beaucoup des couleuvres sous le rapport de leurs dents; car elles sont munies de crochets venimeux en devant de la mâchoire supérieure. La tête des vipères est comme raccourcie, élargie postérieurement, ayant ses lèvres épaisses, un peu retroussées, et ordinairement couvertes, en dessus, de petites plaques nombreuses ou d'écailles semblables à celles du dos. L'anus est transversal et sans ergots.

Les espèces qui appartiennent à ce genre sont extrêmement nombreuses : on les a divisées en cinq groupes ; savoir,

Les TRIGONOCÉPHALES, qui ont des fossettes derrière les narines, l'occiput très-élargi, et la queue souvent terminée par un petit aiguillon corné ;

Les PLATURES, dont la queue est comprimée et la tête couverte de plaques ;

Les NAÏA, qui ont la faculté d'élargir en disque la partie du corps la plus voisine de la tête, qui est elle-même recouverte de grandes plaques ;

Les ÉLAPS, qui ne peuvent dilater ainsi leur corps, qui ont de larges plaques sur la tête, et dont les mâchoires peuvent à peine s'écarter en arrière, d'où il résulte que leur tête est toute d'une venue avec le corps ;

Les VIPÈRES ORDINAIRES, qu'on peut, à leur tour, diviser en deux sections.

L'espèce représentée dans cette planche appartient à la division des naïa.

Fig. 1. L'ASPIC HAJE

(*Vipera haje*, Geoff.)

L'animal désigné par les anciens sous le nom d'aspic, n'est point la couleuvre vipérine, comme l'avaient pensé quelques naturalistes, mais bien la vipère haje décrite par Hasselquist et Forskael. M. Geoffroy Saint-Hilaire en ayant parlé précédemment avec détail, nous renvoyons à sa description.

1. 1. Individu représenté avec son cou élargi.
1. 2. Tête et cou vus en dessus, ce dernier n'étant pas gonflé.
1. 3. La même partie vue en dessous.

§. IV.

VIPÈRES et COULEUVRES

(Reptiles.-Suppl., pl. 4 et 5).

N'ayant pu nous procurer les dessins originaux ni aucune note sur les animaux représentés dans ces deux planches, il nous a été impossible de les décrire ou de déterminer avec exactitude les espèces auxquelles ils appartiennent. On sait que les caractères qui servent principalement à les distinguer sont basés sur le nombre des plaques entières et doubles qu'on trouve à la face inférieure de leur corps, et sur leurs couleurs. Nous avons dû nous arrêter devant des difficultés insurmontables; chaque espèce qu'on a cru différente a été distinguée par un numéro particulier, de sorte qu'il deviendra facile aux naturalistes placés dans des circonstances plus favorables, de citer les espèces qu'ils croiront reconnaître.

HISTOIRE

NATURELLE

DES POISSONS DU NIL,

Par M. GEOFFROY SAINT-HILAIRE,

Membre de l'Institut.

INTRODUCTION.

L'Égypte, selon l'expression d'Hérodote, est un bienfait du Nil. Il paraît, en effet, qu'elle n'exista comme contrée habitable, que long-temps après que les dernières catastrophes du globe lui eurent donné sa forme actuelle. L'aspect des lieux s'accorde avec la tradition recueillie par Hérodote, et la zoologie de cette contrée en fournit une autre preuve.

Examinons d'abord son état géologique.

La chaîne qui sépare l'Égypte de la mer Rouge est formée de granit à son milieu, de grès dans les parties adjacentes, et de calcaire au-delà : cette chaîne, long-temps parallèle à la vallée du Nil, la coupe à son extrémité méridionale. Le banc de grès se montre déjà dans le voisinage d'Edfoû, et sa dernière rupture semble indiquée à Gebel el-Selseleh, où deux éperons de la montagne resserrent en cet endroit le fleuve et en rendent la navigation périlleuse. Le milieu de la chaîne s'aperçoit ensuite seize lieues plus loin, à Syène. Là, tout le sol est de granit; la montagne n'y est excavée et entr'ouverte qu'autant qu'il le faut pour que le fleuve la traverse. De vastes débris, des blocs énormes laissés çà et là dans la largeur d'une vallée si étroite, révèlent l'ancien état de choses, et sont en effet comme autant de vestiges et de témoins d'une ancienne barrière que le Nil n'a pu d'abord franchir.

On ne saurait donc douter, à l'aspect de tant de roches, et à la correspondance des parties élevées sur les flancs du fleuve, que celui-ci n'ait long-temps été arrêté dans son cours par le travers de la chaîne granitique, et que ses eaux, acculées à la latitude de Syène et rendues plus hautes par ces obstacles alors insurmontables, n'aient trouvé à se verser à l'ouest; on en suit encore la trace dans le désert : car à quelle autre cause pourrait-on attribuer l'existence de ces fameuses *oasis*, de ces heureuses contrées, dont la fertilité forme un si grand contraste avec l'aridité des sables qui les entourent, et qui, disposées les unes à la suite des autres, semblent là comme autant de jalons répandus sur tout l'ancien lit du Nil?

Désire-t-on une autre preuve de ce résultat, on la trouve dans la prospérité de l'immense empire de la Libye. En effet, il n'est pas donné aux hommes de pouvoir fertiliser, sans le concours d'un grand fleuve, une terre d'une étendue aussi considérable et dans une pareille position : tout ce qu'a pu faire depuis leur industrie, dès que le Nil eut suivi une autre route, a été de s'opposer, avec un succès qui alla toujours en décroissant, au dépérissement d'une région autrefois si florissante.

La vallée actuelle du Nil aura donc long-temps formé un long sinus, entièrement ou en partie baigné par les eaux de la Méditerranée, et son sol ne sera devenu habitable qu'après avoir été successivement exhaussé par le limon que le fleuve prend à sa source et transporte, chaque année, vers son embouchure.

On doit de là tirer la conséquence que l'Égypte n'a point été habitée aux mêmes époques que le reste de la terre, ou du moins qu'elle ne l'a pas été de la même manière qu'elle l'est présentement : un coup d'œil général sur les animaux qui s'y trouvent va nous montrer ce qu'il y a de vrai dans cette proposition.

Tel est le point de vue d'où j'ai désiré d'abord de considérer la zoologie de l'Égypte, persuadé qu'après l'avoir ainsi embrassée d'une manière générale, et en avoir déjà déduit quelques conséquences utiles, on s'intéressera davantage aux détails dans lesquels notre sujet va nous entraîner.

On sait (et c'est maintenant un des faits les mieux établis) que chaque région du globe, séparée par les mers ou circonscrite par de hautes montagnes, a ses animaux particuliers. Si ce n'est pas toujours sans quelques exceptions, ces exceptions ne détruisent pas, mais confirment, au contraire, cette loi zoologique, dont nous sommes redevables au génie de Buffon : elles n'atteignent que ceux d'entre les animaux qui jouissent des moyens de franchir de grands intervalles. Enfin, cette loi reçoit tous les jours de nouvelles applications : elle n'embrasse pas uniquement les êtres qui se traînent à la surface de la terre, ou ceux qui habitent les hautes régions de l'air; les animaux neptuniens y sont également soumis : car si les géographes ont trouvé à partager les mers en plusieurs bassins circonscrits par des montagnes sous-marines, les zoologistes en peuvent faire autant, d'après les observations de M. Péron, qui a vu les animaux des mers changer au fur et à mesure que son vaisseau l'entraînait en d'autres régions.

Si, frappé de ces aperçus, on jette un coup d'œil attentif sur les animaux de l'Égypte, on se persuade bientôt qu'il n'en est aucun de propre à ce pays, et qu'ils lui ont sans doute été fournis par les contrées environnantes.

Nous occupons-nous d'abord des animaux du Nil, nous les voyons partagés en deux tribus sous le rapport de leur habitation : les uns sont répandus dans tout le cours du fleuve, tandis qu'il en est d'autres qui s'éloignent peu de son embouchure.

A proprement parler, il n'y a que les premiers qu'on puisse considérer comme appartenant au Nil : nul doute alors qu'ils n'en aient suivi les révolutions et qu'ils ne soient entrés avec lui dans la vallée où il épanche présentement ses eaux. Tels sont un grand nombre de silures, le trembleur, le raschal, le raï, la tortue molle, le crocodile, le tupinambis, etc. Rien de plus vraisemblable, en effet, si ces animaux non-seulement ne vivent pas uniquement en Égypte, mais s'ils se trouvent ailleurs que dans le Nil : or, c'est un fait dont nous avons présentement une connaissance positive; les manuscrits et les collections d'Adanson nous apprennent qu'ils existent aussi au Sénégal. Ils peuplent donc le Niger comme le Nil, résultat qui s'accorde parfaitement avec l'opinion où l'on est que ces deux grands fleuves mêlent leurs eaux à l'époque de leur plus haute élévation.

Les poissons de l'embouchure du fleuve, comme diverses espèces de clupée, de mugil, de perche, de labre, etc., sont des espèces qui, ne pouvant vivre en pleine mer, cherchent une certaine profondeur et surtout un fond avec des qualités déterminées : ce sont donc originairement des animaux marins, que leurs besoins précipitent aux embouchures des fleuves, et que l'habitude de séjourner dans des eaux saumâtres rend propres à ces longues excursions qu'ils font dans les fleuves à l'époque où ils s'occupent de leur reproduction.

Les oiseaux sont dans le même cas que les poissons; la plupart viennent encore présentement d'ailleurs. Telle est cette quantité prodigieuse d'oiseaux erratiques, de passereaux, d'échassiers et de palmipèdes, que la fertilité du sol, les marécages et les lacs immenses de l'Égypte y attirent. On ne saurait aussi méconnaître l'origine des oiseaux qui y passent toute l'année : les uns sont identiquement les mêmes que nos espèces européennes, et les autres ont un certain air de famille et une telle vivacité dans leur teinte, qu'ils se font aisément reconnaître pour des oiseaux de l'intérieur de l'Afrique. La plupart nous ont déjà été envoyés de quelques points de son immense pourtour ; et nous en avons même remarqué dans le nombre, comme l'*alcedo rudis*, qu'on reçoit plus habituellement du cap de Bonne-Espérance.

En général, les productions naturelles de l'Égypte ont tant de ressemblance avec celles des terres de la côte de Barbarie, qu'on est entraîné à attribuer à celles-là l'origine de celles-ci. Les mammifères sont semblables dans ces deux contrées, chauve-souris, chacal, hyène, ichneumon, gazelle, bubale, etc. Que d'oiseaux s'y trouvent de même! Combien d'insectes, comme on peut s'en assurer par la comparaison des collections d'Égypte avec celles que M. Desfontaines a faites dans les environs de Tunis et d'Alger!

Un autre fait qui résulte aussi de mes observations, et que j'aurai par la suite occasion de développer davantage, est l'identité des espèces littorales de Soueys et de celles de la Méditerranée : s'ensuivrait-il que ces deux mers auraient autrefois communiqué l'une avec l'autre?

C'est ainsi que la zoologie peut être employée à répandre quelques lumières sur certains faits de l'histoire physique des diverses portions du globe :

en nous montrant que l'Égypte, telle qu'elle est présentement constituée, a reçu et reçoit encore ses animaux des contrées qui lui sont adjacentes, elle nous fournit de nouveaux motifs de croire aux changemens survenus dans l'état physique de cette contrée mémorable; changemens qui, comme nous l'avons déjà dit plus haut, sont indiqués non-seulement par l'exhaussement continuel du sol, l'encaissement du Nil, la construction de son bassin, les déchirures de ses montagnes, mais qui sont en outre attestés par les traces d'un ancien lit, qu'on suit dans le prolongement des oasis, et surtout par les traditions puisées à des sources dont on ne saurait méconnaître l'authenticité.

§. I.

LE POLYPTÈRE BICHIR

POLYPTERUS BICHIR

(Poissons du Nil, planche 3).

Je n'aurais découvert en Égypte que cette seule espèce, qu'elle me dédommagerait des peines qu'un voyage de long cours entraîne ordinairement; car je ne connais pas d'animal plus singulier, plus digne de l'attention des naturalistes, et qui, montrant combien la nature peut s'écarter de ses types ordinaires, soit plus susceptible d'agrandir la sphère de nos idées sur l'organisation.

Il n'y a guère que l'ornithorhynque qu'on pourrait placer sur la même ligne, pour la singularité de ses formes.

Le bichir paraît en effet comme un composé d'élémens qu'on ne rencontre que dans des animaux plus différens les uns des autres : il tient des serpens par son port, sa forme allongée et la nature de ses tégumens; des cétacés, en ce qu'il est pourvu d'évens ou d'ouvertures dans le crâne, par où s'échappe l'eau qui a été portée sur les branchies; et des quadrupèdes, par des extrémités analogues aux leurs, les nageoires ventrales et pectorales étant placées à la suite de prolongations charnues.

Sa queue est beaucoup plus courte, tandis qu'elle est si longue dans les poissons, qu'elle y supplée au défaut de liberté et de grandeur des membres, et y devient le principal instrument du mouvement progressif.

Aucun n'a l'abdomen d'une aussi grande dimension.

Le bichir est enfin si remarquable par le grand nombre de ses nageoires dorsales, que c'est cette considération qui nous a fourni les élémens de son nom générique de *polyptère*.

Tant de singularités feront excuser les détails dans lesquels nous allons entrer.

Des tégumens du bichir.

Le bichir est couvert d'écailles fortes et impénétrables, qui le défendent également de tout contact funeste et de la dent des animaux qui seraient tentés de l'attaquer. Cette solidité provient d'une matière osseuse qui double chaque écaille en dessous, et qui est si épaisse et si compacte, que la plupart de nos instrumens tranchans ne parviennent qu'avec peine à l'entamer.

Considérées dans leur ensemble, les écailles paraissent carrées et disposées comme dans les serpens; mais, si on les examine séparément, on trouve qu'elles ressemblent à un fer de bêche, et qu'elles s'engrènent les unes dans les autres, de façon que la portion excédante en arrière, ou leur queue, est reçue en partie dans une dépression qui lui correspond, et dont le lieu est à l'extrémité opposée et à la face interne de l'autre écaille.

Ces écailles sont disposées par rangées; et les diverses rangées, ainsi engrenées, forment autant de bandes qui s'étendent obliquement d'avant en arrière. Elles sont à recouvrement, de manière que la première pose sur la seconde, celle-ci sur la troisième, et ainsi de suite : glissant ainsi les unes sur les autres, elles se prêtent sans difficulté à tous les mouvemens imprimés par le système musculaire.

La bande d'un côté forme, avec sa congénère du côté opposé, un angle de quatre-vingts à quatre-vingt-dix degrés, selon que le bichir s'allonge ou se raccourcit. L'écaille sur laquelle ces deux bandes aboutissent, est nécessairement d'une structure particulière et symétrique, puisqu'elle leur sert également de point d'appui.

Il suit aussi de ce qu'elle occupe la ligne moyenne et qu'elle forme comme le premier anneau d'une double chaîne, que son engrenage est d'une solidité moindre que celui des autres écailles; mais il n'en résulte pas toutefois que le bichir soit au moins vulnérable à la ligne moyenne du dos, où il y a en effet une série de ces écailles centrales : un mécanisme admirable supplée à la faiblesse de leur engrenage, la ligne qu'elles forment étant défendue par une file de seize à dix-huit dards. Cette puissante armure est fournie par les principales pièces ou les rayons osseux des nageoires dorsales.

La tête est également sous la protection de larges boucliers ou de grandes plaques d'une solidité parfaite; elles rappellent en cet état l'organisation des crustacés, sous ce point de vue que les muscles qui soulèvent quelques-unes de ces plaques sont interposés entre les feuillets osseux de la superficie du crâne et les os de l'intérieur de la bouche.

En général, le bichir ne pouvait être pourvu d'une cuirasse qui fût à-la-fois plus solide et qui l'embarrassât moins dans ses mouvemens.

De ses nageoires dorsales.

Si de ces considérations nous passons à celles que nous présentent les nageoires dorsales, nous n'avons pas moins sujet de nous étonner. Leur nombre, leur forme, leur attache, leur usage, et l'insertion des rayons cartilagineux, sont autant de faits qui se présentent pour la première fois à l'ichthyologiste.

On compte au plus, dans certaines espèces, jusqu'à trois de ces nageoires; le bichir nous en montre de seize à dix-huit.

Une pièce osseuse [1], disposée en une lame longue, posée transversalement et terminée à un bout par deux pointes, et à l'autre bout par une double tubérosité en forme de condyle, est la principale pièce de chacune de ces nageoires. Sa face antérieure est lisse et légèrement voûtée; et la face postérieure, sillonnée dans une moitié de sa longueur. Elle repose et joue sur un tuteur osseux engagé dans les

---

[1] *Voyez* pl. 3, fig. 1, 2 et 3, en *d, d, d*.

muscles dorsaux, et fixé à sa partie inférieure dans un fort ligament que supportent à leur tour les apophyses épineuses des vertèbres.

Chaque nageoire dorsale est en outre composée de quatre à six rayons cartilagineux, qui méritent notre attention sous le rapport de leur position, car ils ne sont pas parallèles à la pièce que nous avons décrite, et ils ne portent pas non plus sur une apophyse tutrice; mais, par une anomalie des plus singulières, ils naissent de la face postérieure de la pièce principale, et précisément du sillon dont il a été parlé ci-dessus.

Ainsi entés sur une sorte de premier rayon, et placés comme en hors-d'œuvre, ils sont passifs dans la membrane qui les réunit; leur écartement dépend de l'extension de cette membrane, comme l'extension de celle-ci du mouvement imprimé à la pièce principale.

De sa nageoire caudale et de la queue.

La queue de notre bichir n'offre pas moins de singularités. C'est, comme on sait, dans tous les poissons, une partie distincte de la nageoire, qui se termine où commence l'autre : dans le bichir, au contraire, la nageoire caudale embrasse les quinze vertèbres qui composent le squelette de la queue; elle suit de si près la dernière dorsale, qu'elle lui est unie et se confond avec elle.

Quelques poissons, comme les murènes, les gymnotes, les trichiures, ont pareillement la queue terminée en pointe et bordée en entier par des rayons : mais ils le doivent à un autre arrangement; privés de nageoire caudale, ils en trouvent l'équivalent dans le prolongement des nageoires du dos et de l'anus, qui bordent la queue et finissent par se confondre l'une avec l'autre au-delà de la dernière vertèbre coccygienne.

Au surplus, la nageoire caudale de notre poisson est formée de vingt rayons, tous composés d'anneaux cartilagineux, qui se subdivisent en s'éloignant de leur origine; elle est enfin arrondie à son extrémité.

De sa nageoire anale.

La nageoire anale est voisine de celle de la queue, et située au-dessous de la dernière dorsale; sa particularité est d'avoir dix de ses rayons, sur quinze, formés par une lame ployée en deux et dentelée sur ses bords. Ces dix rayons sont disposés de façon que le premier reçoit le second, celui-ci le troisième, cet autre le quatrième, et ainsi de suite : c'est ainsi que la nageoire de l'anus participe à la solidité dont sont doués les tégumens communs.

De ses nageoires pectorales et ventrales.

Comme s'il fallait que l'extrême petitesse de la queue fût signalée par une opposition, et qu'il ne pût arriver qu'une partie fût plus rétrécie sans qu'une autre en revanche fût plus développée, le polyptère bichir est pourvu de très-longues nageoires pectorales et ventrales, on pourrait presque ajouter, d'extrémités à la manière des quadrupèdes; ce qui ne serait pas la moins curieuse de toutes les anomalies que nous avons jusqu'ici constatées. Ce qu'il y a de vrai à cet égard, c'est que ces nageoires, placées à la suite d'une espèce de bras, rappellent assez bien ce qui existe dans les phoques, et que l'usage qu'en fait le bichir pour nager et se traîner à terre, peut bien autoriser à les regarder comme analogues aux extrémités de ces animaux.

Je devais être d'autant moins éloigné d'admettre ce résultat, que j'ai démontré, le premier [1], que la charpente osseuse du membre pectoral des poissons est composée des mêmes pièces que celles des autres animaux vertébrés, des os de l'épaule, ou d'une clavicule, d'une omoplate et d'une fourchette; de ceux du bras, ou d'un humérus, d'un radius et d'un cubitus; enfin, d'os carpiens et de phalanges.

Néanmoins ces pièces ne sont pas respectivement placées de même. On sait que tous les animaux nageurs ont les bras d'autant plus courts qu'ils séjournent davantage dans l'eau; les poissons dont c'est le séjour habituel, n'ont de saillant à l'extérieur que les nageoires ou les parties des extrémités qui correspondent aux mains et aux pieds proprement dits : aussi l'on avait cru jusqu'ici qu'ils manquaient des os du bras; et il avait paru naturel, en effet, qu'ils en fussent tout-à-fait privés, pour permettre à la nageoire

---

[1] *Premier mémoire sur les poissons*, etc. Annales du Muséum d'histoire naturelle, tome IX, page 357.

d'être plus rapprochée du tronc et plus solidement attachée. Mais c'est ce qui n'est pas. Leurs os du bras ont été soumis à une loi d'un effet plus général : comme matériaux donnés de l'organisation, ils ont été rapetissés au point que leur ensemble est plus court que la clavicule; et, en outre, ils sont couchés sur cette pièce et articulés par le travers avec elle, au lieu de saillir en dehors et de tenir la main éloignée du tronc, ainsi qu'on le voit dans les mammifères.

Ceci posé, je ne doutais pas que ce ne fût de ces derniers que participait le polyptère bichir à l'égard du membre pectoral : je voyais ses nageoires portées par un pédicule; et celui-ci me paraissait d'autant mieux mériter le nom d'avant-bras, que j'avais remarqué qu'il était soutenu à l'intérieur par trois os, dont deux, entre autres, avaient l'apparence d'un cubitus et d'un radius : aussi est-ce dans ce sens que j'ai parlé de ces os et que je les ai décrits dans les Annales du Muséum d'histoire naturelle [1].

On peut voir ces deux pièces, fig. 4, et remarquer qu'elles s'écartent sous un angle de cinquante degrés : la troisième, qui occupe le centre de cet écartement, est ronde et très-mince; c'est sur la base demi-circulaire du triangle qu'elles forment, que viennent s'appuyer les apophyses tutrices des rayons.

Ayant depuis donné plus d'attention aux os qui portent la nageoire pectorale et les pièces de son prolongement, et les ayant trouvés, après en avoir sou-

[1] Tome 1er, page 59, et tome ix, page 367.

mis les ligamens à une très-longue macération, plus nombreux qu'à un premier examen, je suis revenu sur l'opinion que je m'en étais faite. Il serait possible, en effet, que les trois os du pédicule ou prolongement brachial ne fussent tout simplement que des os du carpe; et l'on pourrait en alléguer pour preuve ce principe bien établi, que la forme des organes indique bien moins sûrement leurs analogues que leurs connexions, leur nombre et leurs usages.

J'ai compté quatorze pièces dans le bandeau osseux sur lequel battent les opercules, sept de chaque côté. Ce bandeau est formé d'autant de pièces dans les autres poissons, et c'est parmi elles que j'ai retrouvé tous les os de l'épaule et du bras. L'analogie ne permettant pas de croire que le bichir diffère à cet égard de ses congénères, il serait alors soumis aux mêmes lois qu'eux tous : il aurait le bras aussi court et couché de même le long de la clavicule; et toute cette différence qui avait d'abord causé notre étonnement, aurait porté seulement sur les os du carpe, lesquels auraient été assez agrandis pour procurer au polyptère bichir ce long pédicule ou cette sorte d'avantbras, qui n'en reste pas moins un des traits les plus remarquables de son organisation : mais du moins la plus singulière anomalie qui nous occupe n'aurait pas été produite par un mode réservé aux autres classes des animaux vertébrés.

J'ai fait figurer à part, sous le n°. 5, les os du bras : *a* est le sternum, dont nous parlerons plus bas; *b* l'omoplate, *c* la clavicule et l'humérus joints ensemble : l'humérus est l'os de gauche, et la clavicule celui de droite ; *d* représente le radius, *e* le cubitus, et *f* le furculaire.

Les nageoires ventrales ne diffèrent de celles des autres poissons que par plus de longueur dans quatre osselets qui servent de base aux rayons.

Du sternum et de ses dépendances.

Avant de décrire ces parties dans le bichir, faisons connaître ce qu'elles sont dans les poissons osseux.

Leur considération a fait le sujet d'un mémoire que j'ai lu à l'Institut de France, et que j'ai eu occasion de publier depuis [1].

J'y ai fait voir que les poissons ont le devant de la poitrine abrité par un appareil osseux semblable à celui des oiseaux ;

Que cet appareil, que sa situation extérieure, ses connexions avec les branchies, sa forme et ses usages font aisément reconnaître pour un véritable sternum, est formé d'autant de pièces que le sternum des jeunes oiseaux, c'est-à-dire d'un os impair et central, et de quatre annexes, deux de chaque côté, qu'on désignait autrefois sous le nom de *grands os de la membrane branchiostège* ;

Que cet appareil est pareillement accompagné de côtes sternales qui se retrouvent dans les rayons branchiostèges ;

---

[1] *Troisième mémoire sur les poissons, où l'on traite de leur sternum sous le point de vue de sa détermination.* Annales du Muséum d'histoire naturelle, tome x, page 87.

Que sa principale différence, par rapport aux oiseaux, est d'avoir en quelque sorte passé en avant du bras et sous la tête, et d'être ainsi entré en connexion et en relation d'usage avec le crâne, ce qui a mis les annexes sternales dans le cas de s'appuyer sur les os de la langue, et privé les côtes sternales ou les rayons de leur articulation vertébrale;

Enfin, que la nécessité de ménager, pour la sortie du liquide ambiant porté sur les branchies, une issue particulière sous la gorge, a empêché les annexes de s'articuler avec la branche latérale de la pièce impaire et centrale, et qu'ainsi la réunion des cinq pièces du sternum dans les oiseaux adultes, et leur séparation constante dans les poissons, dépendent d'une circonstance secondaire et appréciable.

A peine retrouve-t-on quelques traces de ce plan dans le bichir; la pièce unique et centrale du sternum fournit à elle seule trois exceptions.

Elle est d'abord fixée sur toute la face inférieure des clavicules; en second lieu, elle n'est point engagée dans les chairs, mais visible en entier au dehors. Enfin ce n'est plus un os impair, il est rendu double par une séparation faite à son milieu; séparation qui existe vers les points d'articulation des clavicules, et que les mouvemens de ces deux pièces auraient bien pu occasioner.

La principale pièce du sternum ne remplit donc plus son usage habituel, qui est de servir de plastron aux organes de la respiration; mais, ajoutée aux clavicules, ou, comme s'exprime très-heureusement

M. Cuvier, aux os en ceinture, elle les fortifie, et procure, par l'addition d'une lame de plus en dessous, un point d'appui sur lequel le bichir fait porter tout son corps quand il se traîne ou qu'il repose sur le roc.

La loi qui subordonne certains organes à de plus essentiels et de plus généraux, reçoit, dans ce cas-ci, une application bien digne de remarque ; et cela n'étonnera pourtant pas, si l'on réfléchit qu'il fallait bien que le sternum, que nous venons de voir employé à former une cuirasse, fût suppléé dans ses usages, ou qu'il fît tout au moins éprouver à ses annexes le contre-coup de sa métamorphose.

C'est en effet ce qui arrive à celles-ci, qu'il est difficile de reconnaître au premier aspect, à cause d'une grande différence de forme et de l'égalité de leur volume.

L'annexe antérieure[1] ressemble à un bec de spatule qui serait allongé; elle est mince, mais si étendue en surface, qu'elle remplit avec sa congénère tout l'espace compris entre les branches de la mâchoire inférieure. Sa face extérieure est au surplus recouverte par un épiderme très-mince qui adhère fortement à l'os.

La seconde annexe n'est qu'un petit osselet arrondi, engagé dans les chairs, comme arrangé pour les besoins de la première, et lui servant d'intermédiaire pour la fixer au crâne.

---

[1] *Voyez* la figure 10, où elle est désignée par les lettres *b*, *c*; la seconde annexe est numérotée *e*.

Les annexes antérieures, devenues de larges plaques et recouvrant tout l'espace occupé par les organes de la respiration, remplissent donc, à l'égard de ceux-ci, les fonctions de la pièce intermédiaire du sternum : mais ce n'est pas à ce seul service que se borne leur utilité.

Un nouveau spectacle attire nos regards; car nous marchons de singularité en singularité, ou plutôt, tout, dans ce singulier poisson, si l'on s'obstine à le comparer avec ses congénères, paraît désordre et confusion. Il faut vraiment se dégager de toute prévention et de toute idée ichthyologique, pour se complaire à tous les détails de son organisation, jouir de l'accord admirable qui règne entre toutes ses parties, et en saisir les rapports et le mécanisme.

Partout ailleurs les annexes sternales n'ont qu'un usage secondaire, lequel se borne à servir de support aux rayons des ouïes; mais, dans notre polyptère, celles qui sont étendues en plaque, ou les antérieures, les remplacent entièrement.

Chaque plaque est appliquée ou comme collée sur la membrane branchiostège, qui, de son côté, participe aux anomalies que nous venons de décrire; car, au lieu d'être amincie pour se plisser ou se déployer à volonté, elle est formée par un cuir épais : aussi est-elle soulevée à-la-fois et entièrement, quand la plaque, devenue alors son unique appui, est entraînée en dehors; ou bien elle est appliquée sur les bords de l'opercule, quand, dans le cas contraire, celle-ci est ramenée vers sa congénère.

Des rayons branchiostèges eussent été inutiles au milieu d'une masse aussi peu flexible ; on n'en trouve aucune trace. Cette absence de côtes sternales, exemple unique parmi les poissons osseux, est un des faits les plus curieux de l'histoire anatomique de ce polyptère ; j'oserais presque ajouter qu'il déroge aux lois zoologiques. En effet, la nature est plus constante dans sa marche : elle est ingénieuse seulement à diversifier les formes des organes ; mais elle les conserve et les emploie tous. On dirait que ces organes sont pour elle des matériaux obligés qu'elle ne peut omettre dans aucune de ses compositions.

Des évents.

Les rayons branchiostèges complètent dans les poissons osseux l'appareil au moyen duquel s'exécute l'acte de la respiration. Leur utilité consiste moins à fermer l'ouverture branchiale, en appliquant la membrane branchiostège sur l'opercule, qu'à ménager à l'eau, durant la déglutition, de petites ouvertures par où elle s'échappe comme à travers un crible : alors l'eau, pressée dans la cavité des branchies, parvient facilement à glisser et à s'écouler par les petites filières qu'elle se pratique entre les rayons des ouïes.

Il faut bien que ce soit là le principal objet des rayons branchiostèges, puisque le bichir offre les mêmes résultats au moyen d'une organisation en tout point différente ; ce que font partout ailleurs les rayons branchiostèges, est produit chez lui par deux soupapes ou évents[1].

Ils sont situés derrière les yeux : chacun est formé par deux petites lames osseuses, placées l'une au-devant de l'autre; l'antérieure apparaît sous la forme d'un triangle, et la postérieure sous celle d'un parallélogramme allongé. Elles ne tiennent au crâne que par leur bord extérieur : par conséquent, la fente que produit la non-adhérence de l'autre bord, est intérieure par rapport à elles. Aucun muscle ne leur donne de ressort; elles sont seulement bridées par leurs ligamens articulaires, de manière que l'eau pressée, comme nous l'avons dit ci-dessus, est la force qui les soulève et les fait entre-bâiller. Si cet effort cesse, elles se ferment d'elles-mêmes en vertu de l'élasticité propre de leurs ligamens. Enfin, on peut facilement suivre dans le crâne la route qui descend de ces évents, et la voir aboutir dans la cavité qui correspond à toute l'étendue de l'opercule.

S'il n'y a pas de rayons branchiostèges, on retrouve en revanche dans le crâne deux séries distinctes de neuf à douze petites pièces carrées, qui proviennent des yeux et se dirigent parallèlement en arrière : les deux pièces des évents en font partie et se trouvent au milieu. Si on les considère comme os de la tête, il est impossible d'indiquer leurs analogues, et il est difficile cependant de croire qu'elles n'existent que dans le genre polyptère. Ne serait-ce

[1] *Voyez* figure 2 en *aa*, et les neuf à douze petites pièces carrées dont il est parlé plus bas, en *b*, *b*, *b*.

pas le cas de reconnaître en elles les rudimens des rayons branchiostèges? Il est du moins certain qu'elles en font les fonctions, puisqu'elles contribuent sous une autre forme à procurer un lent écoulement au liquide porté sur les organes de la respiration ; mais alors ce déplacement, cet engrenage des rayons branchiostèges ne seraient pas le moins extraordinaire des faits que nous venons de présenter.

Ainsi se reconnaissent dans le bichir toutes les parties du sternum, mais sous des formes et avec des usages si différens de ce qui existe dans les autres poissons, qu'il faut absolument avoir embrassé toutes les modifications de ces parties pour être assuré qu'elles existent dans notre poisson, et pour les y retrouver avec quelque certitude.

Des os hyoïdes.

Les os hyoïdes sont formés de trois paires d'osselets; savoir, les branches proprement dites, ou la paire qui s'articule avec les os carrés, et qui soutient toute la charpente dont se composent les arcs des branchies. Entre ces deux os, les plus longs et les plus considérables des six, sont deux autres pièces ramassées en mamelons et qui coiffent l'extrémité des premiers : ils donnent attache à la langue. Puis viennent enfin deux osselets étroits et allongés, qui s'articulent avec ces derniers et qui se dirigent en arrière.

Des arcs des branchies.

Les arcs des branchies reposent en bas sur les branches des hyoïdes, et tiennent vers le haut aux occipitaux latéraux. Ils ne sont pas mous et cartilagineux, ce qui est le cas le plus ordinaire, mais fort résistans et tout-à-fait osseux. Le dernier arc porte des dentelures ou papilles cornées, qui contribuent, avec les petites dents des mâchoires, à s'opposer au retour d'une proie qui aurait été saisie. (Voyez *i*, *e*, *i*, *fig.* 6.)

De la colonne épinière.

La colonne épinière est formée de soixante-six vertèbres, dont quinze seulement font partie de la queue. (*Voyez* fig. 3.)

Chaque vertèbre est une portion de cylindre plus large que haute, accompagnée de trois branches ou apophyses. La supérieure est de beaucoup plus longue que les latérales : elle naît du sommet de l'anneau par où passe la moelle épinière, et se dirige en arrière. Les deux apophyses latérales sont plus larges ; elles portent les côtes, et servent aussi de support à des arêtes ou fausses côtes.

Les côtes, attachées bout à bout à ces apophyses, sont à peu près de même grandeur dans toute l'étendue du tronc : les antérieures sont seulement un peu plus épaisses et un peu plus longues.

Il n'en est pas de même des fausses côtes *i i*, *j j*,

qui naissent de l'intérieur de ces apophyses et d'un point voisin du corps de la vertèbre : celles qui sont attachées aux vingt-quatre premières vertèbres *i i*, sont très-courtes, tandis que les autres *j j* sont d'autant plus grandes qu'elles sont plus voisines de la queue ; n'ayant d'abord qu'un tiers de la longueur d'une côte, elles finissent par être du double plus longues. Ces différences semblent partager l'abdomen en deux bassins distincts, dont l'un contient l'estomac et le foie, et l'autre les organes de la génération et le canal intestinal.

De l'estomac et de ses dépendances.

L'estomac (*e, e, e*, fig. 7 et 8) est un cul-de-sac profond et de forme conique : sa base est du côté de l'œsophage, dont le canal est cylindrique, et dont les parois sont simplement membraneuses. Le tissu de l'estomac se distingue toutefois de celui de l'œsophage, par des fibres musculaires qui le rendent plus épais et qui sont étendues dans le sens de sa longueur ; sa membrane interne, plissée en quelques endroits, borde d'un repli l'ouverture du pylore, qui en est rétrécie.

Le mésentère a peu d'étendue, et n'est remarquable que par des vaisseaux sanguins très-apparens. (Voyez *m*, fig. 7 et 8.)

Du canal intestinal.

Le canal intestinal (*i i*, fig. 7 et 8) naît du haut de l'estomac : il ne présente ni valvule, ni sphincter.

Il remonte d'abord tout le long de l'œsophage, d'où après être descendu d'une quantité égale, il se bifurque en deux branches, dont l'une est un cœcum qui est reporté du côté de l'œsophage, et qui se loge dans le repli que forme l'intestin en cet endroit : l'autre branche est la suite du canal intestinal, qui, à partir de cette bifurcation, se rend droit à l'anus. On trouve dans son intérieur une membrane qui est repliée sur elle-même, et qui n'est adhérente à l'intestin qu'au moyen d'un de ses bords longitudinaux. Cette membrane aurait-elle pour objet de retarder le passage des masses alimentaires, et de suppléer, quant à cet effet, au défaut de longueur de l'intestin ?

Du foie et de la vésicule.

Le foie a à peu près la forme d'un de ces longs bâtons avec crochet à un bout, dont on se sert en quelques endroits pour puiser de l'eau : il est pointu à sa partie supérieure, et croit jusqu'à ce qu'il rencontre l'estomac ; dès-lors une petite portion se porte sur la droite de cet organe, et une autre, plus longue en même temps que plus grêle, sur la gauche de l'intestin. La portion du foie appuyée en partie sur l'estomac, a trois côtés, dont un s'applique sur l'estomac, un autre sur la petite vessie aérienne, et le troisième sur les parois de la face interne de l'abdomen. (Voyez *f*, fig. 7 et 8.)

La vésicule du fiel naît de la longue portion du foie et du point où il se bifurque : c'est une sorte de

bouteille dont la largeur est à la longueur comme
1 est à 4. Ce qu'elle offre, au surplus, de remarquable, c'est qu'au lieu de se porter en arrière, elle remonte dans le haut, et se loge en partie dans la bifurcation du foie et en partie au-dessous.

Je ne dois pas non plus omettre de dire que le tronc hépatique s'unit au canal cystique.

De la rate.

La rate est une languette adhérente à la grande vessie aérienne, et comme une sorte de ruban étroit, de la consistance et de la couleur du foie. (Voyez *e e*, fig. 9.)

Des vessies aériennes.

Les vessies aériennes remplissent presque tout le vide de l'abdomen, le reste des organes abdominaux ne formant qu'une masse fort petite en comparaison de leur volume : elles sont entre elles d'une dimension très-inégale ; leur forme est celle d'un cylindre, sauf que l'extrémité de la petite (*a a*, fig. 9) est terminée en pointe. Privées de canal pneumatique, elles s'ouvrent à-la-fois et immédiatement au moyen d'une fente vers la partie supérieure de l'œsophage [1] : un muscle constricteur entoure cette ouverture, et donne conséquemment au bichir la faculté de conserver l'air introduit dans les vessies.

On pense bien que c'est seulement par intervalles que cela peut avoir lieu, puisqu'on ne peut soutenir

[1] *Voyez* cette fente représentée en *o*, fig. 8

long-temps la contraction des fibres musculaires. Le bichir, réduit à ce sphincter pour conserver l'air de ses vessies natatoires, doit peu souvent y avoir recours, et c'est ce que démontre le reste de son organisation : il vit à fond d'eau, et constamment à terre, où il parvient à ramper à la manière des serpens, et en s'aidant de ses longues nageoires pectorales.

Les vessies aériennes occupent tout le haut de l'abdomen : la grande (*c c*, fig. 9) en remplit toute la longueur immédiatement au-dessous de la colonne épinière, et la petite est située au-dessus de l'estomac.

Des reins.

Les reins sont formés par deux languettes ou deux rubans placés de chaque côté de la saillie interne de la colonne épinière; ils commencent à la naissance de celle-ci, et se portent jusque derrière l'anus. On distingue très-sensiblement, à leur extrémité postérieure, des uretères qui débouchent dans une vessie urinaire.

Des organes sexuels.

Les organes sexuels, formés de deux testicules (*t t*, fig. 7) chez les mâles, ou de deux ovaires chez les femelles, sont, dans la saison du frai, d'une dimension à occuper les deux tiers de la longueur de la cavité abdominale. Un tissu cellulaire très-mince les retient si faiblement à la surface des autres organes de l'abdomen, que, quand on enlève le poisson par la tête, leur propre poids les entraîne en bas, et *vice versâ*. Ce tissu si mince forme autour de la semence un sac qui se rompt au moindre effort : les œufs qu'il renferme à une certaine époque sont de la grosseur des grains de millet et de couleur vert-pré.

Des organes des sens.

Nous terminerons la description du bichir par ceux des organes des sens qui ont leur siège dans la tête.

Du goût. Le palais est formé de plusieurs pièces osseuses, recouvertes d'aspérités (voyez *a, b, c,* fig. 6) : entre cette couche d'os et celle de l'extérieur de la tête sont logés les muscles qui meuvent la mâchoire d'en bas et les opercules.

La bouche est large et circulaire : quarante-huit dents[1] à peu près garnissent tout son pourtour; elles sont coniques, pointues, légèrement inclinées en dedans et en arrière, et très-petites. Il en est encore beaucoup d'autres plus en dedans, qui sont beaucoup plus fines, très-nombreuses, ramassées confusément, et d'autant plus arquées qu'elles sont situées davantage en arrière.

Une langue (*k*, fig. 6), extrêmement épaisse et charnue, remplit toute la cavité de la bouche; elle est bordée par deux lèvres très-prolongées, dont la supérieure seule est soutenue au moyen d'un fort tendon.

La figure 6 présente toutes les parties qui compo-

[1] *Voyez* fig. 1, 3, 6 et 10.

sent l'organe du goût, hors de leur position naturelle : je prie qu'on veuille bien donner attention à l'explication suivante.

Tout le haut du dessin nous montre la voûte du palais : *l* est la mâchoire supérieure, *m m* les deux mandibules inférieures qui sont détachées et écartées, et *pp* les os carrés qui unissent celles-ci au crâne.

Tout le bas est la partie inférieure du palais, c'est-à-dire la langue et les diverses aspérités *e* de l'arrière-bouche. Elles correspondent dans l'état vivant et touchent à la voûte du palais *a*, *b*, *c*; mais on les a renversées, en les faisant jouer sur un axe *i*, *i*, et on les a reportées en arrière, pour montrer tout l'intérieur de la bouche. Les branchies *g g* sont portées par leurs osselets *i i*.

De l'odorat. Les narines ont une double ouverture, et sont précédées par deux barbillons fort courts.

De la vue. L'œil est situé plus en arrière, et un peu de côté. Il est logé assez profondément; ce qui se remarque d'autant mieux qu'il manque tout-à-fait de convexité.

De l'ouïe. On n'en aperçoit pas d'ouverture en dehors.

Pour le surplus, *la tête* est, à l'égard de son extérieur, dans le cas des tégumens communs, sans parties molles au dehors, et parfaitement défendue par de fortes cuirasses; chaque pièce de son pourtour est formée d'os larges et solides : un épiderme qui y adhère fortement est l'unique tégument qui en empêche l'exfoliation.

La tête est encore remarquable par la longueur de l'occipital postérieur, qui forme comme un bec de flûte pour aller à la rencontre de la colonne épinière. Elle présente enfin distinctement dans le squelette, fig. 3, les parties suivantes : le coronal *a*, le jugal ou l'os des pommettes *f*, les deux pièces de l'opercule *h* et *g*, les osselets *b* que je crois analogues aux rayons des ouïes, l'os carré *p*, dont nous avons déjà parlé plus haut.

Des dimensions respectives des parties.

Millimètres.

LONGUEUR totale du bichir, sujet des observations suivantes.	590
du prolongement brachial.	34
de la nageoire pectorale.	36
du prolongement de la nageoire ventrale.	10
de la nageoire ventrale.	39
de la première annexe sternale.	60
de l'opercule.	66
de la tête jusqu'à l'opercule.	83
de la tête jusqu'à l'extrémité de la membrane branchiostège.	118
des barbillons.	6
de la fente ou entrée du canal pneumatique.	22
de la grande vessie natatoire ou aérienne.	372
de la seconde vessie natatoire.	245
de la rate.	167
du foie, en totalité.	301
de la portion du foie adossée à l'estomac.	68
de celle placée au-dessous de l'œsophage.	61
de celle qui accompagne l'intestin.	240
de la vésicule du fiel.	35

	Millimètres.
LONGUEUR totale de l'œsophage.	36
de l'estomac.	102
de l'intestin depuis l'estomac jusqu'au cœcum.	45
de l'intestin depuis le cœcum jusqu'à l'anus.	362
des ovaires ou testicules pendant le frai.	300
Distance de la bouche à l'anus.	460
de la nageoire pectorale à la ventrale.	280
de la nageoire ventrale à l'anale.	73
de la nageoire anale à la caudale.	20
Contour du ventre.	201
de l'ouverture branchiostège.	100
de la bouche.	95
Diamètre de l'œil.	13
Ouverture de l'évent.	19

Des rapports naturels du bichir.

J'ai déjà eu occasion d'en traiter dans un petit article, où j'ai fait connaître les principaux traits de ce poisson[1]. Le genre dont il se rapproche le plus est celui des ésoces : il a même quelque chose de la physionomie du gavial; ressemblance qu'il doit à ses tégumens, à la distribution et à la grandeur de ses écailles : aussi M. le comte de Lacépède[2] l'a-t-il placé à la suite de son nouveau genre *lépisostée,* dont le gavial ou caïman fait partie. Mais ces considérations ne rangent pas nécessairement le bichir avec les ésoces, ni même avec les lépisostées, puisqu'il

[1] Annales du Muséum d'histoire naturelle, tome I, page 57; et Bulletin des sciences, par la Société philomathique, n°. 61.
[2] Histoire naturelle des poissons, in-4°, tome v, page 341.

en diffère, aussi bien que de tous les autres *abdominaux* connus, par des organes beaucoup plus essentiels. Il est le seul des abdominaux qui ait les nageoires placées à l'extrémité du bras, le seul dans lequel les rayons branchiostèges soient remplacés par une plaque osseuse, le seul qui ait des espèces d'évents munis de soupapes, par lesquels il se rapproche des cétacés ; il est aussi le seul dont la ligne dorsale soit garnie d'un aussi grand nombre de nageoires, le seul dont le premier rayon de ces nageoires soit transformé en un aiguillon à deux pointes, le seul dont les apophyses des vertèbres soutiennent sans intermédiaire les rayons osseux des nageoires dorsales, le seul qui ait une queue si courte qu'elle est presque inutile à la natation, le seul enfin qui semble, à l'égard des organes de la digestion, établir une nuance des *abdominaux* aux *cartilagineux*.

C'est d'après cette considération que je me suis cru fondé à établir le bichir comme un être isolé, et comme étant bien véritablement dans cet état d'anomalie que les naturalistes ont coutume de désigner sous le nom de *genre nouveau*.

Tous les naturalistes qui ont eu occasion, depuis moi, de parler de ce polyptère, ont confirmé par leur assentiment la justesse de cet aperçu : tels sont M. le comte de Lacépède, dans son Histoire des poissons; le docteur Shaw, dans sa Zoologie générale ; M. Cuvier, dans les derniers volumes de son Anatomie comparée; et M. Duméril, dans sa Zoologie analytique.

Des habitudes du bichir.

Quelque attention que j'aie pu apporter à prendre des informations sur les mœurs de ce poisson, j'y ai eu peu de succès. On le trouve si rarement dans le Nil, que quelques pêcheurs ont prétendu n'en avoir jamais vu d'autres individus que ceux qu'ils m'avaient fournis. En effet, le haut prix que je donnais de chaque bichir, m'est un sûr garant que l'on m'a fourni presque tous ceux qui ont paru au marché général du Kaire; et cela s'est toujours borné à trois ou quatre par an.

C'était à l'époque des plus basses eaux qu'on le pêchait, et il n'est jamais arrivé qu'on m'en ait apporté quelques jeunes individus.

Ayant trouvé que tous les poissons du Nil se divisent en deux classes de voyageurs, que les uns, dans le décroissement de ce fleuve, le remontent depuis son embouchure, et que les autres descendent de la Nubie avec les grandes eaux, j'ai voulu savoir à laquelle de ces divisions appartient le bichir, mais je n'ai pu trouver personne en état de m'en informer.

Tout ce que j'ai pu soupçonner des divers renseignemens que j'ai acquis, c'est que le bichir n'habite que les lieux les plus profonds du fleuve, qu'il vit constamment dans la vase, et qu'abandonnant seulement ses retraites pendant la saison du frai, il vient quelquefois alors s'enfermer dans les filets des pêcheurs.

On peut lui appliquer ce que dit M. le comte de Lacépède du lépisostée gavial. A l'abri sous un tégument privilégié, plus confiant dans ses forces, plus hardi dans ses attaques que ses congénères; pouvant enfin ravager avec plus de sécurité, exercer sur ses victimes une tyrannie moins contestée, et satisfaire avec plus de facilité ses appétits violens, il semble qu'il méritait de porter, de préférence à tout autre, le nom de *phager* ou de *vorace*, par lequel les anciens ont désigné un des poissons du Nil: mais il paraît que ces mêmes écailles défensives qui, par leur épaisseur et leur dureté, peuvent ajouter à son audace, diminuent par leur grandeur et leur inflexibilité la rapidité de ses mouvemens, la facilité de ses évolutions, l'impétuosité de ses élans, et laissent à sa proie beaucoup de ressources dans l'adresse, l'agilité et la fuite précipitée.

Ce qu'il y a de certain à cet égard, c'est que je n'ai jamais pu savoir de quoi le polyptère bichir se nourrit: j'en ai ouvert et disséqué plusieurs individus, sans avoir trouvé le moindre vestige d'alimens dans l'estomac. Toutefois, à l'étendue de sa gueule, aux dents nombreuses dont elle est armée, à la conformation de son canal intestinal, il y a tout lieu de croire que le bichir est carnivore.

Sa chair est blanche et beaucoup plus savoureuse que celle des autres habitans du Nil. Comme on ne peut entamer ce poisson avec le couteau, on le cuit d'abord au four, et on acquiert par-là plus de facilité pour le retirer de sa peau, d'où il sort, comme un manchon, de son étui.

§. II.

LE TÉTRODON FAHAKA

TETRODON PHYSA

(Poissons du Nil, pl. 1, fig. 1, et pl. 2 pour les détails anatomiques).

Le tétrodon fahaka a été ainsi nommé par Hasselquist. On devait tout naturellement espérer que les traits de ce poisson, dessinés par un des plus habiles disciples du grand Linné, resteraient immuables, et nous en conserveraient les caractères, de manière à prévenir toute méprise ultérieure, la description d'Hasselquist étant d'ailleurs assez soignée pour qu'il fût difficile d'y rien ajouter. Mais on se borna à en savoir gré à son auteur : on garda le souvenir de son travail, et, par une contradiction assez bizarre, on perdit de vue l'animal qui en était l'objet.

De sa nomenclature.

Linné contribua sans doute à donner cette direction à ses successeurs, en changeant, sans un motif suffisant, la première dénomination du tétrodon du Nil. Notre voyageur avait pris le parti de conserver à son tétrodon le nom qu'il porte en Égypte, et il avait réussi à nous le retracer, autant toutefois que nos syllabaires d'Europe s'y prêtent à l'égard de mots tirés des langues orientales ; mais il ne tarda pas à en

LE TÉTRODON FAHAKA. PL. 1-2.

être blâmé par son maître, qui, pénétré de la nécessité de n'employer pour noms triviaux que des mots caractéristiques, s'empressa de remplacer le terme de *fahaka* [1], qui n'avait aucun sens, par l'épithète de *lineatus*, qui en présentait un significatif, et qui avait, en effet, l'avantage de rappeler à la mémoire une distribution de couleurs inconnue jusqu'alors dans aucun autre tétrodon.

On se trouve tous les jours très-bien de ce principe; mais il a aussi ses inconvéniens, lesquels se font principalement sentir, quand on vient à découvrir une autre espèce à laquelle la même épithète convient également : or, c'est ce qui est arrivé dans le cas qui nous occupe.

Bloch eut occasion de voir un autre tétrodon rayé : dans la préoccupation que lui laissa le mot *lineatus*, il ne douta pas que le hasard ne lui eût procuré l'avantage de posséder un tétrodon du Nil, et il imagina d'en donner une figure [2] qui fut très-soignée, et que sa beauté recommanda à l'attention des naturalistes.

Presque tous ceux qui eurent depuis occasion d'écrire sur les poissons, s'arrêtèrent à cette figure, et tracèrent d'après elle les caractères du prétendu tétrodon égyptien : on ne songea plus à Hasselquist que pour lui attribuer le mérite de la première décou-

---

[1] Les Égyptiens écrivent ainsi ce mot فقاق, qui serait mieux représenté par cet équivalent, en lettres européennes, *faqáqa*, ou *fa-á-a*, comme on prononce au Kaire (avec un *hiatus* aspiré).

[2] Planche 141, laquelle fut ensuite reproduite sous le même nom par Bonnaterre, dans l'Encyclopédie méthodique, pl. 16, fig. 51.

verte; le nouveau tétrodon avait fait oublier le premier.

Je ne pouvais plus employer une expression qui avait produit cette confusion d'espèces : j'y ai suppléé en rendant au tétrodon du Nil ses noms ancien et moderne; celui de *physa*, qu'il me paraît avoir porté autrefois chez les Grecs et les Latins, et celui de *fahaka*, sous lequel il est présentement connu, en écrivant ce nom avec l'orthographe consacrée par Hasselquist.

Rondelet, dont l'Histoire des poissons date de 1554, est le premier parmi les modernes qui ait décrit (*de orbe*, lib. xv, page 419) le fahaka, et le seul qui l'ait encore figuré : la description d'Hasselquist parut en 1757 dans son Voyage en Palestine, p. 400; Linné en reproduisit une autre en 1764, dans le supplément à sa Description du cabinet du prince Adolphe, page 55; et Forskael une quatrième en 1775, dans sa Faune arabique, page 76, n°. 114.

Tous quatre, mais principalement Hasselquist, en ont présenté les traits principaux et décrit avec soin l'extérieur : aussi n'aurait-on eu rien à ajouter à la détermination de cette espèce, sans la méprise échappée à Bloch, qui fit peindre et qui donna un tétrodon rayé sous le ventre, pour le fahaka, chez qui ces rayures sont disposées sur le dos et les flancs.

Le genre du tétrodon est parfaitement défini dans les auteurs : il comprend tous les poissons qui gonflent une partie de leur corps au point de ressembler à une vessie soufflée, et qui ont les mâchoires armées de quatre grosses dents, ainsi que l'explique leur nom de *tétrodon*, ou mieux celui de *tétraodon*, dont on se servait plus anciennement. Il est bien quelques autres poissons qui partagent avec eux la faculté de se gonfler de même, tels que les balistes, les ovoïdes et les diodons; mais la forme de leurs mâchoires établit entre eux de si grandes différences, que le genre tétrodon reste parfaitement circonscrit.

De la description de son extérieur.

Nous allons donc nous borner à donner les caractères particuliers du fahaka : dans un genre très-naturel, ils reposent ordinairement sur un petit nombre de traits.

Le fahaka ne s'élève jamais au-delà de trois décimètres : celui que nous avons figuré l'a été de grandeur naturelle; c'est la taille la plus habituelle sous laquelle on le trouve.

Il se rapproche, à beaucoup d'égards, du tétrodon lagocéphale, et il est particulièrement remarquable par une tête assez grosse, un front large, des yeux saillans et assez haut placés, l'iris jaune, la prunelle bleu foncé, et le dos voûté.

Un peu en avant des yeux, et plus sur le devant, on trouve un petit tubercule qui se divise en deux barbillons. On croit d'abord trouver là les ouvertures nasales; mais la peau n'est pas perforée en cet endroit, et ce n'est qu'un peu au-dessous qu'on aperçoit les conduits des narines.

La ligne latérale commence près et au-devant de

l'œil, le contourne en dessus, se relève pour descendre parallèlement au dos jusque vers la nageoire dorsale, d'où elle se rend droit à la queue.

Les nageoires sont disposées comme dans tous les tétrodons : la dorsale est opposée à celles de l'anus ; et toutes sont petites, circulaires et transparentes, à l'exception, toutefois, de la nageoire de la queue, plus grande et d'un jaune-orangé.

Aucun tétrodon n'offre un assemblage de couleurs mieux assorties et plus agréables ; chaque partie attire l'œil par la vivacité des teintes, le dos étant d'un bleu-noirâtre, les flancs rayés de brun et d'orangé, le ventre jaunâtre, et la gorge d'un blanc de neige. Les jeunes et les femelles ne diffèrent des mâles adultes que par un peu moins de vigueur dans le coloris ; et quant aux différens accidens de couleur dont tous les animaux sont plus ou moins susceptibles, ils se bornent, dans le fahaka, à un défaut de parallélisme de deux raies, qui alors coïncident l'une sur l'autre ; ce qui est rare et ne s'est jamais offert à moi des deux côtés à-la-fois.

Tout tétrodon est plus ou moins armé de piquans. Ceux du tétrodon du Nil sont fort courts ; ils se dirigent en arrière, et ne dardent leurs pointes que dans son plus grand gonflement : les plus longs couvrent le ventre, et l'on n'en trouve aucun à la gorge, sur la queue et sur le dos ; en revanche, une humeur visqueuse est répandue sur toutes les parties qui en sont dépourvues.

Enfin la description de cette espèce sera complétée par la connaissance suivante du nombre des rayons de chaque nageoire.

Il n'y a que des nageoires dorsale, pectorales, anale et caudale : les ventrales manquent dans tous les tétrodons.

    D. 12. P. 21. A. 9. C. 11. (*Suivant Hasselquist.*)
    D. 11. P. 18. A. 9. C. 11. (*Suivant Linné.*)
    D. 12. P. 19. A. 9. C. 10. (*Suivant Forskael.*)
  B. 5. D. 11. P. 18. A. 9. C. 9. (*D'après mes observations.*)

Toutes ces observations rentrent les unes dans les autres ; et il serait même possible que les différences qu'elles présentent fussent moins dans la nature que dans la manière d'observer, puisque je me trouve rapporter le même nombre que Linné, si je regarde comme entièrement séparée et indépendante l'une de l'autre chaque bifurcation des rayons externes de la nageoire caudale.

De ses habitudes.

Quoique j'aie beaucoup voyagé sur le Nil, j'y ai très-rarement aperçu des fahakas : aussi ai-je peu de chose à dire de leurs habitudes.

On les voit seulement à l'époque des grandes eaux, qui sans doute les apportent d'au-delà des cataractes : le haut Nil les entraîne dans son cours et les disperse dans les golfes et canaux où il se répand ; la tourmente ne cesse pour eux que quand ils sont enfin arrivés aux extrémités de ces culs-de-sac.

A peine commencent-ils à jouir d'un peu de calme, qu'ils se hâtent de se rechercher et s'occupent de la reproduction de leur espèce : ils se montrent alors plus confians et viennent plus souvent à la surface, où, en éprouvant la plus singulière des métamorphoses, ils cessent de régler leurs mouvemens et ne naviguent plus qu'au gré des vents ou en s'abandonnant au fil de l'eau.

Leur condition ne tarde pas à s'améliorer; c'est quand, à la retraite du fleuve, les campagnes inondées sont converties en des lacs immenses : ils séjournent alors dans des eaux dormantes. Leur sécurité s'en accroît, et ils témoignent la joie qu'ils en ressentent, en paraissant plus souvent à fleur d'eau.

Mais ce bonheur est de bien courte durée : ils restent abandonnés dans des îles entourées de sable; sans moyen de regagner le fleuve qui les a rejetés de son sein, ils voient se tarir les lacs qui les recèlent encore. En vain ils sont attentifs à cette diminution des eaux, et ils s'empressent de gagner les lieux les plus bas ; ils ne font que retarder de quelques jours une mort inévitable. La terre où ils s'amoncèlent les uns sur les autres, n'est plus alimentée par le Nil, et elle est au contraire exposée aux rayons d'un soleil dont l'ardeur est dévorante et dont rien ne tempère l'influence.

Il y a beaucoup plus de ces poissons qu'il n'en faut pour nourrir les hommes qui vivent dans leur voisinage, et pour assouvir la faim d'une quantité considérable d'oiseaux qui sont attirés par une proie aussi abondante; la plus grande partie reste alors gisante sur le terrain, et offre bientôt aux regards étonnés des voyageurs une multitude de débris dont l'origine contraste singulièrement avec l'aridité des lieux où ils se trouvent.

Le décroissement du Nil ramène ainsi, chaque année, une époque où toute la population des campagnes se procure, sans aucune fatigue, une nourriture abondante. Les enfans en désirent le retour tout aussi vivement que leurs pères, parce que cette saison leur ramène de nouveaux plaisirs et des jeux qui se fondent principalement sur la possession des fahakas : il en est de ces poissons comme en France des hannetons; chacun en désire, parce qu'il n'est sorte d'amusement qu'on ne se procure avec eux.

On aime à les observer dans des flaques d'eau, à voir leurs métamorphoses, à prédire le moment de leurs culbutes, à les promener sur les eaux, à les lancer comme des billes de billard, et quelquefois aussi à les écraser. On s'en amuse presque autant après leur mort, à cause de la facilité qu'on a de les gonfler ou de les vider à volonté. Desséchés sous la forme d'un sphéroïde, ils conservent tout l'air dont ils ont été remplis, et résistent long-temps dans cet état, quoiqu'on s'en serve comme de ballon.

J'ai été à portée d'observer la manière dont ils se gonflent. S'ils nagent, ils le font à la manière de tous les autres poissons : on distingue alors facilement toutes les parties de leur corps; la tête paraît seulement un peu forte; le ventre est plissé, bien moins gros, et la queue est plutôt longue que courte.

Viennent-ils aspirer de l'air à la surface de l'eau, on voit d'abord les plis de l'abdomen qui s'effacent; le ventre croît peu à peu, et arrive bientôt à un volume qui égale et surpasse même celui de l'animal. Dès-lors il survient un événement qui ne dépend plus des mouvemens vitaux : il s'établit une si grande disproportion entre le poids du dos et celui du ventre, que, le premier venant à l'emporter, l'animal culbute et demeure renversé sur le dos. Cela n'empêche pas qu'il ne continue à se gonfler; et il le fait avec un tel succès, que son corps, qui naturellement est d'une forme allongée, passe à celle d'un globe dont la surface développe toutes ses épines.

C'est en ayant recours à cette sorte de métamorphose, que les tétrodons parviennent à éviter les poursuites d'un assez grand nombre de poissons : en vain ceux-ci s'empressent autour d'eux et croient s'en saisir; leurs efforts n'aboutissent qu'à pousser devant eux un sphéroïde qui glisse facilement sur le miroir des eaux. L'attaquant se lasse bientôt, d'autant plus qu'il est atteint lui-même par les petits aiguillons dont toute la surface visible est garnie, et qui, en se redressant, forment autant de dards très-aigus et très-dangereux.

Nous connaissions déjà ce mode de défense parmi des animaux terrestres. Les hérissons, au moindre danger, se mettent également en boule, et présentent de tous côtés des armes défensives, qui rebutent leurs ennemis. Il est assez singulier de rencontrer les mêmes habitudes parmi des animaux si différens.

On est curieux de savoir à quel mécanisme on doit cette similitude d'actions; et l'on s'est en effet demandé comment il arrive que les tétrodons prennent et conservent tout l'air qu'ils aspirent, quel en est le réservoir, et quels agens enfin leur donnent cette faculté. C'est à l'anatomie à nous donner la solution de ces questions.

Personne n'a encore révélé l'organisation d'aucune de ces singulières espèces. Ce que je vais essayer de faire au sujet de celle qui habite dans le Nil, a l'avantage de s'appliquer à toutes, et peut-être même de s'étendre aux espèces du genre diodon.

Du réservoir aérien, ou de l'estomac.

Je ne connais que le célèbre Bloch et M. le comte de Lacépède qui se soient occupés de la poche des tétrodons : Bloch a fait voir qu'elle communique avec la cavité des branchies; et mon illustre confrère en a étudié la structure, et l'a vue formée par une membrane située entre les intestins et le péritoine.

Cette dernière observation, ayant porté sur un sujet retiré de la liqueur, et mal conservé, n'a pu être faite avec tous les développemens dont elle était susceptible; ayant eu au contraire à ma disposition autant de tétrodons que j'en pouvais désirer, je me suis occupé de remplir cette lacune.

J'ai donc ouvert un grand nombre de ces poissons, et je me suis toujours de plus en plus convaincu que c'est l'estomac qui, sans perdre de ses usages habituels, leur sert aussi de réservoir aérien.

Cet organe, qui occupe ordinairement peu d'espace, échappe donc, pour ainsi dire, dans cette circonstance, de la cavité où il est contenu, pour grandir au point de l'emporter par son volume sur tout le reste de l'animal : c'est un résultat si singulier, que le premier mouvement est de se refuser à le croire. Cependant, si l'on réfléchit que la nature n'opère jamais par des créations nouvelles, mais simplement par des modifications de choses existantes ailleurs, et que de toutes les combinaisons pour produire cette poche qui s'annonce en dehors par un relief si considérable, la plus simple était d'employer un sac à portée des cavités de la bouche et des branchies, et dont il ne restait plus qu'à augmenter la capacité, on sera moins étonné que cette modification, quelque merveilleuse qu'elle paraisse, soit tombée sur l'estomac, et que ce viscère ait pu acquérir un volume aussi prodigieux.

C'est d'ailleurs un fait que l'observation met hors de doute. Si l'on examine l'intérieur de la poche aérienne des tétrodons, on n'y trouve que deux ouvertures, dont l'une correspond au col de l'œsophage, et l'autre à l'entrée du canal intestinal.

Ce qui, au premier aspect, détourne de l'idée que ce grand sac soit le même que l'estomac, c'est son peu d'épaisseur : mais, si l'on fait ensuite attention qu'il est formé d'autant de tuniques que tout autre estomac, et qu'on retrouve au-delà les diverses couches musculaires et la peau qui forment les autres enveloppes de l'abdomen, on cesse de se faire une difficulté du peu d'épaisseur de ces parties. On sait d'ailleurs, ce qui est la réponse à cette sorte d'objection, que lorsqu'un organe sort des limites qui lui sont comme assignées, c'est toujours aux dépens de sa masse : ainsi le souffleur en flacons de verre fait, avec une quantité donnée de matière, des sphéroïdes qui ont plus ou moins de capacité, selon qu'il lui importe d'en rendre les parois épaisses ou minces.

Un estomac d'un aussi grand volume ne pouvait rester sur la ligne des viscères abdominaux ; et en effet, situé plus inférieurement, il les recouvre presque tous. Naissant de l'arrière-bouche, il tapisse, vers le haut, le foie, la vessie natatoire, les intestins, auxquels il adhère au moyen d'un tissu cellulaire très-mince ; puis, revenant sur lui-même, il recouvre tous les muscles abdominaux, agrandis dans la même proportion que lui, pour se porter ensuite à la dernière des pièces du sternum, où nous avons observé son point de départ. Là tout est adhérent, les diverses tuniques de l'estomac, les muscles de l'abdomen et la peau ; en sorte que, pour étudier la structure de ces parties, il faut prendre la peine de séparer tous les feuillets dont cette portion du grand sac est formée.

On comprend alors aisément comment les muscles abdominaux, formant une couche intermédiaire entre les tuniques de l'estomac et la peau, parviennent à chasser l'air qui produit le gonflement des tétrodons. Ce résultat est amené par la contraction de leurs fibres musculaires, secondée par la non-activité ou la restitution des muscles de la poitrine.

Ces fibres musculaires, en se raccourcissant encore davantage, forcent, tant les membranes de la peau en dehors que celles de l'estomac en dedans, à se plisser; et l'estomac, comme affaissé sur lui-même et ramené à des dimensions qui sont plus en harmonie avec les autres viscères de l'animal, est rendu à ses fonctions habituelles.

La planche des détails anatomiques rend sensibles tous les faits que nous venons d'exposer.

Le n°. 1er nous montre les viscères abdominaux en position : toute la face *a a* est l'intérieur de l'estomac; *b b* en est la continuation, sauf qu'au lieu de former un large tablier, de recouvrir toute la masse des intestins et de présenter comme le plancher ou le haut de l'estomac (ce qui existe réellement dans la nature), on l'a coupé, détaché et rejeté pour laisser voir les viscères abdominaux.

Le n°. 2 nous montre sur la droite une partie *a a* des tuniques de l'estomac, et à gauche la couche inférieure ou les muscles de l'abdomen.

Cette couche se compose de deux muscles L et M. Le muscle M tient lieu du *grand droit*, et a ses attaches en arrière; savoir, les unes aux osselets de la colonne épinière, et les autres, en moindre nombre, à ceux qui soutiennent la nageoire anale : il se perd en devant sur une bande tendineuse ; deux lignes ou aponévroses le coupent par le travers, et le partagent en trois portions à peu près égales, tandis que les fibres dont il est composé se ramassent, dans le sens de la longueur, par paquets, au nombre de sept à dix.

L'autre muscle L prend sa naissance en arrière, à la dernière bande tendineuse du premier, et se porte obliquement sur les ouïes : ses fibres sont plus réunies que dans M.

Un tissu cellulaire plus abondant, recouvrant ces deux muscles et les séparant davantage d'un troisième plus extérieur et plus mince, numéroté O, nous porte à croire que celui-ci n'appartient point aux muscles abdominaux, et qu'il est l'analogue du panicule charnu ; il s'étend beaucoup au-delà de la région de l'estomac, se porte jusque sur la tête, et fournit des rameaux qui se répandent par-dessus les muscles des nageoires pectorales : la direction des fibres est transversale, et l'on en voit tant en dessus qu'en dessous.

Toutefois il concourt, avec les deux autres muscles L et M, à l'expulsion de l'air de la poche, en en diminuant la capacité : il plisse la peau transversalement, L obliquement, et M longitudinalement ; ce qui forme trois puissances dont le concours en diminue la surface.

Nous connaissons la nature de la grande poche aérienne : montrons présentement quels agens y conservent l'air durant le gonflement des tétrodons.

De la vessie aérienne ou natatoire.

Le plus remarquable de ces agens est la vessie natatoire, qui n'agit que par impulsion et d'une manière passive. On s'étonne, sans doute, de la voir figurer ici, quand ses fonctions sont transportées à l'estomac : on sait que dans beaucoup de poissons il lui est donné de communiquer avec l'arrière-bouche et d'en recevoir de l'air.

Il n'en est pas de même dans les tétrodons : aucune ouverture, aucun canal pneumatique ne lui donne de communication avec la bouche ; c'est un sac fermé de toutes parts, qui a la forme d'un fer à cheval, dont le bord circulaire est en avant, et qui se termine par deux branches en arrière. La figure n°. 2 la représente de grandeur naturelle.

Sa face, visible dans le dessin, est adhérente, mais par un tissu cellulaire très-lâche, à la partie de l'estomac qui repose dessus : l'autre face adhère pareillement à l'épine du dos ; en sorte qu'elle n'est là que suspendue en quelque sorte, et qu'elle peut être portée indifféremment en avant et en arrière.

L'ouverture marquée *gg* qui se voit au-dessus de la vessie natatoire, est la section de l'œsophage ou du conduit intermédiaire qui existe entre l'arrière-bouche et l'estomac.

De l'os furculaire, de ses muscles, et de leur influence sur la vessie natatoire.

J'ai appelé *os furculaire* une pièce qu'on trouve dans tous les poissons osseux, et que j'ai le premier décrite[1]. Ayant reconnu son analogie avec les branches de la fourchette, je lui en ai donné le nom, ou du moins celui de *furculaire*, employé dans les derniers ouvrages d'anatomie. Cet os est si long dans les tétrodons, et il y joue un rôle si important, que c'est pour avoir été frappé de son développement extraordinaire dans le fahaka, que j'ai désiré connaître ses relations générales dans l'ensemble de l'organisation.

C'est un long filet osseux, semblable à une côte, qui porte le n°. 16, tant dans la fig. 3 que dans celle du squelette fig. 23.

Deux grands muscles y trouvent, vers leur milieu, de nombreux points d'attache. Ces muscles naissent d'ailleurs : le premier G, du sternum, d'où il se dirige en arrière, et s'insère par son autre extrémité sur les os de la nageoire anale; et le second H, de l'omoplate n°. 15, ayant son extrémité opposée épanouie sur l'aponévrose générale qui existe au-dessous de la peau.

Ces muscles et leurs congénères, ainsi répandus sur les côtés de la vessie natatoire, lui impriment, quand ils se contractent, un mouvement qui la porte d'arrière en avant; ce qui s'effectue avec d'autant

[1] *Voy.* les Annales du Muséum d'histoire naturelle, t. ix, p. 357 et 413.

plus de facilité, que la vessie natatoire est saisie et comme embrassée par les os furculaires que la contraction de ces muscles rapproche l'un de l'autre. Tous ces efforts acculent la vessie natatoire sur le col de l'œsophage, et ferment si exactement cette communication, que tout l'air contenu dans l'estomac ne peut plus s'en échapper.

L'action de ces muscles ne saurait être prolongée autant de temps qu'il arrive aux tétrodons d'être gonflés : mais alors elle est remplacée par une humeur visqueuse répandue dans le pourtour intérieur du col de l'œsophage. Cette humeur rend ces parties assez adhérentes pour lutter avec avantage contre la réaction qu'exerce nécessairement le fluide accumulé dans l'estomac. Elle conserve la même ténacité après la vie; ce dont je me suis assuré en injectant souvent de l'air dans la grande poche d'un fahaka.

Le moyen dont on fait usage pour cela, consiste à souffler de l'air dans la bouche de l'animal, après avoir pris la précaution qu'il n'en échappe point par les ouïes. La pression qu'on est alors forcé d'exercer sur celles-ci pour en tenir l'ouverture hermétiquement fermée, met la vessie natatoire dans le cas de remplir son effet sur le col de l'œsophage, ou, ce qui est la même chose, la porte vers le haut; effet d'où il résulte que les parois de l'œsophage sont si intimement rapprochées et adhèrent tellement ensemble, que si l'on donne un coup sec sur la peau tendue d'un fahaka, il arrive autant de fois à celle-ci de se déchirer, qu'à l'air de s'ouvrir un passage de l'estomac dans l'arrière-bouche.

Les tétrodons font cesser eux-mêmes leur gonflement de deux manières : 1°. en ramenant en arrière la vessie natatoire, au moyen de deux petits muscles h (fig. 14), lesquels sont placés vers le milieu de la région abdominale, immédiatement sur les côtés, le long et sur les bords de la colonne épinière : ces muscles s'épanouissent antérieurement sur ff, qui est une section de la vessie natatoire ; 2°. en pressant leur poche aérienne au moyen des fibres musculaires répandues sur toute sa surface extérieure : le ressort de l'air, augmenté par cette compression, rompt tous les obstacles qui s'opposent à son passage, et détruit en particulier la cohésion résultant de l'humeur visqueuse qui humecte les parois intérieures de l'œsophage.

Nous verrons aussi plus bas, que le col de l'œsophage est entouré de petits muscles qui peuvent, au besoin, en développer l'étendue et en rétablir les communications.

Des pièces osseuses qui composent le coffre pectoral des tétrodons.

Nous nous sommes bornés jusqu'ici à indiquer comment l'air entre dans l'estomac et comment il en sort ; il nous reste à reconnaître quelle force l'oblige à s'y accumuler, et l'y conserve dans un certain degré de condensation. Pour produire cet effet, qui tient au mécanisme des corps de pompe, il fallait un appareil plus compliqué que celui que nous présente le coffre pectoral des poissons osseux, chez lesquels cet ensemble est amalgamé et comme confondu dans la cavité de la bouche.

Une plus grande complication du coffre pectoral distingue en effet les tétrodons : quelques parties y semblent ajoutées, et leur procurent tout au moins ce résultat très-singulier pour des poissons, d'avoir, à volonté, la cavité de la poitrine distincte de celle de la bouche.

Pour bien comprendre ce que les organes de la respiration des tétrodons offrent de nouveau et de remarquable, rappelons-nous d'abord ce que nous savons du sternum des poissons osseux.

Il est formé de cinq pièces, dont une occupe le centre : celles de côté, ou les *annexes sternales*, sont ordinairement placées l'une au bout de l'autre, et ont pour principal usage de porter la membrane branchiostège et les filets osseux qui servent à son déploiement ; d'où on les avait nommées autrefois les grands os de la membrane branchiostège.

Les tétrodons ne conservent que fort peu de chose de ce plan général : la pièce impaire, ou proprement le *corps* du sternum, leur manque entièrement ; et au lieu que les annexes sternales soient placées bout à bout, une seule (n°. 21, fig. 20 et 21) s'étend de l'os carré à sa congénère et se réunit à celle-ci un peu au-dessous des os hyoïdes. Tout me porte à croire qu'elle est analogue à celle des deux annexes qui s'articule aux os carrés : aussi longue que le sont ailleurs les deux annexes, elle en remplit aisément à elle seule toutes les fonctions, puisqu'elle sert de support tant à la membrane branchiostège qu'aux rayons des ouïes.

L'autre annexe (n°. 20, fig. 20 et 21) n'en existe pas moins : on la voit en dedans et le long de la première. Elle est fort grande et d'une configuration bizarre; aussi bien que l'annexe extérieure, elle complique le coffre pectoral tout autant que si c'était une nouvelle pièce ajoutée pour la première fois à cet appareil.

Sa forme est celle d'un large feuillet replié longitudinalement, et dont les deux plans tombent presque à angle droit l'un sur l'autre. Elle est terminée vers le haut par une tubérosité ou une sorte d'onglet qui sert à son articulation, et qui est reçu dans une cavité pratiquée vers le milieu de l'autre annexe. Son bord, du côté interne, est circulaire, et l'autre rectiligne : le sinus formé par le pli de la partie mince est rempli par deux muscles épais (o, p, fig. 4). La face opposée est aussi couverte de muscles, mais qui diffèrent de ceux-ci tant par leur moindre épaisseur que par la combinaison de leurs attaches.

Nous donnerons à ces deux annexes les noms qui conviennent à leur situation respective : à celle-ci, le nom d'*annexe intérieure;* et à la première, celui d'*annexe extérieure*.

C'est entre ces deux pièces que sont comme cachés les rayons des ouïes. Il n'est venu en effet à l'esprit de personne de les aller chercher en cet endroit, quoique, à vrai dire, ils soient dans la place qui leur convient. J'en ai compté cinq dans le fahaka : le n°. 22 (fig. 20 et 21) en montre la forme, la position et les attaches. Ils s'articulent tous les cinq à l'annexe extérieure. Enclavés comme ils le sont, ils ne peuvent se déployer en éventail : ils ne sauraient d'ailleurs le faire, parce qu'ils sont retenus à leurs deux extrémités; ce sont autant de demi-cerceaux qui ne s'écartent les uns des autres qu'à leur milieu ; effet qui est produit par le besoin d'agrandir la capacité de la poitrine.

La membrane branchiostège, qui est contiguë et réunie à sa congénère, au point de ne pas se distinguer des tégumens communs, recouvre toutes les pièces du coffre pectoral, annexes et rayons : elle n'est percée, ou, pour me servir de l'expression habituelle, elle ne montre son ouverture branchiale qu'à la partie la plus postérieure de la poitrine, un peu au-dessus de la nageoire et tout-à-fait à l'extrémité des rayons, qui, partout ailleurs, en sont les principaux agens. C'est ce voile considérable, étendu au-devant des branchies, qui a fait considérer les tétrodons comme appartenant à l'ordre des poissons branchiostèges.

La figure 22 nous montre les autres pièces qui font partie des organes de la respiration ; savoir, 1°. au milieu et en avant, les trois os hyoïdes, et 2°. sur le côté et en arrière, les arcs des branchies.

Des muscles qui meuvent les pièces du coffre pectoral.

Nous décrirons ces muscles dans l'ordre où les figures de notre planche nous les présentent.

Premièrement, figure 4.

Le muscle q et son congénère. Ils s'appuient l'un sur l'autre en partie et du côté interne : ils bordent en avant la crête de la machoire inférieure, et s'insèrent en arrière tant sur le premier et le second rayon branchiostège, que sur l'os hyoïde. Ils ont pour usage d'abaisser la mâchoire inférieure, et peuvent aussi, quand elle reste fixe, entraîner un peu de son côté les rayons branchiostèges et l'os hyoïde.

Le muscle o est une portion du muscle de la langue, qu'on peut voir plus distinctement, *même lettre*, figure 11. Il se bifurque et s'attache en arrière à la crête de l'annexe extérieure, qu'il soulève dans ses fortes contractions et fait rouler du dedans au dehors.

Le muscle p. Grand, fort, épais, il remplit le creux formé par le repli de l'annexe intérieure : attaché en outre par une sorte de gros pédoncule à la crête de l'autre annexe, il rapproche ces deux pièces l'une de l'autre, et soulève particulièrement celle dont il remplit toute la profondeur : en général, il tend, en écartant des branchies l'annexe intérieure, à développer la cavité de la poitrine et à lui procurer une plus grande capacité. *a a* est une section de l'œsophage.

Secondement, figure 5.

Le muscle a A montre la réunion des deux petits pectoraux : à peine aperçoit-on la bande tendineuse qui les réunit vers le milieu. Ils fournissent en avant deux forts tendons qui s'écartent l'un de l'autre, et qui vont s'insérer sur la crête de l'annexe extérieure : ils sont partagés en arrière en deux portions distinctes, dont chacune s'attache à l'extrémité et le long de la clavicule. Ils entraînent, quand ils se contractent, les clavicules vers les annexes extérieures, et *vice versâ*, suivant que l'une de ces pièces est rendue fixe.

Au-dessous l'on voit l'aorte A, le cœur C et l'oreillette du cœur J.

Troisièmement, figure 6.

Le haut de la figure nous montre une portion des deux petits pectoraux *a*, décrits dans l'article précédent : ils sont représentés, rejetés après la section qui en a été faite, tout-à-fait en devant, et conséquemment en sens contraire de leur véritable situation.

Le muscle a'. Je lui donne ce signe, qui n'est pas tel dans le dessin : il fait le pendant de *k*, dont il n'est pas cependant le congénère; aussi je le décris séparément. Il est gros, arqué, et attaché, d'une part, vers le haut à la tête de l'annexe extérieure, et, d'autre part, aux arcs branchiaux, qu'il entraîne et qu'il écarte quand il se contracte.

Le muscle k. Nous venons de le désigner comme

faisant le pendant du précédent. Il est situé au-dessous : il naît, ainsi que son congénère, de l'os hyoïde, et se dirige de côté, où il s'attache partie à l'annexe extérieure et partie à la tête de la clavicule. La fig. 11 nous le montre plus isolé.

f. Ce muscle remplit le bas de la facette de l'annexe intérieure, et s'attache à tout son bord dans cette partie : ses fibres convergent ensuite vers un centre commun, où il s'unit à son congénère.

Un autre muscle, qui ne diffère guère de celui-ci que par un peu plus d'obliquité des fibres, se voit au-dessus.

L'usage de ces muscles est d'entraîner l'annexe intérieure de dehors en dedans. Pour bien comprendre comment ce mouvement est imprimé, il ne faut pas perdre de vue que les petits pectoraux *a* sont posés au-devant de ces muscles, et leur opposent une bride qui modifie les effets de leur contraction.

b, muscle impair. Il est placé sur la ligne moyenne et au-dessous de la membrane qui se rend de l'arrière-bouche à l'estomac. Plat et mince, il s'épanouit vers le bas sur l'extérieur de l'œsophage, qu'il contribue à ouvrir; et il fournit antérieurement une aponévrose qui adhère à la membrane générale, très-près de l'endroit où se réunissent les arcs branchiaux.

m est également un muscle impair, ainsi que le suivant. Il est attaché en travers à la paroi extérieure des membranes de l'arrière-bouche.

n est parallèle au précédent.

Tous deux, situés sur le travers de l'œsophage, contribuent à l'ouvrir.

Quatrièmement, figure 7.

Connaissons-en d'abord les pièces osseuses.

2 est l'annexe intérieure, 22 les rayons des ouïes, 27 l'os carré, et 26 la mandibule inférieure.

Muscle x. Son large bord est attaché en avant à la face inférieure et antérieure de l'opercule, et ses digitations, vers l'autre extrémité, aux rayons branchiostèges; disposition qui n'empêche pas que ceux-ci ne puissent s'écarter un peu les uns des autres. Si ce muscle agit sur les rayons, il les rapproche; s'il se contracte pendant que d'autres efforts rendent les rayons immobiles, il abaisse et ferme l'opercule.

y. Attaché d'un bout aux extrémités des rayons, et de l'autre à l'angle inférieur de la nageoire pectorale, le muscle *y* ferme l'ouverture branchiale.

Cinquièmement, figure 8.

Muscle b. Nous l'avons déjà décrit figure 6 : il n'en existe ici que la moitié inférieure.

Au bas et de chaque côté sont deux autres muscles, attachés, vers le haut, à la dernière pièce qui sert de support aux branchies : ils se dirigent l'un vers l'autre, et se fixent à l'œsophage, que leur action simultanée contribue à ouvrir.

Muscles g. Minces et élargis inférieurement, ils se rendent tous deux obliquement de la partie moyenne des arcs branchiaux aux clavicules, et ont pour usage, si les annexes intérieures sont dans leur plus grand écartement, de tirer vers le bas et d'entr'ouvrir les arcs branchiaux. Ils les ferment, au contraire, dans le cas où ces mêmes annexes sont très-rapprochées entre elles et du palais.

Muscles d. Ils naissent de la crête inférieure de cette même annexe, et ont un point d'attache à la clavicule : ils contribuent, avec d'autres muscles, à ramener les annexes intérieures et à les rapprocher du palais.

Sixièmement, figure 14.

Cette figure représente uniquement les deux petits muscles *h* : ils ont quelques rapports avec les piliers du diaphragme; ils en occupent du moins la place, et ont au surplus un usage qui ne nous a pas permis de les passer sous silence. Ils sont placés et fixés, dans toute leur longueur, sur les côtés des trois premières vertèbres : ils se réunissent en avant et s'épanouissent à l'extérieur et vers le centre de la vessie natatoire; leur contraction tire à eux la vessie, qui, en vertu de cet effort, cesse de peser sur le col de l'œsophage, et d'empêcher que l'estomac ne restitue l'air qui y est accumulé.

Des efforts des tétrodons pour s'élever et se maintenir à la surface de l'eau.

Ce qui précède est une exposition assez complète des pièces osseuses et des muscles qui entrent dans la composition de la langue et des organes de la respiration : il nous reste à en faire connaître la destination et le jeu.

Quoique les tétrodons diffèrent, sous beaucoup de rapports, des espèces pourvues de vessie, il y a cependant tout lieu de croire qu'ils jouissent des mêmes facultés de s'élever ou de descendre dans l'élément ambiant, c'est-à-dire qu'ils peuvent tout aussi bien changer à leur gré de volume, et se rendre plus ou moins pesans que le volume d'eau qu'ils déplacent.

La locomotion des poissons dans une ligne verticale dépend en effet de ce changement dans leur volume; mais on l'a, suivant moi, attribué trop exclusivement à la diminution ou à l'augmentation de la vessie, et surtout de l'air qu'elle contient. On sait, à n'en pas douter, que si des poissons sont pourvus de vessie natatoire, ils ne sauraient s'en passer, et que, si l'on vient à les en priver, non-seulement ils ne peuvent se maintenir dans le fluide qui les environne, mais qu'ils tombent à fond et y sont invinciblement retenus : mais il ne suit pas de ces faits, que la vessie exerce sur les déplacemens des poissons en hauteur une action aussi immédiate que celle qu'on lui a attribuée.

On ne voit pas qu'elle ait la faculté d'acquérir instantanément une plus grande masse d'air, ou, du moins, on est absolument sans connaissance sur la manière dont se passe ce phénomène. Si, à la rigueur, la vessie peut se vider, en tout ou en partie, au moyen d'un canal qui la mette en communication avec l'œsophage et la bouche, on ne peut rien conclure de cette circonstance, attendu qu'il est un assez grand nombre de poissons qui ont des vessies sans aucune issue ni communication au dehors.

D'ailleurs les poissons qui s'élèvent ou descendent, se déplacent avec beaucoup trop de vitesse pour qu'on puisse hésiter de croire que ces déplacemens, comme tous les autres mouvemens progressifs des animaux, ne dépendent pas uniquement des seuls organes soumis à l'empire de la volonté.

La vessie natatoire n'aurait-elle donc qu'une influence médiate et éloignée sur la locomotion verticale des poissons ? ne serait-elle qu'une sorte de modérateur dont les dimensions auraient été calculées sur le poids absolu de ces animaux, et dont, en définitif, le principal usage serait de leur procurer une pesanteur égale, ou à peu près, à celle du fluide qu'ils habitent ?

Cet aperçu m'a mis dans le cas de rechercher quelle partie du système musculaire était mise en jeu pour faire varier ainsi au gré de l'animal le volume de son corps, et de découvrir que la locomotion des poissons dans une ligne verticale, était due en effet aux contractions alternatives des muscles *furculaires* et des muscles dorsaux.

Les muscles de l'os furculaire, que je me suis d'abord attaché à constater dans des cyprins et des ésoces, sont au nombre de deux; ils proviennent de la clavicule, et se rendent, l'un au furculaire, et l'autre au furculaire et par-delà, à la première côte. Si ces deux muscles se contractent, ils entraînent du côté de la clavicule, non-seulement l'os furculaire et la première côte où ils aboutissent, mais en outre toutes les côtes à-la-fois, attendu qu'elles sont liées les unes aux autres par une aponévrose.

L'effet général qui en résulte, est de ramener dans une direction perpendiculaire à la colonne épinière toutes les côtes naturellement un peu inclinées en arrière, d'augmenter par-là la capacité de l'abdomen, de permettre à l'air contenu dans les viscères abdominaux, et particulièrement à celui de la vessie natatoire, de se dilater, et, en dernière analyse, de procurer aux poissons une plus grande légèreté spécifique.

La restitution des muscles furculaires et la contraction des muscles dorsaux, qui ramènent les côtes en arrière et les rétablissent dans leur inclinaison habituelle, sont les moyens dont se servent les poissons pour reprendre leur première pesanteur; à quoi, s'ils veulent descendre à pic au fond des eaux, ils ajoutent la contraction des muscles de l'abdomen, ce qui donne lieu à une compression de tous les viscères, à une forte condensation de l'air contenu tant dans la vessie natatoire que dans l'estomac et les intestins, et en général à une diminution de volume qui les rend plus lourds que le volume d'eau qu'ils déplacent.

Les tétrodons n'ont point de côtes; mais toutefois cette explication leur convient également, parce que la grandeur des furculaires supplée à ce qui leur manque à cet égard. En effet, voici ce qui arrive : s'ils nagent horizontalement, les furculaires restent engagés dans une position à peu près parallèle à l'épine du dos; s'ils cherchent au contraire à monter, des muscles propres (G et H, fig. 3) entraînent les furculaires du côté de la clavicule, et leur font prendre une autre position plus rapprochée de la verticale. Comme en même temps la continuation de ces muscles[1], qui se prolonge sur les flancs de l'abdomen depuis les furculaires jusqu'à la nageoire anale, forme de chaque côté une large bande extrêmement tendue, l'abdomen en est élargi et agrandi aussi efficacement que si ces muscles eussent reposé sur une série de petits filets osseux : c'est donc le même résultat qu'à l'égard des poissons qui sont pourvus de côtes; et il est tout simple, en conséquence, que les tétrodons, devenus plus volumineux par tous ces efforts, soient alors, et bien promptement, portés à la surface du milieu qu'ils habitent.

Mais les efforts qui les y amènent ne les y sauraient maintenir aussi long-temps qu'on les y voit demeurer : on sait que l'action des muscles n'a qu'une durée fort courte. Les tétrodons ont donc recours à une autre industrie pour ne pas revenir à leur première pesanteur; faisant usage de tous les

---

[1] Je ne doute pas que cette portion des muscles G et H qui se prolonge en arrière des furculaires, ne soit analogue aux muscles intercostaux, des entre-croisemens de fibres en établissent la liaison avec la portion antérieure; et peut-être aurais-je dû les considérer comme autant de muscles séparés, d'autant mieux que chacun agit indépendamment de l'autre.

moyens musculaires que nous avons examinés dans le précédent paragraphe, ils aspirent de l'air et le dirigent dans leur estomac.

On a lieu d'être surpris du grand nombre de pièces qu'il leur faut mettre, pour cela, en mouvement; ils agissent sur les arcs des branchies qu'ils entr'ouvrent, sur les os hyoïdes et le demi-coffre pectoral qu'ils entraînent en arrière, et spécialement sur les annexes intérieures, qu'ils écartent l'une de l'autre et qu'ils renversent sur elles-mêmes, en les faisant rouler sur leur axe : la cavité pectorale est alors réunie à celle de la bouche, et dans son plus grand développement.

Ceci se passant à la surface de l'eau et dans l'air atmosphérique, les tétrodons ont donc, à chaque aspiration, à introduire dans leur estomac une prise d'air assez considérable : ils la dirigent ensuite dans ce vaste réservoir, au moyen de deux actions successives.

Ils lui ôtent d'abord toute issue à l'extérieur, en fermant hermétiquement les ouïes et la bouche : les ouïes, par l'abaissement de l'opercule et la contraction du muscle γ (fig. 7), et la bouche, en ramenant les os hyoïdes, et en poussant sur le palais et les dents la langue, qui est charnue et épaisse.

Ils agissent, en second lieu, sur l'air conservé dans la cavité des branchies, en ramenant tout le demi-coffre pectoral, en rétablissant les annexes intérieures dans leur premier état, et en fermant enfin les arcs des branchies.

La cavité pectorale, venant à cesser d'exister

comme cavité par le rapprochement et la contiguité de toutes ces parties, perd auparavant tout l'air qu'elle contenait : ce ne peut être par aucune des issues qui versent à l'extérieur, puisque nous avons dit que les tétrodons les tiennent exactement fermées ; mais, la même résistance n'ayant pas lieu à l'œsophage, l'air suit ce conduit et se répand dans l'estomac. Il y est retenu, comme nous l'avons vu plus haut, par la vessie natatoire, qui ferme l'œsophage en pesant sur lui, et qui remplit, en effet, à l'égard de tout ce mécanisme, les fonctions d'une véritable soupape.

La cavité pectorale, reprenant tout aussitôt toute la capacité dont elle est susceptible, se rétrécit de nouveau pour faire passer dans l'estomac une seconde, puis une troisième prise d'air, et ainsi de suite : l'estomac en est bientôt rempli ; ce qui suffit, si les tétrodons ne se sont proposé qu'une sorte de promenade sur le miroir des eaux.

Mais si le besoin de se soustraire aux poursuites d'un ennemi redoutable les a mis dans le cas de venir humer de l'air atmosphérique, ils ne cessent plus d'en aspirer ; tant que durent les alarmes que leur cause un si dangereux voisinage, ils font les plus grands efforts pour accumuler de ce fluide, et pour en condenser dans leur réservoir. Ils ne sont en effet tranquilles sous l'abri de l'immense vessie qui les couvre, que quand elle est fortement tendue, et que les piquans qui en hérissent la surface sont et bien redressés et très-roidis.

Il suit enfin de ce que nous venons de dire, que l'estomac des tétrodons se charge d'air de la même manière que la culasse d'un fusil à vent : le demi-coffre pectoral est, en effet, construit sur les mêmes principes qu'une pompe foulante; disposition dont il est principalement redevable à la singulière conformation des annexes sternales.

De la voix des tétrodons.

On ne croit point les poissons susceptibles de voix, dans la véritable acception de ce mot : le vulgaire l'a dit, à la vérité, de quelques-uns; mais un examen attentif a toujours appris que le bruit ou l'espèce de cri que certaines espèces font entendre, est produit ou par le battement des mâchoires, le jeu des opercules, le mouvement de quelques nageoires, ou par le frottement de forts rayons osseux. En effet, le renversement des organes pectoraux, leur passage en avant des extrémités antérieures, la simplicité de la langue et de ses dépendances, l'absence enfin d'un larynx, semblent rendre toute existence de voix impossible.

Néanmoins, les tétrodons, qui cependant à cet égard ne diffèrent en rien de leurs congénères, produisent du son, non pas exactement de la manière, mais du moins par un mécanisme analogue à celui des reptiles. Ils portent quelquefois en avant leur langue; et en la refoulant sur le palais, ils peuvent en faire une barrière qui sépare en deux la cavité des branchies et celle de la bouche. Si dans ces circonstances, agissant sur les tuniques musculeuses de leur estomac, les tétrodons en expulsent l'air, en lui opposant en même temps une faible résistance à chaque issue, l'air qui s'échappe s'engage d'abord dans la cavité des branchies, et le moment d'après, dans celle de la bouche : cela n'a pas lieu sans qu'il n'éprouve, surtout en passant à portée de la langue, un refoulement, qu'il ne subisse une certaine modification, et qu'il ne fasse enfin explosion.

C'est absolument ce qui arrive à quelques reptiles : placés dans des circonstances toutes semblables par l'état vésiculeux de leurs poumons, ils emploient pareillement ces sacs aériens à souffler de l'air du dedans en dehors, et à produire la voix qui leur est propre.

Du canal intestinal, du foie et des autres viscères abdominaux.

Le canal intestinal (cc, cc, cc, fig. 1) a ses fibres beaucoup plus unies et ses tuniques plus épaisses que celles de l'estomac : il naît du milieu de cette poche, et conséquemment du centre de la région abdominale. Je n'ai aperçu à sa naissance ni sphincter ni étranglement; en sorte qu'il communique sans obstacle avec l'estomac, et qu'il se remplit d'air et se gonfle comme lui et avec lui. Il se replie deux fois sur lui-même; il manque de cœcum; son diamètre est presque égal dans toute sa longueur, un peu plus fort à sa naissance et à sa terminaison. On remarque particulièrement l'intestin rectum, comme se détachant davantage de la portion qui lui est contiguë. Sa longueur totale est deux fois et demie celle de la longueur de l'animal.

Le foie (dd, fig. 1) est remarquable par sa masse : la vésicule du fiel est arrondie en poire.

Les testicules (ii, fig. 3) forment deux petits corps allongés.

Les reins occupent tout le haut de la région abdominale : on les voit kk, même figure, ainsi que les uretères.

La vessie urinaire, ee, s'aperçoit un peu au-dessous. On a figuré dans le cloaque commun, hh, le point où elle aboutit. On a aussi figuré cette vessie, *mêmes lettres*, figure 1.

Des parties osseuses.

Nous avons déjà fait connaître plusieurs parties osseuses ; entre autres, celles qui constituent la charpente solide des organes de la respiration.

Le tronc (figure 23) n'est formé que des pièces de la colonne épinière : on en compte dix-huit, y compris la dernière, qui est terminée en un bord arrondi, et autour de laquelle sont articulés les rayons de la nageoire caudale. Toutes ces vertèbres sont sans apophyses latérales : comme celles-ci n'existent ailleurs que pour offrir un point d'appui aux côtes, il est tout simple qu'elles soient comprises dans la suppression de ces côtes. Les cinq premières vertèbres (n°˙. 14 et 16) diffèrent des suivantes, en ce qu'au lieu d'être terminées vers le haut par une apophyse unique, elles le sont par deux lames minces, assez écartées l'une de l'autre et assez élevées pour donner lieu, par cette disposition, à la formation d'un canal large et profond : les muscles releveurs de la nageoire dorsale remplissent tout ce vide.

Les sept vertèbres suivantes sont surmontées par de longues apophyses, que séparent et avec lesquelles sont enchâssés autant de filets osseux, qui sont les apophyses tutrices de cette même nageoire. Enfin l'on trouve (n°. 24) cinq de ces pièces en dessous, et couchées le long de l'épine, dont l'usage est de servir à l'articulation de la nageoire anale.

Les membres antérieurs (figures 19 et 23) sont, comme ceux de tous les poissons osseux, formés d'autant d'osselets; savoir, du furculaire (n°. 15), de l'omoplate (16), de la clavicule (17), de l'humérus (18), des os de l'avant-bras (19), et de rayons ou de phalanges. Le bras, ce que montre distinctement la figure 19, est couché le long de la clavicule; et l'os furculaire se fait remarquer par une grandeur qui ne s'explique que quand on sait qu'il remplace les côtes dans leurs principaux usages.

Un travail qui nous est propre, et dont nous avons présenté les principales bases dans le tome x des Annales du Muséum d'histoire naturelle, pages 249 et 342, nous met en état de donner ici une détermination des pièces dont le crâne des tétrodons est l'assemblage.

La grandeur du crâne (fig. 16 et 23) fait donner plus d'attention à la petitesse des os des mâchoires. Une autre circonstance rend ces os également remarquables, c'est qu'une portion d'entre eux n'est point enveloppée; une sorte d'émail en fait l'écorce et en prévient l'exfoliation : toujours visibles en dehors, durs et tranchans, on dirait des mandibules de perroquet. Telles sont enfin ces quatre dents des tétrodons, dont la considération (avons-nous dit plus haut) a tellement frappé les naturalistes, qu'ils en ont fait le caractère distinctif de ces animaux, et qu'ils en ont tiré la dénomination sous laquelle on les désigne habituellement.

Les tétrodons n'ont donc pas de véritables dents, mais une portion des os maxillaires en tient lieu; anomalie tout aussi curieuse que celles que nous nous sommes attachés à constater jusqu'ici. Toute mâchoire inférieure de poisson est, dans le principe, composée de quatre pièces au moins, de deux branches antérieures et de deux branches postérieures. Ce sont ces deux premières (n°. 26), à l'égard de la mâchoire inférieure, et les deux intermaxillaires (n°. 25), à l'égard de la supérieure, qui forment le bec des tétrodons.

Les autres os du crâne sont les maxillaires supérieurs (n°. 1), les temporaux (2), les jugaux (3), les nasaux maxillaires ou les os carrés du nez (4), les lacrymaux ou les *unguis* (5), les coronaux (6), les pariétaux (nos 8, 9 et 10), l'occipital supérieur (11), les occipitaux latéraux (12), et l'occipital inférieur (13) : enfin la figure 17 représente le vomer à part.

Je n'entrerai point ici dans le détail des preuves que je pourrais offrir à l'appui de ces déterminations : je les ai en partie consignées dans les mémoires cités ci-dessus, et je crois devoir y renvoyer le lecteur.

Quiconque n'a pas suivi, comme je l'ai fait, pas à pas et dans l'ordre des générations constatées par les naturalistes, tous les intermédiaires que nous présente le vaste ensemble des animaux vertébrés, s'étonnera sans doute d'entendre dire que les coronaux s'articulent directement avec les occipitaux, et que les temporaux et les pariétaux, qui dans les animaux d'un haut rang existent entre ces pièces, soient comme rejetés de côté dans les poissons, et deviennent des pièces utiles au mécanisme de la respiration. Toutefois, je n'en saurais douter, le cerveau, devenu plus petit, n'avait plus besoin de ces enveloppes, et les organes de la respiration, passés au-devant des bras, en ont acquis l'usage.

Enfin nous terminerons ce paragraphe, qui est le dernier de notre description, par une observation sur la consistance de toutes ces pièces osseuses. On est généralement dans l'opinion que tous les tétrodons ont le squelette cartilagineux, sur ce qu'on les a crus de la même famille que les raies et les squales. A la vérité, ils manquent de côtes : mais c'est presque l'unique rapport qu'ils aient avec les squales; car quant aux opercules et aux rayons branchiostèges qu'on ne leur avait pas trouvés, nous avons vu qu'ils n'en sont pas privés.

Mais, au surplus, ce qui décide cette question péremptoirement, c'est l'observation du fait. Les os des tétrodons ont toute ou presque toute la solidité de ceux des poissons osseux : s'ils ploient plus facilement dans quelques petits sujets, c'est qu'ils sont pour la plupart minces et privés de la substance spongieuse ; circonstance alors qui dépend de la forme et non de la nature de la matière.

§. III.

LE TÉTRODON HÉRISSÉ

TETRODON HISPIDUS

(Poissons du Nil, planche 1, fig. 2).

Tout ce que nous venons de rapporter touchant l'organisation générale des tétrodons, s'applique si parfaitement au tétrodon hérissé, qu'il ne nous reste plus, à son égard, qu'à indiquer le petit nombre de traits par lesquels il diffère du fahaka. C'est, en effet, le même port, ainsi que le même arrangement des parties : il se gonfle tout autant, et sait tout aussi bien faire valoir ses épines, et les rendre redoutables à ses ennemis ; il est même couvert d'une plus grande quantité de pointes, plus petites à la vérité, mais plus également répandues sur tout le corps. C'est ce grand nombre d'aiguillons qui lui a fait donner le nom spécifique sous lequel il est connu.

Ses couleurs, tous les tétrodons étant plus ou moins hérissés d'épines, fournissent un meilleur caractère pour le distinguer de ses congénères. Sur un fond gris-bleu, où quatre bandes, comme autant de digitations, descendent sur les flancs et se prolongent fort avant sur le ventre, se voient une multitude de taches bleu de ciel, petites, rondes, et disposées en quinconce. Ce mélange, d'un effet très-agréable, est encore relevé par quatre raies également d'un bleu tendre, qui traversent les bandes ou digitations des flancs. Deux de ces raies ont leur origine en avant de la nageoire, et en forment l'encadrement, et les deux suivantes naissent de la bande antérieure; elles sont à peu près parallèles et à une égale distance les unes des autres : le ventre est d'ailleurs d'un blanc sale.

Le squelette présente des différences plus importantes : le sinus, formé par les apophyses supérieures des premières vertèbres, a moins d'étendue; le crâne est plus long et plus étroit; une simple lame sert de cloison aux fosses orbitaires ; et les coronaux, qui terminent le haut de l'orbite par un rebord lisse et circulaire, sont de moitié moins larges. Enfin, les furculaires ont une forme toute particulière et bien mieux appropriée aux usages que nous leur avons reconnus : ils ressemblent à une spatule, et sont beaucoup mieux dans le cas, par leur partie évasée qui est mince et flexible, d'embrasser la vessie aérienne, et de la porter sur l'œsophage.

Le tétrodon hérissé est un poisson des mers de

l'Inde et de l'Arabie : Lagestroem[1] l'a trouvé sur les côtes de la Chine ; Commerson[2], dans les mers adjacentes ; et j'ai pêché moi-même à Soueys l'individu que j'ai fait graver.

Cependant on croit généralement que cette espèce vit aussi dans les eaux de la Méditerranée. Salvien et Bloch rapportent qu'on lui donne, dans plusieurs endroits de l'Italie, le nom de *pesce palombo*, et celui de *flascopsaro* dans quelques contrées du Levant. Rondelet est la source où l'on a puisé ces renseignemens ; mais il est aisé de démontrer qu'ils ne prouvent rien à l'égard du tétrodon hérissé.

En effet, le passage de Rondelet[3] s'applique entièrement au fahaka. On avait pris aux embouchures du Nil le sujet dont il a donné une description ; et la figure faite d'après cet individu est aussi celle du fahaka, ou, du moins, s'annonce-t-elle par les rayures qu'on voit sur les flancs de ce poisson, et particulièrement sur les côtés de sa queue. Les Vénitiens, ajoute à la vérité Rondelet, lui donnent le nom de *pesce columbo*; et les Grecs, celui de *flascopsaro*. Mais l'on ne saurait entendre ce passage qu'en supposant qu'il est ici question des Vénitiens et des Grecs établis à Alexandrie ou à Rosette ; c'est la seule manière de l'accorder avec ce que nous savons de la patrie du fahaka.

Un autre passage de Belon[4] est susceptible d'une

[1] Lagestr. *Chin.* 23.
[2] *Histoire des poissons* par M. le comte de Lacépède, in-4°, tome 1ᵉʳ, page 489.
[3] Rondelet, *Pisc.* première partie, page 419.
[4] Belon, *Observations*, livre II, chap. 32.

interprétation semblable. « On pêche aussi, dit-il, dans le Nil, deux espèces de poissons ronds, gros comme la tête, dont les peaux sont emplies de bourre ou de foin, et nous sont envoyées par la voie des marchands : les Grecs les nomment *flascopsari*; et les Latins, *orbis*. »

La réflexion de Belon sur ces poissons devenus un objet de commerce rend évident qu'il ne les a connus que préparés. On continue à en envoyer de bourrés, de la mer Rouge au Kaire; et ce qui prouve le prix qu'on y attache toujours, c'est le présent d'un individu qu'en fit, dans une certaine occasion, un négociant musulman au général en chef de l'armée d'Orient.

Je regarde donc comme certain, d'après ce qui précède, que le tétrodon hérissé ne se trouve pas dans la Méditerranée : j'ai dû porter ce fait jusqu'à une entière démonstration, à cause des conséquences importantes, tant pour la zoologie, que pour l'histoire des révolutions du globe, qu'on est dans le cas de déduire de l'assignation des lieux qu'habitent les animaux.

M. le comte de Lacépède a décrit et figuré ce poisson.

§. IV.

LE SERRASALME CITHARINE

SERRASALMUS CITHARUS

(Poissons du Nil, planche 5, fig. 2 et 3).

Le genre *serrasalme* a été fondé par M. le comte de Lacépède, pour une espèce dont Pallas avait donné la description sous le nom de *salmo rhombeus*. Ce poisson, des rivières de Surinam, est ainsi devenu le type d'une nouvelle famille, parce qu'il participe des salmones par le caractère adipeux de sa deuxième nageoire dorsale, et des clupées par la carène fortement dentelée de son ventre.

Je lui réunis l'espèce représentée planche 5, fig. 2, non que le ventre de cette nouvelle espèce soit terminé par une arête aussi vive et aussi fortement dentelée, mais parce qu'elle lui ressemble d'ailleurs sous tous les autres rapports, principalement sous ceux de l'aplatissement des flancs et de sa grande dimension en hauteur.

Ayant eu à choisir entre les formes aplaties et rhomboïdales qui caractérisent également ces deux espèces, et la considération d'une différence dans la dentelure du bord abdominal, j'ai dû attacher plus d'importance à celui de ces caractères qui donne lieu à des habitudes plus décidées, d'autant qu'il est aisé de faire voir que la différence dont il est ici question, tient uniquement à la variation d'un organe peu important par lui-même. En effet, de plus fortes dentelures sur la ligne moyenne du ventre ne sont jamais que le résultat d'écailles plus grandes, adaptées à une carène plus étroite.

Il ne s'ensuit pas cependant que cette considération dans les clupées ne fournisse point un caractère d'un ordre plus élevé; mais alors c'est que, dans ce cas particulier, sa plus grande valeur provient de son accord constant avec les autres traits qui distinguent cette famille. Quelque contradictoires que paraissent ces résultats, on y est réellement conduit par l'étude de tous les animaux, dès que c'est maintenant un principe bien constaté, que certains caractères s'allient le plus souvent à d'autres avec une constance et une harmonie parfaites, tandis qu'ils varient quelquefois pour chaque espèce dans d'autres familles d'ailleurs très-naturelles.

Nous avons donné au serrasalme du Nil le nom spécifique de CITHARINE (*citharus* en latin), parce que nous avons cru reconnaître en lui le poisson dont Aristote, Athénée et Strabon ont fait mention sous le nom de *citharus* : ce nom, que les Latins ont quelquefois traduit par l'expression correspondante de *fidicula*, lui avait été donné, parce que ses côtes longues, presque droites et parallèles, présentent une sorte de ressemblance avec les cordes d'une harpe.

Notre planche représente la citharine dans sa plus

grande dimension. Elle n'est pas fort commune dans le Nil; cependant elle y est moins rare dans la saison du frai, parce qu'à cette époque les poissons, doués de plus d'activité, exigeant plus de moyens réparateurs, et livrés presque exclusivement à la reproduction de leur espèce, veillent moins attentivement à leur conservation.

La citharine, semblable au serrasalme de Surinam par son port, en diffère cependant par sa nageoire dorsale plus reculée en arrière, par sa nageoire adipeuse plus grande, par ses écailles plus larges, et surtout par le grand nombre et l'extrême petitesse de ses dents : sa tête, qui est courte et déprimée en dessus et de côté, se détache aussi davantage du tronc; les mâchoires sont d'égale longueur, et garnies de dents trop petites et trop flexibles pour être de quelque utilité; une bride tégumentaire partage en deux chaque ouverture nasale; enfin, l'opercule est demi-circulaire et à bords lisses.

La saillie antérieure du dos est formée de deux lignes qui se réunissent sous un angle d'environ cent degrés; la ligne latérale naît du point le plus élevé de la membrane branchiostège, et se rend droit à l'anus. Les écailles ont une forme irrégulière qui se rapproche de l'hexagonale; elles sont assez grandes, plus hautes que larges, toutes de couleur argentée, et fixées sur la peau, de façon que leurs différens reflets donnent lieu à l'apparence d'autant de rayures longitudinales qu'il y a de rangées de ces écailles. L'anus existe très-près de la nageoire qui porte son nom. Cette nageoire se prolonge jusque sur la queue, et est, en outre, remarquable par ses premiers rayons, qui sont plus longs que les autres. Quant à la nageoire de la queue, elle est fourchue.

Les couleurs de la citharine sont celles de la plupart des poissons, le blanc argenté, qui passe au glauque sur le dos : néanmoins la tête se fait distinguer par différens reflets bleus, pourprés, dorés et argentés; enfin, une teinte écarlate colore les nageoires inférieures, c'est-à-dire celles qui sont attachées à l'abdomen, et le lobe inférieur de la nageoire caudale. Les nageoires attachées à la poitrine n'ont de rouge qu'à leur origine.

Le tableau suivant du nombre des rayons de chaque nageoire complète les renseignemens que l'extérieur de ce poisson est dans le cas de fournir :

B. 4. D. 17. o. P. 13. V. 10. A. 27. C. 19.

L'anatomie de la citharine la rapproche assez des cyprins, et surtout des espèces du grand genre *salmo* : néanmoins sa configuration générale a assez d'influence sur la forme de quelques-uns de ses viscères pour qu'il ne paraisse pas inutile d'en présenter ici une description.

La cavité abdominale, fort étroite transversalement, mais très-étendue dans les deux autres sens, est partagée en deux parties presque égales par un diaphragme formé par le péritoine : la cavité supérieure contient le rein et les vessies natatoires; et celle d'en bas, tous les autres viscères.

Le rein forme une masse rubanée, adossée à toute la portion inférieure de la colonne épinière.

Les vessies aériennes ou natatoires existent au-dessous, l'une au bout de l'autre. L'antérieure est petite et conique; elle est attachée par sa base à la saillie que forme l'occipital postérieur, et s'unit par sommet à la grande vessie : celle-ci est cinq à six fois plus longue, et courbée en arrière, à peu près comme l'est une serpe de bûcheron.

Deux muscles allongés, semblables à deux rubans étroits, naissent, à la partie inférieure et postérieure de la grande vessie, d'un point commun, d'où ils s'écartent pour se porter sur les flancs de ce viscère et s'y prolonger parallèlement : parvenus près de la vessie antérieure, ils se partagent chacun en deux branches, lesquelles, après avoir traversé le collet qui sépare les deux vessies, se réunissent ensemble par paires, chacune avec sa congénère; une de ces paires entoure l'ouverture du canal pneumatique, et sert à sa fermeture. Les fibres de ces deux muscles sont transversales, de façon que leur contraction resserre les vessies sur leur largeur.

Je ne connais pas d'autre appareil aux vessies aériennes pour en opérer la compression; car les côtes et les muscles abdominaux, auxquels ces fonctions sont dévolues dans les autres poissons, sont, dans la citharine, engagés et conformés de manière à n'avoir presque aucune action sur elles. Les côtes ne sauraient, en effet, osciller sur leur axe, à cause de leur adhérence au bord abdominal, ni presser les vessies aériennes, étant, dans la portion qui leur est adossée, renforcées par une arête vive, saillante et extérieure.

Elles sont, d'ailleurs, au nombre de dix-sept de chaque côté; elles circonscrivent entièrement la cavité abdominale, et forment un support solide aux masses musculaires dont elles sont tapissées à l'extérieur : ce sont dix-sept lames d'égale grandeur, hors les trois dernières, presque droites, coudées seulement vers le haut pour leur articulation avec l'épine du dos, et sensiblement plus larges à leur moitié supérieure, indépendamment de l'arête dont nous avons fait mention plus haut.

Tous les autres viscères contenus dans la seconde cavité de l'abdomen, sont :

1°. Le foie, qui est peu volumineux : il est formé de trois lobes; le plus grand, qui tapisse toute la hauteur et la convexité antérieure de l'abdomen ; le second, qui accompagne l'œsophage; et le troisième, le plus petit des trois, qui se porte, ainsi que la vésicule du fiel, sur l'estomac;

2°. L'œsophage, qui est formé par un canal presque aussi long que l'estomac, et dont le col est remarquable par un sphincter;

3°. L'estomac : c'est un sac allongé, cylindrique, d'un diamètre double seulement de celui du plus gros intestin, et qui est dans une position renversée à l'égard de l'œsophage, à cause du coude qu'il forme avec lui ;

4°. Le canal intestinal, à la naissance duquel se

voit un petit nombre de petits *cœcum* : au-dessous sont tous les intestins grêles, roulés sur eux-mêmes en spirale, et décrivant des ellipses à l'extérieur et des cercles en dedans. Sur le côté de cette masse existent trois portions droites, qui sont une partie des intestins grêles, le colon et le rectum : ces deux derniers intestins sont l'un et l'autre de la même longueur que la cavité abdominale tout entière. Le colon est principalement remarquable par sa grosseur et par des lames ou demi-feuillets dont son intérieur est garni ;

5°. Le pancréas : il est appuyé sur la courbure que le colon forme vers le haut ;

6°. Et enfin les testicules ou les ovaires : ce sont deux longs rubans, comme dans la plupart des poissons. Je n'ai point trouvé de vessie urinaire.

L'affinité de la citharine avec toutes les autres espèces du genre *salmo* se déduit également de la considération des diverses pièces de son squelette : c'est le même plan, sauf quelques différences dans la proportion des parties ; encore ces différences se réduisent-elles à peu de chose à l'égard des pièces du crâne.

Les quatre rayons branchiostèges, les os du bras, ceux de l'épaule, la clavicule, le furculaire et l'omoplate, sont autant de lames minces et flexibles ; la seule première côte est d'une grandeur et d'une épaisseur remarquables.

La colonne épinière est formée de quarante et une vertèbres, surmontées toutes, hors la dernière, par de longues apophyses. Dix-sept servent à l'articulation des côtes : les cinq suivantes concourent avec elles à la formation de la voûte de la cavité abdominale; elles sont déjà pourvues d'apophyses inférieures, qui sont d'autant plus grandes qu'elles se rapprochent de l'anus. On doit aux dix-neuf autres le nom de *coccygiennes;* elles se distinguent par de plus longues apophyses inférieures et par l'appui qu'elles donnent aux pièces qui portent la nageoire anale.

Le nom que la citharine porte présentement en son pays, ne répond pas à l'idée que les Grecs s'en étaient faite : les Arabes ont montré, en cela, moins de discernement que l'ingénieuse nation qui les avait précédés dans l'occupation de l'Égypte; ils l'ont comparée, sans doute à cause de sa largeur, à la lune dans son plein, et lui en ont donné le nom (*qamar el-leyleh,* astre du soir, astre de nuit).

Nous avons eu occasion de goûter de la chair de ce serrasalme : elle est fade, comme celle de tous les poissons du Nil; elle ne conserve, surtout, rien de la saveur particulière à la plupart des salmones. Cependant Épicharme, cité par Athénée, l'a donnée pour un mets agréable, ayant placé le *citharus* au nombre des poissons dignes d'être servis aux noces d'Hébé; Pline, au contraire, l'a jugée mauvaise, à la vérité, pour l'avoir comparée à celle des pleuronectes. Galien, qui en parle également, et qui cite l'observation d'un certain Philotinus, remarque qu'elle manque de consistance, ce qui est vrai, mais qu'elle peut cependant fournir une assez bonne nourriture.

Enfin Aristote et Oppien traitent aussi de la citharine : c'est, suivant eux, un poisson qui vit solitaire, et qui se nourrit de végétaux, et notamment d'algues marines. Mais auraient-ils réellement entendu parler, sous ce nom, de l'espèce que Strabon et Athénée mettent au nombre des habitans du Nil? Et ce passage ne conviendrait-il pas plutôt à une autre espèce de la Méditerranée?

§. V.

LE CHARACIN NÉFASCH

CHARACINUS NEFASCH, Lac.

(Poissons du Nil, pl. 5, fig. 1).

Il semble qu'il n'y avait rien de plus facile que d'être d'accord sur la nomenclature et la synonymie du néfasch, puisqu'il n'est encore décrit que par un seul auteur, Hasselquist, dans son Voyage en Palestine, page 378. On eût d'ailleurs inutilement désiré un guide plus sûr et des observations plus exactes.

Mais ce qui, plus que tout cela, devait préserver de l'oubli l'unique description du néfasch que nous ayons, c'est l'ancienneté de sa publication. Elle fut faite en 1757, long-temps avant ces ouvrages généraux, ces *Systèmes de la nature*, où l'on a la prétention de donner un aperçu des travaux des savans, et de présenter le tableau de toutes les espèces connues.

LE CHARACIN NÉFASCH. PL. 5.

Hasselquist avait donné au néfasch le nom de *salmo Niloticus*. Son ouvrage n'avait pas encore paru, que Linné fut chargé de rassembler tous les objets qu'il avait recueillis dans son voyage, et de les disposer dans le cabinet du prince Adolphe-Frédéric. Ce grand naturaliste eut bientôt occasion de les passer en revue ; il le fit à l'époque où, se proposant de publier la suite de la *Description du cabinet du prince Adolphe*, il annonça dans un *prodromus* les objets sur lesquels roulerait le second volume.

C'est dans cet ouvrage qu'il publia un *salmo Niloticus*. On devait croire, et l'on fut effectivement persuadé qu'il avait entendu parler, sous ce nom, du *salmo Niloticus* de son disciple. Mais Linné, trompé sans doute par une transposition d'étiquettes, décrivit une tout autre espèce ; ce qui n'est point équivoque, puisque les caractères[1] qu'il assigne à celle-ci, ne conviennent ni au *salmo* d'Hasselquist, ni à aucun autre *salmo* du Nil. Il répéta plus tard la même faute dans la douzième édition du *Systema naturæ*.

Gmelin ne manqua pas de la transcrire dans la treizième ; et il trouva de plus le moyen d'embrouiller de nouveau la synonymie de ces *salmo*, par le mauvais emploi qu'il fit d'un passage de la Faune arabique.

En effet, Forskael y avait aussi décrit un *salmo Niloticus* : mais la preuve que, dans les notes qu'il a

---

[1] *Pinnis omnibus flavescentibus, corpore toto albo,* D. 9. 0. P. 13. V. 9. A. 26. C. 19. Mus. Ad. Fred. prodr. p. 99. 2. *Systema naturæ*, douzième édition.

laissées et que ses éditeurs n'ont pas toujours entendues dans leur vrai sens, ce savant naturaliste n'avait voulu, par le mot *Niloticus*, qu'indiquer la patrie de ce poisson, c'est qu'il ajoute qu'il faut bien se garder de le confondre avec le *salmo Niloticus* d'Hasselquist; que ce sont deux espèces très-distinctes, et qu'elles sont connues des Égyptiens sous deux noms différens, celle-là sous le nom de *raï*, et celle-ci sous celui de *néfasch*[1].

Comment donc est-il arrivé qu'après un témoignage aussi positif, Gmelin n'ait admis qu'une partie de l'opinion de Forskael, et qu'en insérant dans son catalogue la nouvelle espèce de ce voyageur, dont il changea seulement le nom en celui de *salmo Ægyptius*, il ait ensuite avancé cette étrange assertion, que c'était là le néfasch des Égyptiens, le *salmo Niloticus* d'Hasselquist? On doit sans doute de l'indulgence à d'aussi grandes compilations que celle d'un *Systema naturæ*; mais cependant, quand on considère que de tels ouvrages deviennent, par l'insouciance du plus grand nombre des naturalistes, des livres classiques, on ne saurait trop vivement regretter qu'il s'y introduise de semblables erreurs.

On a cru y remédier dans ces derniers temps[2] par le nom de *néfasch* rendu à ce poisson, tandis qu'on a, au contraire, laissé les choses dans le même état, en se bornant à traduire la description de Gmelin[3], qui,

---

[1] *Salmo Niloticus est Arabum* raï, radiis D. 9, *adeòque diversissimus ab Hasselquistii* (*Nilotico*), *qui est Ægyptiorum* nefasch (Forskael.).

[2] *Salmo nefasch.* (Bonnaterre, *Encyclopédie méthodique*, planches de l'ichtyologie.)

[3] Nous la rapporterons ici : *Ra-*

en dernière analyse, n'est qu'un assemblage monstrueux de traits qui appartiennent, partie au néfasch, et partie au raï.

Enfin, nous avons adopté le nom de M. le comte de Lacépède [1], parce que le néfasch fait effectivement partie du nouveau genre *characin* établi par ce savant ichtyologiste.

Le néfasch, systématiquement parlant, appartient à ce genre, d'après la considération de ses quatre rayons branchiostèges : mais d'ailleurs il a tant d'affinité avec le serrasalme citharine, qu'il devra en être très-voisin dans une méthode naturelle. Il forme même un chaînon intermédiaire qui lie cette espèce aux véritables characins : plus long que la citharine, il est plus court que ceux-ci. Sa plus grande hauteur est à sa longueur à peu près dans la proportion de 1 à 3, et ces parties sont dans la citharine comme 1 à 2, et dans les autres *salmo* ou characins du Nil, comme 1 à 4.

Le néfasch, comparé à la citharine, a le museau plus obtus et pourtant plus allongé, la nageoire dorsale moins élevée et semi-elliptique, l'adipeuse plus petite et pyriforme, toutes les autres nageoires, particulièrement celle de l'anus, beaucoup moins étendues, et les dents bien plus distinctes.

Ces dents sont grêles, nombreuses, allongées,

---

diis D. 23, *dorso virescente, dentibus maxillæ inferioris majoribus.* Ce grand nombre de rayons est pris de la description du néfasch, et le reste, copié littéralement de Forskael, de celle du raï.

[1] *Histoire naturelle des poissons*, in-4°, tome v, pages 270 et 274.

flexibles, contiguës, disposées sur deux rangs, et surtout remarquables par la bifurcation de leur extrémité : le crochet d'une dent forme, en s'appuyant sur le crochet d'une dent voisine, une sorte d'engrenage qui rend toutes ces dents susceptibles de quelque résistance, et propres à de continuelles recherches dans les terrains du fond des rivières.

La langue est libre en partie, déprimée, cartilagineuse, obstuse et glabre en dessus.

La ligne latérale est comme dans la citharine. Les écailles sont dans le même cas, mais plus petites : on en trouve sur deux nageoires qui en sont ordinairement dépourvues, telles que la seconde dorsale et la caudale.

La première nageoire du dos présente également un caractère remarquable : ce sont des taches, mais qui n'existent que sur sa membrane. On les a figurées dans notre planche avec trop de maigreur et sous l'apparence de traits linéaires.

Enfin le néfasch est, en général, d'un cendré-noirâtre : cette teinte est toutefois relevée par les couleurs argentées et bleuâtres de l'opercule ; elle passe au glauque sur le ventre, et au brun sur le dessus de la tête.

Les rayons des nageoires sont comme dans le tableau suivant :

B. 4. D. 25. o. P. 18. V. 11. A. 14. C. 20 + 6.

Hasselquist les a comptés un peu différemment :

B. 4. D. 23. o. P. 17. V. 10. A. 16. C. 20.

mais c'est sans doute pour avoir négligé de petits rayons filiformes fixés au-devant des nageoires, comme ceux, par exemple, qui bordent la queue, et que j'ai indiqués par le chiffre 6.

Les dents du néfasch étant différentes de celles de la citharine, les viscères abdominaux présentent des différences analogues. On sait, en effet, qu'il n'arrive pas à l'un de ces systèmes de subir des modifications, que l'autre n'en éprouve de semblables.

Ces différences se manifestent toutefois davantage dans la proportion des parties, qui ont en général plus de longueur dans le néfasch, attendu que sa cavité abdominale est plus longue et moins large verticalement.

L'estomac et l'œsophage sont, dans ces poissons, également parallèles, et communiquent de même en arrière l'un avec l'autre; le foie entoure aussi avec ses trois lobes la portion de l'œsophage située en avant de l'estomac.

Nous avons pris des mesures exactes des viscères du néfasch sur un des plus grands individus que nous nous soyons procurés; il avait $0^m 620$ de long, sur $0^m 140$ dans sa plus grande largeur. Nous donnerons ici ces mesures, en nous servant du millimètre pour unité.

1°. *L'œsophage.* Son diamètre, 20; sa longueur totale, 140; celle du col, 2.

L'œsophage descend parallèlement le long de l'estomac, et communique avec lui sans valvule ni autre obstacle : son cou est pourvu d'un muscle épais, faisant fonction de sphincter, et pouvant s'opposer au retour des alimens. Immédiatement au-dessous, est l'ouverture du canal pneumatique. Tout l'œsophage est membraneux, sauf une douzaine de fibres musculaires parallèles entre elles et longitudinales.

2°. *L'estomac.* Sa largeur, 120 millimètres; son diamètre, 18.

L'estomac se distingue de l'œsophage par sa contexture : c'est un muscle d'une épaisseur considérable (3 millimètres), composé de fibres entre-croisées et peu apparentes. Le coude qu'il forme avec l'œsophage n'est pas musculeux; il est terminé, à son autre extrémité, par une valvule qui ne permet plus de retour aux matières qui en sont sorties.

3°. *Le foie* forme une masse assez épaisse, ayant 110 millimètres de pourtour : il enveloppe l'œsophage à sa partie supérieure. Un des trois lobes dont il est composé, est terminé par une languette de 180 millimètres, laquelle adhère d'abord aux parois extérieures de l'estomac, et se prolonge au-delà sur le colon. La vésicule du fiel, longue de 8 millimètres, est engagée dans la partie du tissu cellulaire qui réunit deux replis de l'intestin.

4°. *Les cœcums.* A la naissance de l'intestin, au-dessous et autour du pylore, est une couronne d'environ cinquante *cœcums* qui ont de 2 jusqu'à 6 millimètres de long; les plus grands se voient auprès de l'estomac : ils diminuent par degrés, jusqu'à disparaître entièrement. Quoique rangés sur une même ligne, ils ne débouchent pas tous dans l'intestin, mais seulement par douze ouvertures plus grandes alors que le diamètre de chacun d'eux. J'ai remarqué distinctement, à leur fond, comme autant de petites bouteilles remplies d'une liqueur blanchâtre. Devra-t-on conclure de cette observation que ces *cœcums*, ou du moins les plus petits, commencent cette sorte d'élaboration qui est proprement l'objet des vaisseaux lactés?

5°. *Le canal intestinal.* Sa longueur, 800 millimètres; son plus grand diamètre, 15.

Le canal intestinal est formé de huit longues portions repliées sur elles-mêmes : la plus longue des huit est l'intestin rectum; vient ensuite une autre portion qui lui est adossée, et qu'on reconnaît pour le colon à son tissu différent et à son plus grand diamètre; le reste du canal intestinal, qui correspond aux petits intestins, est moins long et moins étroit que dans la citharine.

6°. *La rate* forme une masse allongée, assez petite, engagée dans du tissu cellulaire, et logée, à la suite de l'estomac, dans deux replis de l'intestin.

7°. *Les organes de la génération.* Longueur, 22 millimètres.

Les testicules ne m'ont rien présenté de remarquable : ce sont deux longs rubans placés au-dessous de la seconde vessie natatoire, et qui se dirigent parallèlement d'arrière en avant.

8°. *Vessie urinaire.* Elle m'a paru manquer dans le néfasch comme dans la citharine.

9°. *Vessies natatoires.* Longueur de la première,

4 millimètres ; de la seconde, 220; du canal pneumatique, 18.

Un caractère important distingue ces vessies natatoires de celles de la citharine, c'est de n'être pas enfermées de même : aucun repli ne forme de diaphragme au-dessous d'elles. D'ailleurs, ces vessies diffèrent peu : la plus grande n'est pas également arquée. Le canal pneumatique a son insertion à la naissance de celle-ci ; et c'est à ce point qu'aboutissent ces longs rubans musculeux dont j'ai donné, dans l'article précédent, une description détaillée.

10°. *Les reins.* Ce sont deux masses spongieuses, de l'apparence et de la consistance du foie, qui, en longeant la rainure formée par la colonne épinière et le commencement des côtes, sont d'abord réunies et confondues, mais qui deviennent distinctes et en même temps très-volumineuses au point de la jonction des deux vessies ; les reins occupent exactement, en cet endroit, tout l'espace auquel donne lieu le rétrécissement des vessies à leur collet.

11°. *Le squelette.* Le crâne, ainsi que tous les os du bras et de la langue qui s'y articulent, ne diffèrent pas assez des mêmes parties dans la citharine, pour que nous nous y arrêtions davantage.

Il n'en est pas de même du tronc : la colonne épinière du néfasch est composée de quarante-six vertèbres ; de trente, qui portent des côtes, et de seize, qui en sont dépourvues. Les quatre dernières de ces vertèbres coccygiennes finissent par se souder les unes aux autres, et, ainsi transformées en une lame épaisse, par devenir, pour la nageoire caudale, un point d'appui d'une solidité parfaite.

Les côtes ne sont ni assez longues pour atteindre à l'arête abdominale, ni assez renforcées près des vessies aériennes pour ne pas céder sous l'action des muscles abdominaux : elles peuvent donc être employées, au gré de l'animal, à comprimer ses vessies aériennes; et elles ont réellement, dans le néfasch, tous les genres d'utilité qu'on leur a reconnus dans la plupart des poissons.

Toute nageoire dorsale, comme on le sait très-bien, ne repose pas immédiatement sur des muscles ou sur les apophyses montantes des vertèbres, mais est assise sur une série d'apophyses particulières. Il n'y a jamais moins de ces apophyses tutrices que de rayons à la nageoire.

Ces apophyses, se soudant avec l'âge, adhèrent ensemble, dans le néfasch, par l'interposition d'autant de lames osseuses; et les antérieures sont, de plus, remarquables par de vives arêtes latérales qui en augmentent l'épaisseur et conséquemment la solidité. Mais ce qu'il y a, en outre, de plus favorable pour la fixité de la nageoire dorsale, ce sont dix autres apophyses semblables, qui existent entre elle et la tête, quoiqu'elles n'aient rien à soutenir dans cet intervalle : elles forment là une sorte de chaîne, dont la première pièce est articulée avec le crâne, et la dernière avec le premier rayon de la nageoire.

CONCLUSION.

Le néfasch ressemble à la citharine, mais non jusqu'à lui appartenir comme espèce du même genre : ses dents, si longues, si nombreuses et si singulièrement bifurquées, ne nous ont pas trompés, en nous faisant pressentir un tout autre arrangement des organes de la digestion, puisqu'il résulte de la considération de ceux-ci qu'il est en effet plus décidément carnassier que la citharine ; et il n'était pas moins intéressant de constater comment ses vessies aériennes ne participent plus aux anomalies dont celles de la citharine nous ont offert un si singulier exemple.

§. VI.

LE CHARACIN RASCHAL

ET

LE CHARACIN RAÏ

(Poissons du Nil, planche 4).

Le temps a consacré l'usage introduit par Artédi, d'appliquer le nom de *salmo* à tous les poissons abdominaux qui, ayant deux nageoires dorsales, en ont une des deux fort petite, privée de rayons, et formée seulement par une simple expansion de la peau.

Il a sans doute fallu, avant de songer à ranger les poissons dans une série naturelle, s'occuper d'abord des moyens de les distinguer ; et il n'est pas étonnant qu'à l'époque où l'on n'employait à la distinction des êtres que les choses de leur extérieur les plus apparentes, on ait accordé autant d'importance à cette seconde nageoire dorsale, qu'une mollesse habituelle a fait désigner sous le nom de *nageoire adipeuse*.

On ne peut, en effet, expliquer le choix qu'on en a fait comme caractère générique, que par la commodité qu'on a trouvée à s'en servir ; car, d'ailleurs, il est impossible d'indiquer l'usage de cette partie, et il l'est également de lui trouver quelque influence sur l'organisation. Comme pièce de l'extérieur, elle n'a d'action ni sur les muscles, ni sur les parties du squelette en contiguïté avec elle : c'est tout simplement une excroissance du système cutané. Qu'elle existe dans un poisson, ou qu'elle vienne à y manquer, rien n'est au surplus changé dans la condition de cet être; ses goûts, ses habitudes et ses allures n'en sauraient être affectés.

Une circonstance semble pourtant la relever aux yeux du physiologiste, c'est la fixité de sa position. On ne trouve effectivement de nageoire adipeuse que vers la naissance de la queue : mais il en est une cause appréciable; le lieu où s'attache cette partie en détermine la nature. Placée plus haut, ce ne serait plus une nageoire adipeuse, une nageoire rudimentaire : mais elle deviendrait ce qu'est la deuxième dorsale dans les autres poissons, c'est-à-dire une nageoire complète et pourvue de tous ses rayons, ceux-ci existant partout où ils trouvent à se développer.

Il est d'autres organes de l'ordre d'une nageoire adipeuse qui appartiennent aussi au système cutané, dont on n'aperçoit pas davantage la liaison avec les choses de leur voisinage, dont l'inutilité est également manifeste, et qui ne sont pas moins considérés comme ayant une certaine valeur : tels sont ceux qui nous fournissent des indications infaillibles d'une conformation commune à plusieurs espèces. Mais la nageoire adipeuse n'est pas dans ce cas : on ne peut pas dire qu'elle ne se trouve que dans des poissons qui ont d'ailleurs la plus grande affinité, puisqu'en nous bornant aux quatre espèces du Nil où elle existe, on voit qu'elle réunit des êtres qui diffèrent les uns des autres, non-seulement par les proportions de leurs parties respectives (ce qui ne peut avoir lieu que ce ne soit le produit de beaucoup de différences partielles), mais encore, et d'une manière plus notable, par la forme et la nature de leurs dents.

La prééminence appartenait sans doute à ce dernier caractère : les dents jouent un si grand rôle dans l'économie animale, et sont dans une corrélation si nécessaire avec les organes de la digestion, et, dans beaucoup de circonstances, avec ceux du mouvement, qu'on aurait dû espérer de leur emploi le même avantage dans la classification des poissons que dans celle des mammifères ; leur moindre modification influe sur les habitudes des animaux, et très-souvent aussi elles sont un indicateur excellent de l'état des viscères.

Quoi qu'il en soit de ces observations, nous n'avons pas cru devoir nous écarter, à l'égard du raschal et du raï, de la détermination et de la nomenclature adoptées dans l'excellente Histoire des poissons de M. le comte de Lacépède : nous n'avons pas encore réuni assez d'observations pour combiner une méthode ichtyologique sur toutes les données de l'organisation.

Mais nous nous devions d'insister sur les considérations précédentes, pour prévenir le reproche d'anomalie qu'on n'est que trop disposé à faire aux ouvrages de la nature, quand on ne les trouve pas conformes aux règles établies.

Ce n'est pourtant pas sans quelque regret que nous avons conservé les noms de *characinus dentex* et de *characinus Niloticus*, comme s'appliquant au raschal et au raï : on va voir pourquoi et de combien de méprises ils ont été le sujet.

Le plus anciennement connu de ces deux poissons est le raï. Ses dents grosses, courtes et ramassées, l'avaient fait prendre pour un spare par Hasselquist : mais Linné, entraîné par la considération de sa nageoire adipeuse, le ramena bientôt, et dans l'ouvrage même de son disciple, parmi les *salmo*, en lui donnant le nom de *salmo dentex*. Il lui ôta ce nom dans la suite, et en fit le *cyprinus dentex*, quand, disposant ses matériaux pour le deuxième volume de la Description du cabinet du prince Adolphe-Frédéric, il vint à passer en revue les animaux provenant du voyage en Palestine, et qu'il crut voir que ce poisson n'avait point de nageoire adipeuse. Le raï est, en effet, donné pour un *cyprinus*, dans le prodrome de ce second volume, et dans la douzième édition du *Systema naturæ*.

Une autre méprise produisit une erreur d'un effet plus fâcheux. La description qu'Hasselquist avait faite du raï, est aussi exacte et aussi complète qu'on pouvait l'attendre d'un aussi habile naturaliste; il ne se trompa que sur son nom appellatif en Égypte, *kalb el-bahr*[1], qui est celui du raschal, aussi nommé *kelb el-moyé*. Il paraît que Forskael ne donna d'attention qu'à cette citation, et, certain d'avoir sous les yeux le véritable *kalb el-bahr*, il transporta, sans s'en douter, le nom de *salmo dentex* du raï au raschal.

Gmelin, qui vint ensuite, et qui travaillait avec trop de promptitude pour prendre le temps de comparer ensemble deux descriptions originales, se borna à adopter toutes les opinions de Forskael : il crut rétablir le *salmo dentex* d'Hasselquist, quand il lui appliquait les caractères d'une espèce entièrement nouvelle; et, comme si ce n'était assez de cette première erreur, dans le même temps qu'il faisait perdre au raï le nom de *dentex*, il lui donnait celui de *Niloticus*, qui appartenait au néfasch : étrange compensation, qui ne pouvait être soupçonnée par aucun naturaliste sédentaire.

Aussi est-il arrivé que les opinions de Gmelin ont

---

[1] *Kalb el-bahr*, c'est-à-dire chien de mer. — *Kelb el-moyeh*, ou chien d'eau.

prévalu, et qu'introduites dans des ouvrages très-recommandables, elles ont effectué sans retour la transposition de ces deux noms.

Le raschal et le raï se ressemblent par un même *facies*, qui est assez celui des *cyprins*, ainsi que l'a reconnu Linné. Le raschal est néanmoins plus allongé que le raï : sa tête, sans être très-longue, l'est aussi proportionnellement davantage ; enfin, sa nageoire anale est plus courte et plus large.

L'adipeuse est très-petite dans tous les deux ; la ligne latérale est presque égale, et les écailles sont à peu près de même grandeur.

Tous deux sont aussi de la même couleur, d'un blanc d'argent, qui prend une teinte de verdâtre sur le dos : cette ressemblance s'étend jusqu'au lobe inférieur de la queue, qui est également coloré en écarlate.

On peut distinguer le raschal du raï par une différence dans le nombre des osselets de la membrane des ouïes et dans celui des rayons de la nageoire anale, ainsi que le tableau ci-joint en offre la preuve :

Le *raschal*. B. 4. D. 10. 0. P. 15. V. 9. A. 13 C. 17. + 8.
Le *raï*.... B. 3. D. 10. 0. P. 15. V. 9. A. 22. C. 19. + 5.

Hasselquist porte à 24, et Linné à 26, les rayons de la nageoire anale qu'ils ont observés sur le raï.

Mais en quoi ces deux poissons cessent d'être comparables, c'est dans la conformation des dents.

Le raschal en a douze, rangées sur une seule ligne à chaque mâchoire ; toutes, hors les deux petites des coins de la bouche, très-écartées les unes des autres; alternes par rapport à celles de l'autre mâchoire, s'entrecroisant, et toujours apparentes; longues enfin, grêles et un peu arquées.

La grandeur de ces dents et l'air menaçant que donnent à la physionomie de ce poisson leurs tiges toujours visibles et leurs pointes acérées, sont sans doute ce qui l'a fait surnommer, par les anciens, le *vorace* ou *phager*. Ce n'est qu'à lui, en effet, que s'applique le passage suivant de S. Clément d'Alexandrie : « Le *phager*, si remarquable par sa voracité et sa nageoire ensanglantée, est des premiers à descendre de la Nubie avec les grandes eaux du fleuve. »

Les dents du raï sont plus compliquées dans leur forme. Ce qui s'en voit d'abord, c'est qu'elles sont courtes, grosses et contiguës; en les examinant ensuite avec plus d'attention, on voit qu'elles sont disposées sur deux rangées à la mâchoire supérieure, six en devant et huit en arrière, et sur une seule rangée et au nombre de huit à la mâchoire d'en bas.

Les huit dents du palais ne sont formées que d'une tête large, crénelée sur les bords, et creuse au centre : les six dents rangées au-devant sont au contraire terminées en cône.

Celles-ci sont reçues dans la couronne évasée de six dents de la mâchoire inférieure qui leur correspondent : elles s'y emboîtent avec d'autant plus de précision qu'un onglet des dents d'en bas s'appuie sur leur face antérieure.

Les deux premières dents d'en bas offrent en outre

une particularité remarquable; c'est une portion conique qui naît du milieu de la tranche, et qui s'élève parallèlement à l'onglet et plus haut que lui. Il n'y a le plus souvent de vide entre les dents supérieures que pour loger une seule de ces excroissances ; et alors, ou l'une des deux ne se développe pas, ou le battement des mâchoires en opère l'usure.

A ces différences dans les dents, en correspondent d'autres dans les os maxillaires : ceux-ci sont forts et très-larges dans le raschal, et d'une petitesse singulière dans le raï. Quoique la tête du premier soit plus longue, les pièces osseuses qui la bordent en arrière et qui portent les nageoires pectorales, sont plus courtes : cette différence, discordante au premier aperçu, devient possible, à cause du plus de longueur du sternum dans le raschal que dans le raï. Les clavicules, au moyen de cette pièce intermédiaire, n'en sont pas moins appuyées sur les os hyoïdes.

Les côtes sont courtes et flexibles : l'abdomen, qu'elles circonscrivent, est plus long dans le raschal, qui a vingt-neuf vertèbres ventrales et dix-sept coccygiennes; les vertèbres qui portent des côtes, sont, dans le raï, au nombre de vingt-trois, et celles de la queue, au nombre de vingt-une.

Celui-ci a de fausses apophyses tutrices, qui manquent à l'autre; je les ai décrites dans le néfasch, où elles occupent l'intervalle qui existe entre la tête et la première dorsale.

Le raï est figuré (pl. 4.) de grandeur naturelle,

tandis que le räschal ne l'est guère qu'à moitié des plus grands individus que j'ai vus.

Le raï se nourrit de vers, d'œufs, et d'immondices qu'il épluche entre ses dents : le raschal est plus décidément carnassier, ainsi que ses dents le laissent assez juger.

Enfin, je compléterai les renseignemens que j'ai à donner sur ces deux poissons, en observant qu'on ne les trouve, du moins abondamment, qu'à l'époque de l'inondation : le raschal est particulièrement un des premiers à paraître, et à remonter le fleuve quand il est dans son décours.

Le reste de la Description des poissons du Nil est l'ouvrage de M. ISIDORE GEOFFROY SAINT-HILAIRE, aide-naturaliste de zoologie au Muséum royal d'histoire naturelle, *désigné par S. Exc. le Ministre de l'intérieur pour la continuation du travail.*

§. VII.

LES MORMYRES

(Poissons du Nil, pl. 6, 7, 8).

Ce que les naturalistes du siècle dernier savaient de l'histoire des singuliers poissons connus sous le nom de mormyres, se réduisait presque à avoir constaté l'existence de quelques-uns d'entre eux. Les courtes indications données par Linné, Gmelin, Forskael et Hasselquist, sont presque aussi vagues que celles qui nous ont été conservées dans les ouvrages de quelques auteurs anciens; et l'on peut dire que la science icthyologique se trouvait, au sujet des mormyres, aussi imparfaite, il y a trente ans, qu'elle l'était au temps d'Élien. Ce fut seulement en 1802, époque où parut le cinquième volume du grand ouvrage de M. de Lacépède, que l'on commença à acquérir sur eux des notions un peu plus étendues : cet illustre professeur publia, d'après des notes envoyées d'Égypte, les principaux résultats des observations et des recherches de mon père, et indiqua plusieurs espèces nouvelles, en même temps qu'il donnait quelques détails sur l'anatomie du genre, et faisait connaître d'une manière plus exacte ses caractères, jusqu'alors mal compris et mal exprimés.

Pendant long-temps on avait cru que les mormyres n'ont qu'un seul rayon branchiostège, qu'ils manquent d'opercules, et que leur appareil respiratoire se trouve établi sur un type différent de celui des autres poissons osseux; erreurs qu'un examen superficiel avait fait admettre aux premiers observateurs, et que nous avons vues avec étonnement reproduites encore tout récemment dans quelques ouvrages. Il est cependant bien démontré aujourd'hui que les mormyres, beaucoup moins anomaux qu'on ne l'avait supposé, ont tous ces élémens organiques dont la réunion caractérise les poissons normaux; et M. Cuvier, dans sa classification icthyologique, n'a pas hésité à les reporter au milieu de l'ordre des malacoptérygiens abdominaux, entre la famille des ésoces et celle des cyprins.

Ce qui avait fait croire que les mormyres manquent d'opercules et n'ont qu'un seul rayon branchial, ce qui les avait fait placer par Gmelin à la tête de l'ordre des branchiostèges, c'est la disposition suivante : une peau nue recouvre la tête toute entière, se prolonge sur les opercules et sur les rayons des ouïes, les enveloppe, et les dérobe à l'œil de l'observateur, en laissant seulement, pour l'ouverture branchiale, une fente verticale très-peu étendue, à travers laquelle on aperçoit à peine les organes mêmes de la respiration.

En outre, cette membrane qui recouvre les opercules se prolonge au-delà de leur partie libre, et les déborde en arrière, en sorte qu'ils se trouvent compris et comme encadrés dans celle-ci : double disposition à laquelle on doit donner beaucoup d'attention, soit à cause du haut degré d'anomalie qu'elle semble produire, soit à cause de l'influence physiologique qu'elle exerce. En effet, il résulte de là, d'une part, que l'appareil osseux des ouïes est très-difficilement visible à l'extérieur, et, de l'autre, que l'opercule n'est plus susceptible que de mouvemens peu étendus, et que l'ouverture branchiale devient trop étroite pour donner passage à-la-fois à un volume d'eau un peu considérable. Ces modifications ne peuvent, au reste, être regardées dans leur ensemble comme défavorables à l'animal, en ce sens qu'elles rendraient moins facile chez lui l'accomplissement de la fonction respiratoire. Il suffit, en effet, de réfléchir quelques instans au mode d'action de l'air sur les branchies des poissons, pour concevoir que l'étroitesse de l'ouverture branchiale, le peu de largeur de la cavité qui loge les ouïes, et même le défaut de liberté dans les mouvemens de l'opercule, sont autant de conditions qui tendent à permettre l'emploi d'une force musculaire moins grande.

Au reste, lorsqu'on examine un squelette de mormyre, l'opercule et les rayons branchiaux, dont le nombre est de cinq ou six, sont aussi visibles que chez tout autre poisson, et ne paraissent guère différens de ceux de la plupart des osseux, que par des dimensions un peu plus restreintes. C'est ce que montrent parfaitement les figures 6, 7 et 8 de la planche 6, où se trouvent représentés, chez plusieurs espèces [1], le crâne et tout l'appareil osseux de la respiration.

---

[1] Fig. 6, le mormyre oxyrhynque; fig. 7, le mormyre d'Hasselquist, et fig. 8, le bané (*mormyrus cyprinoïdes*).

La tête est en outre très-remarquable à d'autres égards. L'ouverture de la bouche est, comme celle des ouïes, très-étroite : c'est une fente transversale qui occupe la partie antérieure du museau, et se prolonge à peine sur les côtés.

Ce singulier caractère des mormyres les a fait comparer, par M. Cuvier, à des animaux d'une organisation d'ailleurs bien différente, les mammifères édentés connus sous le nom de fourmiliers ; et il est à remarquer que M. de Lacépède les avait aussi, plus anciennement, mais sous un autre point de vue, rapprochés du genre *myrmecophaga*. En effet, quelques mormyres ont, comme les espèces de ce dernier groupe, la tête allongée à l'excès ; et c'est ce rapport que M. de Lacépède avait plus particulièrement saisi.

L'intermaxillaire et la mâchoire inférieure sont garnis de petites dents qui se trouvent disposées très-régulièrement en arc sur tout le pourtour de l'ouverture buccale : ces dents sont généralement très-fines, mais en même temps assez larges à leur sommet, où se voit une échancrure quelquefois très-prononcée, mais quelquefois aussi à peine sensible ; leurs formes et leur grandeur proportionnelle sont d'ailleurs un peu différentes, suivant les espèces où on les observe. En outre, il existe sur la langue une bande allongée de dents en velours. Quant aux autres organes de la digestion, ils offrent également quelques caractères particuliers. Le canal alimentaire (pl. 6, fig. 3 et 5) se compose d'un œsophage assez court et situé au-dessus du cœur, d'un estomac de forme arrondie, de deux cœcums assez courts, roulés sur eux-mêmes, et presque égaux en longueur, et d'un intestin long et grêle qui, après avoir embrassé les cœcums par quelques circonvolutions, se rend presque en ligne droite à l'anus. Le foie est de forme arrondie : la vésicule biliaire, qui est assez exactement circulaire, est placée à sa partie moyenne. Les rates, au nombre de deux, représentent de petits sacs remplis de sang, placés à peu de distance l'un de l'autre. Les deux reins, enveloppés dans une membrane commune, sont étendus sur les parois de la vessie natatoire : celle-ci (pl. 6, fig. 3 et 4), simple et de forme à peu près cylindrique, est très-large, et sa longueur égale celle de l'abdomen tout entier. Le cœur, dont la position a déjà été indiquée, est, au contraire, d'une extrême petitesse; et l'aorte est presque aussi volumineuse que lui-même à son origine, où elle présente une sorte de prolongement en cul-de-sac. La veine cave est aussi, principalement dans sa partie moyenne, remarquable par sa grosseur. Enfin, il existe, dans la cavité abdominale, une grande quantité de graisse dans laquelle se trouvent enveloppés en partie l'estomac et le canal intestinal.

Les mormyres, assez semblables, par leurs formes générales et même par leurs couleurs, à la plupart des poissons osseux, ont le corps comprimé, oblong et couvert d'écailles dont la figure et la grandeur varient suivant les espèces. Leur queue, très-allongée, se termine par une nageoire toujours fortement échancrée, et qui est même le plus souvent composée de deux lobes entièrement séparés : large près de son origine, mais plus étroite dans sa partie moyenne, elle s'élargit de nouveau vers son extrémité, en même temps qu'elle devient un peu plus renflée, à cause de la présence dans cette partie de glandes assez volumineuses.

Les nageoires pectorales, les ventrales, la caudale et surtout la dorsale et l'anale, offrent des variations remarquables, suivant les espèces où on les considère. Quelques exemples suffiront pour faire juger de toute l'étendue des différences que ces dernières sont susceptibles de présenter : chez le mormyre d'Hasselquist, la dorsale est près de sept fois plus longue que l'anale; chez le bané et chez plusieurs autres, elle est seulement égale à celle-ci; et chez le mormyre de Behbeyt, elle devient cinq fois plus courte : en sorte que le rapport de la nageoire du dos est tantôt : : $1 : \frac{1}{7}$, tantôt : : $1 : 1$, et tantôt enfin : : $1 : 5$.

C'est dans le Nil que vivent la plupart des mormyres; et l'on a même cru, pendant long-temps, que ce genre n'existe pas dans les autres fleuves de l'Afrique; mais des recherches ultérieures ont permis d'apprécier à sa juste valeur cette opinion basée uniquement sur les résultats d'observations trop incomplètes et trop peu nombreuses. Ainsi, on ne peut plus douter aujourd'hui qu'il n'y ait aussi des mormyres dans le Senégal, le Muséum d'histoire naturelle possédant un individu qui a été pêché dans ce fleuve.

Tel est le singulier genre des mormyres, dont j'ai cru devoir indiquer les principaux caractères zoologiques et anatomiques, non-seulement parce que ce groupe étant principalement composé d'espèces vivant dans le Nil, il semble que sa description ne puisse être omise dans un ouvrage consacré à l'histoire spéciale des animaux de l'Égypte, mais aussi à cause du peu de notions exactes que la science possède, de nos jours même, à l'égard de ces poissons.

Au reste, il est à remarquer que si les mormyres sont restés si long-temps comme ignorés des naturalistes, et que s'ils sont encore si imparfaitement connus, cette lacune de la science icthyologique doit moins être imputée au défaut de zèle ou de talent des voyageurs qui ont exploré les différentes régions de l'Afrique, qu'aux habitudes elles-mêmes et au genre de vie des espèces de ce genre. C'est au fond du fleuve, dans les endroits où se trouvent amassées un grand nombre de pierres, que presque tous les mormyres se tiennent habituellement; circonstance qui rend leur pêche très-difficile. Ils sont d'ailleurs nocturnes et très-craintifs; et ce n'est qu'avec la plus grande peine que l'industrie humaine parvient à les attirer par des appâts, et à s'en emparer. Aussi est-il certain que si leur chair, qui est ferme et un peu musquée, mais d'un excellent goût, ne passait dans toute l'Égypte pour une nourriture très-agréable, et que sans le prix assez élevé auquel ils se vendent, personne ne voudrait se livrer à une pêche qui donne toujours de faibles résultats, et qui exige à-la-fois beaucoup de précautions et de soin, beaucoup d'adresse et de patience. En effet, elle ne permet pas l'usage si commode et ordinairement si avantageux du filet ou de l'épervier, mais elle doit être faite au moyen d'une ligne armée de plusieurs hameçons, qu'on a le soin de placer à quelque distance les uns des autres, et qu'on amorce avec des vers : la corde de la ligne, ordinairement très-longue, se termine par un morceau de plomb qui doit être placé au-dessous, mais à peu de distance des hameçons. On conçoit que par l'effet de cette disposition fort simple, mais assez ingénieuse, les appâts vont plonger au milieu des pierres qui servent de retraite aux mormyres, et ne peuvent manquer d'en être aperçus; mais cela même ne suffit pas encore. Comme s'ils dédaignaient une proie trop peu abondante, ces poissons ne se déterminent à quitter leurs inaccessibles retraites, et à se porter vers les hameçons, que lorsqu'on leur présente à-la-fois un grand nombre de vers; ce qui rend nécessaire l'association de plusieurs hommes, qui, agissant de concert, s'entendent pour jeter tous leurs lignes dans le même lieu. Au moyen de toutes ces précautions, et du soin qu'ils ont de choisir une anse où il y ait peu de courant, les pêcheurs, ordinairement réunis au nombre de douze, prennent communément de dix à trente individus dans une nuit[1].

Ce procédé, ou si l'on peut employer cette expres-

[1] Ces détails et les observations dans la suite de ce travail, sont, encore inédites que l'on trouvera en grande partie, extraits des no-

sion, cette méthode de pêche, usitée aujourd'hui dans presque toute l'Égypte et particulièrement à Qéné, est très-remarquable : elle nous montre comment des hommes aussi simples et aussi grossiers que le sont les pêcheurs du Nil, ont su triompher d'obstacles que l'on doit considérer comme très-graves, puisqu'ils ne tenaient pas à quelque circonstance locale, mais bien aux habitudes naturelles des mormyres; en effet, ces poissons, cachés dans des retraites où l'art chercherait en vain à les atteindre, et d'où la ruse peut seule les faire sortir, semblaient, par leur genre de vie même, protégés contre tous les efforts de l'industrie humaine. Au reste, il paraît que les anciens eux-mêmes connaissaient assez les habitudes des mormyres, pour avoir mis en pratique la partie la plus essentielle du procédé des pêcheurs de Qéné, l'usage de l'hameçon: c'est du moins ce qu'on peut conclure d'un passage du Traité d'Osiris, dans lequel Plutarque fait mention de l'oxyrhynque[1].

Les mormyres entrent en amour dans la première quinzaine d'août, c'est-à-dire vers l'époque de l'accroissement du Nil; ce que mon père a constaté à l'égard de toutes les espèces du genre. Les organes de la génération sont alors développés à l'excès, de

tes que mon père a recueillies en Égypte.

[1] « Quant aux poissons de mer, tous ne s'abstiennent pas de tous, mais les uns d'auscuns, comme les *oxyrinchites*, de ceux qui se laissent prendre avecques l'hameçon : car d'austant qu'ils adorent le poisson qui se nomme oxyrinchos, qui est dire bec-agu, ils ont doubte que l'hameçon ne soit immunde, si d'adventure le poisson oxyrinchos l'aurait avalé. » (*Trad. d'Amyot*, p. 288, t. XI de l'édition de 1784.)

forme globuleuse, et s'étendent sur presque tous les viscères de l'abdomen : à une époque plus avancée de la saison, les testicules et les ovaires sont au contraire affaissés et de forme cylindrique.

Mon père, qui a cherché pendant son séjour en Égypte à constater tous les faits d'histoire naturelle recueillis par Hérodote, et qui s'est convaincu, par de nombreuses observations, de l'exactitude des récits de ce grand homme, a reconnu que l'un des passages les plus remarquables du second livre doit être appliqué aux mormyres, et que les détails qu'il contient sont aussi vrais que pleins d'intérêt. « On a observé, dit Hérodote, que ceux de ces poissons voyageurs que l'on prend lorsqu'ils descendent le fleuve, ont la tête meurtrie du côté gauche, et que ceux que l'on prend à leur retour, l'ont du côté droit. Voici la cause de cette singularité : lorsque les poissons se rendent à la mer, ils ont la terre à gauche, et quand ils reviennent, ils l'ont à droite ; et comme ils se foulent et se rangent très-serrés près du rivage, afin de ne pas perdre leur route, et de n'être point entraînés par le courant, ils portent les marques du frottement qu'ils ont éprouvé[1]. » Ces détails, fort curieux, avaient été révoqués en doute, et il semblait même assez difficile de les concevoir, jusqu'à l'époque où les observations de mon père ont démontré leur exactitude. Les mormyres ont le plus ordinairement la tête meurtrie après leurs migrations ; et ce fait s'explique

---

[1] Euterpe, *Paragraphe* xcIII (Trad. de M. Miot, tome I, page 292).

même facilement : car leur tête n'étant pas revêtue d'écailles, mais étant seulement couverte d'une peau assez fine, on conçoit qu'elle ne peut résister aux chocs auxquels elle est fréquemment exposée dans le cours d'un long voyage. Au reste, d'autres poissons présentent aussi quelquefois des meurtrissures, de même que les mormyres : tel est particulièrement l'hétérobranche harmout, espèce chez laquelle la peau est également nue et sans écailles.

Il reste maintenant à faire connaître les traits qui distinguent chacune des espèces du genre mormyre. Ces espèces ont été divisées par M. Cuvier, d'après la forme du museau et la grandeur de la nageoire dorsale, en quatre sections qui sont très-naturelles, et que nous adopterons ici. Elles sont caractérisées de la manière suivante :

La première a le museau cylindrique et la dorsale longue; les trois autres ont toutes la dorsale courte, et se distinguent par la forme du museau, cylindrique et allongé dans la seconde, court et arrondi dans la troisième, enfin carré et comme tronqué dans la quatrième.

I. MORMYRES

A MUSEAU CYLINDRIQUE ET A NAGEOIRE DORSALE LONGUE.

LE MORMYRE OXYRHYNQUE

(*Mormyrus oxyrhynchus*, Geoff. St.-Hil., pl. 6, fig. 1).

Cette espèce est extrêmement facile à distinguer de tous les mormyres, on peut dire même de tous les poissons, par la forme très-singulière de sa tête, conique dans sa partie postérieure, mais terminée en devant par un museau cylindrique, mince et très-allongé, dont la ressemblance avec celui d'un fourmilier a frappé tous les observateurs. La bouche, qui occupe la partie antérieure du cylindre, est si petite, que, chez un individu d'un pied de long, elle a à peine, lorsqu'elle est ouverte, trois ou quatre lignes dans son plus grand diamètre.

La cavité orbitaire, située à un pouce et demi du bout du museau, est de forme ovale, son diamètre antéro-postérieur étant très-long et le transversal très-court; caractère qui ne se retrouve pas, du moins aussi prononcé, chez les autres mormyres, mais qui n'empêche pas que l'œil ne soit, comme chez ceux-ci, parfaitement circulaire : il est placé à fleur de tête et recouvert par une membrane transparente qui se continue avec les tégumens, et qui n'est qu'une portion très-amincie de la peau, ou, si l'on veut, une véritable conjonctive. Les deux mâchoires sont sensiblement égales en longueur; disposition qui n'offre rien de remarquable en elle-même, mais qui fournit l'un des traits distinctifs de cette espèce. L'ouverture branchiale est dirigée un peu obliquement d'arrière en avant, et de haut en bas. L'opercule a la forme d'un carré ou plutôt d'un losange assez irrégulier: ses bords supérieur et inférieur, et surtout le postérieur, sont un peu arrondis; l'antérieur est, au contraire, exactement rectiligne.

La taille de cette espèce est quelquefois de plus d'un pied; mais l'individu qui a servi de type à cette description avait seulement dix pouces de long du bout du museau à l'origine de la nageoire caudale; et sa hauteur était de deux pouces et demi à l'insertion de la nageoire ventrale, d'un et demi vers la fin de l'anale, de neuf lignes vers la partie moyenne de la queue, et enfin de près d'un pouce vers son extrémité. La tête, qui formait le quart environ de la longueur totale, avait près de deux pouces de hauteur vers le bord libre de l'opercule, un pouce vers l'œil, et six lignes seulement dans la portion cylindrique du museau. Enfin, pour ce qui concerne les nageoires, celle du dos, la plus grande de toutes, commençait à deux pouces environ de l'occiput, et se terminait un pouce et demi avant l'extrémité de la queue. La ventrale s'insérait deux pouces un quart en arrière de l'ouverture branchiale, et l'anale commençait deux pouces plus loin; celle-ci venait presque immédiatement après l'anus, qui se trouvait placé à égale distance de l'extrémité de la queue et du bout du museau. Toutes ces mesures sont peu importantes en elles-mêmes, mais elles ne doivent pas être négligées, parce qu'elles seules peuvent permettre d'indiquer avec précision plusieurs des caractères de l'espèce, et particulièrement ceux que fournissent les proportions des diverses parties du corps.

Au reste, si, au lieu de chercher à décrire l'oxyrhynque, on voulait se contenter de l'indiquer à la manière linnéenne, ou, en d'autres termes, si l'on cherchait seulement à donner les moyens de le distinguer de ses congénères, il suffirait de faire connaître la forme singulière du museau, en ajoutant quelques mots sur la grandeur et la forme des nageoires, et particulièrement sur celles de la dorsale. Celle-ci, dont l'étendue a déjà été indiquée, est composée de rayons dont la grandeur décroît insensiblement de devant en arrière, les premiers ayant un pouce de long, et les derniers un demi-pouce seulement. L'anale est beaucoup moins étendue que la dorsale, dont elle n'égale guère que la cinquième partie : sa forme est celle d'un trapèze dont le plus petit côté est formé par le dernier des rayons, qui n'a qu'un demi-pouce, tandis que les premiers ont environ treize lignes. Les ventrales et les pectorales sont aiguisées en pointe, celles-ci étant surtout composées de rayons très-inégaux entre eux ; les supérieurs ont plus d'un pouce et demi, et les inférieurs sont trois fois plus courts. Enfin, la nageoire de la queue est très-fourchue : elle se compose de deux moitiés réunies seulement vers leur partie antérieure par une petite membrane transparente; et l'on pourrait même dire qu'il existe deux demi-caudales. Quant aux rayons, ceux de la dorsale sont assez écartés l'un de l'autre, et se bifurquent par leur extrémité : ceux des ventrales, renfermés dans une membrane assez épaisse, et ceux des pectorales, se divisent bientôt en deux branches qui se subdivisent elles-mêmes vers leur terminaison en deux autres branches secondaires; enfin, ceux de la caudale, qui sont en partie enveloppés par des prolongemens des muscles de la queue, et se trouvent ainsi peu libres, se partagent en un grand nombre de rameaux.

Le mormyre oxyrhynque est généralement couvert de petites écailles disposées très-régulièrement en quinconce; mais la tête est couverte d'un épiderme très-fin, sous lequel se voit une peau fine et comme ponctuée. Il est à ajouter, à l'égard des écailles, que celles qui se trouvent placées au-dessous de la ligne latérale, sont deux fois plus grandes que celles du dos et de la partie supérieure des flancs; caractère assez remarquable, et qui ne se retrouve chez aucun autre mormyre. Au contraire, l'oxyrhynque est assez semblable à ses congénères par son système de coloration : il est généralement grisâtre avec le dos plus foncé et le ventre plus clair que les autres parties du corps.

La tête est d'un gris mélangé de rose principalement à sa partie antérieure, et les nageoires sont rouges à leur origine. L'œil, noir au centre, est bordé de deux cercles concentriques, dont l'extérieur est noirâtre, et l'intérieur d'un blanc argenté.

Tel est le mormyre oxyrhynque, espèce très-singulière par quelques-unes des modifications organiques qui la caractérisent, et non moins remarquable par les souvenirs historiques qui se rattachent à elle, s'il est vrai, comme l'a établi mon père[1], qu'on doive lui rapporter le poisson, devenu si célèbre sous le nom d'*oxyrhynchus* (οξυρυγχος), par les récits des auteurs anciens, et particulièrement d'Élien et de Strabon[2]. Ce dernier nous apprend que l'*oxyrhynchus* était, dans l'Égypte antique, l'objet de la vénération universelle, et qu'en outre il était honoré d'un culte spécial, et possédait un temple dans une ville à laquelle il avait même donné son nom (la ville d'*Oxyrhynchus*); et Élien[3] ajoute quelques détails assez curieux, qui nous montrent combien les pêcheurs redoutaient que leur filet ou leur ligne impie ne vinssent à saisir ces mêmes poissons, dont

[1] *Recherches sur les animaux du Nil connus des Grecs, et sur les rapports de ces animaux avec le système théogonique des anciens Égyptiens.* — Ce mémoire, qui donne la détermination de tous les poissons du Nil indiqués par les auteurs grecs, a été composé en Égypte pendant le siège d'Alexandrie, et lu à l'Institut en 1802.

[2] ...... *In ulteriore regione est Oxyrhynchus civitas, et præfectura eodem nomine. Hic oxyrhynchus colitur, et oxyrhynchi templum est, quamvis etiam cæteri Ægyptii omnes oxyrhynchum piscem colant. Sunt etiam quædam animalia, quæ Ægyptii universi colunt, ut de terrestribus tria, bovem, canem, felem; è volatilibus, accipitrem atque ibim; ex aquatilibus duo, lepidotum piscem et oxyrhynchum. Sunt et quæ seorsìm coluntur,* etc. (Strabonis rerum Geographicarum, lib. XVII, p. 812, trad. de l'édition de 1680.)

[3] *Oxyrhynchus Nili alumnus, ex acumine rostri nomen trahens, illic venerationem et religionem habet, ut piscatores valdè timeant, nequandò is piscis apud eos sacer, et magnâ religione præditus, hamo trajiciatur : quem si fortè hamo ce-*

leurs successeurs modernes ne croient pas trop acheter la prise par les longues fatigues de leurs nuits.

On conçoit qu'un animal, environné il y a tant de siècles de la vénération d'un grand peuple, a dû exciter à un haut degré la curiosité des savans modernes, principalement à une époque où l'étude de l'histoire naturelle était moins l'étude de la nature elle-même que celle des ouvrages des naturalistes de l'antiquité : aussi s'est-on assez anciennement occupé de déterminer à quelle espèce doit être rapporté l'*oxyrhynchus*; et c'est ce que fit particulièrement Belon. Ce célèbre voyageur eut, sous les yeux, le véritable oxyrhynque; mais, par une erreur singulière et qu'on a peine à concevoir, après avoir parfaitement reconnu le poisson sacré des Égyptiens dans le *mormyrus oxyrhynchus*, il voulut ramener celui-ci à une espèce dont la connaissance lui était familière, et le confondit avec le brochet (*esox lucius*). Cette détermination, qui fut depuis adoptée par Blanchard et par Larcher, est cependant essentiellement fautive : car, d'une part, le petit nombre d'indications que l'on trouve dans les ouvrages anciens, ne se rapporte pas exactement au brochet; et, de l'autre, cette espèce n'existe même pas dans le Nil. On doit donc admettre, sinon comme rigoureusement démontré, du moins comme très-vraisembla-

---

perint, nunquàm tamen edere audent, atque cùm pisces retibus comprehenduntur, diligenter etiàm atque etiàm perscrutatur nùm quid horum piscium imprudentes unà cum aliis ceperunt : malunt enìm nihil piscium excipere, quàm hoc retento, maximum numerum assequi. (Lib. xii, cap. 33.)

ble, que le nom d'*oxyrhynchus* était donné, par les anciens Égyptiens, ou au mormyre oxyrhynque, ou au mormyre kannumé de Forskael, les deux seuls poissons du Nil auxquels il puisse être appliqué avec quelque justesse, ou, ce qui est plus probable, à l'un et à l'autre à-la-fois : car le kannumé est, suivant la description malheureusement trop incomplète que nous en a laissée le voyageur suédois, une espèce très-voisine de l'oxyrhynque par la forme de son museau, comme par presque tous ses autres caractères zoologiques ; et on peut croire que tous deux, soit qu'on les eût confondus, soit qu'on les eût distingués spécifiquement, portaient en commun une dénomination qui convenait au même degré à l'un et à l'autre[1].

LE MORMYRE D'HASSELQUIST, Geoff. St-Hil.

(*Mormyrus caschive*, Hasselq.? pl. 6, fig. 2).

Cette espèce est très-voisine de la précédente par sa taille et ses proportions; elle se distingue d'ailleurs très-facilement par plusieurs caractères.

La tête est très-allongée, comme chez l'oxyrhynque, mais elle ne se termine pas par un museau mince et cylindrique ; et la ligne qui la borne supé-

---

[1] Il est presque inutile de remarquer que si le *mormyrus kannume* et le *mormyrus oxyrhynchus* ne formaient réellement qu'une seule espèce (comme on a quelques raisons de le croire, et comme le pensent les pêcheurs du Nil), il ne resterait plus aucun doute sur la certitude de la détermination de l'oxyrhynque des anciens. On ne trouve, en effet, aucun fondement réel à l'opinion de quelques auteurs, qui ont cru, comme nous le verrons bientôt, retrouver l'*oxyrhynchus* dans d'autres poissons du Nil, tels que le mormyre de Behbeyt et la perche latous.

rieurement n'est pas, comme chez ce dernier, alternativement convexe et concave, mais bien uniformément convexe, si ce n'est entre les deux yeux où se remarque une petite surface plane. La mâchoire inférieure est un peu plus courte que la supérieure, et l'œil se trouve placé à un pouce seulement de l'extrémité du museau : il est presque exactement circulaire, quoique situé dans une cavité irrégulièrement ovale, dont le diamètre antéro-postérieur est double du transversal. La couleur de cette espèce est aussi un peu différente de celle de l'oxyrhynque, le corps étant généralement d'un gris-bleuâtre argenté, et la tête se trouvant variée de jaune pâle et de verdâtre, et finement tachetée de jaune doré.

La nageoire dorsale est un peu plus étendue encore que chez l'oxyrhynque, et s'avance proportionnellement davantage vers l'occiput : du reste, les rayons qui la composent ne sont pas plus longs que chez celui-ci, et ils diminuent de même insensiblement du premier au dernier. L'anale et les ventrales ne présentent rien de remarquable; et il en est de même des pectorales et de la caudale, qui ne diffèrent guère de leurs analogues dans l'espèce précédente, que par la forme plus arrondie de leur extrémité. Le corps est généralement couvert d'écailles assez grandes et très-distinctes : celles des flancs sont les plus larges de toutes, et celles du dos, celles de l'extrémité de la queue et surtout celles du ventre sont les plus petites.

L'individu qui a servi de type à notre description, avait trois pouces du bout du museau à l'ouverture branchiale, et neuf pouces un quart de celle-ci à la racine de la queue : sa hauteur était de deux pouces vers le bord de l'opercule, de trois vers l'insertion des ventrales, de deux et demi au niveau de l'anus, d'un pouce à la partie la plus étroite de la queue, et d'un pouce un quart à son extrémité. Il suit de ces dimensions que le tronc conserve à peu près la même hauteur depuis l'ouverture branchiale jusqu'à l'anus; ce qui tient à la forme générale du corps qui se trouve borné à sa partie supérieure par une ligne presque droite. Les proportions du mormyre d'Hasselquist sont d'ailleurs un peu différentes de celles de l'oxyrhynque : ainsi le corps est, chez le premier, plus long, et la queue plus courte; d'où il suit que l'anus se trouve plus rejeté en arrière.

M. Cuvier ne pense pas que cette espèce soit, comme on l'avait cru d'abord, celle dont Hasselquist avait fait mention sous le nom de *caschive*; et il ajoute qu'elle en diffère même par plusieurs traits essentiels. En adoptant cette opinion de l'illustre auteur du Règne animal, et en regardant, comme il le fait aussi, le kannumé comme une espèce différente de l'oxyrhynque, cette première section se trouve composée de quatre espèces : le kannumé, l'oxyrhynque, le caschivé et le mormyre d'Hasselquist.

II. MORMYRES

A MUSEAU CYLINDRIQUE ET A NAGEOIRE DORSALE COURTE.

LE MORMYRE DE DENDERAH, Geoff. St-Hil.

(*Mormyrus anguilloïdes*, Lin., pl. 7, fig. 2).

L'individu que j'ai examiné avait environ un pied du bout du museau à l'anus, la tête formant à peu près le quart de la longueur totale, et l'anus se trouvant compris dans la moitié postérieure. Le corps conserve presque la même hauteur depuis l'ouverture branchiale jusqu'à l'anus : ainsi il a deux pouces un quart vers le bord de l'opercule, deux pouces trois quarts au niveau de l'insertion des nageoires ventrales, et deux et demi au commencement de l'anale. La queue, semblable à celle de l'oxyrhynque par sa forme et ses proportions, est terminée par une nageoire divisée en deux lobes, comme chez celui-ci, mais plus courte et surtout plus arrondie. Les pectorales et les ventrales sont comme chez le mormyre d'Hasselquist; mais l'anale et la dorsale présentent des caractères remarquables. La première, composée de rayons dont la grandeur est moyenne, et qui vont en diminuant insensiblement des premiers aux derniers, a environ trois pouces et demi de long, et s'étend depuis l'anus jusqu'à un pouce et demi de l'extrémité de la queue. La dorsale, de beaucoup plus courte, commence un pouce environ plus en arrière que l'anale, et se termine en avant de celle-ci : les rayons qui la composent sont assez inégaux entre eux, les premiers ayant dix lignes de long, et les derniers six lignes seulement. Il est à ajouter que le bord de cette nageoire n'est pas rectiligne, mais qu'il est au contraire alternativement convexe et concave : disposition qui résulte de ce que le décroissement des rayons ne se fait pas d'une manière très-régulière.

Mais ce qui distingue plus particulièrement le mormyre de Denderah, c'est la forme très-remarquable de son museau : sa tête est aussi allongée que chez le mormyre d'Hasselquist; mais au lieu que son bord supérieur soit convexe, comme chez celui-ci, il est au contraire concave : caractère qui ne se trouve dans aucune autre espèce. En outre, ce mormyre diffère encore de ses congénères par sa bouche, dont l'ouverture, un peu moins étroite, ne se borne plus à être antérieure, et commence à se prolonger latéralement. L'œil paraît au contraire un peu plus petit que dans les espèces précédentes, et surtout que dans celles dont il nous reste à nous occuper. Enfin, le corps est généralement d'un gris-rosé sur le ventre et les flancs, et d'un gris-verdâtre sur le dos et les nageoires; et la tête est variée de bleu, de jaune doré, de gris-rosé et de verdâtre.

Le mormyre de Denderah paraît être le poisson indiqué par Sonnini[1] sous le nom de *hersé*; mais

---

[1] Atlas du *Voyage en Égypte*, pl. XXII, fig 1. Cette figure est très- mauvaise; mais la description dont elle est accompagnée est assez exacte.

c'est par erreur qu'il a été donné comme synonyme du caschivé d'Hasselquist : espèce dont on peut dire qu'il diffère par plusieurs caractères de premier ordre. On le trouve principalement dans la partie du Nil qui avoisine le fameux temple de Denderah.

III. MORMYRES

A MUSEAU COURT ET ARRONDI, ET A DORSALE COURTE.

LE MORMYRE DE SÂLEHYEH

(*Mormyrus labiatus*, Geoff. St-Hil., pl. 7, fig. 1).

Cette espèce se distingue au premier coup d'œil de toutes les autres, par la disproportion qui existe entre la longueur des deux lèvres ; l'inférieure dépasse la supérieure de plusieurs lignes. Ce caractère est surtout très-prononcé lorsque la bouche est ouverte, et il donne véritablement alors à l'animal l'apparence d'un être devenu monstrueux par l'avortement des pièces de la mâchoire supérieure. Du reste, les deux lèvres, malgré leur disproportion de grandeur, sont entre elles dans une relation parfaite de forme et de fonction, comme on peut s'en convaincre en examinant la position qu'elles prennent lorsqu'elles se rapprochent l'une de l'autre : on voit alors avec étonnement que l'inférieure, malgré sa longueur disproportionnée, s'avance à peine au-delà de la supérieure, mais qu'elle s'applique sur l'ouverture buccale, de manière à la fermer complètement.

Les autres caractères de cette espèce consistent dans les dimensions des nageoires pectorales et de la caudale, qui paraissent un peu plus grandes que chez les autres mormyres, et particulièrement dans la forme de la dorsale et de l'anale. Toutes deux sont formées de rayons dont la longueur varie d'un pouce et demi à neuf lignes, et qui se trouvent disposés de la manière suivante : les plus grands occupent la partie antérieure de la nageoire, comme chez tous les autres mormyres; mais, ce qui n'a pas lieu chez ceux-ci, les plus petits sont placés vers la moitié ou les deux tiers de celle-ci, et non pas à son extrémité postérieure. Du reste, l'anale et la dorsale sont opposées l'une à l'autre, et commencent toutes deux presque au niveau de l'anus, ou, ce qui revient au même, vers le milieu de la longueur totale. Enfin, sous le rapport de leurs dimensions, la première est un peu plus étendue que la seconde : elle a d'avant en arrière près de trois pouces; et celle-ci n'a que deux pouces un quart.

Le mormyre de Sâlehyeh ou mormyre à lèvre tronquée, est aussi assez remarquable par son système de coloration. Le corps, d'un gris-bleuâtre foncé sur le dos, d'un gris-rosé sur le ventre et les flancs, est, principalement dans le voisinage de la ligne latérale, orné de raies longitudinales bleuâtres, généralement peu apparentes. Les nageoires sont légèrement verdâtres, et la tête est de même couleur que le corps, mais sans aucune trace de lignes longitudinales.

L'individu qui a servi de type à cette description, avait près d'un pied du bout du museau à l'origine de la nageoire caudale. Sa hauteur était d'environ trois pouces, depuis l'insertion des pectorales jusqu'au commencement de l'anale ; mais à partir de ce point elle diminuait rapidement, la ligne qui borne la partie supérieure du corps devenant très-oblique vers l'origine de la queue. Deux autres individus, que j'ai aussi examinés, étaient beaucoup plus petits que le précédent : l'un n'avait en longueur que dix pouces, et l'autre trois ; mais leurs proportions étaient les mêmes.

Ce mormyre a été découvert par mon père dans le voisinage de Sâlehyeh ; et c'est à cette circonstance que se rattache le nom sous lequel il est connu. Un grand nombre d'individus desséchés ont aussi été trouvés dans le désert : apportés par une inondation, ils étaient restés, lors de la retraite du fleuve, dans des enfoncemens qui formaient d'abord de petites mares, mais que l'évaporation n'avait pas tardé à mettre à sec.

LE MORMYRE DE BEHBEYT

(*Mormyrus dorsalis*, pl. 8, fig. 1 et 2).

Cette espèce a de nombreux rapports avec la précédente ; mais elle se distingue facilement par la forme plus allongée de son corps, par ses écailles généralement plus petites, par ses lèvres presque égales, et surtout par la brièveté de sa nageoire dorsale. Celle-ci, rejetée beaucoup au-delà de l'anus, n'a pas même un pouce d'avant en arrière chez un individu de dix pouces de long, et se trouve près de cinq fois plus courte que l'anale. Toutes deux sont, d'ailleurs, composées de rayons dont les dimensions varient d'un pouce à huit lignes, et dont les antérieurs sont les plus grands et les postérieurs les plus petits. La caudale est, comme dans toutes les espèces précédentes, composée de deux lobes que réunit une petite membrane transparente et très-fine. Les pectorales sont assez grandes, et les ventrales ne présentent rien de remarquable. L'anus se trouve placé à égale distance, du bout du museau et de l'extrémité de la queue : la nageoire anale le suit immédiatement et s'étend jusqu'à un pouce et demi de la caudale.

Le système de coloration de cette espèce est aussi un peu différent de celui du *mormyrus labiatus*; car le corps est généralement d'un gris-rosé, avec de petites taches noires de forme variable, disposées irrégulièrement sur le milieu du dos, qui est lui-même noirâtre. Les nageoires sont d'un vert-jaunâtre, et la tête est variée de jaune, de verdâtre, de rose et de bleu.

Le mormyre de Behbeyt a été, comme le mormyre de Denderah, indiqué par Sonnini[1]. Ce voya-

---

[1] Planche XXI, fig. 2. — La description de Sonnini est incomplète, et sa figure très-inexacte. Cet auteur ne pense pas que le *kaschoué* doive être rapporté au genre *mormyrus*; et il commet d'ailleurs une erreur assez grave, lorsqu'il veut établir que ce poisson est le véritable *oxyrhynchus* des anciens.

geur lui a appliqué le nom de *kaschoué*, que les Arabes, comme l'a remarqué assez anciennement M. de Lacépède, donnent d'une manière générale à tous les mormyres.

IV. MORMYRES

A MUSEAU COURT ET TRONQUÉ, ET A DORSALE COURTE.

LE BANÉ, Geoff. St-Hil.

(*Mormyrus cyprinoïdes*, Lin., pl. 8, fig. 3-4 et fig. a).

Cette espèce, qui compose à elle seule la quatrième section du groupe des mormyres, est la plus petite du genre : le plus grand des individus que j'ai examinés n'avait que huit pouces et demi du bout du museau à l'origine de la nageoire caudale ; mais sa hauteur, proportionnellement plus considérable que chez les autres mormyres, était d'environ deux pouces et demi depuis le bord libre de l'opercule jusqu'à l'origine de la dorsale. La tête, dont la longueur était de deux pouces, avait, en hauteur, deux pouces au milieu, et deux pouces un quart à sa partie postérieure, un pouce trois quarts à sa partie moyenne, et un pouce vers l'ouverture buccale.

Le bané est très-remarquable par la forme de son museau. La tête est terminée en avant par une surface quadrilatère verticale et assez étendue, dont la partie la plus élevée est une saillie bombée que forme le front, et dont le plan est perpendiculaire au bord supérieur de la tête. L'ouverture buccale occupe la partie inférieure de cette surface quadrilatère, et se trouve en même temps rejetée de quelques lignes en arrière de l'angle du front. L'œil est très-grand et se trouve assez rapproché de l'extrémité du museau.

Les écailles, et surtout celles qui avoisinent la ligne latérale, sont plus grandes que chez les autres mormyres : celles du ventre ont aussi des dimensions plus considérables que celles des parties supérieures et latérales du corps ; ce qui forme à l'égard du bané un caractère d'autant plus remarquable, que les écailles abdominales des mormyres sont ordinairement les plus petites de toutes.

Les couleurs sont les mêmes que celles de l'espèce précédente, mais avec cette différence, que le dos est uniformément d'un noir-bleuâtre.

Les nageoires anale et dorsale sont presque exactement de même forme : elles se composent, dans leur tiers antérieur, de rayons beaucoup plus longs que ceux des deux tiers postérieurs ; d'où il résulte que leur bord, concave en avant, devient rectiligne en arrière. Toutes deux sont aussi de même grandeur : elles commencent vers la partie moyenne du corps, ou, ce qui revient au même, au niveau de l'anus, et occupent la moitié de l'espace compris entre cet orifice et l'origine de la caudale. Celle-ci présente un caractère très-remarquable, eu égard à ce qui a lieu chez tous les autres mormyres, en ce qu'elle n'est pas formée de deux lobes entièrement séparés l'un de l'autre, mais qu'elle présente seulement une échancrure très-profonde, comme on le voit parfaitement dans la figure 3. Il est, d'ailleurs, à remarquer que la petite membrane fine et transparente que j'ai décrite chez l'oxyrhynque, ne manque pas entièrement chez le bané : on la retrouve dans cette espèce comme chez ses congénères, mais seulement beaucoup plus étroite.

Le *mormyrus cyprinoïdes*, que plusieurs traits de son organisation éloignent des autres mormyres, diffère également de ceux-ci par ses habitudes. Bien loin de se tenir caché au milieu des pierres, il vient très-fréquemment nager à la surface de l'eau : aussi est-il assez commun de le prendre au filet. Il se trouve particulièrement dans les anses, et paraît avoir peu de moyens de résister au courant. On prétend qu'il est facile de distinguer les deux sexes par la forme de la nageoire anale, dont le bord serait droit chez les femelles, et sinueux chez les mâles. Cependant, sur un très-grand nombre d'individus que j'ai examinés, soit à l'état d'adulte, soit surtout à l'état de jeune âge, j'ai toujours trouvé la nageoire anale de même forme, c'est-à-dire ayant son bord inférieur concave en avant et rectiligne en arrière. C'est ce qui a lieu, par exemple, chez les deux sujets représentés dans la planche 8, dont l'un est adulte, et dont l'autre est un jeune, pris à l'âge où il commençait à descendre le fleuve.

En outre du nom de bané, qui a été adopté dans l'Atlas pour le *mormyrus cyprinoïdes*, ce poisson est encore appelé, dans la haute Égypte, *rous el-ha-*

guar, c'est-à-dire têtes des pierres : désignation par laquelle les pêcheurs rappellent sans doute quelqu'une de ses habitudes.

———

On voit, par ce qui précède, que les six espèces de mormyres figurées dans l'Atlas, sont toutes très-distinctes : je crois cependant qu'il ne sera pas inutile de rassembler en quelques lignes les caractères les plus remarquables de chacune d'elles. Les principaux traits de leur description se trouvant ainsi comme placés en regard, il sera plus facile de les comparer, et de voir en quoi chaque espèce diffère de ses congénères, et en quoi elle leur ressemble. C'est dans le même but que j'ai cru devoir faire connaître, par un tableau synoptique, le nombre des rayons des nageoires chez tous les mormyres que j'ai examinés.

Mormyre oxyrhynque. Museau allongé, cylindrique; bord supérieur de la tête alternativement convexe et concave; lèvres presque égales; nageoire dorsale longue, anale courte, séparée en deux lobes; écailles petites.

Mormyre d'Hasselquist. Museau allongé; bord supérieur de la tête convexe; lèvre inférieure un peu plus courte que la supérieure; nageoire dorsale longue, anale courte, caudale séparée en deux lobes; écailles moyennes.

Mormyre de Denderah. Museau allongé; bord supérieur de la tête concave; lèvres presque égales;

nageoire dorsale courte, anale longue, caudale séparée en deux lobes; écailles moyennes.

Mormyre de Sâlehyeh. Museau court; bord supérieur de la tête convexe; lèvre inférieure plus longue que la supérieure; nageoire dorsale courte, anale longue, caudale séparée en deux lobes; écailles moyennes.

Mormyre de Behbeyt. Museau court; bord supérieur de la tête convexe; lèvre inférieure un peu plus longue que la supérieure; nageoire dorsale très-courte, anale longue, caudale séparée en deux lobes; écailles moyennes.

Mormyre bané. Museau court, comme tronqué, et terminé en avant par une surface quadrilatère, au-dessous de laquelle est placée la bouche; bord supérieur de la tête convexe; lèvres presque égales; nageoire dorsale courte, anale longue, caudale profondément échancrée; écailles assez grandes.

Tableau[1] du nombre des rayons des nageoires.

Mormyre oxyrhynque.. D. 63.	P. 14.	V. 6.	A. 18.	C. 20.
———— d'Hasselquist. D. 68.	P. 12.	V. 6.	A. 18.	C. 20.
———— de Sâlehyeh.. D. 25.	P. 10.	V. 6.	A. 32.	C. 20.
———— de Behbeyt... D. 14.	P. 11.	V. 6.	A. 63.	C. 20.
———— Bané...... D. 31.	P. 9.	V. 6.	A. 34.	C. 20.

[1] Je n'ai pu comprendre dans ce tableau le mormyre de Dendérah, n'ayant eu à ma disposition qu'un seul individu en trop mauvais état pour qu'il fût possible de compter sur lui les rayons des nageoires.

§. VIII.

LA PERCHE LATOUS

PERCA LATUS

(Poissons du Nil, pl. 9, fig. 1).

Cette espèce, l'une des plus grandes de la famille des perches, appartient au genre centropome établi par M. de Lacépède, et caractérisé par M. Cuvier de la manière suivante : *dents en velours; préopercules dentelés; opercules sans épines ou à pointes très-aplaties, comme chez les pristipomes; sous-orbitaire ordinairement dentelé, comme chez les scolopsis.* Tous ces caractères se voient parfaitement chez le latous; et c'est, en effet, cette perche que M. Cuvier indique comme type du genre centropome.

Dans cette espèce, la dorsale antérieure est plus haute et un peu plus longue que la postérieure; elle se compose de huit rayons épineux disposés de la manière suivante : le troisième est le plus grand et en même temps le plus épais de tous, le quatrième est de quelques lignes plus court que celui-ci, et les suivans diminuent dans la même proportion; quant aux deux premiers, ils sont à peu près égaux au dernier. La dorsale postérieure a pour premier rayon une épine, séparée seulement du huitième rayon de l'antérieure par une distance égale à celle qui existe entre ce dernier et celui qui le précède; en sorte qu'il n'y a, on pourrait le dire, qu'une seule dorsale très-profondément échancrée. Les autres rayons de la seconde dorsale, dont le nombre est de onze, sont tous articulés et de grandeur moyenne. Les ventrales s'insèrent presque exactement au-dessous des pectorales, auxquelles elles ressemblent par leur grandeur et leur forme : elles sont composées d'un rayon épineux et de cinq rayons articulés très-larges et très-distincts. Les pectorales sont, comme à l'ordinaire, formées de rayons mous de grandeur moyenne : leur nombre est de seize, et leur disposition n'offre rien de remarquable. L'anale, qui se trouve opposée à la dorsale, présente d'abord une épine fort petite, puis deux beaucoup plus grandes ; les autres rayons, au nombre de neuf, sont plus grands encore, et tous articulés. On compte à la caudale dix-huit rayons, dont les plus longs sont placés au milieu, les plus petits vers les deux extrémités : d'où il résulte que le bord postérieur de cette nageoire est arrondie et convexe.

La tête est grosse, assez courte et à peu près triangulaire ; son bord supérieur est légèrement concave, et l'inférieur est rectiligne. Le bord ventral du corps est également rectiligne ; mais le dorsal est convexe et très-oblique de bas en haut jusqu'au commencement de la première nageoire du dos, ou, ce qui revient au même, jusqu'au niveau de l'insertion des ventrales : il devient alors horizontal et rectiligne, et présente même une légère concavité vers les derniers rayons épineux ; puis il est oblique de haut en bas, et légèrement convexe dans toute l'étendue qui correspond à la seconde nageoire. La queue, dont la hauteur est égale à la moitié de celle du corps, a ses deux bords presque parallèles jusqu'à son extrémité, où elle s'élargit un peu. L'anus est situé vers le tiers postérieur de la longueur totale. La ligne latérale commence à la partie supérieure de l'opercule, et se dirige parallèlement à la ligne dorsale, en présentant, comme elle, quelques sinuosités.

Les deux mâchoires sont garnies d'une multitude de dents aiguës, d'une extrême petitesse, comme chez les autres centropomes; et l'inférieure est plus longue de quelques lignes que la supérieure. Le sous-orbitaire et le préopercule présentent une série de dentelures très-fines, comparables à celles d'une scie, le premier sur son bord inférieur, le second sur le postérieur. Il y a de plus sur ce dernier quatre aiguillons, dont trois, courts et dirigés en bas, occupent son bord inférieur, et dont le dernier, très-grand et dirigé en arrière, occupe son angle. Enfin, on remarque aussi vers la partie supérieure et postérieure de l'opercule, un autre aiguillon un peu plus petit, mais de même forme et de même direction que celui du préopercule, et sur le bord de l'os de l'épaule quelques dentelures semblables à celles du sous-orbitaire, mais deux ou trois fois plus grandes.

Les écailles, de grandeur moyenne, ne présentent rien de particulier : il est seulement à remarquer que celles de l'opercule sont plus petites que celles des flancs, du dos, de la queue et du ventre, et que la partie antérieure de la tête n'est couverte que d'une peau unie et lisse. La couleur générale est le gris-blanchâtre ; mais tout le corps présente une foule de très-petites taches de couleur blanche, parce que les écailles laissent apercevoir à leur base la membrane dans laquelle elles se trouvent enchâssées, et qui est d'un blanc argenté. Les nageoires sont d'un blanc-verdâtre dans presque toute leur étendue ; cependant celles du dos et de l'anus, et surtout les pectorales et les ventrales, sont rouges à leur origine.

La vessie natatoire, qui est très-grande et remplit tout l'abdomen, est fusiforme, renflée dans sa partie antérieure, et légèrement façonnée en cœur. L'estomac est de forme allongée : il se trouve placé sur la vessie. L'intestin, fort court et enroulé sur lui-même, présente à son origine quatre cœcums.

Le latous (*perca latus*, Geoff. St.-Hil.; *perca Nilotica*, L.) est celui de tous les poissons du Nil qui atteint la plus grande taille ; on trouve quelquefois des individus de dix pieds de long : c'est aussi celui des poissons du Nil dont la chair est le plus estimée, et conséquemment l'un de ceux qui sont le mieux connus des Arabes. En outre du nom de latous que lui donne le peuple dans la haute Égypte, et de celui de *variole* sous lequel il est connu des Francs, on l'appelle aussi *keren*, *keschr* ou *keschéré*, lorsqu'il a de grandes dimensions, et *homar* ou *hemmor*, lorsqu'il n'est encore que de petite taille [1].

---

[1]. Le latus est appelé *samous* dans quelques cantons de la haute Égypte ;

Mon père a établi dans son mémoire déjà cité sur les animaux connus des anciens, que la perche latous est le *latus* (λατος) des anciens, poisson célèbre par le culte qu'on lui rendait dans quelques villes de l'Égypte antique. En effet, le petit nombre de détails qui nous ont été transmis par Athénée[1] sur le λατος, se rapportent très-bien au latous; et d'ailleurs, si le passage de l'auteur égyptien pouvait laisser quelque doute sur cette détermination, il suffirait de citer en sa faveur la ressemblance si remarquable, ou plutôt l'identité du nom ancien et du nom moderne.

Au reste, Sonnini avait déjà rapporté, avant mon père, le λατος à la perche latous (dont il a donné une figure assez exacte, pl. 22, fig. 3) : il ne nous apprend pas, il est vrai, sur quels motifs il a basé sa détermination; mais, combattant l'opinion de Paw, auteur des Recherches philosophiques sur les Égyptiens et les Chinois, qui avait cru retrouver l'*oxyrhynchus* dans le kescheré, il dit positivement que cette espèce paraît être celle que les anciens Grecs appelaient *latos*, et qui était sacrée dans le nome de *Latopolis*[2].

---

mais le même nom est aussi donné à Thèbes, par beaucoup de pêcheurs, à une espèce qui ne ressemble au *perca latus* que par sa grande taille, le bayad docmac.

[1] ..... *Qui verò in Nilo flumine gignuntur lati, eâ reperiuntur magnitudine ut suprà ducentas libras interdùm pendant. Candidissimus hic piscis est, quocumque modo paratus fuerit suavissimus.* (*Deipnosophistarum* lib. VII, cap. 88.)

[2] Voyage dans la haute et basse Égypte, t. II, p. 292.

§. IX.

LE CYPRIN LÉBIS, *CYPRINUS NILOTICUS*

(Poiss. du Nil, pl. 9, fig. 2),

ET LE CYPRIN BINNY

CYPRINUS LEPIDOTUS

(Pl. 10, fig. 2.)

Ces deux cyprins appartiennent à des sous-genres différens, suivant la plupart des méthodes icthyologiques, et particulièrement suivant la classification de M. Cuvier. Le lébis a la dorsale assez longue et des lèvres charnues, très-épaisses; mais il manque d'épines et de barbillons : caractères précisément inverses de ceux que présente le binny. En effet, chez celui-ci, la dorsale est assez courte, et a, pour troisième rayon, une très-forte épine; et il existe chez lui, comme chez le *cyprinus barbus*, quatre barbillons, dont deux sont placés vers l'angle des lèvres, et deux vers la partie antérieure de la mâchoire supérieure : d'où il suit, en adoptant tous les sous-genres de M. Cuvier, que le lébis (*cyprinus Niloticus*, Lin.; Forsk., n°. 104) est un labéon, et le binny (*cyprinus binny*, Forsk., n° 103; *cyprinus lepidotus*, Geoff. St.-Hil.) un barbeau, et que le premier devra être appelé *labeo Niloticus*, et le second *barbus binny* ou *barbus lepidotus*.

Au reste, malgré les différences que je viens de signaler, et quelques autres d'une moindre importance qui seront indiquées plus bas, on commettrait une grave erreur si l'on niait que les deux cyprins du Nil se trouvent liés par des rapports très-intimes; et c'est ce qu'une courte description suffira pour démontrer. Tous deux ont la tête nue en dessus, de forme pyramidale, assez large, aplatie sur la face supérieure et sur les deux faces latérales; le bord dorsal du corps très-haut et convexe jusqu'à la fin de la nageoire du dos, puis beaucoup moins élevé et rectiligne jusqu'à l'insertion de la caudale; celle-ci fortement échancrée et de grandeur moyenne; enfin, l'anale composée de rayons peu nombreux, dont le premier est double du dernier. Toutes les nageoires conservent aussi assez exactement, chez le lébis et chez le binny, la même forme, la même position et le même nombre de rayons. Ainsi, les ventrales ont, chez l'un et chez l'autre, neuf rayons articulés, dont les plus externes sont les plus longs, et les internes les plus petits; elles sont triangulaires, et leur insertion correspond à peu près au commencement de la dorsale. Toutefois, celles du binny sont un peu plus rapprochées de la tête; car elles dépassent en avant la dorsale, tandis que, chez le lébis, c'est la dorsale qui dépasse celles-ci. Les pectorales, de forme triangulaire et de grandeur moyenne, ont, chez le binny, dix-sept, et chez le lébis, dix-huit rayons articulés, dont les premiers, ou les supérieurs, sont très-distincts, et les derniers très-

peu visibles et très-petits (surtout chez le lébis).
L'anale est composée de six rayons mous et très-
profondément divisés chez le *cyprinus Niloticus*, et
de sept chez le *lepidotus*, sans compter une petite tige
osseuse, non-articulée[1], qui se trouve adhérente sur
toute sa longueur au premier rayon. La caudale,
comparée chez les deux espèces, ne présente que
des différences plus faibles encore : elle se compose,
chez l'une et chez l'autre, de dix-neuf rayons, dont
les externes sont beaucoup plus grands que les internes. Mais nous ne retrouvons plus la même analogie à l'égard de la dorsale : celle du binny se compose de neuf rayons articulés, dont les premiers
sont doubles des derniers, et de trois épines, dont
l'une, placée en avant du premier rayon mou, est un
peu moins longue que lui, mais beaucoup plus
grosse, et surtout beaucoup plus large, et dont les
deux autres sont, l'une très-petite, l'autre rudimentaire. La dorsale du lébis est composée d'une tige
osseuse, ou épine très-faible et très-grêle, et de treize
rayons articulés, dont les premiers sont un peu plus
courts, et les derniers un peu plus longs proportionnellement que chez le binny.

On voit donc que, de toutes les nageoires, la dorsale est la seule qui présente, d'une espèce à l'autre,
des différences de quelque valeur, et que les formes

[1] J'ai constaté cette disposition chez le binny, et je pense qu'elle existe également chez le lébis ; mais je n'ai pu le vérifier chez cette dernière espèce, le seul individu que j'aie examiné ayant la nageoire anale mutilée. Cette remarque me paraît d'autant plus nécessaire qu'en ce point ma description n'est pas entièrement d'accord avec la figure.

générales sont assez semblables chez toutes deux. Néanmoins, il est à remarquer que le corps est, chez le binny, très-élevé vers sa partie moyenne, et que son bord supérieur présente un angle assez prononcé au point d'origine de la nageoire dorsale : le lébis a, au contraire, le dos assez régulièrement convexe. De plus, la tête est beaucoup plus large et moins allongée chez le *cyprinus Niloticus,* espèce à laquelle le développement considérable de ses lèvres charnues donne d'ailleurs une physionomie toute particulière. Enfin, les écailles sont plus larges et beaucoup plus distinctes chez le *lepidotus;* et la couleur et la taille de l'un et de l'autre sont aussi différentes : le lébis, qui a, le plus ordinairement, moins d'un pied du bout du museau à l'origine de la nageoire caudale, a la tête d'un jaune foncé en dessus et d'un vert-doré à reflets sur les côtés, le ventre blanchâtre, le dos d'un noir-bleuâtre, et les nageoires d'un vert-blanchâtre dans presque toute leur étendue, d'un rouge assez vif à leur origine. Au contraire, le binny, qui a communément plus d'un pied et demi de long, et qui parvient même quelquefois à une taille de plus d'un mètre, est, presque tout entier, d'un blanchâtre argenté, très-brillant, avec les nageoires pectorales, les ventrales, l'anale et le lobe inférieur de la caudale, d'un rouge plus ou moins jaunâtre.

Le *cyprinus Niloticus* a été indiqué par Forskael en peu de mots, mais néanmoins avec assez de précision : il est le plus commun de tous les poissons du Nil, et sa chair est assez estimée des Arabes, qui le connaissent sous le nom de *lebis*, *lebes*, ou *lebse*[1] : de plus, les jeunes sont aussi appelés à Syout, *saalè* et *miguoara*.

Le *cyprinus lepidotus*, ou *binny*[2] des Arabes, est aussi très-abondamment répandu dans le Nil; néanmoins, il se vend toujours à un prix assez élevé, parce que sa chair est très-recherchée des Arabes, qui ont coutume, pour exprimer son exquise délicatesse, de se servir de cette phrase devenue proverbiale : *Si tu connais meilleur que moi, ne me mange pas*. Mais ce qui prouve encore mieux que ce dicton populaire combien ce poisson est estimé en Égypte, c'est qu'il y a, principalement à Syout et à Qéné, des hommes qui n'ont point d'autre état que celui de pêcheurs de binnys. Ces hommes se placent à portée de l'une des anses du fleuve, dans un endroit où le rivage est escarpé et s'élève de beaucoup au-dessus de la surface de l'eau : là, ils se pratiquent dans le sable des excavations où ils placent des briques qu'ils emploient à divers usages, des nattes qui leur servent de lits et de tapis, et quelques ustensiles de ménage; et telle est leur habitation. La pêche se fait de la manière suivante : on attache, au bout d'une longue corde, trois hameçons, au-dessus desquels on

---

[1] Le mot de *lebis* ou *lebes* est particulièrement usité dans l'Égypte inférieure, et celui de *lebse* dans la supérieure.

Il est aussi à remarquer que ce dernier nom est, à proprement parler, un nom générique : ainsi on distingue à Syout le *lebse scira*, qui est le vrai lébis, et le *lebse cammeri*, qui est un autre cyprin indiqué par Forskael comme simple variété du *cyprinus Niloticus* (*cyprinus Niloticus*, var. B).

[2] Le nom de *binny* ou *benny* usité

met une boule très-grosse, composée de bourbe mêlée et pétrie avec de l'orge germée. Le poids de cette boule la fait plonger avec les trois hameçons que l'on amorce en y suspendant des dattes. L'autre extrémité de la corde est solidement fixée à un pieu; mais elle communique, par une ficelle, avec un bâton mince et très-mobile, qui sert de support à une sonnette. On conçoit que, par cet arrangement, un binny ne peut mordre à l'un des hameçons sans que le mouvement imprimé n'ébranle et n'agite la sonnette, et n'avertisse les pêcheurs : aussitôt l'un d'eux tire tout l'appareil vers le rivage, aidé par un de ses compagnons, qui s'avance dans l'eau pour soulever la boule. Il est à remarquer que cette boule n'est pas seulement utile comme corps pesant; mais, au dire des pêcheurs, l'orge germée qui entre dans sa composition, répand au loin une odeur qui attire le poisson, et le fait approcher des hameçons qu'il pourrait, sans cette précaution, ne pas apercevoir.

Mon père a donné au binny le nom de *cyprinus lepidotus*, parce que ses recherches sur les animaux connus des anciens lui ont fait reconnaître en lui le *lepidotus* de Strabon et d'Athénée; et l'on verra, par le passage suivant que j'extrais de son mémoire[1] sur quelles bases il a établi cette détermination.

dans toute l'Égypte inférieure, et remplacé, seulement dans un petit nombre de cantons de la supérieure, par celui de *macsousa*, appartient en propre au *cyprinus lepidotus*; et c'est par une erreur (déjà relevée par Sonnini et par M. Cuvier) que Bruce l'avait transporté à une espèce d'un genre et même d'un ordre très-différens, le *polynemus plebeius*.

[1] Mémoire déjà cité, intitulé : *Recherches sur les animaux du Nil connus des Grecs.* — J'ai déjà dit que ce mémoire a été écrit en Égypte

« On a d'abord, dit-il, soupçonné que le lépidote désignait la dorade (*sparus aurata*) : on était fondé à le croire sur ce que la dorade ayant été consacrée, chez les Grecs, à la déesse de Cythère, la même que Nephté ou l'épouse de Typhon, cette consécration pouvait tirer son origine de cérémonies égyptiennes; mais, depuis, cette opinion fut abandonnée d'après cette autre considération toute naturelle, que, si les écrivains grecs eussent voulu désigner la dorade, ils se fussent servis, pour la détermination d'un poisson aussi universellement connu, du terme de *chrysophris* usité parmi eux. On s'est enfin fixé à un passage de Dorien, qui range le lépidote dans le genre des carpes; et, en conséquence, Linné appliqua le nom de lépidote au *cyprinus Niloticus*, la seule carpe du Nil connue de son temps. Mais cette détermination n'est point rigoureuse, puisque le Nil, ainsi que j'ai eu occasion de le savoir, renferme cinq carpes à chacune desquelles le passage d'Athénée pourrait également convenir. Il devient donc nécessaire d'examiner à laquelle de ces espèces il se rapporte exclusivement. Le nom de *lepidotus*, qui signifie écailleux, indique assez un caractère distinctif et bien tranché : car, par ce mot, les anciens ne voulurent pas exprimer que le lépidote était le seul poisson du Nil

pendant le siége d'Alexandrie, et lu à l'Institut en 1802; et je rappelle ici ces circonstances, parce que Sonnini a aussi, dans l'Histoire de son voyage, établi que le *lepidotus* des anciens est le binny, dont il donne une figure (pl. XXVII, fig. 3) et une courte description. Or, l'ouvrage de Sonnini, publié en 1798, est antérieur à l'époque où le travail de mon père a pu être connu du public.

recouvert d'écailles, puisque toutes les espèces de ce fleuve, les silures exceptés, en sont également revêtues; mais, par cette dénomination, ils entendirent, ainsi que nous apprend un passage du faux Orphée (*libell. de lepid.*), l'espèce la plus remarquable par la grandeur et l'éclat argenté de ses écailles. Or, la carpe qui peut justifier le nom d'écailleuse par excellence, celle en laquelle on admire les écailles les plus larges et les plus beaux reflets argentés, est indubitablement l'espèce publiée par Forskael sous le nom de *cyprinus binny*. C'est, en conséquence, à cette espèce que je crois devoir rapporter la dénomination de lépidote. »

Il suit de cette détermination que le binny est le poisson qui, suivant Strabon [1], partageait seul avec l'*oxyrhynchus* les honneurs d'un culte universel; et c'est ce que confirment, de la manière la plus authentique, de nouvelles découvertes faites en Égypte. Dans le grand nombre de momies que le savant voyageur, M. Passalacqua, a rapportées de la Nécropolis de Thèbes, il s'est trouvé plusieurs poissons qui appartiennent, comme mon père l'a constaté [2], à l'espèce du *cyprinus lepidotus* : tous avaient été embaumés avec beaucoup de soin, enveloppés dans plusieurs bandelettes, et placés dans des boîtes sculptées à l'extérieur et de même forme qu'eux.

---

[1] *Voy.* plus haut, p 260, note 2.
[2] Examen des animaux vertébrés faisant partie de la collection d'antiquités de M. Passalacqua, par M. Geoffroy Saint-Hilaire. (*Voyez* le *Catalogue raisonné et historique des antiquités de M. Passalacqua*, page 228.)

§. X.

LA CLUPÉE DU NIL
CLUPEA NILOTICA

(Poissons du Nil, pl. 10, fig. 1).

Je trouve, dans le registre d'observations de mon père, cette espèce décrite avec soin d'après un individu frais. Je crois devoir me borner à transcrire ici cette description, beaucoup plus exacte sans doute que celle que je pourrais faire moi-même, n'ayant à ma disposition que deux individus, chez lesquels les couleurs et les formes sont altérées, et les nageoires mutilées.

CLUPEA NILOTICA, Geoff. St-Hil.

« Quatre branchies à feuillets : fente branchiale très-ouverte, laissant voir dans leur entier les ouïes : huit rayons branchiostèges dont les trois internes sont très-aplatis et très-larges. Opercule composé de pièces très-minces et transparentes, rayé en dessus, et de couleur cuivrée et argentée. Mandibule inférieure un peu plus longue, sans dents, terminée par un crochet remplissant l'intervalle des deux os maxillaires supérieurs. Le côté interne des arcs branchiaux armé de nombreuses épines grêles, longues, parallèles et solides. Les nageoires (et particulièrement l'anale) comme chez la sardine; cependant la dorsale est terminée par un bord légèrement échancré en dedans. Une bande écailleuse, étroite, demi-circulaire, située au-dessous et en arrière de l'œil; une longue écaille triangulaire au-dessus de l'insertion de chaque pectorale. Le corps, proportionnellement moins allongé, et le dos, plus arqué que chez le hareng : longueur totale, 1 pied. Les rayons de la queue sont difficiles à compter, parce qu'ils sont aplatis, et très-adhérens les uns aux autres; et l'on ne peut distinguer la ligne latérale, quelque soin qu'on puisse mettre à la chercher. On remarque sur le ventre, comme chez les autres clupées, une série de dentelures en scie, résultant de la rencontre des écailles des deux moitiés du corps, et dont les pointes regardent la queue. »

Cette espèce est, en dessus, d'un verdâtre foncé, et, sur les côtés, d'un blanc argenté : le nombre de ses rayons est comme il suit :

B. 8.   P. 18.   V. 9.   D. 20.   A. 21.   C. 20.

Cette clupée, ou, si l'on veut, cette alose, qui est désignée en Égypte sous le nom de *sabouga*, est, à proprement parler, un poisson de mer, comme son odeur seule suffirait pour l'indiquer : néanmoins elle remonte le Nil jusqu'à une grande hauteur, et se pêche dans ce fleuve pendant les trois mois d'hiver; elle y est alors excessivement commune, et s'avance même jusqu'à Qené, où elle est très-bien connue.

Ce poisson a été indiqué et figuré par Sonnini, qui en a donné (pl. 23, fig. 3) une figure peu exacte, et qui l'a confondu avec la sardine (*clupea spratus*);

erreur assez grave et dont il est difficile de concevoir la cause.

§. XI.

LE SILURE OUDNEY, *SILURUS AURITUS*

(Poissons du Nil, pl. 11, fig. 1-2),

ET LE SILURE SCHILBÉ

SILURUS MYSTUS

(Pl. 11, fig. 3-4).

Le grand genre des silures, ou, pour m'exprimer d'une manière plus précise, la grande famille des siluroïdes, si remarquable par sa peau non écailleuse et par la composition de ses mâchoires, a été subdivisée principalement par MM. de Lacépède, Cuvier et Geoffroy Saint-Hilaire en une foule de genres et de sous-genres plus ou moins distincts et plus ou moins tranchés, mais qui ont été, pour la plupart, adoptés par les icthyologistes : tels sont, principalement, les pimélodes (Lacép.), les hétérobranches (Geoff.), les malaptérures (Lacép.), et quelques autres moins importans, parmi lesquels je me bornerai à citer les schilbés (Cuv.). Ce dernier groupe, fort rapproché de celui des silures proprement dits, se compose uniquement, dans l'état présent de la science, des deux espèces du Nil figurées dans la planche 11, l'oudney, ou schilbé oudney (*silurus auritus*, Geoff. St-Hil.), et le schilbé proprement dit (*silurus mystus*, Lin.).

Ces deux espèces se distinguent très-aisément des autres silures par la forme très-comprimée de leur corps et de leur queue, par une épine assez forte et dentelée sur son bord interne, qui forme le premier rayon de leur nageoire dorsale; par la position très-antérieure et par l'extrême briéveté de la dorsale, qui a également une épine pour premier rayon; par la longueur considérable de l'anale; enfin, par l'existence de huit barbillons. Mais ce qui les rend surtout remarquables, et ce qui même leur donne une physionomie toute particulière, c'est leur tête, courte, large et déprimée horizontalement, qui se continue directement, par sa face inférieure, avec le bord de l'abdomen, mais qui est à peine de niveau avec la ligne latérale, quoique celle-ci corresponde, à peu de chose près, à la région moyenne du corps. Il suit de là que le tronc, beaucoup moins large que la tête, la dépasse, au contraire, presque du double en hauteur : aussi voit-on, lorsqu'on examine un schilbé, que la partie du bord dorsal que comprennent entre eux l'occiput et le commencement de la nageoire, remonte obliquement d'avant en arrière, en formant, avec la surface plane du dessus de la tête, un angle rentrant très-prononcé, et que la bouche et les yeux sont placés si bas, qu'ils se trouvent presque de niveau avec l'insertion des pectorales et même des ventrales. Ces proportions de la tête et du corps et les dimensions des nageoires donnent à l'animal une physionomie très-singulière, et dont on ne saurait mieux donner l'idée qu'en comparant les schilbés à des poissons renversés : en effet, la dorsale, très-courte, très-haute, et en même temps très-rapprochée de la tête, a une ressemblance grossière avec la ventrale d'un grand nombre d'osseux thoraciques; et l'anale, qui est d'une telle longueur, qu'elle n'est séparée des ventrales et de la caudale que par un très-petit espace, représente très-bien la nageoire du dos de plusieurs malacoptérygiens.

Les caractères que je viens d'indiquer se retrouvent également chez le schilbé et chez l'oudney; et on reconnaît facilement par la comparaison de ces deux espèces, qu'elles appartiennent au même genre naturel. Il est d'ailleurs très-facile de les distinguer l'une de l'autre, comme le montrera leur description.

Le schilbé a communément un peu moins d'un pied du bout du museau à l'origine de la nageoire caudale, sa tête ayant deux pouces et demi de long, et un pouce et demi de hauteur, vers l'occiput.

La dorsale est placée un pouce environ en arrière du bord de l'opercule, c'est-à-dire vers le quart antérieur de la longueur totale. A partir de ce point, c'est-à-dire dans les trois quarts postérieurs, le corps est à peu près de forme triangulaire, parce que son bord inférieur, presque rectiligne, et le supérieur, très-légèrement convexe, se rapprochent peu à peu l'un de l'autre jusqu'à la fin de la nageoire anale, où ils ne sont éloignés que d'un pouce. Le corps est, au contraire, assez élevé au niveau de la dorsale, où il a près de trois pouces de hauteur, et même encore vers le milieu de l'anale, où il a deux pouces et demi.

Les pectorales, dont le premier rayon est une forte épine dentelée, s'insèrent au-dessous de la partie la plus postérieure du bord de l'opercule : elles sont de grandeur moyenne, et assez pointues. La dorsale, placée un peu plus en arrière, et un peu plus grande que celle-ci, a, de même, une épine pour premier rayon ; elle leur ressemble d'ailleurs pour sa forme générale. Les ventrales, plus petites que les pectorales, leur sont aussi assez semblables : elles sont uniquement composées de rayons articulés, et s'insèrent un pouce et demi plus en arrière ; distance peu considérable, mais néanmoins plus grande que la longueur de ces dernières nageoires. Il suit de là que la pointe d'une pectorale ne peut atteindre l'insertion de la ventrale qui lui correspond ; caractère sur lequel j'insiste à dessein, parce qu'il est propre au *silurus mystus*. L'anus, placé un demi-pouce au-delà des ventrales, ne se trouve séparé que par un intervalle d'une ou de deux lignes de l'anale : celle-ci, composée de rayons très-courts, mais extrêmement nombreux, commence vers le milieu de la longueur totale [1], et se termine tout près de l'origine de la caudale. Celle-ci est fourchue et de grandeur moyenne.

Les mâchoires sont garnies d'une multitude de

---

[1] J'entends ici, comme partout ailleurs, par longueur totale, la distance du bout du museau à l'extrémité de la queue, sans y comprendre la nageoire caudale.

petites dents dirigées en arrière, et disposées irrégulièrement sur plusieurs rangs. L'ouverture buccale est antérieure, et ne se prolonge latéralement que d'une ligne ou deux : elle a néanmoins beaucoup de largeur, à cause de la forme déprimée de la tête. La mâchoire inférieure est un peu plus longue que la supérieure : ses quatre barbillons sont assez rapprochés les uns des autres, et fort grêles; les externes ou les plus longs ont plus d'un pouce, et les internes sont de moitié plus courts. A la mâchoire supérieure, les internes, placés immédiatement en avant des orifices des narines, ont huit lignes; les deux autres, situés vers l'angle de la commissure des lèvres, ont un pouce. Les rayons branchiostèges sont au nombre de neuf.

Le corps, généralement comprimé, est surtout très-mince dans sa moitié inférieure; son bord inférieur est même, dans toute l'étendue où il donne insertion à la nageoire anale, caréné et presque tranchant. La ligne latérale est à peu près droite; elle commence à la partie supérieure de l'opercule, ou, ce qui revient au même, vers la partie supérieure de la tête, et se termine sur le milieu de la queue, vers l'insertion de la caudale : elle se rapproche ainsi peu à peu de la région moyenne, à mesure qu'elle devient postérieure.

La peau est nue et d'une telle finesse, qu'elle laisse apercevoir les muscles et les pièces osseuses sous-cutanées : observée sur un individu frais, elle est, sur le dos, d'un bleu-noirâtre, sur le ventre et les flancs, d'un blanc argenté, lavé de rose, et sur la tête, généralement bleuâtre avec des teintes de jaune doré et surtout de couleur de chair.

C'est à Hasselquist que l'on doit la connaissance de ce silure : ce voyageur l'a indiqué sous le nom de *silurus schilbe Niloticus*. L'espèce a aussi été vue en Égypte par Sonnini, qui en a donné une figure assez inexacte dans l'Atlas de son voyage (pl. 23, fig. 1).

Quelques auteurs ont cru que cette espèce, assez commune dans le Nil, était connue des anciens; et mon père a pensé que c'était le poisson que Strabon a mentionné sous le nom de *silurus*, nom qui est devenu, depuis Linné, celui d'une famille tout entière. On a également rapporté le *silurus* au docmac, dont il se rapproche aussi à quelques égards; mais on doit convenir que l'on ne peut admettre que comme très-douteuse, l'une ou l'autre de ces déterminations.

Je passe maintenant à la description du *silurus auritus*. Cette seconde espèce a généralement les mêmes formes que la précédente, et il me suffira d'indiquer les caractères peu nombreux, mais très-faciles à saisir, par lesquels elle se distingue.

Le plus apparent de ces caractères, c'est l'extrême petitesse de l'oudney, par rapport au schilbé et à la plupart des silures. Sur un assez grand nombre de sujets que j'ai examinés, je n'en ai trouvé aucun dont la taille dépassât celle de l'individu représenté dans l'Atlas, c'est-à-dire, aucun qui eût plus de cinq pouces du bout du museau à l'origine de la nageoire caudale. En outre, chez l'oudney, la tête est un peu plus haute et un peu moins déprimée, les barbillons sont beaucoup plus allongés, les pectorales plus arrondies, et les ventrales plus petites que chez le schilbé. Mais ce qui distingue plus particulièrement le *silurus auritus*, c'est l'extrême longueur de sa nageoire anale, qui est contiguë, en arrière, avec la caudale, et qui, en avant, s'étend jusqu'au tiers antérieur de la longueur totale, et non plus seulement, comme chez le *silurus mystus*, jusqu'à la moitié. Il résulte de cette différence de proportion, que l'anus se trouve rejeté vers l'origine des ventrales, et que, par contre-coup, celles-ci se trouvent à leur tour reportées beaucoup plus près des pectorales; ce qui produit de très-importantes modifications : car, tandis que les pectorales n'atteignent pas même l'insertion des ventrales chez le schilbé, elles en atteignent la pointe chez l'oudney, la dépassent même sensiblement, et s'étendent jusque sur les premiers rayons de l'anale. Il est à ajouter que la caudale est moins profondément échancrée que chez le *silurus mystus*, et que l'anale elle-même a proportionnellement plus de hauteur, en sorte qu'elle s'est étendue à-la-fois dans tous les sens. Au reste, il est facile de prévoir que l'accroissement en longueur de cette nageoire ne doit pas s'être fait sans un accroissement dans le nombre des rayons dont elle se compose; et c'est ce qui a lieu, en effet, comme le montre le tableau suivant [1] :

---

[1] Je n'ai pu indiquer dans ce tableau le nombre des rayons de la dorsale du *silurus auritus*, parce que les nombreux individus de cette es-

Silure schilbé. D. 7. P. 11. V. 6. A. 65. C. 18.
Silure oudney. D. » P. 11. V. 6. A. 77. C. 18.

Le silure oudney est très-semblable au silure schilbé par ses couleurs; ce qu'indique la grande ressemblance qui existe constamment entre les individus des deux espèces, conservés dans les collections par l'emploi des mêmes moyens, et ce que mon père a constaté en Égypte par des observations faites sur le frais.

———

Les deux silures, dont je viens de tracer la description, sont assez bien connus en Égypte : les Arabes ont donné au premier le nom de *schilbé*, et au second celui de *schilbé oudney* (*schilbé à oreilles*); désignations analogiques par lesquelles ils indiquent qu'il existe des rapports, mais aussi des différences entre les deux espèces. La chair du *silurus mystus* est meilleure que celle de la plupart des poissons de la même famille, et elle est assez estimée : celle du *silurus auritus* possède vraisemblablement les mêmes qualités; mais ce poisson est, à cause de sa petite

pèce, que j'ai examinés, avaient tous cette nageoire mutilée ou même complètement détruite. Cette circonstance tiendrait-elle à ce que l'oudney faisant pour sa défense un grand usage de sa faible dorsale, il lui arriverait fréquemment de la briser lui-même? Cette explication me paraît d'autant plus vraisemblable, que je sais positivement par les notes que mon père a recueillies en Égypte sur le *silurus mystus*, qu'il est assez rare de trouver la nageoire dorsale entière dans cette espèce, parce que, disent les pêcheurs, *les schilbés la brisent eux-mêmes en cherchant à l'enfoncer dans le corps de leurs ennemis.* Or, ne doit-on pas penser que le *silurus auritus* ressemble par ses mœurs au *silurus mystus*, comme il lui ressemble par son organisation et par ses caractères extérieurs?

taille, méprisé des pêcheurs, qui souvent négligent de le porter au marché, et même de le retenir lorsqu'il vient à se prendre dans leurs filets. On prétend d'ailleurs que le schilbé oudney est assez rare; opinion qui a peut-être son origine dans le peu d'empressement qu'on met à s'emparer de ce poisson, à cause de son défaut de valeur.

§. XII.

LE MALAPTÉRURE ÉLECTRIQUE

MALAPTERURUS ELECTRICUS

(Poissons du Nil, pl. 12, fig. 1, 2, 3 et 4).

Quand cette espèce, si célèbre sous le nom de silure trembleur, ne serait pas, par ses propriétés électriques, l'une des plus remarquables de la grande série ichthyologique, elle n'aurait pu manquer d'exciter à un haut degré l'intérêt des zoologistes par ses seuls caractères extérieurs. C'est, en effet, l'un de ces êtres isolés dans la nature qui, offrant à la méthode de nouvelles combinaisons de caractères, enrichissent la science d'un genre, et quelquefois d'une famille de plus, et deviennent, pour ainsi dire, le type d'une nouvelle organisation.

Le malaptérure[1] électrique forme effectivement l'une des divisions les plus tranchées du groupe des si-

---

[1] Ce nom, qui indique le plus apparent des caractères génériques du silure électrique, est formé des trois mots grecs : μαλακος, *mollis*; πτερον, *pinna*, et υρα, *cauda* (*mollis pinna suprà caudam*).

luroïdes. Nous avons vu que les schilbés ont une dorsale composée seulement d'un très-petit nombre de rayons, et presque rudimentaire : chez le malaptérure, cette nageoire disparaît entièrement, et il n'existe plus sur le dos qu'une petite adipeuse triangulaire, opposée à la fin de l'anale. A ce caractère très-remarquable se joignent quelques autres modifications d'une moindre importance. Le corps est un peu comprimé latéralement, et va en diminuant de devant en arrière, sa partie la plus antérieure étant à-la-fois et beaucoup plus large et beaucoup plus haute que la postérieure. La tête, courte, imparfaitement conique et légèrement déprimée, est bornée, en dessus, par une surface oblique, qui ne s'élève pas, à beaucoup près, au niveau du bord dorsal. La bouche se prolonge à peine de quelques lignes latéralement; mais elle ne manque cependant pas de largeur, à cause de la forme déprimée du museau. Les deux mâchoires sont garnies d'une multitude de dents dirigées en arrière et d'une extrême finesse, qui, disposées assez irrégulièrement, forment cependant, dans leur ensemble, une figure parfaitement régulière, dont on ne saurait mieux donner l'idée qu'en la comparant à un fer à cheval. Les barbillons sont au nombre de six, dont quatre inférieurs disposés comme chez le schilbé, et deux supérieurs correspondant par leur position à la paire externe de ce silure[1] : du reste,

[1] Une membrane élargie, triangulaire, dont la partie externe naît vers l'angle de la commissure des lèvres, et l'interne vers la narine, forme, pour chacun des barbillons supérieurs du malaptérure électrique, une double origine qui correspond exactement aux points où pren-

ceux-ci sont les plus longs de tous, et les inférieurs et internes les plus courts. L'œil, assez éloigné de l'extrémité du museau, est très-petit, et se trouve recouvert d'une conjonctive assez épaisse; deux caractères qui paraissent avoir frappé les anciens, et qui ont valu à l'espèce (en adoptant la détermination proposée par mon père) le nom de *typhlinus*, dérivé de τυφλος, aveugle. L'ouverture branchiale, dirigée presque verticalement, a peu d'étendue, et se termine supérieurement au point d'origine de la ligne latérale. Celle-ci est sensiblement droite, et occupe assez exactement la région moyenne du corps et de la queue, où on la voit très-distinctement jusqu'au point d'insertion de la caudale. L'anus occupe une position bien différente de celle qu'il nous a présentée chez le schilbé et surtout chez l'oudney: il se trouve rejeté vers le tiers postérieur de la longueur totale; circonstance d'autant plus remarquable, que, chez le malaptérure, presque tous les organes appartenant au système digestif sont très-peu volumineux.

Les nageoires sont généralement peu développées : les pectorales, dont l'insertion est très-voisine de l'ouverture branchiale, ne présentent aucune épine, et sont uniquement composées de rayons mous; les ventrales, arrondies et assez courtes, sont placées vers la moitié du corps, et l'anale, composée de

nent naissance séparément les quatre barbillons du schilbé. Il suit de là que l'on peut, jusqu'à un certain point, considérer la paire qui existe seule chez le premier, comme représentant à-la-fois les deux paires du second.

rayons assez longs, mais peu nombreux, se trouve rejetée vers le quart postérieur. La caudale est au contraire assez étendue ; bien loin de présenter, comme à l'ordinaire, une échancrure plus ou moins profonde, elle est terminée par un bord convexe, et par conséquent plus longue dans sa partie moyenne qu'à ses extrémités. Le nombre des rayons de la membrane branchiostège et des nageoires est comme il suit :

B. 7.* D. o. P. 9. V. 6. A. 11. C. 18.

Cette espèce a ordinairement d'un pied à un pied et demi de long du bout du museau à l'origine de la nageoire caudale. Son corps et sa tête sont couverts d'une peau lisse enduite d'une mucosité abondante, et présentent un assez grand nombre de taches noires ou noirâtres sur un fond grisâtre. La forme, la grandeur et la situation de ces taches n'offrent rien de bien régulier; et il suffira de dire à leur égard qu'elles sont le plus souvent arrondies, et qu'elles se trouvent, pour la plupart, disposées par petits groupes le long de la ligne latérale. Quelques autres, fort petites et très-irrégulières, se voient également sur les nageoires ventrales et pectorales, et principalement sur l'anale et la caudale.

Le malaptérure ressemble généralement, par ses organes digestifs, à la plupart des genres de la famille des siluroïdes; mais l'estomac et même tout le canal

---

* Sept, suivant M. Cuvier; six, suivant M. de Lacépède : mais je me suis assuré qu'ils sont réellement au nombre de sept, comme le dit le premier de ces illustres naturalistes.

alimentaire (fig. 2) sont plus petits que chez ceux-ci. L'intestin, principalement remarquable par l'absence des cœcums, est soutenu, dans une grande partie de son étendue, par une masse graisseuse dans laquelle se trouve plongée la rate. L'estomac représente un sac dont les dimensions prises chez un individu de très-grande taille, sont de deux pouces et demi en longueur sur un pouce et demi en largeur : il est entouré par une petite portion de l'intestin, et occupe le centre de la cavité abdominale. Le foie, placé au-dessus de lui, est composé de deux masses principales, et fournit, de chaque côté, en haut et en dehors, une petite languette qui pénètre, mais peu profondément, entre les muscles du bras. Le cœur est très-peu volumineux. La vessie natatoire (fig. 4) se compose de deux portions, l'une antérieure, petite et en forme de cœur, l'autre postérieure, de moitié plus grande, et de figure elliptique : ces deux portions sont séparées par un étranglement, qui ne les empêche pas de communiquer entre elles. En outre, il existe, dans l'intérieur de la vessie, une cloison longitudinale qui la partage en deux cavités, l'une droite, l'autre gauche.

Mais ce que l'anatomie du malaptérure offre de plus intéressant, c'est sans aucun doute son appareil électrique (fig. 3); appareil que mon père a découvert et fait connaître le premier. J'extrais les détails suivans du mémoire dans lequel il a consigné les résultats de ses recherches [1].

[1] Mémoire sur l'anatomie comparée des organes électriques de la raie

« Ce n'est ni sur les côtés de la tête, comme dans la torpille, ni au-dessous de la queue, comme dans le gymnote engourdissant, que se trouve l'organe électrique dans le silure trembleur : il est étendu tout autour du poisson; il existe immédiatement au-dessous de la peau, et se trouve formé par un amas considérable de tissu cellulaire tellement serré et épais, qu'au premier aspect on le prendrait pour une couche de lard : mais quand on y regarde de plus près, on s'aperçoit que cet organe est composé de véritables fibres tendineuses ou aponévrotiques, qui s'entrelacent les unes dans les autres, et qui, par leurs différens entrecroisemens, forment un réseau dont les mailles ne sont distinctement visibles qu'à la longue. Les petites cellules ou alvéoles de ce réseau sont remplies d'une substance albumino-gélatineuse; elles ne peuvent communiquer à l'intérieur, à cause d'une très-forte aponévrose qui s'étend sur tout le réseau électrique, et qui y adhère au point qu'on ne peut le séparer sans le déchirer : d'ailleurs, cette aponévrose tient seulement aux muscles par un tissu cellulaire rare et peu consistant.

« Le système nerveux, qui complète cet organe électrique, n'a pas plus de rapport avec les branches nerveuses que nous avons examinées dans la torpille et le gymnote, que les tuyaux de ceux-ci n'en ont avec l'enveloppe particulière du silure trembleur. Ces nerfs proviennent du cerveau : ce sont les mê-

torpille, du gymnote engourdissant et du silure trembleur. (*Annales du* *Muséum d'histoire naturelle*, t. 1er, 1802.)

LE MALAPTÉRURE ÉLECTRIQUE. PL. 12. 305

mes que mon célèbre ami, M. Cuvier, a vus se porter directement, dans tous les poissons, sous la ligne latérale; mais ces deux nerfs de la huitième paire ont, dans le silure trembleur, une direction et un volume qui sont particuliers à cette espèce : ils descendent, en se rapprochant l'un de l'autre à leur sortie du crâne, vers le corps de la première vertèbre qu'ils traversent; ils s'introduisent d'abord par un orifice qui est propre à chacun d'eux, et en sortent ensuite, du côté opposé, par une seule ouverture; après s'être rencontrés, ils s'écartent tout-à-coup et se rendent sous chacune des lignes latérales : on les trouve alors logés entre les muscles abdominaux et l'aponévrose générale, qui s'étend sur le réseau électrique; enfin, ils pénètrent sous la peau au moyen de grosses branches qui se portent à droite et à gauche du nerf principal. Ces branches sont au nombre de douze à quinze de chaque côté; elles percent l'aponévrose qui revêt la surface interne du tissu réticulaire, pénètrent jusqu'au centre du réseau, et finissent par s'y épanouir. »

Les Arabes connaissent très-bien le malaptérure; et le nom même qu'ils lui ont donné suffirait pour prouver qu'ils n'ignorent pas les propriétés électriques qui le rendent si remarquable[1]. Comparant la

---

[1] Forskael, qui a indiqué cette espèce sous le nom de *raia torpedo*, et Adanson, ont eu, le premier en Égypte, et le second au Sénégal, l'occasion de faire quelques expériences sur les propriétés électriques du malaptérure; mais les détails qu'ils ont recueillis sont si incomplets, que l'histoire entière de ce poisson si remarquable ne forme qu'une page dans Forskael, et moins encore dans Adanson. Depuis, Brous-

commotion produite par ce poisson aux effets de la foudre, ils lui ont donné le nom de *râad* ou *raasch*, qui signifie tonnerre, comme s'ils eussent voulu rapporter à l'électricité céleste les phénomènes de l'électricité animale, et comme si l'un des plus grands faits de la science des Franklin et des Volta eût été deviné par un peuple demi-barbare. Il est même à remarquer que les Arabes donnent aussi le nom de *râad* à la torpille, malgré les caractères si différens de ces deux poissons, et malgré les usages, on pourrait dire, malgré les lois qu'ils ont constamment suivies dans leur nomenclature. Chaque espèce porte, en Égypte, comme dans les méthodes des naturalistes, deux noms, dont l'un indique le genre, et dont l'autre détermine l'espèce; et il n'y a guère d'exception que pour les deux poissons électriques.

La chair du râad est un peu plus estimée que celle de la plupart des autres silures; et sa peau s'emploie à divers usages. Le peuple prétend aussi que la graisse sous-cutanée de ce poisson possède d'importantes propriétés thérapeutiques : on la brûle sur des brasiers, devant lesquels on expose les malades pour leur procurer le contact des gaz produits par cette combustion.

sonnet a publié sur lui un mémoire *ex-professo* intitulé : *Mémoire sur le trembleur, espèce peu connue de poisson électrique* (Mémoires de l'Académie royale des sciences, année 1782); mais ce travail ne contient aucune observation nouvelle, et la science attend encore une histoire détaillée des effets électriques produits par le malaptérure.

EXPLICATION DE LA PLANCHE XII.

Anatomie du malaptérure électrique.

Fig. 2. *Les viscères abdominaux.* — f, le foie; ii, le canal intestinal.

Fig. 3. *La colonne vertébrale et l'appareil électrique.* — vv, vertèbres; c, côtes; l et m, apophyses des premières vertèbres, portant la partie supérieure de la vessie natatoire; gg, coupe de la peau et du tissu adipeux sous-cutané (*voyez* plus haut); nn, le nerf de l'appareil électrique.

Fig. 4. *La vessie natatoire.* — o, sa partie supérieure; i, sa partie inférieure; a, coupe pour montrer son intérieur. *Voyez*, plus haut, la description de la vessie natatoire.

Les deux dernières figures représentent le crâne et les premières vertèbres, vus en dessus et en dessous : d, vomer; e, maxillaire supérieur; p, frontaux; j, os du palais; s, sternum; r, rayons branchiostèges; a et b, apophyses des premières vertèbres, portant la partie supérieure de la vessie natatoire.

§. XIII.

LES PIMÉLODES

(Poissons du Nil, pl. 12, fig. 5 et 6, pl. 13 et pl. 14),

ET LES BAYAD ou BAGRES

(Pl. 15).

Les sept espèces de la famille des siluroïdes, figurées dans l'Atlas sous les noms de *pimélodes* et de *bayad*, appartiennent, suivant la classification de M. de Lacépède, au genre *pimelodus*, et suivant celle de M. Cuvier, à trois sous-genres distincts, celui des schals, *synodontis*, Cuv.; celui des pimélodes proprement dits, *pimelodus*, Lacép.; et celui des bagres, auquel l'illustre auteur du *Règne animal* n'a point donné de désignation latine, mais que mon père avait déjà appelé *porcus*. Je me conformerai à ces bases de classification, dans la description que j'ai à donner des sept pimélodes d'Égypte; et je rapporterai chacun d'eux au sous-genre auquel il appartient, suivant les principes de la méthode exposée dans le *Règne animal*.

I. LES SCHALS, *SYNODONTIS*, Cuv.

Ce sous-genre est caractérisé à peu près de la manière suivante par M. Cuvier : museau étroit ; mâchoire inférieure portant un paquet de dents très-aplaties latéralement, terminées en crochet, et suspendues chacune par un pédicule flexible[1] ; le casque rude, formé par le crâne, se continuant sans interruption avec une plaque osseuse qui s'étend jusqu'à la base de l'épine de la première dorsale, épine qui est très-forte, aussi bien que les aiguillons des pectorales ; les barbillons inférieurs, quelquefois même les maxillaires, ayant des barbes latérales.

LE PIMÉLODE SYNODONTE

(*Pimelodus synodontes*, Geoff. St.-Hil., pl. 12, fig. 5 et 6).

Cette espèce pourra être désignée sous le nom de *synodontis macrodon*, d'un caractère très-remarquable

[1] On ne connaît point d'autre exemple de ce système de dentition.

que présentent ses dents inférieures, semblables, pour leurs formes générales et leur disposition, à celles des autres espèces du sous-genre, mais beaucoup plus longues, et pouvant même être comparées, pour leurs dimensions, aux incisives des rongeurs. Ces dents sont d'ailleurs très-facilement visibles à l'extérieur, à cause de l'extrême brièveté de la mâchoire inférieure; celle-ci se termine, quelques lignes avant la fin de la supérieure, par quatre barbillons, dont les externes ont cinq barbes sur leur côté interne, et les autres six ou sept disposées alternativement l'une à droite, l'autre à gauche, et non pas opposées entre elles. Les barbillons supérieurs, à peu près doubles des inférieurs, et deux fois plus longs que la tête, ont aussi, sur un de leurs côtés, neuf barbes parallèles entre elles et disposées très-régulièrement [1].

L'œil est de grandeur moyenne, et un peu plus éloigné de l'ouverture buccale que de la fente branchiale. Celle-ci est, comme la bouche, très-étroite : elle se dirige très-obliquement de bas en haut et d'avant en arrière. La tête, dans son ensemble, a la forme d'une pyramide quadrangulaire, dont le sommet correspondrait à la pointe de la mâchoire d'en haut; sa face supérieure est très-peu convexe, et ses faces latérales sont, de même que l'inférieure, presque exactement planes. Le corps, beaucoup moins large que la tête, est très-comprimé dans sa partie

[1] *Voyez*, pour la disposition et la forme des barbillons, de la bouche et des dents, la figure 6.

supérieure et en arrière; cependant, il est assez épais dans sa région inférieure, depuis l'insertion des pectorales jusqu'à l'anus : son bord inférieur est rectiligne et horizontal, et le supérieur est convexe jusqu'au niveau de l'anale; tous deux deviennent ensuite légèrement concaves jusqu'à l'origine de la nageoire caudale, où la queue prend un peu plus de hauteur. La ligne latérale est rectiligne et occupe toujours la région moyenne : elle est très-visible depuis l'insertion de la caudale jusqu'au niveau de la dorsale; mais elle devient ensuite de moins en moins apparente, et on la distingue très-difficilement sur la partie antérieure du corps L'anus est situé vers les deux cinquièmes postérieurs de la longueur totale, et placé à égale distance des ventrales et de l'anale. Cette dernière nageoire, assez courte, est deux fois plus haute en avant qu'en arrière, et se trouve séparée de la caudale par un intervalle assez grand. Les ventrales sont assez grandes, mais ne présentent rien de particulier. Les pectorales, un peu plus étendues que celles-ci, sont, au contraire, très-remarquables : leur premier rayon est une épine très-large, très-épaisse et très-dure, hérissée sur son bord interne d'une série de dentelures en scie, très-fortes et dirigées en avant, et, sur l'externe, d'une seconde série de dentelures beaucoup plus fines et dirigées en arrière. Il est à ajouter que le pimélode synodonte jouit, comme un grand nombre de siluroïdes, de la faculté de fixer à volonté son épine pectorale sur l'os de l'épaule (qui est chez lui une pièce très-large et très-épaisse); dispositions qui concourent toutes à faire de cette épine une arme dangereuse.

La caudale, profondément échancrée, se compose de deux lobes très-allongés et très-pointus à leur extrémité : elle ne s'insère pas seulement sur le bord postérieur de la queue, mais aussi sur la fin de ses bords supérieur et inférieur, et n'est séparée de l'adipeuse que par un très-petit intervalle. Celle-ci commence au niveau des ventrales, et se prolonge un peu plus en arrière que l'anale : elle est généralement assez basse, surtout dans sa partie antérieure, et se termine par un bord convexe. La dorsale rayonnée est postérieurement presque égale à l'adipeuse; mais, en avant, elle devient trois fois plus haute. Son épine est aussi forte, mais beaucoup plus longue que les épines pectorales; elle est aplatie latéralement et non pas d'avant en arrière, comme celles-ci, dont elle diffère d'ailleurs en ce qu'elle n'est dentelée que sur la moitié inférieure de son bord antérieur, et sur la moitié supérieure de son bord postérieur : les dentelures postérieures sont très-petites et dirigées en bas; et les antérieures, beaucoup plus petites encore, se dirigent, quelques-unes en haut, et le plus grand nombre transversalement. Cette épine pourrait n'être considérée que comme le second rayon dorsal : en effet, il en existe antérieurement une autre; mais celle-ci est très-courte, très-obtuse et véritablement sans aucune importance réelle.

La peau, de couleur grisâtre, est généralement très-fine, et laisse apercevoir les muscles sous-cutanés; mais le dessus de la tête et du dos, jusqu'à l'épine dorsale et même un peu au-delà, est couvert par une plaque osseuse, rude et tuberculeuse dans presque toute son étendue, et sur laquelle on n'aperçoit aucune trace de divisions. La pièce très-large qui forme l'os de l'épaule, présente aussi, dans sa partie supérieure, des tubercules; mais ceux-ci sont plus petits et surtout beaucoup moins nombreux que ceux du casque crânien.

Cette espèce, que les pêcheurs connaissent sous le nom de *schal senen*, a quelquefois près d'un pied de longueur totale; mais l'individu qui a servi de type à notre description, n'avait que cinq pouces et demi du bout du museau à l'insertion de la nageoire caudale, sur un pouce trois quarts de hauteur au niveau de l'épine dorsale, un pouce un quart au milieu de l'adipeuse, et huit lignes vers l'extrémité de la queue. L'épine dorsale était longue de deux pouces une ligne, les pectorales d'un pouce deux lignes, et la caudale avait un pouce et demi sur son bord inférieur, et une ou deux lignes de plus sur le supérieur.

LE PIMÉLODE GEMEL

(*Pimelodus membranaceus*, Geoff. St-Hil., pl. 13, fig. 1 et 2).

Le gemel, *pimelodus* ou *synodontis membranaceus*, est une espèce assez voisine du *synodontis macrodon*, pour qu'il me suffise d'indiquer ses caractères spécifiques. Il se distingue très-facilement de cette espèce et de la suivante, par sa nageoire adipeuse, de même forme que chez elles, mais un peu plus basse, plus épaisse, plus prolongée antérieurement, et commençant immédiatement au point où se termine la dorsale rayonnée. Le corps est aussi, chez le gemel, un peu plus élevé à sa partie postérieure que chez ses congénères, et les lobes de la caudale sont plus inégaux, le supérieur étant toujours le plus grand. De plus, l'os de l'épaule présente une multitude de tubercules très-fins, et la partie antérieure du museau, un grand nombre de petites saillies et de petites éminences qui la rendent très-inégale; double caractère qui n'existe pas chez le *macrodon*. Il est presque inutile d'ajouter que les dents sont aussi plus courtes et moins visibles à l'extérieur.

L'épine dorsale, assez longue, présente un sillon longitudinal très-prononcé sur la partie antérieure de chacune de ses faces latérales; elle n'est dentelée que dans la moitié supérieure de son bord postérieur. L'épine rudimentaire, placée en avant de la nageoire dorsale, est très-petite, très-obtuse et presque entièrement cachée sous les tégumens.

Les épines pectorales, de même longueur que la dorsale, mais beaucoup plus fortes et plus larges, présentent, sur le milieu de leur bord externe, de petites dentelures dirigées en arrière, et sur toute la longueur de l'interne, de fortes dentelures comparables aux dents d'un peigne, et dirigées en avant, mais seulement sous un angle très-peu aigu.

Cette espèce a quatre barbillons de chaque côté; savoir, deux inférieurs et deux supérieurs : ceux-ci partent de l'angle de la commissure des lèvres, et sont l'un au-devant de l'autre : l'antérieur, aussi long que la tête, est bordé en arrière par une membrane assez large, qui se continue inférieurement avec la peau; le postérieur[1], huit fois plus court que l'antérieur, est peu visible et enveloppé par l'antérieur. Les quatre barbillons inférieurs naissent sous la lèvre; la paire externe est deux fois plus longue que l'interne : tous sont d'ailleurs beaucoup moins grands que les barbillons antérieurs de la mâchoire supérieure, dont ils sont très-différens par leur forme; en effet, ils n'ont de membrane qu'à leur extrémité, et présentent quelques barbes longues et écartées sur la bordure de leur moitié antérieure[2]. Les rayons branchiaux sont au nombre de cinq.

Le *synodontis membranaceus* a communément plus d'un pied de long : sa peau, lisse et très-fine, est généralement d'un gris-blanchâtre argenté sur le dos et les flancs, d'un bleu-noirâtre sur le ventre : les barbillons sont couleur de chair; mais les membranes et les barbes dont ils sont bordés sont noirâtres. Les nageoires ont de petites taches de cette dernière couleur.

---

[1] Je dois prévenir que je n'ai vu sur aucun individu cette seconde paire de barbillons supérieurs, quoique je l'aie cherchée avec beaucoup de soin sur deux sujets; et je n'en parle que d'après une description du *pimelodus membranaceus* que mon père a faite en Égypte sur un individu frais. Elle n'est pas représentée non plus dans les figures de l'Atlas, quoique l'une d'elles (figure 2) ait pour but spécial d'indiquer la disposition et la forme des barbillons.

[2] C'est par erreur que les figures ne représentent pas, comme ciliés, les barbillons externes : je me suis assuré qu'ils ont, comme les internes, des barbes assez allongées, mais à la vérité peu nombreuses.

Ce poisson remarquable est bien connu des pêcheurs, qui l'appellent *schal gemel* ou *schal caumari*, dans l'Égypte inférieure, et *gourgar hengaoui* ou *gourgar gallabe* dans la supérieure. Ces noms, qui se correspondent parfaitement entre eux, sont tous composés de deux mots, dont le premier sert de désignation générique pour tous les pimélodes, et dont le second appartient en propre à l'espèce [1].

Mon père a trouvé le gemel deux fois figuré d'une manière très-reconnaissable dans une des grottes sépulcrales de Thèbes. Au milieu de plusieurs autres poissons [2], tous placés dans leur attitude naturelle, ce poisson était représenté nageant sur le dos : fait remarquable, et qui montre, par un exemple de plus, combien les anciens Égyptiens étaient riches d'observations sur les mœurs des animaux de leur pays. En effet, comme mon père s'en est assuré par les récits des pêcheurs, et comme il a eu lui-même à Qéné l'occasion de le constater plusieurs fois, le gemel n'a guère d'autre allure que celle qui lui est attribuée par les figures de l'hypogée de Thèbes : il nage presque constamment sur le dos, se dirigeant en avant dans le sens de sa lon-

---

[1] Le gemel est aussi appelé, dans la haute Égypte, *abou sari*, c'est-à-dire *père du mât*, parce que les Arabes ont comparé à un mât la longue épine dorsale : mais ce nom, qui convient également aux autres pimélodes, leur est aussi quelquefois donné ; d'où naît une cause d'erreur contre laquelle il est bon d'être prévenu.

[2] Tels sont l'oxyrhynque, le cyprin lébis, une espèce qui paraît être le raï ou le raschal, et quelques autres. C'est vraisemblablement parmi ces poissons qu'il faut chercher le *mæotis* des anciens, sur lequel les auteurs ne donnent aucun détail, et que l'on sait seulement avoir été honoré par les habitans de l'île d'Éléphantine.

gueur, ou bien, ce qui lui arrive plus souvent encore, s'avançant dans le sens de sa largeur. Cependant, lorsqu'il redoute quelque danger, il se retourne aussitôt, reprend la position ordinaire aux autres poissons, et s'enfuit avec rapidité.

LE PIMÉLODE SCHEILAN

(*Pimelodus clarias*, Geoff. St-Hil., pl. 13, fig. 3 et 4).

Cette espèce, qui ressemble par ses proportions et sa taille au *synodontis macrodon*, mais qui paraît cependant avoir la tête un peu plus large et le corps un peu plus haut dans sa partie postérieure, est très-facile à distinguer de ses congénères. Elle a six barbillons, deux supérieurs plus longs que la tête, et quatre, beaucoup plus courts, partant de la lèvre inférieure : les premiers n'ont ni membrane ni barbes, et ne présentent rien de remarquable ; mais les inférieurs sont ciliés, savoir, ceux de la paire extérieure sur leur côté interne où se voient sept ou huit barbes, et les autres sur leurs deux bords (fig. 3 et 4).

L'épine dorsale (au-devant de laquelle on remarque, comme à l'ordinaire, une autre épine fort petite et rudimentaire) est remarquable par sa force et son épaisseur : elle est d'ailleurs comprimée latéralement, et, quoique d'une longueur moyenne, elle se trouve un peu plus courte que les épines pectorales. Ses faces latérales ne présentent antérieurement qu'un sillon peu prononcé ; et il n'y a de dentelures que sur la moitié supérieure de son bord postérieur : encore ces dentelures sont-elles peu nombreuses et très-petites. Au contraire, les épines pectorales sont fortement dentelées, comme chez le *synodontis macrodon*, et ressemblent à celles de cette espèce, avec cette différence qu'elles sont proportionnellement beaucoup plus longues.

Le scheilan a encore quelques caractères particuliers dans son adipeuse, séparée par un intervalle assez considérable de la première dorsale, et surtout dans la longueur considérable de l'os de l'épaule : celui-ci envoie en arrière un prolongement triangulaire, qui s'étend jusqu'au niveau de l'insertion des premiers rayons mous de la nageoire du dos. La caudale, profondément fourchue, a son lobe supérieur sensiblement plus long que l'inférieur; et l'anus est placé plus près de l'insertion des ventrales que de l'origine de l'anale; caractère qui se trouve également dans l'espèce précédente.

Ce poisson, qui est le *silurus clarias* d'Hasselquist, et qui pourra être appelé *synodontis clarias*[1], est en dessus d'un bleu-noirâtre, sur les côtés d'un blanc argenté, et sous le ventre d'un blanc de lait : les barbillons supérieurs sont roses, les inférieurs blanchâtres. Les jeunes sujets diffèrent des adultes, en ce qu'ils sont finement ponctués de noir; et il est à remarquer que ces taches persistent chez quelques individus jusqu'à un âge assez avancé.

[1] Suivant la remarque de M. Cuvier, il faut bien se garder de confondre cette espèce avec le *silurus clarias* de Gronovius et de Linné, et avec celui de Bloch, qui appartiennent au sous-genre des pimélodes proprement dits. (Voyez *Règne animal*, t. II, p. 203, notes 2-4.)

L'espèce, excessivement commune dans le haut Nil, est très-bien connue des pêcheurs, et elle a reçu différens noms, tels que ceux de *schal a'raby* et de *schal beledy* qui sont usités dans l'Égypte inférieure, et ceux de *scheilan* et de *gourgar* qu'elle porte dans la supérieure. Sa chair est peu estimée, de même que celle de la plupart des silures, et il n'y a guère que le bas peuple qui ne la dédaigne pas. Néanmoins, encouragés par la facilité avec laquelle se laisse prendre le *schal a'raby*, les plus pauvres d'entre les pêcheurs se livrent à la pêche de ce pimélode, aussi vorace et aussi hardi que son espèce est commune : ils se servent de filets, de paniers, ou de lignes amorcées avec du pain, et ils sont toujours sûrs, même par ce dernier moyen, de se procurer en quelques heures, un assez grand nombre d'individus.

On conçoit qu'un poisson aussi commun a dû fixer de bonne heure l'attention des voyageurs qui ont parcouru l'Égypte; et il est assez étonnant que Forskael ne l'ait pas mentionné dans son estimable travail sur les animaux du Levant, d'autant plus que l'espèce avait déjà été indiquée par Hasselquist, l'un de ses devanciers. Au reste, le *synodontis clarias* est assez bien connu depuis la publication de l'ouvrage de Sonnini, qui en a donné une description détaillée et une figure assez exacte, dans l'Atlas du *Voyage dans la haute et basse Égypte*[1].

Il est vraisemblable que c'est aussi au *synodontis clarias* que l'on doit rapporter le poisson que les an-

[1] Atlas, pl. xxi, fig. 2, et texte, tome ii, pages 278 et suivantes.

ciens connaissaient sous le nom de *porcus*, parce que, disent les auteurs, il *grogne comme le cochon*. Ce fait, d'un poisson qui ferait entendre des sons sous l'eau, et plusieurs autres observations analogues recueillies par quelques naturalistes modernes, quoique long-temps révoqués en doute et presque rejetés comme inexplicables, sont cependant d'une exactitude parfaite, comme mon père l'a constaté. A la vérité, ces sons ne sont pas comparables à la voix des animaux à respiration aérienne, et sont seulement le produit du frottement des épines dorsales et pectorales dans leurs cavités articulaires.

Au reste, ce trait remarquable de ressemblance n'est pas le seul qu'on puisse signaler entre le scheilan et le *porcus*. Strabon rapporte, au sujet de ce dernier, que les crocodiles se gardent bien de l'attaquer, et qu'ils abandonnent même la poursuite des autres poissons lorsqu'ils viennent à se réfugier près de lui : tant ces redoutables reptiles mettent de soin à éviter les épines dont le *porcus* est pourvu, dit Strabon, *aux environs de la tête*. Ces détails curieux s'appliquent parfaitement au *synodontis clarias* : en effet, les épines de ses nageoires sont véritablement des armes très-dangereuses; et tellement, qu'Hasselquist, d'après des observations recueillies sur les lieux mêmes, les regardait comme venimeuses.

II. LES PIMÉLODES PROPREMENT DITS, *PIMELODUS*,
Lacép., Cuv.

LE PIMÉLODE KARAFCHÉ

(*Pimelodus biscutatus*, Geoff. St-Hil., pl. 14, fig. 1 et 2).

Le sous-genre des pimélodes comprend, suivant M. Cuvier, les espèces qui ont des dents en velours aux deux mâchoires, mais où la supérieure n'en a qu'une bande intermaxillaire : tel est le *pimelodus biscutatus*, ainsi nommé de ce que la plaque osseuse du crâne et du dos est divisée en deux pièces, dont l'une, très-petite, est placée en avant et sur les côtés de l'épine dorsale, et dont l'autre, beaucoup plus grande, couvre la partie la plus antérieure du corps et tout le dessus de la tête jusqu'aux narines. Ces deux pièces sont placées à la suite l'une de l'autre, et contiguës entre elles; mais elles ne se touchent que sur la ligne médiane et seulement dans une très-petite étendue, parce qu'elles sont toutes deux terminées, du côté où elles se rencontrent, par un bord convexe, demi-circulaire. Du reste, presque toute leur surface est hérissée de petits tubercules arrondis, comme chez les schals; mais ce qui n'existe pas chez ceux-ci, c'est que non-seulement l'os de l'épaule, qui est ici étroit et allongé, mais aussi l'opercule et même les épines dorsales et pectorales sont couverts de semblables tubercules.

Le karafché se distingue encore des espèces précédentes par plusieurs autres caractères assez remarquables. La nageoire caudale, très-peu échancrée, et terminée par des bords arrondis, est presque contiguë à l'adipeuse : celle-ci est à peu près de même forme que chez les schals, mais elle est plus haute et plus courte. La dorsale, placée vers la moitié de la longueur totale, est opposée à l'insertion des ventrales : elle se termine antérieurement par deux épines, dont l'une est très-petite et rudimentaire, et dont l'autre, très-forte et très-épaisse, est, comme je l'ai dit, hérissée de tubercules, mais présente à peine quelques traces de dentelures. La nageoire anale est peu développée, et surpasse même à peine en étendue les ventrales et les pectorales : celles-ci sont remarquables par leur épine égale en longueur à celle de la dorsale, mais plus forte et plus épaisse encore, et fortement dentelée sur son bord interne.

Le corps est, dans son ensemble, de même forme que chez le scheilan : il paraît cependant plus large et plus épais, et la tête est aussi plus déprimée. La lèvre inférieure est plus courte que la supérieure, et se termine par quatre barbillons non ciliés, dont les internes sont de grandeur moyenne, et dont les externes sont presque aussi longs que la tête. Les barbillons supérieurs, plus longs encore que la paire externe de la mâchoire inférieure, sont seulement au nombre de deux ; ils ne sont ni ciliés ni élargis par une membrane (fig. 1 et 2).

Cette espèce, dont la taille diffère peu de celle du

gemel, est généralement d'un gris-blanchâtre argenté sur le ventre et les flancs, et d'une nuance un peu plus foncée sur le dos. Les barbillons sont d'un gris-rosé, de même que le bord postérieur de l'opercule : quelques individus présentent des taches noires sur toutes les nageoires, et principalement sur l'anale et les ventrales. Ce poisson remarquable est connu des Arabes sous le nom de *schal karafche* ou *karafchi*.

III. LES BAGRES, *PORCUS*, Geoff. St-Hil.

Ce troisième sous-genre est ainsi caractérisé par M. Cuvier : dents de la mâchoire supérieure disposées sur deux bandes transverses et parallèles, une intermaxillaire et une vomérienne ; le crâne généralement plus lisse, et la plaque de la nuque plus petite que dans les deux premiers sous-genres.

L'ABOURÉAL

(*Pimelodus auratus*, Geoff. St-Hil., pl. 14, fig. 3 et 4).

Cette espèce est remarquable par sa nageoire dorsale, composée d'une épine rudimentaire et à peine visible, d'une autre épine de grandeur moyenne, grêle et peu épaisse, dentelée seulement sur son bord postérieur, et de rayons mous tellement inégaux que le dernier est deux fois plus court, et le premier deux fois plus long que l'épine. La caudale est profondément échancrée comme chez les schals, et composée ainsi de deux lobes dont le supérieur est le plus long. L'adipeuse est très-petite et assez éloignée de la dorsale : elle se termine postérieurement à peu près au même niveau que l'anale. Les ventrales, dont la forme n'offre rien de remarquable, occupent le milieu de la longueur totale : la dorsale, plus antérieure, est aussi éloignée de leur insertion que de celle des pectorales. Celles-ci sont de grandeur moyenne : leur épine est assez courte, mais très-large, très-dure, et hérissée sur son bord interne de fortes dentelures dirigées en avant.

L'abouréal s'éloigne des schals par l'aspect lisse que présente chez lui le crâne et la partie antérieure du dos, et par son casque peu apparent et divisé en deux pièces, dont la postérieure, placée à la base de l'épine dorsale, est très-petite. Les barbillons sont au nombre de six, et ressemblent à ceux du karafché pour leur grandeur et leur disposition (fig. 3 et 4). La tête est déprimée, et sa face supérieure est presque plane ; le corps est comprimé, grêle, fusiforme et proportionnellement très-allongé.

Ce bagre, qui pourra être nommé *porcus auratus*, est assez différent des autres siluroïdes par ses couleurs : il a le dos d'un noir-bleuâtre, le ventre blanc, les nageoires jaunâtres, les barbillons d'un gris-rosé, et, ce qui le distingue plus particulièrement, le dessus de la tête d'un jaune doré. Il est aussi assez remarquable par sa petite taille ; car il n'a communément que six à sept pouces de longueur totale, et un pouce et demi de hauteur vers l'insertion de l'épine dorsale.

Le *pimelodus* ou *porcus auratus* est connu dans

l'Égypte inférieure sous le nom de *schal aboureal*, et dans la supérieure sous celui de *zammar*; il est aussi appelé à Rosette *xaxoug roumi*.

LE BAYAD FITILÉ

(*Porcus bayad*, Geoff. St-Hil., pl. 15, fig. 1 et 2).

Ce poisson est très-remarquable par sa tête large et tellement déprimée, que les yeux sont plutôt supérieurs que latéraux, et qu'antérieurement sa hauteur est à peine de quelques lignes. L'ouverture buccale, fendue transversalement à l'extrémité du museau, est très-grande, quoiqu'elle ne se prolonge pas sensiblement sur les côtés. La lèvre supérieure, un peu plus longue que l'inférieure, a quatre barbillons, dont les deux internes, très-courts et très-grêles, naissent devant les orifices des narines, et dont les externes, naissant près de l'angle de la commissure, sont très-gros, et tellement prolongés, que leur extrémité atteint la nageoire anale; dimensions véritablement considérables, et dont nous n'avons point encore vu d'exemple. Les barbillons inférieurs sont aussi au nombre de quatre : ils ne présentent rien de remarquable, si ce n'est qu'ils sont un peu plus longs que de coutume. Les yeux sont assez petits et circulaires. La fente branchiale, peu prolongée supérieurement, est, au contraire, très-étendue inférieurement. Les rayons des ouïes sont au nombre de neuf.

Le corps est allongé, arrondi en dessous, caréné en dessus, beaucoup plus élevé que la tête, et généralement couvert d'une peau fine et lisse. La tête offre aussi à peu près le même aspect, parce que le casque crânien est peu apparent, et qu'il ne présente d'ailleurs aucune trace de tubercules. La ligne latérale, qui occupe la région moyenne, est, comme dans toutes les espèces précédentes, droite et très-visible jusqu'au niveau antérieur de la dorsale : elle présente ensuite quelques légères inflexions, et devient de moins en moins apparente. L'anus est placé vers la moitié de la longueur totale ; il correspond au niveau postérieur de la nageoire dorsale, et est beaucoup moins éloigné de l'insertion des ventrales que de l'origine de l'anale. La grande épine dorsale est assez courte, grêle et non dentelée : il en existe, comme à l'ordinaire, une seconde, très-rudimentaire, placée plus antérieurement. Les rayons mous de la nageoire dorsale sont très-inégaux, les premiers étant deux fois plus grands, les derniers deux fois plus petits que l'épine : mais tous ont cela de remarquable, qu'ils ne sont pas enveloppés dans la membrane jusqu'à leur extrémité, comme cela a lieu le plus ordinairement. Les épines pectorales sont à peu près de même forme et de même dimension que la dorsale ; mais elles présentent sur leur bord interne quelques dentelures très-fines. La caudale, profondément échancrée, est, comme chez les schals, formée de deux lobes un peu inégaux. L'adipeuse est assez haute et très-longue : elle est presque contiguë antérieurement avec la dorsale, et se prolonge postérieurement beaucoup au-delà de l'anale.

Le bayad (*silurus bajad*, Forsk., n°. 95) est généralement d'un blanc argenté avec le dos d'un noir-bleuâtre : les nageoires sont verdâtres, et la tête est variée de gris-rosé, de bleu et de couleur de chair ; les barbillons sont d'un rose très-pâle.

Cette espèce, connue des Arabes sous les noms de *bayad* et de *fitile*, est l'une des plus grandes de la famille des siluroïdes. On voit communément, au marché du Kaire, de très-grands individus, dont quelques-uns ont jusqu'à trois pieds six pouces. Ces poissons, dont la chair, assez estimée, forme véritablement le fond de la nourriture du pays, sont ordinairement transportés au quartier des Francs, et vendus par fragmens : ils sont très-abondans pendant les trois mois de l'accroissement du Nil.

Il y a lieu de croire que c'est cette espèce qui a été indiquée et figurée (pl. 27, fig. 2) par Sonnini, sous le nom de *bayatte* : cependant, comme la figure est peu soignée et la description très-incomplète et surtout très-peu précise, elles pourraient être rapportées presque également à l'espèce suivante, qui se distingue assez difficilement de celle-ci.

LE BAYAD DOCMAC

(*Porcus docmac*, Geoff. St-Hil., pl. 15, fig. 3 et 4).

Cette espèce, qui porte en Égypte le nom de *bayad docmac*, et que Forskael a appelée *silurus docmak*, est très-voisine de la précédente, et ne se distingue guère que par le nombre de ses rayons, par sa couleur qui est d'un gris-bleuâtre plus uniforme, et par les proportions de sa tête, qui est à-la-fois et plus large et plus haute. Cette modification, très-remarquable, a entraîné aussi quelques changemens dans la forme du corps, qui est sensiblement plus gros et plus épais à sa partie antérieure, et dans la position des yeux qui sont plus latéraux. La plupart de ces caractères ne peuvent être indiqués avec précision que par des mesures : je crois donc utile de donner avec quelque détail les dimensions des diverses parties de la tête, prises comparativement, chez l'une et chez l'autre, sur deux individus de même taille (un pied un pouce du bout du museau à l'origine de la caudale).

	BAYAD.		DOCMAC.	
Largeur de la tête................	2$^{po.}$	2$^{lig.}$	2$^{po.}$	9$^{lig.}$
———————— au niveau des yeux....	1	9	2	4
———————— au niveau des barbillons.........	1	3	1	9
Distance entre les yeux...........	1	1	1	6
Largeur de la bouche.............	1	4	1	9
Distance de l'épine dorsale au bout du museau...................	5	»	5	6
Hauteur de la tête en arrière.........	1	8	2	»
———————— au niveau des yeux. .	»	9	1	4
———————— en avant.........	»	5	»	6

Il me reste peu de chose à dire sur les autres caractères de cette espèce, car les barbillons, les épines dorsales et pectorales, l'adipeuse, la caudale et les ventrales sont semblables chez le bayad et chez le docmac; et les différences que présentent les autres nageoires sont assez peu importantes, comme le montrera le tableau comparatif du nombre des rayons chez tous les schals, les pimélodes et les bagres [1] :

Synodontis macrodon......	D.	8.	P.	9.	V.	7.	A.	12.	C.	18.
———— *membranaceus*.	D.	8.	P.	10.	V.	7.	A.	12.	C.	18.
———— *clarias*.........	D.	8.	P.	9.	V.	7.	A.	11.	C.	18.
Pimelodus biscutatus.....	D.	8.	P.	10.	V.	5.	A.	9.	C.	18.
Porcus auratus..........	D.	8.	P.	9.	V.	6.	A.	11.	C.	18.
———— *bayad*...........	D.	11.	P.	10.	V.	6.	A.	12.	C.	18.
———— *docmac*..........	D.	10.	P.	11.	V.	6.	A.	9.	C.	18.

§. XIV.

L'HÉTÉROBRANCHE HARMOUT

HETEROBRANCHUS ANGUILLARIS

(Poissons du Nil, pl. 16, fig. 1, 3, 4, et pl. 17, fig. 1, 2, 3, 4, 5, 6 et 7),

ET L'HÉTÉROBRANCHE HALÉ

HETEROBRANCHUS BIDORSALIS

(Planche 16, fig. 2 et 5, et planche 17, fig. 8 et 9).

Une question qui a beaucoup occupé dans ces derniers temps, et dont la solution, très-importante pour les progrès de la zoologie, ne doit pas non plus rester sans influence sur l'avancement de la philosophie naturelle elle-même, est celle-ci : Peut-on, par la connaissance des caractères extérieurs d'un animal, déterminer *à priori* les modifications que présente son organisation intérieure ? et peut-il exis-

---

[1] L'épine dorsale et rudimentaire et les rayons incomplets qui existent, comme à l'ordinaire, sur les bords de la nageoire caudale, n'ont point été comptés dans ce tableau. La même remarque est applicable, à l'égard de ces derniers, à tous les genres précédemment décrits.

ter une méthode naturelle basée seulement sur un des caractères extérieurs? Il est peu d'animaux dont l'examen soit plus propre à fournir la solution de ce problème que celui des hétérobranches : car, assez semblables par leurs caractères extérieurs aux autres siluroïdes pour que M. Cuvier ait cru devoir n'en faire qu'un simple sous-genre parmi les *silurus*, ils présentent néanmoins dans leur appareil respiratoire des modifications qui semblent de la plus haute importance, et qui ne se trouvent chez aucun autre poisson; fait d'autant plus remarquable que l'appareil respiratoire est toujours un appareil de premier ordre, et devient même dans beaucoup de cas l'élément dominateur de toute l'organisation.

L'hétérobranche harmout que je décrirai le premier, ressemble au bayad et au docmac par la forme déprimée et par l'extrême largeur de sa tête, par sa lèvre supérieure un peu plus longue que l'inférieure, et par ses dents en velours, dont la disposition est la même; mais il en diffère par son casque crânien tuberculeux, très-étendu, prolongé antérieurement jusqu'à l'extrémité du museau, et en même temps plus large que chez aucun silure, à cause de l'existence de deux pièces accessoires placées latéralement, et à la suite l'une de l'autre, derrière l'orbite. Il est d'ailleurs à remarquer que le casque crânien est séparé par un intervalle assez considérable du premier rayon de la nageoire dorsale, et qu'il existe sur la ligne médiane, un peu en arrière des yeux, une petite surface longitudinale, concave, lisse et non-articulée : deux caractères, dont le premier est propre aux hétérobranches, et dont le second, peu important en lui-même, mais remarquable par sa constance, se trouve au contraire chez presque tous les siluroïdes à casque mamelonné.

L'harmout a le corps comprimé latéralement, mais un peu arrondi, terminé par deux bords rectilignes et presque parallèles, peu élevé et très-allongé; ce qui l'a fait comparer à une anguille, et ce qui lui a valu les noms de *silurus anguillaris*, Hasselq. et Lin., et d'*heterobranchus anguillaris*, Geoff. St-Hil. L'anus, un peu plus éloigné du bout du museau que de l'extrémité de la queue, est assez rapproché de l'insertion des nageoires ventrales, et surtout de l'anale, qui commence presque immédiatement après lui. La ligne latérale, peu visible et droite dans presque toute son étendue, occupe la région moyenne; elle commence dans un sillon que présente latéralement le casque crânien dans sa partie la plus postérieure, et qui est situé au-dessus et un peu en avant de l'ouverture branchiale, parce que celle-ci est fort étroite et surtout placée très-bas.

La bouche est au contraire très-large à cause de la forme déprimée de la tête, et ressemble à celle du bayad. Les barbillons sont au nombre de quatre à la mâchoire supérieure; savoir, deux externes naissant à l'angle de la commissure des lèvres, et un peu plus courts que la tête, et deux internes naissant au-devant des narines, deux fois moindres que les premiers. Les deux paires inférieures présentent la même disposition que chez toutes les espèces précédentes ; seulement l'interne est proportionnellement un peu plus longue.

Les nageoires méritent d'être décrites avec beaucoup de soin, parce qu'elles présentent d'importans caractères, soit pour la distinction des espèces du genre hétérobranche, soit pour la détermination du genre lui-même. La dorsale est chez l'*heterobranchus anguillaris* très-basse, mais d'une extrême longueur : elle commence vers le tiers antérieur de la longueur totale, et est presque contiguë postérieurement avec l'insertion de la caudale : elle est composée de rayons tous égaux entre eux et tous de même nature ; car l'épine se trouve seulement remplacée par une petite tige osseuse, très-courte, très-grêle, et presque entièrement cachée sous la peau. Les pectorales sont au contraire composées d'une épine assez forte et finement dentelée sur son bord, et de rayons mous dont les premiers sont d'un tiers plus longs que l'épine. Les ventrales sont un peu arrondies à leur extrémité, et ne présentent rien de remarquable. L'anale est composée de rayons de même grandeur que ceux de la dorsale : elle commence vers la moitié de la longueur totale, et se termine très-près de l'origine de la caudale. Celle-ci, assez courte, est entière et terminée par un bord convexe ; caractère que nous n'avions encore trouvé chez aucun siluroïde.

Les viscères sont généralement semblables à ceux des silures ; mais ce qui n'existe dans aucun autre genre de siluroïdes et même dans aucun autre genre de poissons, c'est un organe d'une structure toute particulière, qui a été désigné par le nom de branchie surnuméraire, et qui peut être comparé sous plusieurs rapports à un poumon [1]. Cet organe a été découvert par mon père, et décrit par lui pour la première fois dans le Bulletin de la Société philomathique (1801, n°. 62 de la première série) : c'est de cette description que j'extrais les détails suivans.

« La gueule du *silurus anguillaris* se prolonge, de chaque côté, beaucoup en arrière des branchies; en sorte qu'on prendrait pour des abajoues l'espèce de sac auquel cette prolongation donne lieu. C'est dans

[1] Mon père, dans un travail récent, a établi que les animaux possèdent tous élémentairement deux appareils respiratoires, l'un branchial, rudimentaire chez les espèces qui respirent dans l'air, très-développé chez celles qui respirent dans l'eau; l'autre pulmonaire, rudimentaire chez les espèces qui respirent dans l'eau, et très-développé chez celles qui respirent dans l'air. A la première de ces deux divisions appartiennent essentiellement les mammifères, les oiseaux, etc.; à la seconde, les poissons et plusieurs familles d'invertébrés. Mais les deux systèmes d'organisation que représentent ces deux divisions, ne sont pas les seuls que l'on puisse rencontrer dans la série animale : car, de même qu'il existe des êtres qui ont la faculté de respirer dans un milieu aérien comme dans un milieu liquide, de même il existe des êtres chez lesquels se trouvent à-la-fois, dans un degré moyen de développement, et l'appareil pulmonaire et l'appareil branchial : tels sont plusieurs reptiles, comme la sirène, le protée et les têtards des autres batraciens; et tels paraissent être aussi plusieurs crustacés, et particulièrement le genre *birgus*. Ces idées, que mon père a communiquées à l'Académie des sciences en septembre 1825, l'ont conduit à regarder, chez les hétérobranches, l'organe désigné autrefois sous le nom de *branchie surnuméraire*, comme un organe de respiration aérienne, comme un véritable poumon; et il paraît, en effet, nonseulement que l'harmout peut vivre plusieurs jours hors de l'eau, mais même qu'il quitte quelquefois de lui-même le fleuve, et s'avance en rampant dans la bourbe des canaux qui aboutissent au Nil (Voyez *Bulletin universel des sciences et de l'industrie*, 11ᵉ section, septembre 1825).

ce fond qu'en outre des branchies, on trouve deux arbres membraneux et même en partie cartilagineux : ils sont de taille inégale, et imitent parfaitement, dans leurs innombrables ramifications, l'arbre que figurent les bronches des poumons des mammifères; ces deux arbres sont tapissés et colorés par des vaisseaux sanguins aussi fins et aussi déliés que ceux des branchies.

« Malgré une certaine ressemblance de ces arbres avec les ramifications des bronches, et leur différence apparente avec les branchies, c'est, essentiellement parlant, à ces dernières qu'ils appartiennent : ils sont entièrement solides. Ce n'est donc pas par un canal intérieur que l'air va faire subir au sang les modifications nécessaires à ce fluide, mais c'est à l'extérieur que s'opère cette décomposition; ces arbres, quoique retirés dans un cul-de-sac, n'en sont pas moins exposés à l'action de l'élément ambiant, et la compression de ce fluide a autant de prise sur eux à cette distance, qu'il en a sur les branchies elles-mêmes. Ces arbres sont donc de véritables branchies d'une forme jusqu'ici inconnue, lesquelles, surajoutées aux premières, procurent au *silurus anguillaris* une vitalité supérieure et des habitudes différentes des autres poissons. »

L'espèce qui a présenté la première cette organisation remarquable, l'harmout, est l'une des plus grandes de la famille des siluroïdes : elle a communément plus de deux pieds du bout du museau à l'extrémité de la queue. Sa peau, généralement lisse et couverte d'une épaisse mucosité, est blanche sous le ventre, mais d'un noir-bleuâtre sur le dos et sur les côtés du corps. C'est à cette dernière circonstance que se rapporte le nom sous lequel le *silurus anguillaris* est connu des Arabes, celui de *harmout*[1] ou *harmout a'raby*, et de poisson noir. Il est à remarquer que les femelles se distinguent des mâles par quelques caractères extérieurs : elles ont le dos d'une nuance un peu plus claire; et de petites taches noires sont éparses sur le corps et les nageoires[2]. Les pêcheurs, qui apprécient très-bien ces différences de coloration, prétendent que les femelles ne ressemblent pas entièrement aux mâles par leurs habitudes : elles sont, disent-ils, plus farouches, et se tiennent plus constamment éloignées du rivage. Les femelles passent aussi pour avoir la chair plus délicate; et ce qu'il y a de certain, c'est que les pêcheurs les distinguent toujours des mâles lorsqu'ils les vendent, et les tiennent à un prix plus élevé. Au reste, l'harmout est en toute saison assez commun dans le Nil, principalement dans les roseaux, et il se laisse prendre avec une telle facilité, que les plongeurs de Rosette en saisissent avec la main un très-grand nombre d'individus. L'espèce se trouve aussi dans le lac Menzaleh.

[1] Ce nom a été écrit d'une manière un peu différente par plusieurs auteurs : ainsi l'*heterobranchus anguillaris* est appelé *sharmuth* par M. Cuvier, *charmuth* par Hasselquist et par M. de Lacépède, et *kar-mouth* par Sonnini (Atlas, pl. XXI, fig. 2, et tome II, p. 288 du texte).

[2] Il paraît que les jeunes mâles présentent aussi ce dernier caractère.

L'*heterobranchus anguillaris* est encore intéressant sous un autre rapport. Suivant les recherches de mon père, c'est à cette espèce que doit être rapporté l'*alabes* des anciens : en effet, ce nom (qui peut être traduit par le mot *insaisissable*) convient parfaitement à un poisson que sa forme très-allongée et presque cylindrique, et sa peau enduite d'une mucosité abondante, rendent nécessairement très-difficile à saisir.

Je passe maintenant à l'histoire de l'*heterobranchus bidorsalis*, Geoff. St-Hil., ou (comme l'appellent les Arabes) de l'*harmout halé* ou *ala*. Cette espèce est aussi rare en Égypte que l'*harmout a'raby* y est commun : elle appartient essentiellement au Nil supérieur; et ce n'est pour ainsi dire qu'accidentellement qu'on la trouve en Égypte, où, par une raison assez facile à concevoir, il n'arrive jamais que de très-grands individus : ceux-ci, chassés de leur véritable patrie par leur extrême voracité, s'engagent à la poursuite des troupes de poissons voyageurs qui descendent le fleuve, et arrivent avec eux dans le Nil Égyptien.

L'*harmout halé*, très-voisin de l'*harmout a'raby* par presque tous ses caractères extérieurs et par son organisation interne, en diffère cependant d'une manière très-remarquable par sa nageoire dorsale : celle-ci se termine vers le tiers postérieur de la longueur totale, et se trouve remplacée en arrière par une adipeuse, qui lui est presque contiguë. Cette seconde dorsale très-épaisse dans sa partie antérieure et terminée par une saillie demi-circulaire, est soutenue par l'extrémité des apophyses épineuses des dernières vertèbres[1]; disposition assez remarquable qui dépend de la longueur considérable de ces apophyses, mais qui n'est pas apparente extérieurement à cause de l'épaisseur de la nageoire adipeuse.

L'halé diffère encore de l'*harmout a'raby* par quelques autres caractères de moindre importance : son corps est plus uniformément bleuâtre; sa tête est proportionnellement plus longue et surtout plus large ; son épine pectorale est à peine dentelée, et sa taille est aussi généralement plus considérable. Enfin, il existe aussi d'importantes différences dans le nombre des rayons, comme le montrera le tableau suivant[2] :

Hétérobranche harmout. B. 9. D. 60. P. 10. V. 6. A. 50. C. 19.
—————— *halé* .... B. 13. D. 42. P. 11. V. 6. A. 56. C. 21.

Je terminerai cette histoire des deux hétérobranches du Nil, en présentant le tableau comparatif des dimensions de l'un et de l'autre :

	HARMOUT.	HALÉ.
Longueur totale, prise du bout du museau à l'origine de la nageoire caudale.	2$^{pi.}$ 1$^{po.}$ 2$^{lig.}$	2$^{pi.}$ 4$^{po.}$ 6$^{lig.}$
————— de la caudale.	» 3 »	» 4 »
————— de la tête.	» 7 »	» 9 2

---

[1] *Voyez* la fig. 8 de la pl. 17, où se trouve représenté le squelette entier de l'*heterobranchus bidorsales.*

[2] Ce tableau est extrait des observations faites par mon père sur des individus frais; mais je dois remarquer qu'on distingue difficilement plus de quinze ou seize rayons dans la nageoire caudale.

	HARMOUT.	HALÉ.
Largeur de la tête en arrière. . . .	»pi. 4po. 9lig.	»pi. 6po. 6lig.
—————————— au niveau des yeux.	» 4 »	» 5 6
Hauteur de la tête.	» 4 »	» 4 »
—————— du corps un peu après l'anus (en comprenant les nageoires dorsale et anale).	» 5 9	» 6 »

EXPLICATION DES PLANCHES XVI ET XVII.

Anatomie de l'hétérobranche harmout et de l'hétérobranche halé.

HÉTÉROBRANCHE HARMOUT.

Planche 16.

Fig. 3, myologie de l'épaule; fig. 4, myologie de l'os furculaire; fig. 5, vessies natatoires, et vessie urinaire.

Planche 17.

Fig. 1. *Les viscères abdominaux dans leur position naturelle.* — iii, canal intestinal; m, mésentère; e, estomac; rr, rein; o, ovaire.

Fig. 2. *Les viscères abdominaux préparés.* — iiii, canal intestinal; mmm, mésentère; ee, estomac; o, ovaire.

Fig. 3 et 4. *Les organes de la respiration et de la circulation.* — bbb, branchies; ss, branchie surnuméraire (*voyez* plus haut); c, cœur; o, oreillette; a, pédicule de l'artère pulmonaire; p, pharynx; v, corps vertébral.

Fig. 5. Elle montre les deux languettes inférieures du foie, qui, dans leur position naturelle, sont cachées par les au-

H. N.   XXIV.

tres viscères abdominaux, comme on le voit dans les figures 1 et 2.

Fig. 6. *L'os de l'épaule et l'épine pectorale.* — c c, l'os de l'épaule; f, l'épine pectorale, et f' son articulation sur l'os de l'épaule.

Fig. 7. *Le crâne vu en dessus, les rayons branchiostèges et le sternum.* — s, sternum; a et n, appendices sternaux portant les rayons, a est le gauche, n le droit; r, rayons; m, maxillaire inférieur; b, occipital inférieur; u, occipital latéral; p et o, pièce qui paraît être l'analogue du premier os de l'épaule, mais qui est soudée à la tête; v et q, vertèbre soudée : v est la pièce centrale, ou le cycléal, q la partie latérale. Il importe de remarquer, 1° que la suture qui est indiquée entre p et o, n'existe pas, 2°. qu'il manque dans la figure 7 plusieurs des pièces représentées dans la figure 9, et 3°. que les lettres de ces deux figures ne se correspondent pas toujours exactement.

HÉTÉROBRANCHE HALÉ.

Planche 17.

Fig. 8. *Le squelette.* — u, occipital supérieur; o, première pièce ou pédicule de l'épaule; p, rocher; j, temporal; s, interpariétal; m, mâchoire inférieure; a, appendice sternal portant les rayons; r, rayons; e, os de l'épaule; f, épine pectorale; d, rayons de la nageoire dorsale; c, côtes; e, apophyses épineuses des vertèbres postanales : ces apophyses soutiennent la nageoire adipeuse, mais elles ne sont pas apparentes à l'extérieur (*voyez* plus haut).

Fig. 9. c, os de l'épaule; s, sternum; n, appendice sternal portant les rayons; r, les rayons; a, mâchoire inférieure; i, vomer; e et d, maxillaires supérieurs, e est le droit, d le gauche; b, occipital inférieur; u, occipital latéral; o et p, premières pièces de l'épaule; v et q, vertèbre soudée : v est la partie centrale ou le cycléal, q la partie latérale.

HISTOIRE NATURELLE

DES

POISSONS DE LA MER ROUGE

ET DE LA MÉDITERRANÉE,

Par M. Isidore GEOFFROY SAINT-HILAIRE,

Aide-Naturaliste de Zoologie au Muséum royal d'histoire naturelle,
Membre de la Société d'histoire naturelle, etc.

§. I.

LES SARGUES

(Poissons de la mer Rouge et de la Méditerranée, pl. 18, fig. 1, 2 et 4),

ET LE PAGRE MORMYRE

(Pl. 18, fig. 3).

Les poissons dont il me reste à parler, appartiennent aux deux mers qui baignent les côtes de l'Égypte, la mer Rouge et la Méditerranée. La plupart d'entre eux se rapportent à des genres bien connus; et quelques-uns, principalement parmi les espèces méditerranéennes, ont déjà été décrits avec soin dans les ouvrages de plusieurs naturalistes. D'un autre côté, ceux de la mer Rouge, qui sont encore peu connus, ne tarderont pas à l'être de la manière la plus complète. En effet, M. Cuvier est parvenu à se procurer toutes les espèces indiquées par Forskael; et il n'y a point de doute que leur histoire ne soit traitée d'une manière qui ne laissera plus rien à désirer, dans le grand ouvrage dont l'illustre auteur du Règne animal, secondé par M. Valenciennes, s'occupe en ce moment. Dans ces circonstances, les détails que je pourrais donner sur les espèces figurées dans l'Atlas, seraient généralement peu utiles; et je crois devoir me borner à donner, pour la plupart d'entre elles, des notices très-succinctes.

LA SARGUE ENROUÉE

(*Sargus raucus*, Geoff. St-Hil., pl. 18, fig. 1).

Cette espèce est connue des Arabes sous le nom de *ghenyné* (*enroué*). Elle a le corps très-comprimé, très-élevé, et de forme ovale. L'anus est placé vers le tiers postérieur de la longueur totale (sans y comprendre la caudale); et les pectorales, longues, étroites et pointues, se prolongent jusqu'au niveau de cet orifice. Les ventrales, dont la forme ne présente rien de remarquable, s'insèrent au-dessous et un peu en arrière du point d'origine des pectorales. La dorsale, un peu plus haute à sa partie antérieure que près de sa terminaison, commence vers le tiers antérieur du corps, au-dessus des pectorales et des ventrales, et se prolonge en arrière aussi loin que l'anale. La caudale est assez longue, et très-légèrement échancrée.

La mâchoire inférieure est un peu plus courte que la supérieure; elle porte huit incisives assez grandes, égales entre elles, et disposées très-régulièrement: les incisives supérieures, au nombre de douze, sont un peu plus petites que les inférieures, auxquelles elles ressemblent par leur forme et leur disposition; les autres dents sont des molaires semblables à celles de la plupart des sargues.

Le ghenyné est généralement d'un bleu-plombé, avec les nageoires d'un noir assez pur; en outre, la ligne latérale, qui est, comme cela a ordinairement lieu chez les *sparus*, courbe et placée vers le tiers supérieur du corps, est coupée obliquement par une tache brune et assez large qui occupe la partie supérieure de la queue, et par six ou sept bandes onduleuses, de même couleur, qui sont dirigées perpendiculairement à l'axe du corps. La première de ces bandes commence vers l'insertion des premières épines dorsales, et se termine un peu au-dessus de l'origine de la pectorale.

Cette espèce a communément de cinq à six pouces de long sur deux pouces et demi ou deux pouces trois quarts dans sa plus grande hauteur. La tête, très-comprimée comme le corps, et à peu près triangulaire, est longue d'un pouce un quart, et haute d'un pouce au niveau de l'œil et d'un pouce un quart en arrière.

LA SARGUE ORDINAIRE

(*Sargus vulgaris*, Geoff. St.-Hil., pl. 18, fig. 2).

Cette espèce, que les Arabes nomment *chargouch* (c'est-à-dire rat de mer), ressemble beaucoup à la précédente par sa taille et ses proportions; mais elle a l'anus un peu plus antérieur, et la nageoire caudale plus profondément échancrée. Les incisives sont au nombre de huit à chaque mâchoire, et comparables pour leur forme à celles de l'homme; les autres dents sont des molaires hémisphériques, égales entre elles, et dont la disposition est assez régulière.

Les couleurs de cette sargue sont assez remarquables : le corps est généralement d'un blanc argenté, avec six bandes noirâtres, transversales, étroites, et un grand nombre de lignes longitudinales obscures. Les bords extérieurs des nageoires caudale et anale, et deux rayons des ventrales, sont noirâtres; enfin, vers la terminaison de la dorsale et de l'anale, on remarque une grande tache, d'un noir foncé, qui n'occupe pas seulement la partie supérieure de la queue, mais qui s'étend verticalement sur toute sa hauteur, et se trouve ainsi disposée en anneau. Les yeux, qui sont, comme chez tous les *sparus*, circulaires et assez grands, ont l'iris brune avec un cercle bleuâtre autour de la pupille.

LA SARGUE ANNULAIRE

(*Sargus annularis*, Geoff. St-Hil., pl. 18, fig. 4).

Cette troisième espèce, que les Arabes connaissent sous le nom de *sabares*, est très-voisine des précédentes ; mais elle est beaucoup plus petite, sa longueur n'étant que de quatre pouces sur une hauteur d'un pouce et demi. Du reste, elle ressemble par son système dentaire et ses proportions à la sargue ordinaire, dont elle ne diffère guère que par sa queue aussi faiblement échancrée que celle de la sargue enrouée.

Le corps est généralement d'un blanc argenté, avec des reflets d'un beau vert doré, et une tache noire annulaire sur la queue (comme chez le *sargus vulgaris*). La tête est verdâtre en dessus, et les nageoires ventrales et anale sont en partie d'un jaune citrin. L'œil, d'une grandeur moyenne, a l'iris d'un jaune-verdâtre.

LE PAGRE MORMYRE

(*Pagrus mormyrus*, Geoff. St-Hil., pl. 18, fig. 3; *Sparus mormyrus*, Lin.)

Cette espèce que les Arabes désignent sous le nom de mangeur de sable, *mourmar* ou *mormiar*, a les mâchoires garnies latéralement de molaires rondes, et antérieurement d'un grand nombre de petites dents coniques formant une brosse, et dont les plus longues sont celles qui composent la première rangée : elle appartient par conséquent au genre pagre, *pagrus* de M. Cuvier.

Ce pagre est évidemment très-voisin des espèces du genre *sargus* que je viens de décrire : il a, comme elles, la queue un peu échancrée, la ligne latérale courbe et très-rapprochée du dos, les yeux grands et situés très-haut, les pectorales longues et pointues, les ventrales placées au-dessous et un peu en arrière de l'insertion de celles-ci, enfin l'anus séparé de la nageoire anale par un petit espace, et rejeté vers les deux cinquièmes postérieurs du corps. Toutefois, ce pagre a aussi quelques caractères qui lui appartiennent en propre : son corps, beaucoup plus allongé et beaucoup moins élevé que celui des sargues, a repris la forme qu'il présente presque constamment dans la grande famille des perches : la tête est aussi un peu plus fine, la bouche plus fendue, l'œil plus reculé en arrière, et la queue plus grêle et plus prolongée.

Le pagre mormyre est, comme les espèces précédentes, de très-petite taille ; les plus grands individus n'ont que cinq pouces du bout du museau à l'origine de la nageoire caudale, sur une hauteur d'un pouce huit lignes. Le corps est, en dessous et sur les côtés, d'un blanc argenté ; en dessus, d'un violet lavé de brunâtre, et il existe, sur le dos et les flancs, une série de cinq ou six bandes transversales, obscures, assez écartées l'une de l'autre et très-prononcées, et de six ou sept autres de même couleur et de même direction, mais plus étroites et moins apparentes. Celles-ci occupent pour la plupart le milieu des larges intervalles que laissent entre elles les premières; en sorte que chacune des bandes les plus visibles se trouve placée entre deux bandes moins distinctes. Les nageoires ventrales sont d'un jaune citrin; et l'anale est jaunâtre. L'œil, de grandeur moyenne, a l'iris de couleur d'or.

Le nombre des rayons est comme il suit dans cette espèce et dans les précédentes:

Sargus raucus. ... B. 7. D. $\frac{11}{13}$. P. 17. V. $\frac{1}{5}$. A. $\frac{3}{16}$. C. 17.
———— *vulgaris*... B. 5. D. $\frac{11}{16}$. P. 16. V. $\frac{1}{5}$. A. $\frac{3}{17}$. C. 17.
———— *annularis*.. B. 5. D. $\frac{11}{13}$. P. 14. V. $\frac{1}{5}$. A. $\frac{3}{14}$. C. 17.
Pagrus mormyrus. B. 5. D. $\frac{11}{14}$. P. 15. V. $\frac{1}{5}$. A. $\frac{3}{14}$. C. 17.

Les quatre spares dont je viens de donner la description, sont assez communs dans la Méditerranée, près d'Alexandrie et de Rosette. Quelques-uns d'entre eux ont été également trouvés dans d'autres parties de la même mer : c'est ce dont on se convaincra facilement en comparant les figures de l'Atlas et mes descriptions aux figures et aux descriptions publiées d'après des individus recueillis sur divers points de la Méditerranée, par plusieurs naturalistes, et principalement par MM. Risso et Delaroche[1]. Ainsi, il n'y a point de doute que le *sparus annularis* de ce dernier (*sparus haffara*, Riss.) ne soit

---

[1] Risso, *Icthyologie de Nice*; - Delaroche, *Mémoire sur les espèces de poissons observées à Iviça* (Annales du Muséum royal d'histoire naturelle, tome XIII). — Ces deux auteurs ont quelquefois donné le même nom à des espèces différentes; mais M. Cuvier a en grande partie levé les difficultés qui résultaient pour la synonymie des *sparus*, du peu de concordance des nomenclatures adoptées par ces deux savans.

le *sargus annularis*, et, par conséquent, que cette sargue ne soit répandue sur les rivages de Maïorque et d'Iviça, et sur les côtes du Piémont. Au reste, cette même espèce existe également dans la mer Rouge : mon père s'en est procuré à Soueys plusieurs individus. Un fait très-remarquable, c'est que ces individus lui avaient été apportés par les pêcheurs avec d'autres poissons de même forme, de même taille et de même couleur, mais à dents grêles et pointues; d'où il résulte que ces derniers, entièrement semblables, comme espèce, au *sargus annularis*, sans ce dernier caractère, et pouvant être facilement confondus avec lui, appartiennent réellement à un genre très-différent.

§. II.

LA SCIÈNE AIGLE, *SCIÆNA AQUILA*.

(Poissons de la mer Rouge et de la Méditerranée, pl. 19, fig. 3 et 4*).

ET LA SCIÈNE CORB

SCIÆNA UMBRA

(Pl. 19, fig. 5).

Ces deux espèces, très-communes dans toute la Méditerranée, sont trop bien connues des naturalistes pour que je croie devoir en donner une longue description dans un ouvrage de la nature de celui-ci;

---

* La fig. 4 représente les rayons branchiaux, et indique leur forme avec exactitude; mais elle pourrait induire en erreur au sujet de leur nombre, qui est de sept, et non pas seulement de six.

et je me bornerai à indiquer leurs principaux caractères.

La sciène aigle (*sciæna aquila*, Cuv.), ou, comme on l'appelle sur nos côtes, le fégaro, a la mandibule supérieure sensiblement plus longue que l'inférieure, et garnie de dents coniques, assez longues, très-écartées les unes des autres, très-variables, même d'un côté à l'autre, pour leur grandeur et leur position, et dont le nombre est ordinairement de douze à vingt. Les dents de la mâchoire inférieure sont de deux sortes : les unes, placées latéralement, sont semblables aux supérieures, mais un peu moins grandes; les autres, placées antérieurement, sont beaucoup plus petites, beaucoup plus rapprochées les unes des autres, et plus nombreuses. Le corps, assez allongé et semblable à celui de la plupart des sciènes, est terminé par deux bords convexes en sens opposés. La queue, dont la forme ne présente rien de remarquable, est terminée par une nageoire assez longue, entière et coupée carrément. La dorsale épineuse est deux fois plus courte que la dorsale molle, mais aussi beaucoup plus basse; son premier rayon est rudimentaire, le second est lui-même beaucoup plus court que le troisième, et le quatrième est le plus long de tous. La pectorale est étroite, mais très-allongée et aiguisée en pointe. La ventrale ne présente rien de remarquable, non plus que l'anale, dont le premier rayon est une épine très-faible, très-grêle et assez allongée.

Le corps est généralement couvert de grandes

écailles d'un gris argenté; la face interne des mandibules et la langue sont de couleur de chair. Les yeux, fort grands, ont l'iris jaune. L'espèce atteint une taille considérable : elle a assez communément plus de trois pieds de long, et quelques auteurs ont même fait mention d'individus de plus de cinq pieds.

La sciène aigle est bien connue des Arabes, qui la désignent sous le nom de *lout;* et elle est particulièrement assez commune à Damiette.

C'est également dans cette ville que mon père s'est procuré la sciène ombre, *sciæna umbra*, Lin.; *sciæna nigra*, Bl., pl. 297, ou, comme on l'appelle ordinairement, le *corb* ou *corbeau*. Cette sciène, l'une des plus communes, est aussi l'une des mieux connues des espèces méditerranéennes; et sans entrer dans les détails d'une description, je crois devoir me borner ici à indiquer quelques caractères qui me semblent mal indiqués dans la figure. Les dents inférieures, beaucoup plus petites que les supérieures, sont très-nombreuses, très-rapprochées les unes des autres, et disposées irrégulièrement sur plusieurs rangées. La nageoire pectorale, un peu plus courte proportionnellement que chez le fégaro, est aussi un peu moins pointue et moins étroite; mais elle n'est pas aussi large que la représente la figure. La caudale, à peu près de même forme et de même grandeur que chez la *sciæna aquila*, est cependant un peu arrondie à ses extrémités. Enfin, la dorsale est composée de rayons plus élevés et moins nombreux; et l'anale a une épine plus forte et un rayon de plus que ne le montre la figure [1]. En effet, les rayons sont, comme il suit, chez le fégaro et chez le corb :

Sciæna aquila. D′. $\frac{10}{10}$. D″. $\frac{1}{28}$. P. 17. V. $\frac{1}{5}$. A. $\frac{1}{9}$. C. 17.
—— *umbra.* D′. $\frac{10}{10}$. D″. $\frac{1}{16}$. P. 14. V. $\frac{1}{5}$. A. $\frac{2}{10}$. C. 17.

§. III.

LA PERCHE NOCT, *PERCA PUNCTATA*

(Poissons de la mer Rouge et de la Méditerranée, planche 20, fig. 1).

ET LA PERCHE SINUEUSE

PERCA SINUOSA

(Pl. 20, fig. 2).

Le noct, *perca punctata*, Geoff. St-Hil., est l'espèce figurée sous le nom de *sciæna punctata* dans la planche 305 de Bloch, et ne doit nullement être confondue avec la *perca punctata* de cet auteur.

Celle-ci, qui est le spare pointillé de M. de Lacépède, n'appartient pas même, suivant la classification de M. Cuvier, à la tribu des perches proprement dites ou persèques, mais à celle des perches à dorsale continue, ou sparoïdes. Ainsi, l'espèce à laquelle Bloch donnait le nom de *perca*, ne doit plus

---

[1] Je n'ai pu me rendre compte de ces nombreuses différences, qui pourraient faire penser que la fig. 5 de la pl. 19 représente une autre espèce que le corb. Ce qu'il y a de certain, c'est que le véritable *sciæna umbra* existe sur les côtes d'Égypte: je me suis assuré de ce fait par la comparaison de deux individus entièrement semblables, dont l'un avait été rapporté d'Égypte par mon père, et l'autre envoyé de Marseille au Muséum d'histoire naturelle.

être considérée, dans l'état présent de la science, comme une perche, tandis qu'on doit placer parmi les perches proprement dites, le poisson qu'il appelait *sciæna punctata* : opposition remarquable, et qui fait bien sentir l'importance des changemens qu'a subis, depuis l'époque de Linné et de Bloch, la grande famille des *perca*, dont la distribution est devenue, par les travaux de M. Cuvier, aussi exacte et aussi précise qu'elle était autrefois arbitraire et imparfaite à tous égards.

La perche ponctuée a été ainsi nommée de son système de coloration; elle est d'un gris-blanchâtre argenté, parsemé de petites taches noires dont la disposition est assez régulière, et dont le nombre est de cinquante environ. Les autres caractères de l'espèce consistent dans sa taille, qui est ordinairement de moins d'un pied; dans sa nageoire caudale légèrement échancrée; dans ses deux dorsales séparées à leur base par un petit intervalle, et presque égales en hauteur et en longueur; dans ses ventrales armées d'un aiguillon grêle et allongé, et un peu moins larges que les pectorales; dans ses épines anales, dont la première est très-petite, et dont la troisième, quoique la plus longue de toutes, est encore assez courte; dans sa ligne latérale presque droite, mais plus rapprochée du dos que du ventre; dans sa tête de forme triangulaire, et terminée par un museau assez aigu; dans sa mâchoire inférieure plus longue que la supérieure; dans son préopercule crénelé sur son bord postérieur, et garni, sur l'inférieur, de quelques dentelures assez fines; enfin, dans son opercule terminé par deux aiguillons minces et aplatis, au-delà desquels la membrane branchiostège se prolonge et forme une sorte d'appendice triangulaire. Ses dents, petites, très-nombreuses, et dirigées un peu en dedans, sont disposées assez irrégulièrement sur plusieurs rangs. Ses yeux, circulaires et très-grands, ont l'iris d'un blanc de nacre.

Ce poisson, assez remarquable par ses couleurs, est bien connu des Arabes, qui le désignent sous le nom de *noct*.

La perche sinueuse, *perca sinuosa*, Geoff. St-Hil., est une espèce assez voisine de la précédente, dont elle se distingue néanmoins assez facilement par ses deux mâchoires égales entre elles; par sa tête plus longue et terminée par un museau moins fin; par sa dorsale épineuse placée dans un sillon où elle se cache en partie lorsqu'elle est repliée; par sa caudale un peu moins échancrée; par ses écailles un peu plus petites; enfin, par son os de l'épaule qui présente, au niveau de l'angle postérieur de l'opercule, quelques dentelures très-fines, mais très-visibles. Du reste, la ligne latérale et les nageoires sont comme chez le noct; et il en est de même de la forme générale du corps, terminé en dessus par un bord presque rectiligne dans tout l'espace qui donne in-

[1] Les Arabes ont aussi donné le nom de *noct* ou *nocta* à un poisson de la mer Rouge, qui paraît, comme le noct de la Méditerranée, appartenir à la famille des perches.

sertion aux dorsales. Le nombre des rayons est lui-même peu différent, comme l'indique le tableau suivant :

Perca punctata. B. 7. D′. $\frac{9}{-}$. D″. $\frac{1}{14}$. P. 15. V. $\frac{1}{7}$. A. $\frac{1}{14}$. C. 17.
—— *sinuosa*... B. 7. D′. $\frac{9}{-}$. D″. $\frac{1}{14}$. P. 17. V. $\frac{1}{6}$. A. $\frac{1}{14}$. C. 17.

La perche sinueuse est rayée longitudinalement de blanc argenté sur un fond d'un blanc plus terne. Le dos est d'un brun-verdâtre chez les jeunes sujets, d'un brun-bleuâtre chez les adultes. L'iris est d'un blanc de nacre.

Cette espèce a communément de sept pouces à un pied du bout du museau à l'origine de la nageoire caudale; mais elle parvient quelquefois à une taille beaucoup plus considérable, et il n'est pas rare de prendre des individus de deux pieds, et même de deux pieds et demi. Les Arabes désignent ce poisson sous le nom de *karous*, lorsqu'il est parvenu à une grande taille, et ils l'appellent *kals*, lorsqu'il n'a qu'un pied de long.

C'est à Damiette que mon père s'est procuré les deux espèces que je viens de décrire : toutes deux sont assez communes, et assez estimées pour leur chair[1].

---

[1] Je suis obligé de passer sous silence l'espèce figurée dans la pl. 19, fig. 1 et 2, qu'il m'a été impossible de me procurer, et que je ne connais que par un dessin non colorié, qui a servi d'original à la figure de l'Atlas.

§. IV.

LE SERRAN TAUVIN, *SERRANUS TAUVINA*

(Poissons de la mer Rouge et de la Méditerranée, planche 20, fig. 1),

ET LE SERRAN AIRAIN

SERRANUS ÆNEUS

(Pl. 21, fig. 3 et 4).

Le genre serran, établi par M. Cuvier aux dépens du groupe des holocentres de M. de Lacépède, est caractérisé par l'existence de dentelures au préopercule, et de piquans à l'opercule, et se compose déjà, dans l'état présent de la science, d'un très-grand nombre d'espèces, qui peuvent être divisées en deux sections d'après la forme de leur caudale : cette nageoire est tantôt terminée par un bord convexe, comme chez le *serranus œneus*, et tantôt légèrement échancrée, comme chez le tauvin.

Ce dernier (qui paraît différer à plusieurs égards du *perca tauvina* de Forskael) a en effet la caudale terminée par un bord concave, les rayons moyens étant un peu plus courts que ceux qui avoisinent les deux bords de la nageoire : la différence est d'ailleurs très-légère, et par conséquent l'échancrure très-prononcée. La dorsale est assez longue : elle commence au niveau de l'insertion des pectorales, un peu en avant de celle des ventrales, et se prolonge un peu plus en arrière que l'anale; sa portion épineuse et sa portion molle sont de même longueur et de même hauteur : mais les derniers aiguillons et les premiers rayons articulés sont un peu plus courts que les autres, d'où il résulte que la nageoire est légèrement échancrée dans sa région moyenne. L'anale est assez haute et arrondie à son bord postérieur. Les pectorales et les ventrales, qui sont aussi arrondies à leur extrémité, sont presque égales entre elles. La ligne latérale est à peu près parallèle au dos, et très-rapprochée de lui. L'anus, séparé seulement de sa nageoire par un très-petit intervalle, est placé vers les deux cinquièmes postérieurs du corps.

Le corps est généralement de même forme que chez les autres serrans. La tête n'offre guère de caractères remarquables que dans la mâchoire inférieure, beaucoup plus allongée que la supérieure. Les narines ont deux orifices placés l'un au-devant de l'autre, et dont le postérieur est beaucoup plus grand que l'antérieur. Le préopercule est dentelé sur toute la longueur de son bord postérieur[1] : les dentelures supérieures sont très-fines, mais les inférieures sont larges et un peu obtuses. L'opercule présente, en arrière, un aiguillon assez fort, et un peu plus bas, un autre plus petit ; et il existe aussi vers sa partie supérieure une petite pointe mousse, très-peu visible. Les dents, disposées sur plusieurs rangs, sont dirigées un peu en arrière, et pour la plupart très-fines : il en

---

[1] Cet os est le seul dont le bord soit dentelé, quoique la figure représente aussi de petites dentelures sur quelques autres des pièces operculaires.

existe antérieurement à la mâchoire inférieure deux
de forme conique, comme les autres, mais moins
pointues et beaucoup plus grandes, qui ont été comparées par Forskael à des canines.

Ce serran (*serranus tauvina*, Geoff. St-Hil.), qui
parvient à une très-grande taille, est remarquable
par la disposition de ses couleurs : le corps et la tête
présentent, sur un fond blanchâtre, une multitude
de taches ferrugineuses, de forme arrondie, et très-
rapprochées les unes des autres ; et des taches de
même forme, mais plus obscures, existent aussi sur
toutes les nageoires.

Cette espèce se trouve dans la mer Rouge : elle est
assez commune sur la côte de Soueys, et les pêcheurs de cette ville en prennent fréquemment à la
ligne un grand nombre d'individus.

C'est au contraire dans la Méditerranée que se
trouve le serran airain (*serranus æneus*, Geoff. St-
Hil.). Cette espèce ressemble, par ses formes générales, à la précédente ; mais elle en diffère par sa nageoire dorsale un peu plus prolongée en arrière ; par
ses mâchoires un peu moins inégales; par l'existence
à la mâchoire supérieure de deux longues dents,
très-pointues et un peu recourbées sur elles-mêmes,
et à l'inférieure de deux autres de même forme, mais
plus petites ; par l'extrême brièveté de la première
épine anale [1] ; par les dentelures inférieures du préo-

[1] Cette épine a été omise dans la figure, le peintre ne l'ayant pas aperçue à cause de sa petitesse. Je dois aussi remarquer que les aiguil-

percule très-fortes et très-pointues; par la queue entière et arrondie; par l'anus un peu plus éloigné de sa nageoire; enfin, par la forme du prolongement que la membrane branchiostège envoie au-delà de l'opercule : ce prolongement finit en pointe chez le tauvin, et se termine carrément chez le serran airain. Enfin, ce dernier présente aussi quelques dentelures très-fines sur le bord inférieur du préopercule.

Les deux espèces sont d'ailleurs très-différentes par leur système de coloration : le dos et les flancs sont, chez le *serranus œneus*, variés de vert foncé et de vert clair; le ventre est blanc, et les lèvres sont d'un vert-pré uniforme; les nageoires pectorales et caudale sont verdâtres; les ventrales sont blanches à leur origine et sur leur bord externe, vertes dans leur portion moyenne, et bleues à leur extrémité : l'anale est verte avec son bord bleu, et la dorsale est rayée de vert foncé et de vert clair. L'opercule présente trois lignes blanches parallèles à son bord supérieur, et qui sont disposées de la manière suivante : la première commence vers le haut du préopercule, la seconde vers la partie postérieure et inférieure de l'orbite, et la troisième derrière la mâchoire supérieure. L'œil, assez grand et très-saillant, a l'iris de couleur d'or, et la pupille paraît d'un beau bleu.

L'individu qui a servi de type à ma description,

lons de l'opercule sont comme chez le *serranus tauvina*, quoique l'inférieur (à peine distinct des écailles qui l'environnent) n'ait pas été indiqué sur la planche.

n'avait qu'un pied de longueur totale sur trois pouces de hauteur; mais le *serranus œneus* parvient très-probablement à une taille beaucoup plus considérable. Les rayons sont comme il suit dans cette espèce et dans la précédente :

Serranus tauvina. B. 7. D. $\frac{11}{15}$. P. 18. V. $\frac{1}{6}$. A. $\frac{1}{11}$. C. 17.
————— *œneus*... B. 7. D. $\frac{11}{17}$. P. 19. V. $\frac{1}{6}$. A. $\frac{1}{11}$. C. 17.

C'est à Damiette que mon père s'est procuré le serran airain : ce poisson, qui a quelques rapports par ses couleurs avec une autre espèce d'ailleurs très-différente, l'*holocentrus virescens* de Bloch, est assez rare sur les côtes de l'Égypte; néanmoins l'espèce est très-bien connue des pêcheurs qui ont coutume de la désigner sous le nom de *dalouse*.

§. V.

LE SERRAN MÉLANURE, *SERRANUS MELANURUS*

(Poissons de la mer Rouge et de la Méditerranée, pl. 21, fig. 1 et 2).

Cette espèce, figurée sous le nom de *bodianus melanurus*, me paraît devoir être rapportée au genre *serranus* de M. Cuvier : en effet son opercule présente trois aiguillons aplatis, et son préopercule, qui est très-manifestement dentelé sur toute sa longueur, présente même inférieurement quelques pointes très-saillantes. Du reste, la membrane branchiostège, les sept rayons des ouïes[1], les nageoires pectorales et

[1] *Voyez* la figure 2.

anale, et la forme générale du corps, rapprochent également le mélanure des autres serrans, et particulièrement du tauvin; et les différences qui existent à d'autres égards entre ces deux poissons, sont, comme on va le voir, purement spécifiques.

La nageoire caudale est entière, coupée carrément et terminée par un bord rectiligne, ou, pour parler plus exactement, par un bord si légèrement convexe, qu'il paraît rectiligne. La dorsale est plus haute dans sa portion épineuse que dans sa portion molle; son premier rayon est près de trois fois plus court que le second, et se trouve libre à son extrémité, de même que les autres aiguillons. Les pectorales, qui commencent au niveau de l'origine de la dorsale, sont un peu plus reculées et plus courtes que les ventrales. L'anus, séparé de sa nageoire par un intervalle assez considérable, est placé vers les deux cinquièmes postérieurs du corps. La ligne latérale, les yeux, les narines et les mâchoires, sont comme dans les espèces précédentes. Mais le système dentaire présente quelques différences : toutes les dents, à l'exception des quatre canines (pour employer l'expression de Forskael), sont très-grêles et très-pointues; toutes sont aussi très-courtes, à l'exception de celles qui composent la rangée postérieure de la mâchoire d'en bas et la rangée antérieure de la mâchoire d'en haut, et de quelques autres qui occupent la partie la plus interne de cette dernière. Enfin, l'opercule présente sur son bord inférieur une série de dentelures très-fines et même très-peu visibles; caractère qui existe également chez le serran airain, mais que je n'ai pas retrouvé chez le tauvin.

Les rayons sont comme il suit, chez le serran mélanure (*serranus melanurus*)[1] :

B. 7. D. $\frac{11}{17}$. P. 16. V. $\frac{1}{6}$. A. $\frac{3}{11}$. C. 17.

Ce serran, représenté de grandeur naturelle dans l'Atlas, a sur les nageoires anale et caudale des taches arrondies d'un blanc ferrugineux, et dont la disposition est assez régulière. La dorsale a aussi quelques taches irrégulières; et les autres nageoires paraissent d'une nuance uniforme : mais je n'oserais rien affirmer à cet égard, l'espèce ne m'étant connue que par deux individus rapportés, il y a près de trente ans par mon père, de la mer Rouge, et dont les couleurs doivent avoir subi une grave altération. Je ne possède d'ailleurs aucun renseignement sur les mœurs du mélanure, et je me trouve ainsi dans l'impossibilité de compléter son histoire.

§. VI.

L'OMBRINE BARBUE, *UMBRINA CIRRHATA*

(Poissons de la mer Rouge et de la Méditerranée, pl. 22, fig. 1 et 1').

Cette espèce, si remarquable par l'éclat de ses couleurs disposées par bandes alternatives d'or et d'argent, et par son petit barbillon submaxillaire,

---

[1] Le nom de mélanure donné à l'espèce indique que la queue est noire.

est trop connue pour qu'il soit besoin de la décrire ici : il me suffira de dire qu'elle est assez commune dans la partie égyptienne de la Méditerranée, et qu'elle est connue des Arabes sous le nom de *chef-che*. J'ai comparé les individus que mon père a rapportés de Damiette, avec d'autres individus envoyés au Muséum d'histoire naturelle, des îles Baléares par M. Delaroche, et de Naples par M. Savigny, et je me suis assuré qu'il n'y a entre eux aucune différence spécifique. En effet, le nombre des rayons, la forme du corps, la grandeur du barbillon, sont absolument semblables chez tous ; et je sais d'ailleurs, par les notes de mon père, que les couleurs des ombrines d'Égypte se rapportent parfaitement à celles indiquées dans la figure de Bloch, et même dans la description un peu trop succincte que M. Risso a donnée de l'espèce dans son important ouvrage sur l'Icthyologie de Nice.

§. VII.

LE VOMER D'ALEXANDRIE

VOMER ALEXANDRINUS

(Poissons de la mer Rouge et de la Méditerranée, pl. 22, fig. 2).

On a remarqué que les genres les plus remarquables par l'anomalie de leurs formes, se trouvent le plus ordinairement composés d'un très-petit nombre d'espèces, et que, souvent, ils appartiennent en propre à l'un des deux mondes à l'exclusion de

LE VOMER D'ALEXANDRIE. PL. 22.

l'autre. C'est en effet ce qui a lieu d'une manière générale dans toutes les classes, sauf quelques exceptions, dont l'une des plus remarquables est celle que forme le genre *vomer* de M. Cuvier. Ce genre, l'un des plus singuliers de toute la grande classe des poissons, est répandu dans presque toutes les parties du globe, et renferme plusieurs espèces réparties en quatre ou cinq sous-genres, mais véritablement très-voisines entre elles, comme on peut s'en convaincre en comparant avec ses congénères celle qui est figurée dans l'Atlas, et dont je vais donner la description.

Ce poisson (*gallus Alexandrinus* de l'Atlas, ou plutôt *vomer Alexandrinus*) a le corps élevé et comprimé à l'excès, et aminci sur ses bords, comme la lame d'un instrument à deux tranchans; seulement l'extrémité antérieure où se trouve l'ouverture buccale, est un peu obtuse, et la queue, de forme arrondie, est presque aussi large que haute. Mais on ne donnerait qu'une idée très-imparfaite du *vomer d'Alexandrie*, si l'on n'indiquait pas avec plus de précision la forme singulière de son corps. Celui-ci est terminé par cinq bords dont la direction est très-remarquable : l'un, antérieur, parallèle à la fente branchiale, est très-légèrement concave, et présente vers sa partie moyenne une petite échancrure placée au-devant des narines et de l'œil : il est mince et tranchant dans sa moitié supérieure, mais il devient obtus et arrondi depuis la petite échancrure jusqu'à la symphyse de la mâchoire d'en bas. Le bord inférieur, rectiligne, presque perpendiculaire au précédent, et plus long que lui d'un quart, s'étend de l'extrémité de la lèvre inférieure à l'origine de l'anale : il présente vers son tiers antérieur la fin de l'ouverture branchiale, et vers ses deux tiers l'anus séparé par un très-petit intervalle, en avant, de l'insertion des ventrales, et en arrière, d'une lame osseuse verticale, dont la disposition, très-remarquable, sera indiquée plus bas. Le bord supérieur, de même longueur que l'antérieur, forme avec lui un angle très-obtus, mou et arrondi ; il est légèrement concave, et porte la première dorsale, qui est très-petite et presque rudimentaire. Les deux autres bords, qui sont, l'un postérieur et supérieur, l'autre postérieur et inférieur, forment des angles obtus avec les bords supérieur et inférieur et avec l'axe du prolongement caudal ; mais ils sont exactement perpendiculaires l'un sur l'autre : le premier donne insertion dans toute son étendue à la deuxième dorsale, et le second à l'anale ; tous deux sont d'ailleurs rectilignes, tranchans et égaux en longueur au bord inférieur, et, par conséquent, semblables entre eux pour leur forme et leurs dimensions. Nous verrons aussi que la seconde dorsale et l'anale sont presque exactement semblables l'une à l'autre, et que les deux lobes de la caudale ne présentent entre eux aucune différence ; en sorte que le *vomer Alexandrinus* présente, avec autant d'évidence que d'exactitude, cette symétrie signalée par le célèbre Meckel, entre la moitié dorsale et la moitié abdominale du corps ; symétrie qu'on parvient si difficilement à démontrer, ou même à rendre vraisemblable chez les animaux supérieurs, chez les mammifères et surtout chez l'homme[1].

Les nageoires présentent des caractères non moins remarquables. La seconde dorsale est composée de vingt-un rayons dont les proportions sont très-remarquables : le premier est très-court et presque rudimentaire; mais le second est tellement développé qu'il égale en longueur le corps tout entier; les suivans diminuent insensiblement jusqu'au huitième, et les treize autres sont à peu près de même grandeur que celui-ci. L'anale, qui n'a que dix-neuf rayons, répète d'une manière très-remarquable les formes de la dorsale : ses trois premiers rayons sont semblables aux trois premiers, et les seize autres aux seize derniers de celle-ci ; en sorte que le quatrième et le cinquième dorsaux sont les seuls qui ne

---

[1] La raison de cette différence me semble assez facile à saisir. Lorsque, chez un mammifère, on a voulu établir une homologie entre la face dorsale et la face ventrale du corps, on a comparé la colonne vertébrale à la série des pièces du sternum et à la ligne blanche, les côtes aux cartilages costaux, l'aorte et la veine cave aux vaisseaux connus sous les noms d'épigastriques et de thoraciques internes, et la moelle épinière au grand nerf sympathique. Or, si la disposition en série des vertèbres et des pièces du sternum établit nécessairement quelque analogie entre les unes et les autres, ne doit-on pas aussi reconnaître qu'il y a beaucoup plus de dissemblance que de ressemblance entre une vertèbre, composée d'un grand nombre de noyaux élémentaires, et une pièce sternale, dans laquelle on ne peut distinguer que deux points osseux, l'un pour sa moitié droite, l'autre pour sa gauche? et ne peut-on pas faire de semblables remarques à l'égard des autres homologies que je viens de citer ?

Au contraire, si l'on compare la région dorsale et la région ventrale d'un poisson, les parties entre lesquelles on cherche des rapports sont la moitié supérieure et la moitié inférieure de la colonne vertébrale, et les muscles, les vaisseaux et les nerfs qui appartiennent à chacune d'elles. Or, ces deux moitiés se composent, comme l'a établi mon père (*Mém. du Muséum*, t. IX), d'élémens par-

soient pas représentés dans la nageoire de l'anus. Quant à la première dorsale, elle est très-petite et presque rudimentaire : j'ignore le nombre des rayons dont elle se compose, les individus que j'ai examinés ayant tous cette nageoire mutilée ou même complètement détruite. La caudale est longue, profondément échancrée et fourchue; ses deux lobes sont minces, triangulaires et pointus. Les ventrales, placées au-dessous des pectorales, sont de grandeur moyenne et ne présentent rien d'extraordinaire; bien différentes, comme on le voit, de celles de quelques autres vomers. Les pectorales sont très-longues et falciformes : leur bord est convexe et recourbé sur lui-même; l'inférieur est concave et très-sinueux. Du reste, le nombre des rayons est comme il suit :

D'. » D''. $\frac{1}{11}$. P. 18. V. 6. A. $\frac{1}{19}$. C. 18.

faitement comparables entre eux, savoir les deux périaux et les deux épiaux pour l'une, les deux paraaux et les deux cataaux pour l'autre; et c'est par la comparaison de ces parties qu'on peut nommer similaires, qu'on trouve, dans les vertèbres parvenues à leur maximum de composition, une homologie de la plus parfaite exactitude.

La différence entre ces deux manières de chercher des rapports, est celle-ci : dans la première, on agit *sur des organes complexes, sur des appareils entiers*, on agit, si je puis employer cette expression, *sur les masses*; dans la seconde, on opère seulement *sur les élémens des organes* : par la première, on trouve des homologies *de forme, de situation, de disposition*; par la seconde, on est conduit à des homologies *de formation, de composition*. Or, de même que la recherche des analogies, ou des ressemblances qui existent entre les mêmes parties, considérées chez divers animaux, n'est devenue véritablement scientifique que depuis quelques années, de même la recherche des homologies, ou des ressemblances qui existent entre diverses parties du même animal (sorte particulière d'analogies), ne deviendra peut-être scientifique à son tour, que lorsqu'elle sera faite dans le même esprit qui préside maintenant à la recherche des analogies, c'est-à-dire lorsqu'on cherchera les homologies entre les élémens des organes.

La ligne latérale est, dans sa partie postérieure, rectiligne et un peu plus éloignée du bord abdominal que du bord dorsal : vers le tiers postérieur du corps, elle se rapproche beaucoup plus encore de celui-ci, et forme une courbe demi-circulaire dont la convexité est tournée vers le dos, et dont l'extrémité antérieure est placée tout près et au-dessus de l'ouverture branchiale. Cette disposition est très-facile à apercevoir; mais on ne distingue souvent qu'avec quelque difficulté une petite ligne qui semble être une branche de la latérale, et qui s'étend depuis le point où celle-ci cesse d'être rectiligne jusqu'à celui où elle se termine. L'anus est placé vers le tiers antérieur du corps, au-dessous de l'insertion des pectorales, et, comme je l'ai déjà dit, en avant d'une lame osseuse verticale, dont la disposition est très-remarquable. Celle-ci, dont on peut donner une idée très-exacte en la comparant à un soc de charrue, se montre à l'extérieur sous la forme d'une petite plaque verticale, très-mince, assez étroite, cachée en grande partie dans un sillon profond, ou plutôt dans une cavité particulière, et faisant saillie, par son extrémité antérieure, de haut en bas et d'avant en arrière : elle est soutenue à l'intérieur par une longue tige osseuse, convexe antérieurement, mais creusée en arrière d'une large et profonde rainure, de forme demi-cylindrique. Cette tige me paraît résulter de la réunion des deux cataaux[1] de la

---

[1] *Voyez* Geoffroy Saint-Hilaire, *Mémoire sur la vertèbre* (Mémoires du Muséum royal d'histoire naturelle, tome IX).

première vertèbre post-abdominale, et pouvoir être comparée aux os en V ou furcéaux des cétacés et d'un grand nombre de mammifères. La lame verticale, vue dans son ensemble, représente un triangle isocèle, sur la base duquel la tige osseuse est perpendiculaire, et qui est divisé par elle en deux triangles rectangles, très-réguliers, dont le postérieur s'insère dans le quart inférieur de la rainure de la tige, et l'autre sur une crête que fournit inférieurement la face convexe de cette même tige. Celle-ci est articulée dans ses deux tiers postérieurs avec la grande apophyse inférieure de la première vertèbre post-abdominale, pièce qui résulte (suivant la théorie et la nomenclature de mon père[1]) de la soudure des deux paraaux, et qui, concave à sa face antérieure, convexe à sa face postérieure, est reçue par celle-ci dans la rainure de la tige des cataaux. Enfin, cette tige renferme dans son intérieur un petit canal cylindrique, ouvert par son extrémité supérieure, contenant des vaisseaux et probablement des nerfs, dont la paroi fait saillie dans le fond de la rainure. Telle est la disposition très-curieuse de la première vertèbre post-abdominale du vomer, disposition que présentent aussi, mais avec quelques différences, les vertèbres suivantes qui sont toutes, jusqu'à l'origine de la nageoire anale, terminées par de petites lames verticales, dont le bord inférieur est visible extérieurement.

Ces modifications singulières de la forme des ca-

[1] Geoffroy Saint-Hilaire, mémoire déjà cité.

taaux et des paraaux ne sont pas seulement très-curieuses sous le rapport anatomique : on peut supposer en effet qu'elles ne sont pas sans quelque utilité pour l'animal qui nous les a présentées. Il résulte en effet de la forme et de la direction de la lame post-anale, qu'elle peut être employée pour creuser dans la vase des sillons semblables à ceux tracés par le soc d'une charrue; et on peut dire même que le vomer ne peut nager le ventre appuyé sur la vase, sans y tracer un sillon à la vérité peu profond.

Le *vomer Alexandrinus* est généralement d'un blanc métallique sur le ventre et sur les flancs, et d'un violet-bleuâtre sur le dos, et il semble même, à cause de sa peau parfaitement lisse, recouvert d'une feuille d'argent. Il présente ainsi des couleurs très-semblables à celles de la plupart de ses congénères, dont plusieurs ont été, comme on le sait, comparés à la lune à cause de leur éclat argenté, et sont même connus sous le nom de *sélènes*. Sa taille est peu considérable : il a quelquefois huit ou neuf pouces de long, mais le plus souvent cinq ou six seulement. Ses proportions sont indiquées dans le tableau suivant :

Longueur totale (mesurée en ligne droite du bout du museau à l'origine de la nageoire caudale)............................	5po.	6lig.
Hauteur du corps (prise au niveau de l'origine de l'anale et de la deuxième dorsale)....	3	9
Longueur du bord antérieur du corps.....	2	2
——— du bord supérieur..........	2	»
——— du bord inférieur...........	2	9
——— du bord postérieur et supérieur...	2	11

Longueur du bord postérieur et inférieur...	2^{po.}	8^{lig.}
———— de la queue (depuis la fin des deux bords postérieurs du corps)...	»	8
Distance du bord antérieur à la fente branchiale...............	1	3
———— du bord antérieur à l'insertion des pectorales.............	1	6
———— du bord antérieur au niveau de l'insertion de l'anale et de la deuxième dorsale..............	2	3
———— du bord antérieur au bord antérieur de l'orbite............	»	3
———— du bord antérieur au bord postérieur.	»	8

C'est à Alexandrie que mon père s'est procuré cette espèce remarquable : les Arabes la connaissent sous le nom de *gemel el-bahr* ou chameau de mer, nom sous lequel une autre espèce est aussi désignée par eux. Il paraît que la chair du *vomer Alexandrinus* est assez délicate ; mais ce poisson est peu estimé en Égypte, sans doute à cause du peu de profit que l'on peut tirer de la chair d'une espèce chez laquelle, le corps se trouvant presque aussi aminci que la lame d'un instrument tranchant, les muscles sont nécessairement réduits à un très-petit volume.

§. VIII.

LES CARANX

(Poissons de la mer Rouge et de la Méditerranée, pl. 23 et 24, fig. 1, 2, 3 et 4).

Les quatre espèces du genre très-remarquable des caranx, qui sont figurées dans l'Atlas, se distinguent très-facilement entre elles par la forme générale de leur corps, par leur système dentaire, par la position de leur anus et par les modifications que présente l'armure de leur ligne latérale. C'est ce que montrera la description succincte que je dois présenter pour chacune d'elles.

LE CARANX SAUTEUR

(*Caranx petaurista*, Geoff. St-Hil., pl. 23, fig. 1 et 2).

Cette espèce a été figurée, mais d'une manière très-imparfaite, par M. de Lacépède[1], et décrite avec beaucoup d'exactitude par Forskael, sous le nom de *caranx rim* ou *speciosus*. Je me suis assuré, en effet, par un examen attentif, que tous les caractères de forme et de proportion assignés au rim par le voyageur, conviennent parfaitement au *caranx petaurista*, et j'ai même réussi à constater que le système de coloration du premier était aussi celui du second. Je suis parvenu, en faisant sécher lentement[2] la peau de l'un des individus rapportés par mon père, et conservés depuis près de trente ans dans l'alcool, à faire reparaître chez lui, pour quelques instans, ses couleurs primitives avec assez

---

[1] Voyez *Histoire naturelle des poissons*, t. III, pl. 1, fig. 1.

[2] J'ai plusieurs fois employé avec avantage ce procédé à l'égard des individus conservés dans la liqueur, lorsque l'alcool n'était ni trop fort ni trop faible. Après avoir tiré de son bocal le poisson dont je voulais faire reparaître les couleurs, j'avais soin de l'envelopper dans une serviette plusieurs fois repliée sur elle-même, pour ralentir la dessiccation de la peau : de cette manière et au moyen de quelques autres précautions, je voyais, au bout de quelque temps, les couleurs se reproduire avec assez de netteté, pour qu'il me fût possible d'en connaître avec exactitude la disposition, et quelquefois même la nuance.

de pureté pour qu'il m'ait été possible de les décrire. Le corps est généralement d'un jaune doré avec des bandes transversales noires disposées de la manière suivante : la première est placée au niveau de l'opercule ; les deux suivantes correspondent, l'une au commencement, l'autre à la fin de la dorsale épineuse ; la quatrième et la cinquième sont situées, l'une vers l'origine de la dorsale molle, l'autre un peu en arrière du premier rayon de l'anale, au point où la ligne latérale devient droite ; enfin, on en voit encore postérieurement deux autres, qui s'étendent de la région moyenne de la seconde dorsale à celle de l'anale. Ces bandes, toutes séparées les unes des autres par des intervalles égaux, étaient ainsi au nombre de sept ; mais il est possible qu'il en existât antérieurement une huitième au niveau de l'œil, et même en arrière une neuvième, vers la terminaison de l'anale et de la dorsale molle, comme l'indique la figure, d'ailleurs très-inexacte à plusieurs égards, que M. de Lacépède a donnée dans son grand ouvrage. Toutefois, je n'ai aperçu aucune trace de ces deux dernières bandes.

Les autres caractères spécifiques du caranx sauteur, consistent dans sa tête courte, triangulaire, très-élevée, terminée en bas par un bord presque rectili-

Lorsque la surface de la peau était complétement sèche, les couleurs se perdaient de nouveau : je pouvais alors, en mouillant le poisson, et en le faisant sécher avec les mêmes précautions, faire reparaître encore les couleurs : mais il est à remarquer que celles-ci se distinguaient alors moins nettement que la première fois, et que si je venais à recommencer quatre ou cinq fois de suite la même opération, elles semblaient entièrement effacées, et ne reparaissaient plus.

gne, en dessus par un bord convexe, très-oblique de haut en bas; dans son museau obtus; dans sa bouche, placée très-bas, entourée de lèvres charnues très-épaisses, revêtues d'une peau molle, couverte de petits tubercules; dans ses mâchoires courtes, sur lesquelles on ne distingue aucune dent; enfin, dans son corps terminé par deux bords si peu convexes, qu'ils paraissent presque parallèles depuis la fente branchiale jusqu'au niveau de la partie moyenne de la dorsale molle. L'anus, placé vers les deux cinquièmes antérieurs de la longueur totale, est assez rapproché de l'insertion des ventrales pour que l'extrémité de celles-ci le dépasse postérieurement. La ligne latérale, beaucoup plus rapprochée antérieurement du bord dorsal du corps que de l'abdominal, commence au-dessus de l'ouverture branchiale: elle ne tarde pas à se courber de haut en bas, en décrivant un arc dont la convexité est tournée supérieurement; mais elle est droite et occupe la région moyenne dans sa moitié postérieure. Sa carène est composée, dans la portion de la queue qui suit la fin de l'anale, de très-grandes plaques écailleuses, dont la plupart sont quadrilatères: mais celles-ci sont suivies de quelques autres écailles très-petites et qui ne sont pas sensiblement carénées; disposition assez remarquable, et qui place le *caranx petaurista* ou *speciosus* dans le sous-genre auquel M. Cuvier a donné le nom de *seriola*[1].

Le caranx sauteur (qui pourra être appelé *se-*

[1] Ce mot est le nom italien d'une espèce que M. Risso a découverte

riola speciosa) a les nageoires pectorales très-longues, falciformes, convexes à leur bord supérieur, concaves et échancrées en croissant à l'inférieur. Les ventrales, placées au-dessous de celles-ci, sont deux fois plus courtes et ne présentent rien de particulier ; il est seulement à remarquer que leur premier rayon, de même que celui des pectorales, est une épine très-courte, très-faible, très-grêle, et adhérente au bord de la première tige articulée. L'anale, un peu plus élevée à sa partie antérieure qu'à la postérieure, et légèrement échancrée, est composée de rayons branchus, dont le premier est très-fort, et d'une très-petite épine très-grêle et entièrement enveloppée dans la membrane de la nageoire. Cette épine, qui n'est pas visible à l'extérieur, est séparée par un petit intervalle de deux autres assez épaisses, mais très-courtes. Celles-ci sont dirigées en arrière, couchées sur le corps et reçues dans deux petits sillons de même forme qu'elles. Quant à la portion molle de l'anale, elle n'est point logée dans un sillon particulier, mais elle est protégée de chaque côté, à sa base, par un repli longitudinal de la peau. La caudale, profondément échancrée, a ses deux lobes pointus et très-allongés. La dorsale molle, qui commence au niveau de l'anus, et se termine, de même que l'anale, à peu de distance de l'insertion de la nageoire de la queue, ressemble à celle-ci par

---

dans la Méditerranée, et qu'il a dédiée à l'illustre auteur de la Zoologie analytique (Voyez *Icthyologie de Nice*). Il n'est pas inutile de remarquer que le *caranx Dumerilii*, type du sous-genre sériole, est une espèce différente à plusieurs égards du *caranx petaurista*.

sa forme et ses dimensions : elle est, comme elle, protégée à sa base par deux replis de la peau, et se compose de même d'un assez grand nombre de rayons branchus et d'une épine très-faible, très-grêle et à peine visible extérieurement. Cette épine est suivie de deux autres semblables à celles de l'anus, logées de même dans de petites cavités, et dont la plus antérieure est unie par sa base, au moyen d'une petite membrane, avec la première dorsale. Celle-ci, que reçoit, dans l'état de repos, une profonde rainure, se compose de cinq rayons, dont le second est le plus grand, et au-devant desquels se voit une épine assez forte, dirigée en avant et logée dans une petite cavité de même forme qu'elle.

La taille de cette espèce est communément de six à dix pouces : le plus grand des individus que j'ai examinés avait neuf pouces huit lignes du bout du museau à l'origine de la nageoire caudale, sur trois pouces de hauteur au niveau du bord postérieur de l'œil, trois pouces huit lignes vers l'insertion des pectorales, et trois pouces onze lignes au commencement de la dorsale molle; la tête mesurait en longueur deux pouces dix lignes, et les pectorales avaient un peu plus de trois pouces et demi.

Le *seriola speciosa* se trouve dans la mer Rouge, suivant Forskael, et il porte à Djidda le nom de *rim*. Je pense (mais sans en avoir une entière certitude) que les individus rapportés d'Égypte par mon père, viennent de Soueys. Je ne possède aucun renseignement particulier sur les mœurs de l'espèce.

LE CARANX LUNE

(*Caranx luna*, Geoff. St-Hil., pl. 23, fig. 3 et 4).

Cette espèce diffère principalement de la précédente par sa tête plus longue et plus fine, son museau plus aigu, ses mâchoires garnies d'une rangée de petites dents, son corps terminé par deux bords très-convexes, et son anus placé vers la moitié du corps, c'est-à-dire un peu plus en arrière. Le corps se trouve ainsi beaucoup moins élevé vers ses deux extrémités, et représente un ovale plus allongé, et les ventrales ne dépassent plus, et même n'atteignent pas, par leur extrémité, le niveau de l'orifice anal. La ligne latérale est, dans la première moitié, parallèle au bord dorsal, dont elle est assez rapprochée; mais elle devient ensuite rectiligne et occupe la région moyenne : elle est très-fortement carénée dans son tiers postérieur, principalement dans la portion arrondie de la queue, où les écailles qui forment la carène sont très-larges et armées d'une arête très-saillante. Il est à ajouter que la carène se continue jusqu'à l'insertion de la nageoire caudale, mais que ses dernières écailles sont très-petites.

Les ventrales paraissent chez le caranx lune un peu plus longues que chez le sauteur, et les pectorales sont, au contraire, sensiblement plus courtes : en outre, la caudale est encore plus profondément échancrée, et la dorsale épineuse plus longue. La dorsale molle et l'anale sont comme chez le *caranx petaurista*; mais les deux replis membraneux qui les protègent sont plus étendus que chez ce dernier, et peuvent les cacher en entier. Enfin, l'aiguillon qui précède la première dorsale, et qui est remarquable par sa direction antérieure, est à peine visible chez le *caranx luna* : au contraire, les deux épines qui occupent l'intervalle des deux nageoires du dos, et celles qui sont placées derrière l'anus, principalement la seconde d'entre elles, sont plus longues et plus fortes que dans l'espèce précédente.

Les caractères que je viens d'indiquer ne permettent pas de confondre le *caranx petaurista* et le *caranx luna*. Celui-ci présente d'ailleurs un système de coloration très-différent : le ventre et les flancs sont d'un blanc argenté sur lequel brille une raie longitudinale d'un jaune doré, et le dos est bleuâtre ; l'extrémité postérieure de l'opercule présente une tache noire assez irrégulière, et l'iris est nacré.

Cette espèce, que mon père s'est procurée à Alexandrie, et qui est connue dans cette ville sous le nom de *camar*[1], est à peu près de même taille que la précédente : l'individu qui a servi de type à ma description a huit pouces et demi du bout du museau à l'extrémité de la carène de la ligne latérale, et sa hauteur est de deux pouces et demi au niveau du bord postérieur de l'œil, de trois pouces un quart vers l'insertion des pectorales et de cinq un quart au commencement de la seconde dorsale. La longueur de la

---

[1] C'est-à-dire *lune*. Les pêcheurs du Kaire donnent aussi le nom de *camar* ou *lune* à un poisson du Nil, le serrasalme que mon père a décrit sous le nom de *serrasalmus citharus*. (*Voyez* ci-dessus, page 218.)

tête est de deux pouces et demi, et celle des pectorales, de deux pouces un tiers.

LE CARANX RONFLEUR

(*Caranx rhonchus*, Geoff. St-Hil., pl. 24, fig. 1 et 2).

Le caractère qui distingue le mieux le caranx ronfleur des espèces dont je viens de donner la description, c'est la forme très-allongée de son corps et de sa tête. Chez le *seriola speciosa*, la hauteur de la partie moyenne du corps est, à la longueur totale, à peu près :: 1 : 2; elle est, chez la lune, :: 1 : $2\frac{1}{2}$; et ce rapport augmente encore de beaucoup chez le ronfleur, où il est :: 1 : $3\frac{1}{3}$. Il résulte de ces différences de proportion, que le *caranx rhonchus* se rapproche, par ses formes générales, de la plupart des scombres, et particulièrement des maquereaux : néanmoins, il ressemble, par presque tous les détails de son organisation, aux espèces précédentes. Le corps a ses deux bords convexes en sens opposés; et la tête est triangulaire, et terminée en dessous par une ligne courbe, en dessus par une surface plane, sur le milieu de laquelle on remarque une petite carène longitudinale. Le museau est assez aigu, et les deux mâchoires, sensiblement égales entre elles, ont une rangée de dents coniques d'une extrême petitesse. La ligne latérale est, dans sa première moitié, parallèle au bord dorsal, dont elle est assez rapprochée : elle devient ensuite rectiligne, et occupe la région moyenne du corps. Sa carène est comme chez le caranx lune, avec cette différence qu'elle se prolonge antérieurement un peu plus loin. L'anus est un peu moins éloigné du bout du museau que de l'extrémité de la carène latérale : il est suivi presque immédiatement de deux épines assez fortes, logées dans un sillon particulier lorsqu'elles se replient sur l'abdomen, et réunies entre elles à leur base par une petite membrane. La nageoire anale, séparée des deux épines par un très-petit intervalle, et la dorsale molle qui commence un peu plus antérieurement que l'anale, sont comme chez le caranx lune ; seulement elles se prolongent un peu davantage en arrière : toutes deux ont, de chaque côté, un repli longitudinal qui protège et cache leur base ; mais il est à remarquer que les deux replis dorsaux sont très-peu étendus. La caudale est profondément échancrée : ses deux lobes sont allongés et pointus. Les pectorales, de même forme et de même grandeur que chez le *caranx luna*, sont doubles des ventrales. Enfin, la dorsale épineuse, au-devant de laquelle existe un aiguillon très-fin et dirigé antérieurement, se compose de sept rayons, tous réunis par une membrane qui les enveloppe presque jusqu'à leur extrémité [1], et logée, lorsque la nageoire est repliée, dans un sillon peu profond. Ces rayons sont très-inégaux entre eux : le second,

---

[1] Il arrive souvent que la membrane très-fine qui enveloppe ces rayons, se déchire : dans ce cas, les épines de la nageoire paraissent ou réunies seulement par leur base, ou même isolées, comme les représente la figure. Mais cette disposition, qui serait assez remarquable, n'existe pas chez les individus bien conservés, comme je m'en suis assuré, et elle n'est jamais que le résultat d'une déchirure.

le quatrième, et surtout le troisième, sont très-grands, et le dernier est très-petit. Il est à remarquer que celui-ci est très-rapproché de l'épine grêle qui forme le premier rayon de la dorsale molle; en sorte que les deux nageoires du dos se trouvent séparées seulement par un très-petit intervalle.

Cette espèce, qui vit, comme la précédente, dans la Méditerranée, est connue des Arabes d'Alexandrie sous le nom de *chakhoura* ou ronfleur : elle est généralement d'un blanc argenté avec le dos bleuâtre et une très-petite tache noire vers le haut du bord postérieur de l'opercule. Elle a communément de cinq à neuf pouces de longueur totale : l'individu qui a servi de type à ma description avait cinq pouces dix lignes du bout du museau à la fin de la carène caudale, sur une hauteur d'un pouce vers le bord postérieur de l'œil, d'un pouce cinq lignes au niveau de l'insertion des pectorales, et d'un pouce huit lignes au commencement de la seconde dorsale. La tête était longue d'un pouce et demi, et les pectorales d'un pouce huit lignes.

LE CARANX FUSEAU

(*Caranx fusus*, Geoff. St-Hil., pl. 24, fig. 3 et 4).

La ligne latérale présente dans ce caranx quelques caractères assez remarquables : courbe dans le premier tiers de sa longueur totale, droite dans sa seconde portion, elle se trouve antérieurement peu éloignée du bord dorsal du corps, sans lui être parallèle, et se rapproche ensuite de la région moyenne du corps. Sa carène a beaucoup d'étendue à-la-fois en largeur et en longueur : elle commence vers son tiers antérieur, et est formée, dans le tiers postérieur, de plaques très-larges et armées de crêtes très-saillantes. L'anus est placé vers les deux cinquièmes de la longueur totale, au niveau de la fin de la première nageoire du dos.

Le corps est généralement plus élevé que chez le caranx ronfleur; sa hauteur, mesurée au commencement de la seconde dorsale, est à sa longueur à peu près :: $1 : 2\frac{1}{4}$. La tête est un peu allongée et terminée par un museau assez obtus, et les mâchoires sont garnies d'une rangée de dents très-fines et très-nombreuses. Les nageoires, à quelques différences près dans le nombre des rayons, sont comme chez le caranx ronfleur; cependant les lobes de la caudale paraissent moins allongés, et les pectorales sont un peu plus larges.

Cette espèce, que mon père s'est procurée à Alexandrie, et que les Arabes connaissent sous le nom de *touggalé* (fuseau), est remarquable par sa belle couleur nacrée, qui se change, suivant l'inflexion des rayons lumineux, en une foule de nuances différentes, au milieu desquelles le vert brille principalement sur le dos, et le rose sur le ventre. L'iris est, comme les écailles, d'un blanc de nacre, et l'opercule présente, sur son bord postérieur, une petite tache noire. La nageoire caudale et la dorsale molle sont d'un vert-jaunâtre.

Le *caranx fusus* est un peu plus petit que le *ca-*

ranx rhonchus : il a communément de quatre à sept pouces de longueur totale. L'individu qui a servi de type à ma description, n'était pas complètement adulte, et n'avait que quatre pouces de l'extrémité du museau à la fin de la carène caudale, sur une hauteur de onze lignes vers le bord postérieur de l'œil, d'un pouce deux lignes au niveau de l'insertion des pectorales, et d'un pouce et demi au commencement de la seconde dorsale. La longueur de la tête est d'un pouce.

Le tableau suivant indiquera le nombre des rayons des nageoires chez les quatre caranx dont je viens de donner la description[1] :

Caranx petaurista. D′. $\frac{6}{6}.+\frac{2}{7}$. D″. $\frac{1}{20}$. P. $\frac{1}{20}$. V. $\frac{1}{6}$. A. $\frac{2}{7}.+\frac{1}{18}$. C. 17.
———— *luna......* D′. $\frac{6}{6}.+\frac{2}{7}$. D″. $\frac{1}{26}$. P. $\frac{1}{20}$. V. $\frac{1}{6}$. A. $\frac{2}{7}.+\frac{1}{23}$. C. 17.
———— *rhonchus..* D′. $\frac{7}{7}$. D″. $\frac{1}{10}$. P. $\frac{1}{19}$. V. $\frac{1}{6}$. A. $\frac{2}{7}.+\frac{1}{16}$. C. 17.
———— *fusus.....* D′. $\frac{1}{8}$. D″. $\frac{1}{24}$. P. $\frac{1}{21}$. V. $\frac{1}{6}$. A. $\frac{2}{7}.+\frac{1}{20}$. C. 19.

[1] Je n'ai point compté parmi les rayons de la première dorsale l'épine antérieure dont j'ai parlé, parce que, entièrement isolée, dirigée en avant, et logée dans un sillon particulier, elle ne peut guère être considérée comme faisant partie de la nageoire qu'elle précède.

§. IX.

LE MAQUEREAU A QUATRE POINTS

SCOMBER QUADRIPUNCTATUS

(Poissons de la mer Rouge et de la Méditerranée, pl. 24, fig. 5),

ET LE MAQUEREAU UNICOLORE

SCOMBER UNICOLOR

(Pl. 24, fig. 6).

Le maquereau à quatre points (*scomber quadripunctatus,* Geoff. St-Hil.) a le corps très-allongé et borné par deux lignes convexes en sens opposés, et la tête assez courte et de forme à peu près conique. Les nageoires pectorales sont placées au-dessus des ventratrales, et un peu en avant de la première dorsale : celle-ci, qui correspond au tiers antérieur de la longueur totale, est assez haute en avant, mais très-basse en arrière; son bord supérieur est concave et très-oblique de haut en bas, et son extrémité est séparée de la seconde dorsale par un intervalle assez étendu. Les fausses nageoires du dos sont au nombre de huit. L'anale, très-petite et triangulaire, est placée un peu plus en arrière que la dorsale molle, à laquelle elle ressemble par ses dimensions et ses formes : elle est suivie de sept fausses nageoires opposées aux sept dernières dorsales. La queue, très-mince, est terminée par une nageoire fourchue et dont les deux lobes sont triangulaires et pointus. L'anus est placé un peu en avant de sa nageoire, et vers les deux cinquièmes postérieurs de la longueur totale. La ligne latérale, beaucoup plus rapprochée du dos que du ventre, est flexueuse et commence vers le haut de la fente branchiale.

Les couleurs de cette espèce sont assez remarquables : le ventre et les flancs sont d'un blanc argenté, et le dos est d'un gris de plomb avec des taches noires longitudinales, un peu obliques, et dont quelques-unes se rencontrent deux à deux, par leur extrémité antérieure, de manière à former par leur réunion la figure de la lettre V : du reste, la disposition de ces taches est très-irrégulière et surtout très-variable. On remarque, au-dessous de la nageoire pectorale, quatre points placés à quelque distance l'un de l'autre, sur une seule ligne dirigée obliquement de bas en haut, et d'avant en arrière : ces points sont grisâtres. Les nageoires sont noirâtres, et l'iris est nacré.

Le nombre des rayons de la membrane branchiale et des nageoires est comme il suit :

B. 7. D'. 15. D''. 11. + 8. P. 27. V. 8. A. 13. + 7. C. 18. + 20.

C'est à Alexandrie que mon père s'est procuré le *scomber quadripunctatus* : l'espèce est connue dans cette ville sous le nom de *tenn*, c'est-à-dire plongeur. L'individu qui a servi de type à la figure avait environ quatorze pouces du bout du museau à l'origine de la caudale, et il est représenté dans la planche aux deux tiers de sa grandeur naturelle; mais le *tenn* parvient à une taille beaucoup plus considérable; il a même quelquefois plusieurs pieds de longueur totale.

Ces détails, les seuls qu'il me soit possible de donner sur le *scomber quadripunctatus*, sont extraits des notes prises en Égypte par mon père. Je n'ai pu me procurer ni cette espèce, ni celle figurée dans l'Atlas sous le nom de maquereau unicolore : ce que je regrette d'autant plus vivement à l'égard de cette dernière, que les notes de mon père, les seules sources où j'aie pu puiser avec confiance, ne m'apprennent rien à son égard, si ce n'est qu'elle est beaucoup plus petite que le *scomber quadripunctatus*, et qu'elle a été, comme lui, trouvée dans la Méditerranée.

§. X.

LES RAIES

(Poissons de la mer Rouge et de la Méditerranée, pl. 25-27).

Le grand genre des raies (*raia*) de Linné, a été subdivisé par MM. Cuvier et Duméril, et par quelques autres zoologistes, en plusieurs groupes, dont les principaux sont connus sous les noms de torpilles, de céphaloptères, de raies proprement dites, de pasténagues, de mourines et de rhinobates. Sept espèces appartenant à ces quatre derniers sous-genres ont été figurées dans l'Atlas[1], et je vais indiquer ici leurs

[1] Ces sept espèces du grand genre *raia* de Linné ne sont pas les seules qui existent dans la mer Rouge ou dans la partie égyptienne de la Méditerranée, et dont on eût pu donner dans cet ouvrage la figure et la description. On pêche assez communément, à Alexandrie et à Damiette, la torpille vulgaire ou torpille à cinq taches (*torpedo narke*, Riss.); espèce que Linné et la plupart des auteurs systématiques ont

principaux caractères, en prévenant que la mourine vachette, la mourine à museau échancré et le rhinobate sont les seules que je connaisse par mes propres observations, et que les détails que je donnerai sur les cinq autres sont tirés du registre des notes de mon père.

LA PASTÉNAGUE LIT

(*Trygon grabatus*, Geoff. St-Hil., pl. 25, fig. 1 et 2).

Rien de plus facile que d'indiquer la forme extérieure de la pasténague lit. En effet, le corps de cette raie représente un cercle parfait, dont la circonférence est formée en avant et sur les côtés par le bord des pectorales, et en arrière par celui des ventrales et confondue, sous le nom de *raia torpedo*, avec plusieurs de ses congénères, quoi qu'elle eût été distinguée beaucoup plus anciennement par Rondelet. Ce poisson, que ses propriétés électriques ont rendu si célèbre, est maintenant trop connu pour que je croie utile d'en donner ici une description, ou même de rappeler ses caractères spécifiques; et je me bornerai, à son égard, à renvoyer à l'ouvrage de Risso (*Icthyologie de Nice*, p. 18) ou à la figure de Bloch (pl. 122). Je ne décrirai pas non plus son organe électrique, dont l'anatomie a été donnée avec soin par Hunter (*Observations anatomiques sur la torpille*), par mon père (Mémoire sur l'anatomie comparée des organes électriques de la raie torpille, du gymnote engourdissant et du silure trembleur, *Annales du Musée*, tome 1), et par l'illustre auteur de l'Histoire naturelle des poissons (tome 1); mais je dois remarquer que cet organe, placé entre la tête, les branchies et les nageoires pectorales, et composé de petits tubes membraneux serrés les uns contre les autres, est entièrement différent par sa position comme par sa structure, de celui du malaptérure électrique du Nil : fait dont il serait inutile de faire ressortir la haute importance physiologique et physique.

Les Arabes d'Alexandrie connaissent la torpille sous le nom de *ráad* ou *raasch*, c'est-à-dire tonnerre ; et j'ai déjà dit, en traitant de l'histoire du malaptérure, que ce dernier a aussi reçu la même dénomination, malgré le soin qu'ils mettent ordinairement à distinguer par des noms différens les espèces qu'ils savent être différentes. J'ai également remarqué, dans le même article, que le *raia torpedo* de Forskael n'est point la torpille, mais bien le malaptérure électrique.

la base de la queue. Celle-ci, un peu moins longue que le disque du corps, est armée, en dessus, d'un aiguillon dentelé, et garnie, en dessous, d'une nageoire membraneuse qui commence au niveau de l'origine de l'aiguillon[1]. La peau est couverte d'étoiles rares et petites sur les ailes, assez abondantes près de la colonne vertébrale, très-nombreuses et très-grandes sur la queue. La face supérieure du disque est d'un gris-rosé, peu différent en beaucoup d'endroits de la couleur de chair, mais, sur d'autres, d'un gris presque pur : sa face inférieure est blanchâtre.

La pasténague lit, à laquelle les Arabes d'Alexandrie ont donné le nom de *farch* (lit), a communément de trois à six pieds de long, et quelquefois davantage. Les mesures suivantes prises sur un individu de six pieds de long, indiqueront d'une manière précise les proportions de l'espèce :

Distance de la partie antérieure du disque du corps à l'origine de la queue...	3pi.	4po.
Diamètre transversal du corps............	4	»
Longueur de la queue............	2	8
———— de l'éperon............	»	8
———— de la nageoire membraneuse de la queue............	1	3
Distance entre les yeux............	»	8
———— de la partie antérieure du corps à l'extrémité des nageoires ventrales............	3	9

[1] *Voyez*, pour cette disposition et pour les proportions de cette nageoire et de l'éperon, la figure 2 qui représente, de grandeur naturelle, la moitié terminale de la queue.

Distance de la partie antérieure du corps à la partie antérieure du crâne. . . . »pi 6po.
———— de la partie antérieure du corps à sa partie postérieure. 1 10

LA PASTÉNAGUE LYMME

(*Trygon lymma*, Geoff. St-Hil., pl. 27, fig. 1).

Cette seconde espèce de pasténague, qui paraît ne pas différer de celle décrite par Forskael sous le nom de *raia lymma*, est très-différente du *trygon grabatus*, et se rapproche beaucoup de la pasténague commune (*raia pastenacus*). Son corps, au lieu d'être circulaire, est quadrilatère, et présente trois angles à peu près droits, dont l'un termine en avant le disque, et dont les deux autres sont latéraux : le premier est formé par la rencontre des deux bords antérieurs entre eux, et les seconds résultent de l'union de chacun de ceux-ci avec le bord postérieur de son côté. Du reste, les deux bords postérieurs, de même longueur que les antérieurs, et, comme eux, presque exactement rectilignes, diffèrent de ceux-ci en ce qu'ils ne se réunissent pas entre eux : en effet, les nageoires pectorales ont, en arrière, leur extrémité arrondie, et sont séparées l'une de l'autre par la base de la queue et par les ventrales. Les ailes se trouvent ainsi chez le lymme beaucoup moins étendues que chez la pasténague lit, et d'une forme très-différente. Le prolongement caudal présente des variations non moins remarquables; il est très-large et très-gros vers son origine, et d'une épaisseur moyenne jusqu'au niveau de l'insertion de son aiguillon dentelé, c'est-à-dire jusqu'à son tiers antérieur, mais très-grêle et comprimé dans sa dernière portion : de plus, il est près de deux fois aussi long que le disque, et se trouve garni de deux membranes très-petites et très-basses, dont l'une, qui occupe sa face supérieure, commence un peu après l'insertion de l'aiguillon, et dont l'autre, placée inférieurement, commence un peu plus près du disque du corps. Enfin, la peau offre, chez le *trygon lymma*, un aspect très-différent de celui qu'elle avait dans l'espèce précédente ; elle est lisse et ne présente ni tubercules ni aspérités : le dessous du corps est blanchâtre, et le dessus est d'une couleur d'airain sur laquelle se distinguent des taches irrégulières bleu de ciel.

La pasténague lymme est beaucoup plus petite que la plupart des raies : elle a généralement moins de deux pieds en comprenant la queue qui forme à elle seule près des deux tiers de la longueur totale, ainsi que je l'ai déjà indiqué.

Cette espèce, connue à Alexandrie sous le nom d'*outouata*, habite la Méditerranée, où elle se nourrit principalement de crabes : elle se tient ordinairement dans le voisinage des côtes, et se trouve aussi à l'embouchure du Nil. Si, comme le pense mon père, et comme il est très-vraisemblable[1], l'*outouata* ne

---

[1] Forskael, dans sa *Faune arabique*, caractérise ainsi le *raia lymma* : *Corpore lœvi testaceo, maculis cœruleis, caudâ pinnatâ ; aculeo unico.* — Voyez, au sujet de cette espèce, le *Règne animal*, tome II, page 137, note 1, où se trouvent indiquées plusieurs rectifications importantes de synonymie.

diffère pas du *raia lymma* de Forskael, l'espèce existerait aussi dans la mer Rouge, et serait le *lymma* des Arabes de Lohaja.

LA MOURINE A MUSEAU ÉCHANCRÉ [1]

(*Myliobatis marginata*, Geoff. St-Hil., pl. 25, fig. 3 et 4).

Cette espèce est l'une des plus remarquables du genre des mourines (*myliobatis*, Dumér.), et se distingue très-facilement par la forme de sa tête. Celle-ci, à demi saillante hors des pectorales, représente un carré assez régulier, dont le bord antérieur est légèrement échancré, et dont les latéraux (sur lesquels les pectorales prennent insertion en arrière), présentent en avant les yeux qui se trouvent très-saillans et placés tout-à-fait extérieurement. La bouche, qui est, comme à l'ordinaire, une fente transversale, placée à la face inférieure du disque, et assez reculée en arrière, se trouve ainsi séparée du bord antérieur du museau par un espace assez large et irrégulièrement quadrilatère, où se remarquent trois replis membraneux dont la disposition est assez remarquable : les deux plus grands [2], formés en grande partie par un cartilage aplati, sont presque demi-circu-

---

[1] C'est cette mourine que M. Cuvier a indiquée de la manière suivante : *Une espèce nouvelle des côtes d'Égypte, à museau échancré, à dents hexagones presque égales.* (Voy. *Règne animal*, t. II, p. 138, note 1.) — Cette phrase indicative, quoique très-courte, peut suffire pour distinguer le *myliobatis marginata* de tous ses congénères.

[2] *Voyez* figure 4. — Cette figure représente la tête vue en dessus (et non pas en dessous, comme il est dit par erreur sur la planche) : elle montre, en avant, les deux replis demi-circulaires dans l'état d'abaissement, et, sur les côtés, les yeux et les ouvertures des évents. On remarque aussi, au-dessus, une fossette qui occupe la partie centrale du crâne.

laires, libres en dehors et en haut, adhérens en dedans et en bas, enfin séparés l'un de l'autre par un léger sillon, qui se continue en avant avec une échancrure semblable à celle du museau, et lui correspondant assez exactement. Le troisième repli, de forme trapézoïdale, et libre latéralement et en arrière, s'étend de la base des premiers à la bouche : son bord postérieur, finement dentelé sur toute sa longueur, est parallèle à la fente buccale et contigu aux dents antérieures de la mâchoire supérieure. L'usage des deux premiers de ces replis est assez difficile à indiquer ; le troisième recouvre, protège et peut au besoin boucher les narines que l'on aperçoit à sa base. Ce sont des ouvertures assez larges, de forme ovale, plus étendues transversalement que d'avant en arrière, et si peu profondes que les branchies olfactives[1] sont tout-à-fait superficielles, et se distinguent à l'extérieur dès qu'on a soulevé le repli en trapèze et enlevé une petite lame écailleuse, ovale, qui recouvre immédiatement chacune d'elles. Les dents plates et comparables à des pavés[2], comme chez les autres mourines, sont généralement hexagonales, celles de la ligne médiane étant deux fois plus larges que longues, et les latérales représentant des hexagones réguliers.

[1] *Voyez*, pour l'explication de ce terme, Geoffroy Saint-Hilaire, *Mémoire sur la structure et les usages de l'appareil olfactif chez les poissons*, lu à l'Académie royale des sciences le 31 octobre 1825 (*Ann. des sciences nat.*, novembre 1825).

[2] C'est ce caractère remarquable qui a fourni à l'illustre auteur de la *Zoologie analytique*, le nom de *myliobatis* (de μυλη, meule, et βατὸς, raie).

Les ailes ne sont pas très-étendues chez la mourine à museau échancré : chacune d'elles est triangulaire, terminée par trois bords presque égaux entre eux, dont l'interne correspond à la ligne d'insertion des pectorales sur le disque du corps, et s'étend presqu'en ligne droite de l'œil à la nageoire ventrale, et dont les externes sont libres, et non rectilignes, le postérieur étant concave sur toute sa longueur, et l'antérieur concave en dedans, convexe en dehors : du reste, les angles externe et inférieur du triangle, et surtout ce dernier, sont arrondis. Les ventrales, qui représentent des quadrilatères à angles arrondis, occupent l'intervalle compris entre les deux pectorales, derrière lesquelles elles se prolongent aussi un peu; mais elles sont elles-mêmes, comme à l'ordinaire, séparées par la base de la queue. Celle-ci, très-longue, très-grêle, presque filiforme, mais cependant un peu comprimée, présente à sa base une petite nageoire demi-circulaire, et un peu plus en arrière une épine aplatie, assez courte, mais très-forte et finement dentelée sur ses bords.

La couleur de cette espèce très-remarquable est facile à indiquer : la face ventrale du corps est généralement d'un blanc assez pur, et la face dorsale a la nuance et même les reflets du bronze. Les ailes sont à peu près de même couleur que le corps; seulement elles sont, en dessus, de même que les ventrales, d'un rose assez pur vers leur bord. La queue est verdâtre dans presque toute son étendue, mais son épine est rose. Il est à ajouter que la peau est généralement nue et lisse.

La mourine à museau échancré a été découverte par mon père à Alexandrie, où elle porte le nom de *baghara*[1]. Il paraît qu'elle atteint des dimensions assez considérables, comme la plupart de ses congénères; mais je n'ai vu que des individus de très-petite taille, comme le montrent les mesures suivantes que j'ai prises sur le plus grand d'entre eux :

	pi.	po.	lig.
Longueur totale.	1	6	»
Distance de l'extrémité d'une aile à celle de l'autre.	»	9	»
Longueur du bord supérieur de l'aile (prise en ligne droite).	»	5	»
——— du bord inférieur (prise en ligne droite).	»	4	6
——— du bord interne.	»	4	6
Distance du bout du museau à l'origine de la queue.	»	5	6
Longueur de la queue.	1	»	6
——— de la nageoire dorsale.	»	»	8
Hauteur de la nageoire dorsale.	»	»	5
Longueur des ventrales.	»	1	»
Largeur des ventrales.	»	»	9
Longueur de l'aiguillon de la queue.	»	»	10
Distance de l'origine de la queue à l'aiguillon.	»	1	»
Largeur de la tête (ou distance d'un œil à l'autre).	»	1	10
——— de la bouche et du bord postérieur du repli en trapèze.	»	1	3
——— du bord antérieur du repli en trapèze.	»	»	10
——— de chacun des replis demi-circulaires.	»	»	9

[1] Le même nom est aussi donné, dans l'Égypte supérieure, à un poisson du Nil qui paraît être le bayad ou le docmac.

LA MOURINE VACHETTE

(*Myliobatis bovina*, Geoff. St-Hil., pl. 26, fig 1).

Cette espèce, très-voisine du nari-nari de Marc Grave[1] (*raia narinari*, L.), et de l'aigle (*raia aquila*, L.), est très-facile à distinguer de la précédente par sa tête allongée, terminée par un museau triangulaire, et enveloppée seulement par les ailes dans son tiers postérieur. Par l'effet de l'allongement du museau, la bouche se trouve proportionnellement beaucoup plus reculée en arrière; et il en est de même des narines : du reste, celles-ci sont, comme chez la mourine à museau échancré, recouvertes par un large repli membraneux, qui représente assez exactement un trapèze, mais dont le bord postérieur, au lieu d'être entier et rectiligne, est échancré et concave. Les analogues des replis demi-circulaires n'existent pas. Le système dentaire de l'espèce ne m'est pas connu[2].

Les pectorales, moins larges que chez la plupart des raies, sont de même forme que dans l'espèce précédente; et il en est de même de la petite dorsale qui paraît seulement un peu plus reculée que chez celle-ci : mais les ventrales, de forme oblongue, sont sensiblement plus étendues. La queue, armée d'un aiguillon placé à sa partie antérieure et supérieure, est très-longue, très-grêle, quadrangulaire et ru-

---

[1] *Voyez* chap. xiv du liv. v.
[2] La mourine vachette doit-elle réellement être considérée comme une espèce distincte? Ne la connaissant que par l'examen d'un seul individu desséché et très-mal conservé, je me borne à la décrire sous le nom qu'elle porte dans l'Atlas, sans chercher à résoudre cette question.

gueuse : on remarque aussi des aspérités sur la tête ; mais le corps est généralement lisse et uni. La face supérieure du disque est d'un noir assez foncé, et l'inférieur, d'un blanc mat.

Cette espèce, qui habite la Méditerranée, et que mon père s'est procurée à Alexandrie, parvient à des dimensions assez considérables. Les mesures suivantes ont été prises sur un individu de près de trois pieds et demi de long :

Longueur du corps (depuis le bout du museau jusqu'à l'origine de la nageoire dorsale).........	1$^{pi.}$	"$^{po.}$	6$^{lig.}$
——— de la queue............	2	3	7
Largeur du corps et des ailes.........	1	8	9
Longueur du bord antérieur des pectorales.	"	10	10
——— du bord postérieur (mesurée en ligne droite)..........	"	9	8
Largeur du museau.............	"	2	"
——— de la tête, ou distance entre les yeux...............	"	2	6
Longueur de la nageoire dorsale......	"	1	6
——— de l'éperon............	"	1	2

LA RAIE A BANDES

(*Raia virgata*, Geoff. St-Hil., pl. 26, fig. 2 et 3).

Cette espèce, qui vit dans la Méditerranée, et qui est connue à Alexandrie sous le nom de *boufe*, est remarquable en ce qu'elle n'a que quatre ouvertures branchiales, et qu'elle manque de nageoire caudale. Ses yeux sont placés très-près de ses évents, et son museau est terminé par un appendice cartilagineux, soutenant la peau qui excède le museau et occupe l'espace compris antérieurement entre les deux nageoires pectorales : cet espace, rempli à l'intérieur par une sorte de mucus transparent, représente assez exactement un rectangle, en arrière duquel on remarque deux autres espaces beaucoup plus grands, dont le premier est irrégulièrement circulaire, et le second à peu près ovale. Ces deux espaces, dont on aperçoit extérieurement les limites sur les deux faces du disque, comprennent les organes des sens, la bouche, le cœur, les branchies et les organes abdominaux, et laissent entre eux, vers le point de leur réunion, un intervalle dans lequel les plus grands rayons des pectorales prennent insertion sur les côtés du corps.

Les nageoires ventrales sont de forme allongée : les pectorales, de grandeur moyenne, ont leur angle externe arrondi, et leurs deux bords externes presque rectilignes ; elles sont assez éloignées l'une de l'autre en avant et en arrière, mais très-rapprochées vers leur région moyenne, dans l'intervalle que la partie circulaire et la partie oblongue du corps laissent entre elles vers leur réunion. Il y a deux petites nageoires dorsales vers l'extrémité de la queue : l'antérieure est plus courte et plus haute, la postérieure plus longue et plus basse : toutes deux sont de forme triangulaire. Il n'y a point de caudale proprement dite, mais seulement une petite expansion membraneuse qui borde la queue à partir de la seconde dorsale [1].

[1] *Voyez* fig. 3.

Toute la peau est, en dessus, très-rugueuse et très-rude, et on remarque de gros tubercules épineux au-devant des yeux, de même que sur le milieu du dos, où ils sont placés en ligne. La queue, qui présente aussi sur sa face supérieure une série de tubercules semblables à ceux du dos, est hérissée, en dessus et latéralement, de petits piquans. Tout le dessous du corps est lisse et blanchâtre : le dessus est d'une nuance qui tire sur la couleur de chair, mais qui est un peu plus foncée; et on remarque sur les nageoires pectorales une tache circulaire, jaune au centre et noire à la circonférence, placée près du corps, vers l'endroit où elles ont le plus de largeur, et quelques lignes obscures, dont la figure indique parfaitement la distribution [1].

Chez cette espèce, le disque du corps, qui est à peu près de même longueur que la queue, et qui a un peu plus d'étendue transversalement que d'avant en arrière, représente dans son ensemble un quadrilatère à côtés à peu près égaux et à angles très-arrondis.

L'individu figuré dans la planche 26 est représenté de grandeur naturelle : le disque du corps a quatre pouces et demi de long sur cinq pouces et demi de large; mais l'espèce parvient à des dimensions beaucoup plus considérables, et atteint, au dire des pêcheurs, une taille de trois à quatre pieds [2].

---

[1] *Voyez* fig. 3.
[2] Je ne possède aucun renseignement sur l'espèce représentée dans l'Atlas sous le nom de raie bi-oculaire, *raia bi-ocularis* (planche 27, fig. 2); et je crois devoir me bor-

LE RHINOBATE LABOUREUR

(*Rhinobatus cemiculus*, Geoff. St-Hil., pl. 27, fig. 3).

Le poisson figuré sous ce nom dans l'Atlas, a tous les caractères assignés par M. de Lacépède à la raie Thouin, et doit ainsi, suivant la détermination de M. Cuvier, être considéré comme une simple variété du *raia rhinobatus* de Linné. Je ne vois, en effet, entre le *rhinobatus cemiculus* de l'Atlas et le *raia rhinobatus*, tel que le décrivent la plupart des icthyologistes, qu'une seule différence : c'est que, chez celui-ci, la série des tubercules épineux du dos se termine en avant de la première dorsale[1], et qu'elle se prolonge chez le *rhinobatus cemiculus* de l'Atlas, presque jusqu'à la seconde. Au reste, je dois ajouter que ce caractère peut être regardé comme de peu de valeur, non pas qu'il soit peu important en lui-même, mais parce que la grandeur et le nombre des épines placées entre les deux nageoires, est susceptible de nombreuses variations d'un individu à l'autre.

Le rhinobate parvient, comme la plupart de ses congénères, à une grande taille[2]; mais l'individu que j'ai examiné n'avait que six pouces et demi du bout du museau à l'anus, et neuf, de l'anus à l'extrémité de la nageoire caudale : sa largeur était de cinq pouces un quart vers le milieu du disque du corps,

---

ner, à l'égard de ce poisson, à renvoyer à la planche, me trouvant dans l'impossibilité de rien ajouter à ce que peut apprendre la seule inspection de la figure.

[1] *Serie aculeorum dorsali ante primam dorsi primum desinente.* (Voyez *Syst. nat.*)

[2] Mon père a vu à Damiette des individus qui avaient trois pieds et

de trois pouces et demi au niveau des yeux, et d'un pouce et demi à l'origine de la queue.

Ces mesures suffisent pour faire connaître les proportions de l'espèce, dont les formes sont aussi assez faciles à indiquer. Les pectorales, qui commencent vers les yeux, et se terminent au niveau de l'anus, sont petites et à peu près demi-ovales; mais leur bord, sensiblement rectiligne dans la moitié antérieure, n'est convexe que postérieurement. Elles sont séparées en arrière des ventrales par un petit intervalle, et très-éloignées l'une de l'autre en avant, où elles laissent entre elles un grand espace rempli par une large expansion membraneuse : celle-ci, soutenue par deux tiges cartilagineuses parallèles entre elles, et contenant à l'intérieur une substance analogue à celle qui existe chez tous les rhinobates et chez plusieurs autres raies, est très-prolongée en avant, et forme, par la rencontre de ses deux côtés qui se réunissent sous un angle de quarante-cinq degrés environ, une pointe assez fine, mais arrondie.

Les yeux, de même diamètre que les évents, sont très-rapprochés de ceux-ci : ils sont placés, sur la face supérieure du disque, au même niveau où se trouve, sur l'inférieur, l'ouverture buccale. Les narines, situées un peu plus antérieurement, sont des ouvertures peu étendues d'avant en arrière, mais dont la largeur transversale est très-considérable : elles sont d'ailleurs très-peu profondes, en sorte

demi de long; et on lui a assuré souvent du poids de vingt-cinq qu'à Dibé, on en trouvait assez livres.

que les branchies olfactives sont placées très-superficiellement, et s'aperçoivent très-bien à l'extérieur, surtout lorsqu'on a soulevé de petits appendices cutanés, au nombre de deux de chaque côté, dont l'un naît du bord supérieur des narines, et l'autre du bord inférieur, et qui tous deux recouvrent et bouchent en partie leur orifice. Les dents, très-petites, très-serrées et très-nombreuses, ressemblent à des pavés de forme arrondie, disposés très-régulièrement en quinconce.

Les nageoires ventrales sont de forme allongée et terminées en une pointe très-fine : leur bord externe est arrondi ; l'interne, libre seulement dans sa dernière portion, est rectiligne. Ce dernier donne insertion à un petit appendice membraneux, soutenu par une forte arête de forme allongée, mais un peu aplatie, et qui n'existe que chez les mâles [1].

La queue est généralement très-épaisse et très-grosse, mais déprimée et bordée de chaque côté, sur presque toute sa longueur, par un petit repli membraneux qui l'élargit encore. Au contraire, elle est très-comprimée dans toute la portion qui donne insertion à la nageoire caudale : celle-ci consiste dans une lame verticale, arrondie à son extrémité, qui entoure la queue dans son dernier quart, en s'insérant sur ses bords supérieur et inférieur, et se pro-

---

[1] *Voyez* Geoffroy Saint-Hilaire, *Note relative aux appendices des raies et des squales*, extraite d'un Mémoire sur les organes sexuels. Cette note, publiée d'abord dans le troisième volume de la Décade égyptienne, a été réimprimée dans le second volume de la Philosophie anatomique. — *Voyez* ci-dessus, page 363, *note*.

longeant en une pointe arrondie au-delà de son extrémité. Les deux dorsales triangulaires, terminées par trois bords, dont le supérieur est convexe, le postérieur concave, et l'inférieur rectiligne, sont à-la-fois et de même forme et de même grandeur : elles sont, du reste, assez éloignées l'une de l'autre, la première étant placée à égale distance de l'anus et de l'origine de la caudale, et la seconde occupant le milieu de l'intervalle que laissent entre elles ces deux dernières nageoires.

La ligne médiane du dos est marquée chez le rhinobate par une série de fortes épines coniques et dirigées en arrière, qui commence presqu'au niveau des évents, et se termine vers la base de la première dorsale. On remarque aussi de semblables aiguillons au-devant de l'orbite, en dedans des évents, sur les épaules et sur la ligne médiane, entre les deux dorsales; et tout le reste du corps, de même que la queue et les nageoires, sont couverts de petits piquans ou de petits tubercules dirigés d'avant en arrière, qui ne sont pas toujours visibles à l'œil, mais dont le toucher démontre facilement l'existence. Les plus petits sont ceux de la partie inférieure du corps, qui semble revêtue d'une peau lisse et unie, mais qui est réellement couverte d'une multitude de petites aspérités que l'œil aperçoit avec beaucoup de peine, mais que l'on sent très-distinctement lorsqu'on promène le doigt d'avant en arrière, sur le ventre et les nageoires de l'animal.

Le laboureur présente un système de coloration

analogue à celui de la plupart des raies : la face supérieure du disque que forme le corps, est brune, et l'inférieure, blanchâtre. L'iris est d'un jaune très vif.

Cette raie habite, comme les précédentes, la Méditerranée, et se trouve assez communément à l'embouchure du Nil et dans le lac Menzaleh. Elle est bien connue des pêcheurs de Damiette et d'Alexandrie; elle porte dans cette dernière ville le nom de *laboureur*[1], à cause de l'habitude qu'elle a de fouiller avec son museau dans la vase pour y chercher sa nourriture. Du reste, la chair de cette espèce est peu estimée, et la dernière classe du peuple est presque la seule qui ne la dédaigne pas entièrement.

---

[1] Le rhinobate porte deux noms à Damiette : on l'appelle tantôt *chapdin* et tantôt *khardoun*; peut-être l'un de ces mots s'applique-t-il plus particulièrement aux jeûnes, et l'autre aux individus de grande taille.

DESCRIPTION
DES
CROCODILES D'ÉGYPTE,

Par M. GEOFFROY SAINT-HILAIRE,
MEMBRE DE L'INSTITUT.

Dès les temps les plus reculés, alors que les habitudes des animaux paraissaient avoir un caractère de manifestation divine, et que, fournissant de pieux motifs pour l'assujettissement et le gouvernement des peuples, elles étaient soigneusement étudiées et recueillies, le crocodile fut recherché, honoré, et conséquemment bien observé par les classes intelligentes et supérieures de la société. Il avait suivi le Nil quand ce fleuve, brisant ses antiques barrières, traversa le flanc des montagnes granitiques pour former avec ses alluvions, au-delà de ces mêmes montagnes, dites de Syène aujourd'hui, le sol de la vallée de l'Égypte. Les ravages du plus grand des animaux aquatiques, répandant partout l'épouvante et la mort, le firent regarder comme un instrument des vengeances célestes : un sentiment stupide et superstitieux fit le

* *Voyez* ci-dessus, page 13.

succès de ces croyances. Voilà comment le pouvoir malfaisant d'une bête cruelle parvint à troubler la raison et à surprendre les hommages d'un peuple abusé.

Ceci existait en Égypte, dans un âge dont nous reportons l'antiquité au-delà des temps historiques; et, en effet, cet objet d'épouvante et d'horreur y avait dès-lors obtenu les hommages d'une servile adoration. A une nation profondément pénétrée de l'esprit religieux, il avait été facile de persuader que la Divinité s'était comme disséminée, et se manifestait partout où apparaissaient les phénomènes de la vie. Ainsi le crocodile fut compté et rangé parmi les animaux sacrés : des prêtres en prirent soin, l'élevèrent et le nourrirent dans leurs temples.

Ce fut à cette époque qu'un des plus beaux génies de la Grèce vint visiter les peuples répandus dans la vallée du Nil. Hérodote nous les fait connaître dans son ouvrage, monument précieux et éternel pour les nations qui se succéderont sur la terre. Développant les systèmes religieux des peuples de l'Égypte, il fut insensiblement engagé dans l'histoire de leurs animaux, et celle du crocodile, l'un des plus mêlés à la théogonie égyptienne, fixa plus particulièrement son attention.

L'œuvre d'Hérodote est tellement complète à cet égard, qu'elle nous arrête tout d'abord. Les anciens, dont le génie n'était point entravé par des idées toutes faites de psychologie, ont porté au plus loin l'observation des mœurs, quand les modernes, pour avoir trop donné à la crainte d'être dupes de leur crédulité, y furent très-réservés. Confians dans cette remarque, nous serons donc très-attentifs à ce qu'Hérodote nous a transmis concernant le crocodile; et nous ne craindrons point de commencer la description de cette espèce par transcrire en son entier ce que ce philosophe lui a consacré dans le magnifique monument qu'il a élevé à la gloire des lettres. Le crocodile ne se laisse point approcher; par conséquent plusieurs de ses habitudes, que la sagacité et la finesse d'esprit des anciens leur ont fait découvrir, en reçoivent plus de prix : et quelques-unes de ces habitudes, en effet, nous resteraient à connaître, si l'observation n'en avait été facilitée ou communiquée à Hérodote. Que de raisons, par conséquent, de suivre un tel guide, dans les écrits duquel il règne d'ailleurs un sentiment du vrai, un ton de candeur, et un faire de couleur antique, effectivement bien propres à justifier notre détermination.

Une controverse assez vive s'est néanmoins élevée sur le récit d'Hérodote touchant le crocodile; mais, heureusement, je puis y intervenir utilement, les circonstances m'ayant assez favorisé pour me remettre en mains les pièces du procès. En reprenant et en examinant à part chaque article, je n'aurai pas seulement donné un commentaire utile, mais j'aurai insensiblement reproduit tous les faits de l'histoire de l'animal; peut-être aussi aurai-je réussi à rendre plus accessible au goût du lecteur cette même histoire, par la forme que j'ai adoptée, inusitée sans doute, mais rendue plus piquante par son caractère de variété. Et, dans tous les cas, j'ai la conviction d'arriver à cette conséquence, que, si l'on ne s'est pas toujours bien entendu, les dissentimens ont roulé moins sur des erreurs de faits concernant la nature des choses, que sur la manière de comprendre les faits observés, de les expliquer comme doctrine, et de les exposer avec précision et clarté.

Or, voici comme s'exprime Hérodote au sujet du crocodile dans l'exacte et élégante traduction de l'ancien conseiller d'état M. Miot :

« Je vais parler actuellement des mœurs des crocodiles. Pendant les quatre mois d'hiver, ces animaux ne prennent aucune nourriture. Le crocodile, quoique quadrupède, vit également à terre et dans l'eau, mais il pond toujours ses œufs sur le sable, où ils éclosent. Il passe la majeure partie du jour à sec, et la nuit tout entière dans le fleuve, dont l'eau a une température plus chaude que n'est alors celle de l'air et de la rosée. De tous les animaux que nous connaissons, le crocodile est celui sans doute dont l'accroissement est le plus extraordinaire. Ses œufs ne sont pas beaucoup plus grands que ceux d'une oie, et il en sort par conséquent un animal proportionné; cependant, cet animal, en grandissant, atteint jusqu'à dix-sept coudées de longueur, et quelquefois davantage. Il a les yeux d'un cochon, les dents saillantes en dehors, et très-grandes dans la proportion de son corps. Il est le seul de tous les animaux qui n'ait point de langue, le seul aussi dont la mâchoire inférieure ne soit pas mobile, et qui fasse au contraire retomber la mâchoire supérieure sur l'inférieure. Il a des ongles extrêmement forts, et une peau écailleuse qui est impénétrable sur le dos. Il voit mal dans l'eau, mais en plein air sa vue est très-perçante. Comme il se nourrit particulièrement dans le Nil, il a toujours l'intérieur de la gueule tapissé d'insectes qui lui sucent le sang. Toutes les espèces d'animaux terrestres ou d'oiseaux le fuient; le trochilus seul vit en paix avec lui, parce que ce petit oiseau lui rend un grand service; toutes les fois que le crocodile sort de l'eau pour aller sur terre, et qu'il s'étend la gueule entr'ouverte (ce qu'il a coutume de faire en se tournant vers le vent du midi), le trochilus s'y glisse et avale tous les insectes qui s'y trouvent : le crocodile, reconnaissant, ne lui fait aucun mal. (Article LXVIII.)

« Les crocodiles sont sacrés dans quelques parties de l'Égypte, et ne le sont pas dans les autres, où on les poursuit même en ennemis. Les Égyptiens qui habitent les environs de Thèbes et du lac Mœris, sont fermement persuadés que ces animaux sont sacrés, et nourrissent habituellement un crocodile qu'ils sont parvenus à apprivoiser; ils ornent ses oreilles d'anneaux d'or ou de pierres vitrifiées, et ses pieds de devant de bracelets. Ils ne lui donnent à manger qu'une certaine quantité déterminée d'alimens, soit de pain, soit de la chair des victimes. Ils l'entretiennent ainsi avec le plus grand soin pendant sa vie, et l'enterrent après sa mort dans des cellules consacrées. Les habitans d'Éléphantine se nourrissent au contraire de la chair des crocodiles; et sont loin de les considérer comme sacrés. Du reste, le nom de cet animal, en égyptien, n'est point crocodile, mais *champsa*; ce sont les Ioniens qui lui ont donné le nom de crocodile, par la ressemblance de sa forme avec celle des lézards que l'on voit sur les murailles, et qu'ils nomment ainsi. (Article LXIX.)

« Il y a plusieurs manières de chasser ces animaux; mais je me bornerai à décrire celle qui me paraît la plus remarquable. Après avoir attaché à un hameçon le dos d'un porc, et l'avoir jeté au milieu du fleuve, les chasseurs se placent sur la rive, et frappent un petit cochon qu'ils ont apporté avec eux. Le crocodile, entendant les cris de l'animal, se dirige vers le lieu d'où vient la voix, et, rencontrant dans son chemin l'appât qui a été tendu, l'avale avec l'hameçon. Alors les chasseurs le tirent à eux, et, lorsque le crocodile arrive sur la terre, un d'entre eux, avant tout, s'avance et enduit les yeux de l'animal d'argile délayée qu'il a préparée : avec cette précaution, on vient facilement à bout du reste; autrement il en coûterait beaucoup de peine. » (Article LXX, Hérodote, Euterpe, livre II; traduction nouvelle, par A.-F. Miot, chez Firmin Didot, à Paris, rue Jacob, n°. 24, 1822.)

Étant en Égypte, j'avais continuellement ces détails dans la pensée; à chaque occasion de les vérifier, je l'ai fait avec empressement, ou mieux j'allais au-devant par des recherches attentives et par des questions multipliées, adressées à des hommes vivant sur le Nil, et auxquels le commerce de la pêcherie avait donné une grande expérience. Je suivais ainsi des indications, je recueillais quelques clartés, qui, bien qu'après vingt siècles, m'arrivaient cependant toujours instructives et vives. Et, en effet, sans elles, eussé-je jamais songé à constater les intimités, toutefois bien réelles du crocodile et du trochilus? Qui ne sait que, sans avoir rien compris à ce passage, les érudits s'y sont cependant attachés; les uns pour l'expliquer puérilement ou par des suppositions controuvées, et d'autres pour s'en autoriser à rejeter la véracité du père de l'histoire?

C'est en suivant Hérodote pas à pas que j'ai procédé dans mes recherches concernant le crocodile; je vais encore le suivre dans l'exposition que j'en dois donner ici.

« Pendant les quatre mois de l'hiver, les crocodiles ne prennent point de nourriture. »

Mes informations m'ont procuré des réponses qui toutes ont contredit cette observation; mais loin qu'on en doive prendre occasion de soupçonner la véracité d'Hérodote, je reconnais au contraire qu'il n'a rapporté qu'un fait probable, qu'un fait des habitudes générales des reptiles. Bartram raconte la même chose des crocodiles qu'il a observés en Amérique. Il est vrai que ces crocodiles sont, dans cette contrée septentrionale, plus décidément asservis à de propres et natives habitudes; ils y vivent sous une dépendance moins directe de l'espèce humaine, dans des pays plus froids, moins peuplés, et peut-être plus nouvellement abandonnés par les eaux, trouvant en plus grande quantité, pour en faire leur résidence, des anses et lieux déserts où ils puissent se cacher et demeurer impunément engourdis pendant tout l'hiver. Il est donc naturel de penser que le crocodile du Nil avait, au temps d'Hérodote, été assujéti à ces faits de mœurs générales; mais il n'en serait plus ainsi présentement, que l'action du temps, que la main des hommes auraient façonné toutes les rives du fleuve, et, de cette manière, auraient fait entrer le crocodile dans des voies de prévoyance et d'activité. Et, de plus, on sera sans doute attentif aux conséquences des documens suivans : il y avait autrefois des crocodiles dans la basse comme dans la haute Égypte; et il n'en existe plus présentement dans les cent lieues de longueur du Nil inférieur; il faut remonter jusqu'à Thèbes pour en apercevoir.

Ce rapprochement donne lieu à plusieurs questions de quelque intérêt. L'état physique du sol et de l'atmosphère a-t-il, depuis deux mille ans, subi en Égypte quelque altération? ou bien le Nil aurait-il autrefois nourri plusieurs autres espèces ayant pu s'accommoder d'un abaissement de température, tel que le ferait présumer l'hibernation des animaux? ou bien, comme tout-à-l'heure nous l'avions pressenti, le crocodile aurait-il été seulement relégué, et se trouverait-il contenu dans les cent lieues du fleuve supérieur par le développement progressif de la population, et surtout par l'accroissement de la puissance industrielle? Cependant, pourquoi ces causes, auxquelles la dure tyrannie de quelques gouvernemens pendant le moyen âge aurait depuis fait perdre de leur intensité; pourquoi ces causes, qu'on sait si ardentes, si diverses et si multipliées, pour opérer la dissémination des espèces dans tous les lieux favorables à leur établissement, n'auraient-elles point alors réagi et rendu le crocodile à la basse Égypte? Le crocodile, qui n'avait qu'à descendre, qu'à se laisser entraîner par les eaux, y eût trouvé plusieurs retraites inaccessibles; car il en est encore de telles aux abords des grands lacs, près les embouchures de chaque branche. Or, là il eût rencontré des conditions comme en avait observées Bartram, une température froide et pénétrante pendant une partie de l'année, une saison pluvieuse à conjurer par l'hibernation, et la possibilité de se défendre, dans les autres saisons, par la toute-puissance d'un caractère formé tout-à-la-fois d'audace et de prudence, de ruse et de férocité.

C'est ainsi que je conçois que, s'il y avait au temps d'Hérodote des crocodiles vivant librement dans l'Égypte inférieure, ils y étaient tenus, en raison de la basse température des contrées maritimes pendant la saison rigoureuse, au régime des animaux sujets à l'engourdissement.

« Le crocodile, quoique quadrupède, vit également à terre et dans l'eau. »

Le crocodile n'est pas néanmoins un véritable amphibie, comme nous le pourrions dire de quelques animaux, soit reptiles, soit crustacés, qui ont les deux sortes d'organes respiratoires, et qui s'en servent alternativement dans les deux milieux, l'air et l'eau. Animal aérien, puisqu'il respire l'air en nature, il n'est bien à l'aise, il ne se croit en lieu de sûreté, il ne se montre rusé, entreprenant, il ne s'anime et il ne poursuit sa proie que dans l'eau. Il est donc placé par son organisation sous deux nécessités, sous deux impulsions qui se contrarient par leur exigeance simultanée. Diversement excité et entraîné, il vit habituellement dans l'état fâcheux qu'engendrent, chez les animaux, des besoins non pleinement satisfaits : il est inquiet, farouche, et, en conséquence, le plus souvent cruel sans nécessité.

Cependant, ce qui lui procure les bénéfices d'une heureuse compensation, ses narines ont une disposition propre à concilier des besoins en apparence contraires : terminales à l'extrémité d'un long museau, elles arrivent à fleur d'eau pour puiser dans l'atmosphère l'air nécessaire à la respiration. Leurs seules entrées sont dehors ; l'animal reste plongé sous l'eau, et parvient ainsi à se dérober au danger d'être aperçu. Nous aurons dans la suite occasion d'exposer les autres ressources de cet organe des sens, d'une étendue et d'une utilité à n'être aussi considérables que chez les crocodiles.

« Il pond ses œufs à terre et les y fait éclore. »

Aristote parle aussi de l'incubation de la femelle

du crocodile, en se conformant sans doute à l'autorité de ce passage. On m'a, de toutes parts, assuré que la chaleur solaire faisait seule éclore les œufs du crocodile. Hérodote n'aurait-il étendu ces observations qu'à une sorte de surveillance exercée par les mères, qu'aux soins qu'elles prennent de leurs œufs près d'éclore, il eût dit vrai. J'ai désiré savoir combien il s'écoulait de jours entre la ponte et la naissance des jeunes crocodiles : ce temps, qu'on n'a pu m'indiquer avec une exacte précision, est, m'a-t-on dit, d'un mois.

Deux ennemis du crocodile, l'ichneumon et le tupinambis, se mettent à la recherche de ses œufs, nourriture dont ils sont très-friands. Les anciens Égyptiens leur en ont su gré comme d'un service : c'était attaquer et poursuivre, jusque dans les sources de sa reproduction, un des animaux les plus malfaisans. Le tupinambis, qui nage très-bien, fait en outre une guerre continuelle aux jeunes crocodiles, les poursuivant à outrance, même dans les rangs des grands individus. On croit maintenant, et on a peut-être toujours cru, que le tupinambis est un premier état, un premier âge des crocodiles. On a souvent eu occasion de rectifier son jugement sur ce point; mais on persévère dans cette erreur, parce qu'un fait qui tient du merveilleux ne manque jamais d'enthousiastes pour le conter, ni de gens crédules pour y ajouter foi.

« Il passe la majeure partie du jour à sec, et la nuit tout entière dans le fleuve, dont l'eau a une température plus chaude que celle de l'air et de la rosée. »

Le fait est vrai; mais le crocodile se détermine, je crois, par d'autres motifs. La grandeur et la disposition de ses organes des sens, de ceux de l'ouïe et de la vue principalement, modifient profondément cet animal, et l'obligent à la vie nocturne. Dès-lors, toutes les allures du crocodile sont sous l'empire de ces traits principaux de conformation, qui deviennent l'ordonnée de ses habitudes. Si le jour il se tient à terre, c'est pour s'y reposer et pour s'y abandonner au sommeil. Mais quand il est rendu à tous les soins de la vie active, quand il lui faut songer à vivre, il entre dans le fleuve, où seulement il peut développer ses moyens de ruse, de vitesse et de force, qui le rendent si redoutable. Tout ce que prévoient, tout ce que font les crocodiles tendent là; car, tout autant que le permettent les localités, et ils ne s'établissent qu'après les avoir parfaitement reconnues, ils vivent en troupe : dans le lieu qu'ils ont adopté, il faut à chacun son domicile à part; et, difficiles sur le choix de cet emplacement, ils n'en jugent les conditions favorables que vers la tête des îles, dont il y a beaucoup dans le fleuve, parce que là sont ordinairement des plages stériles, des éperons d'un pur sable, qui s'étendent au loin, conduisant sous l'eau par une pente insensible. Chaque troupe reste fidèlement attachée aux parages qui l'ont vue naître, et ne s'en écarte que pour aller en chasse. Ces occupations remplies, et par conséquent à des heures déterminées, la troupe revient stationner à sa place accoutumée, sur la grève, où la prévoyance de chacun, ou plutôt celle des vieux chefs de la famille a fait choix très-anciennement d'un lieu commode, pour s'y abandonner avec sécurité au sommeil.

Ce choix prouve un discernement et des calculs d'une assez forte combinaison. Si déjà c'est pour tout animal une grande affaire que le choix d'un domicile pour y dormir, ce l'est bien davantage pour le crocodile, lequel s'en tient à la rive qui l'a vu naître, et qui, par conséquent, est privé des moyens d'aller au loin chercher un lieu retiré, un abri bien défendu. Car il n'est de sommeil pour un animal que s'il consent à l'inactivité de ses sens, que s'il en ferme les issues de communication, et que s'il demeure sans relations avec les objets qui composent son monde extérieur. Le crocodile, à ce moment, n'abandonnerait-il point le sein des eaux, sa méprise en serait cruellement punie : qu'alors il serait promptement ramené à reconnaître que, s'il peut, durant la veille, indifféremment se répandre dans les deux milieux respiratoires, il n'en est plus qu'un seul où, pendant le sommeil, il puisse exister. Cessant alors de gouverner à son gré le jeu des pièces nasales et laryngiennes employées dans l'acte de la respiration, il doit revenir et il est rendu aux communes conditions de ses congénères, à celles imposées aux animaux qui respirent l'air en nature.

Le crocodile passe à la rive prochaine pour y dormir : il est donc là en lieu découvert, en lieu accessible; mais alors ce poste ne serait pas tenable, s'il n'était dans la destinée de ce reptile d'y pourvoir habilement, s'il n'avait les moyens de persévérer, par les combinaisons d'une haute prévoyance, j'allais peut-être dire par les voies d'une intelligence supérieure, dans sa prudence accoutumée.

Car ce n'est point uniquement par une tactique déjà très-utile, et qui, par conséquent, n'est point négligée; c'est-à-dire, en se fiant à la garde d'un individu de la troupe, lequel veille en effet à la sûreté de tous, en écoutant attentivement, l'oreille en partie appliquée sur le sable et tenue prête à la plus faible perception; mais c'est aussi en cherchant et en se procurant sur la plage des emplacemens qui soient de nature à favoriser le retour au fleuve par une retraite précipitée. Il lui faut à cet effet rencontrer, situés à proximité, d'abord une rampe pour aller gagner les hauteurs du rivage, et secondement un cap avancé dans le fleuve, d'où il devint possible de s'élancer pour entrer aussitôt en natation; arrangement qui exige encore au pied de ces promontoires assez de profondeur d'eau pour que les crocodiles n'aillent pas toucher la vase, et ne s'en trouvent par-là retardés. Mais, de plus, autre combinaison non moins nécessaire, c'est que ces dispositions varient d'après l'âge et la taille des membres de la famille. Les plus grands ont la force de s'élancer de plus loin et au plus loin; et les plus petits, dont l'immersion n'exige pas le même tirant d'eau, se placent sans désavantage sur les bas-côtés. De là résulte la nécessité de l'ordre adopté : les petits se tiennent sur les bords, et les plus grands autour d'eux, leur formant une sorte de rempart; de là, dis-je, que chacun revient à une place qu'il a déjà occupée, qui devient sienne, et qui lui constitue une propriété presqu'au même titre que l'homme s'en est attribué dans l'ordre social. On n'avait pas encore remarqué cet admirable concert, parce que, à l'égard des crocodiles, cet effet de sociabilité y est masqué par des modifications qu'amène l'état variable du fleuve, croissant et diminuant pendant une demi-année; mais on l'avait parfaitement constaté chez les phoques, parce que leur domicile pour le sommeil, formé de pierres plates ou de parties façonnées de rocher, est continuellement appliqué au même usage, et parce que, voyant qu'ils rejettent hors de leur société tout phoque qui entreprend sur le droit d'un autre, on avait été induit à supposer, chez ces animaux marins, une notion réelle de la propriété; notion regardée comme le produit d'un état très-avancé de civilisation.

« De tous les animaux que nous connaissons, le crocodile est celui sans doute dont l'accroissement est le plus extraordinaire. Ses œufs ne sont pas beaucoup plus grands que ceux d'une oie, et il en sort par conséquent un animal proportionné; cependant cet animal en grandissant atteint jusqu'à dix-sept coudées de longueur, et quelquefois davantage. »

Élien raconte qu'on en a vu de vingt-cinq coudées sous Psamméticus, et un autre de vingt-six sous Amasis : les érudits nous ont appris que ces mesures équivalent à onze et douze mètres à peu près; Prosper Alpin, Hasselquist et Norden parlent de crocodiles de dix mètres; M. Lacipierre, membre de la Commission des arts et des sciences en Égypte, y a trouvé et possède des dents d'un individu d'une aussi grande dimension. Or, on sait qu'un crocodile est long de deux décimètres et demi au sortir de l'œuf : il peut donc acquérir plus de quarante fois la longueur qu'il a dans son premier âge.

Ces résultats sont cités comme merveilleux : c'est qu'on les apprécie sous l'inspiration d'idées faites d'après ce qui se passe à l'égard des mammifères et des oiseaux. On a vu que l'accroissement des animaux à sang chaud est, quant à sa variation, renfermé dans des limites assez étroites; et il n'est point également connu que ce mode de développement tient sa régularité de la viabilité primitive de l'être. Qu'il soit peu ou très-abondamment nourri, un animal à sang chaud parviendra toujours, dans un temps donné et progressivement, à toute la taille, comme aux conditions ostéologiques propres à son espèce. Or, il n'en est pas de même des animaux à sang froid : des reptiles et des poissons; ceux-ci appartiennent à un degré organique aussi descendu que celui des fœtus des classes supérieures, et se gouvernent comme des êtres acquérant de la taille, mais demeurant très-retardés dans leur développement; leur caloricité moindre et d'autres influences non encore suffisamment appréciées les privant des mêmes facultés d'assimilation. La quantité de nourriture y supplée et devient cause prédominante;

en sorte que, indépendamment du temps écoulé, tel animal qui a été constamment bien nourri acquiert progressivement une grande dimension, et qu'un autre, né à la même époque, s'il éprouve et tant qu'il éprouve une pénurie de nourriture, reste stationnaire.

Nous ajouterons à cette partie de notre commentaire, que le récit d'Hérodote touchant à la dimension de l'œuf du crocodile est parfaitement exact. Cet œuf est blanc et d'une forme presque sphéroïdale.

« Il a les yeux d'un cochon, les dents saillantes en dehors et très-grandes dans la proportion de son corps. »

Le père Feuillée (*Obs.*, tome III, page 373) a répété, à l'occasion de l'espèce de Saint-Domingue, que le crocodile a des yeux de cochon : ce qui, sans doute, doit s'entendre de ce que cet animal a l'œil petit, saillant, recouvert et voilé en dessus; sa paupière inférieure se meut seule vers la supérieure, d'où un jeu de physionomie fort extraordinaire. Un voile persistant, ou, ce qui est la même chose, le défaut de flexibilité de la paupière supérieure, tient à une cause qui n'avait point été appréciée dans notre *crocodile vulgaire*, mais que j'ai trouvée depuis s'étendant à toutes les espèces du genre. Blumenbach fit le premier mention d'un bouclier osseux qui procurait comme une sorte de plafond avancé à l'œil des crocodiles, *scuto suprà-orbitali osseo*. L'œil, entièrement recouvert par une plaque osseuse, n'est le caractère que d'une seule espèce, de celle que M. Cuvier a nommée *crocodilus palpebrosus*, ou caïman à paupières osseuses; mais cet os, ainsi que je l'ai reconnu plus tard, ne manque chez aucun crocodile : moins étendu et plus ramassé, il se montre sous l'aspect d'une masse ovoïde, laquelle, bien que rapprochée du bord orbitaire, reste toutefois un obstacle qui nuit au plissement de la paupière supérieure. C'est donc à l'existence comme à la position de l'os *palpébral*, que le crocodile doit son regard louche, vague et abaissé latéralement, et dont Hérodote exprimait l'effet en l'assimilant au regard du cochon.

Comme le crocodile a de plus sa prunelle susceptible de se resserrer et de devenir perpendiculairement longue, Swammerdam et Camus (celui-ci dans son livre sur Aristote) lui ont trouvé les yeux plus semblables à ceux des chats. Mais c'est là seulement un caractère que le crocodile possède en commun avec beaucoup d'autres animaux nocturnes; il est aussi, comme eux, également pourvu d'une membrane nictitante.

Les dents du crocodile méritaient, par leur singulière conformation, d'être citées par Hérodote : elles sont saillantes, parce qu'il n'est point de lèvres pour les recouvrir; elles occupent le bord d'arcades sinueuses, et sont remarquables par leur forme conique, leur pointe acérée, leur émail résistant et strié en longueur, leur inégale dimension, et par leur ressemblance générale, qu'elles soient situées dans l'os incisif ou dans le maxillaire de côté. Étant toutes produites, il en est quinze de chaque côté en bas, dix-neuf en haut. Les premières de la mâchoire inférieure percent à un certain âge l'os intermaxillaire; les quatrièmes, qui sont les plus longues de toutes, passent dans des échancrures, et ne sont point logées dans des creux de la mâchoire supérieure. Mais d'ailleurs le crocodile qui sort de l'œuf se trouve avoir autant de dents qu'un très-âgé : leur nombre ne varie pas; toutefois, elles changent et se remplacent, venant à s'emboîter, à se repousser, l'une chassant l'autre.

« Il est le seul de tous les animaux qui n'ait point de langue. »

Oui, qui n'ait point de langue apparente : c'est l'opinion qu'on est dans le cas d'en prendre d'après le vivant, et qu'en ont eue, d'abord Aristote en deux endroits de ses ouvrages, puis Seba, Hasselquist et tous les voyageurs. Cependant, cette partie a été depuis vue par Olaus Vormius, Girard, Borrick et Blasius. Les premiers anatomistes de l'Académie des sciences, qui l'ont aussi décrite, en ont fait le sujet d'une accusation d'inexactitude contre Hérodote; mais il en est parfaitement justifié, dès que la langue du crocodile ne s'est à eux manifestée qu'après emploi du scalpel.

Elle manque effectivement pour plusieurs de ses fonctions, pour faciliter la déglutition de la pelote alimentaire au même degré que chez les autres animaux; pour agir enfin avec liberté dans la gueule. Elle est privée de son indépendance ordinaire, se trouvant engagée entre les tégumens étendus d'un maxillaire inférieur à l'autre et la membrane du pharynx qui la recouvre. Le muscle dont elle se compose et qui est ainsi compris entre deux couches tégumentaires très-résistantes, est formé des mêmes élémens que partout ailleurs; mais il ne s'en manifeste aucune trace si l'hyoïde est entraîné du côté du larynx : alors tout le fond inférieur du palais offre une surface tendue où ne se voient ni rides ni éminences quelconques. Toute la surface est une peau jaunâtre, finement chagrinée, comme à la région supérieure du palais; cependant cette peau est percée d'une quantité de petits trous qui sont les orifices des glandes disséminées entre les fibres linguales. Mais, si l'on ramène l'appareil hyoïdien vers l'entrée de la bouche, la langue, tout enveloppée qu'elle est, s'enroule assez sur elle-même pour produire vers l'extrémité buccale un assez gros bourrelet. Les rapports d'écartement des branches maxillaires imposent à la langue sa forme, qui est celle d'un fer de lance. J'en ai mesuré les dimensions sur un sujet de $2^m 10$; je les ai trouvées de 15 centimètres en longueur sur $0^m 05$ à la base.

Malgré son peu de saillie, et parce qu'elle prend plus de relief par le rapprochement des branches maxillaires, la langue ne manque point à celui de ses offices, qui consiste à retenir et à diriger les alimens dans l'œsophage; car le relief dont il vient d'être parlé est, de plus, augmenté par le concours de l'hyoïde, qui est porté en avant. La langue conserve surtout sa fonction comme organe du goût : pour être privée d'épaisseur, elle n'en a que plus d'étendue ; elle goûte au moyen d'une plus grande superficie.

« C'est aussi le seul animal dont la mâchoire inférieure ne soit pas mobile et qui laisse au contraire retomber la mâchoire supérieure sur l'inférieure. »

Ce passage prouve toute l'étendue des connaissances des anciens ; car il embrasse une pleine généralité par l'exception signalée.

On a beaucoup écrit pour et contre cette proposition, sans que, de nos jours, on en fût plus avancé. Cependant le sentiment d'Hérodote avait été admis par Aristote, Pline et généralement par tous les auteurs anciens ; et c'est dans les mêmes termes qu'en ont aussi traité quelques modernes, comme Marc Grave, Oligerus Jacobæus, Marmol, l'illustre Vésale, les jésuites missionnaires à Siam, qui virent en ce lieu des crocodiles vivans, et qui en disséquèrent. Mais à peine fit-on attention à ces témoignages au temps de Louis XIV ; on était alors engagé dans une querelle sérieuse qui partageait les sentimens de tous les gens de lettres : Les anciens valaient-ils mieux que les modernes, ou les modernes avaient-ils une supériorité marquée sur les anciens ? Tel était le sujet d'une vive altercation, dans laquelle, comme en toute dispute, l'on se passionna avec ardeur. Les anatomistes de l'Académie des sciences avaient pris parti contre les anciens : de là, la guerre ardente et injuste qu'ils firent à Hérodote. Or, dans la suite, les noms de Perrault et de Duverney en imposèrent aux naturalistes, qui, après eux, se sont occupés de l'organisation des crocodiles.

Il est sans doute surprenant que Perrault, ordinairement si exact, et qui eut l'occasion de disséquer un crocodile mort à la ménagerie du roi, n'ait point fait attention à la singulière conformation des crocodiles, et qu'il se soit élevé avec tant de force contre la prétention des anciens. Il affecta de décrire minutieusement l'articulation des mâchoires, sans s'apercevoir qu'il fournissait des preuves contre le fait qu'il se proposait d'établir : car il crut avoir victorieusement relevé les erreurs de Marmol, erreurs qu'il a faussement attribuées à Vésale, établissant, *avec raison cependant*, qu'il n'en est pas de la mâchoire du crocodile comme de celle du perroquet; mais qu'au contraire celle-là forme avec le reste de la tête une seule et unique pièce osseuse.

Pour que des hommes aussi habiles que les Perrault et les Duverney, et que l'étaient aussi d'autres naturalistes qui, dans la suite, ont partagé leur sentiment, se fussent également accordés à révoquer en doute un fait au contraire attesté par le plus grand nombre des observateurs, il faut sans doute que cette question fût embarrassée de difficultés réelles : essayons de les aplanir.

D'abord, commençons par déclarer que, indifférens sur l'issue des premiers débats, nous nous proposons moins de venger les anciens de l'injustice de quelques modernes, que de faire connaître un fait très-singulier d'organisation. Rien n'est plus paradoxal que la tête des crocodiles : plate et lancéolée, sa forme est des plus singulières, surtout si on la compare à la tête humaine; ce qu'il y a de très-volumineux en celle-ci, la boîte pour contenir le cerveau, forme la partie minime d'un crâne de crocodile, quand, en revanche, les os maxillaires et les palatins de ce crâne parviennent à une grandeur excessive; de telle sorte que la puissance de la fonction, qui croît en raison du volume des organes, fait du crocodile un animal uniquement dévolu à la gourmandise, et par conséquent l'animal le plus vorace qui soit. Toute la tête est, pour ainsi dire, contenue entre ses mâchoires; car celles-ci, alors parvenues au maximum de composition, se trouvent formées d'une série d'os en ligne continue, savoir : la partie portant les dents incisives (*adnasal*), la partie où s'insèrent les dents latérales (*addental*), la portion orbitaire (*adorbital*) et la portion palatine (*adgustal*). A ces pièces s'en ajoutent deux autres en arrière, celle qui est assise sur le conduit auditif, le *cotyléal*, et le conduit lui-même, ou l'*énostéal*. Cette ligne prolongée correspond à l'étendue considérable des mâchoires inférieures, et constitue ces longues arcades maxillaires qui flanquent, en les dépassant en arrière, toutes les autres pièces de la tête, qui font rentrer les joues et les tempes plus en dedans, et qui soumettent enfin à tous les excès de l'atrophie, à un état de moindre volume, les parties crâniennes du centre de l'édifice; celles précisément que l'on considère comme en étant les plus importantes et les plus éminemment utiles, ou celles qui concourent à l'emboîtement du cerveau.

Dans cet état de choses, il est bien vrai que les branches maxillaires supérieures ne forment point des parties détachées du reste de la tête, comme on l'a trouvé chez quelques oiseaux, particulièrement chez les perroquets, et que, par conséquent, la question, envisagée de la sorte, se trouve décidée comme l'avaient entendue les plus anciens membres de l'Académie des sciences. Mais cette question n'aurait là été encore véritablement considérée que sous l'une de ses faces, dès qu'il est tout aussi vrai de dire, comme l'a fait Hérodote, et comme on l'a si souvent répété après lui, que la mâchoire supérieure s'élève pour agir particulièrement et pour se porter à l'encontre de l'inférieure, qui reste fixe. Il ne manque, pour accorder ces deux propositions qui semblent se contredire, que d'ajouter qu'entre les branches de cette même mâchoire supérieure sont établies, entassées et renfermées, toutes les parties de la face et des moyennes régions de la tête. Ainsi, c'est toute la tête qui se met en mouvement et qui joue sur des axes pour *retomber sur la mâchoire inférieure, qui n'est pas mobile*, ou du moins qui n'est possible que d'un mouvement presque insensible.

Voilà ce qui est hors de doute pour qui voit un crocodile vivant. Une apparence trompeuse ajoute son illusion à la réalité : on ne croit pas la mâchoire supérieure terminée à ses condyles articulaires ; un renflement considérable qui est par-delà paraît produit par un arrière-crâne; mais en ce lieu n'est cependant que la colonne cervicale comme à l'ordinaire, rendue toutefois remarquable par deux considérations très-singulières.

1°. Car, bien que formée de vertèbres en même nombre et aussi distinctes que chez les mammifères, la colonne cervicale est privée de mobilité. Cet état de choses est causé, pour chaque vertèbre, par des apophyses multipliées, longues et rapprochées. Leur enchevêtrement fait de toutes les vertèbres une tige résistante, ne pouvant non plus se fléchir que si c'était un os unique.

2°. Je viens de signaler un renflement que l'on prend ordinairement pour l'arrière-partie de la tête : il a plus de largeur que la base du crâne, donnant lieu à un relief extraordinaire de la moitié antérieure de la région cervicale ; l'illusion se complète de ce que, nul dans la seconde moitié, ce gonflement s'y porte en s'atténuant insensiblement, et de ce qu'il semble circonscrire au-delà un cou bien pris dans toutes ses proportions. Cependant, ce qui a occasioné cet excès de volume, n'est autre que l'intervention, entre les muscles spinaux, de muscles dépendant du palais, des deux paires de ptérigoïdiens : parvenus à une hyperthrophie, dont le seul crocodile fournit un exemple, ces muscles ont une grosseur considérable.

Pour qu'il en soit ainsi, la mâchoire inférieure est d'un sixième plus longue que la supérieure et le *crâne* tout ensemble. Ce surplus de longueur accroît encore au volume du renflement cervical.

Et ce qui vient confirmer enfin toutes les idées émises précédemment sur la part exclusive de la tête dans les mouvemens des mâchoires, c'est que les maxillaires inférieurs ne vont point porter des tubérosités condyloïdales dans des cavités crâniennes, mais que l'inverse a lieu : le grand os du conduit auditif, que l'on a nommé *caisse*, *os carré*, et qu'ayant déterminé rigoureusement dans mes recherches sur les os de la tête, j'ai enfin nommé *énostéal*, ce grand os fournit un condyle large et à double tubérosité; et à son tour la mâchoire inférieure présente, à l'articulation de cette forte saillie, une cavité à double facette où s'articule par ginglyme ce double condyle de l'énostéal.

J'ajouterai que la mâchoire inférieure est rendue fixe, d'une part par la retenue des muscles ptérygoïdiens, et d'autre part par des entraves résultant de ce que la longue apophyse qui termine les maxillaires inférieurs décrit une courbe, et atteint supérieurement, sous une très-forte écaille, les tégumens de la région cervicale.

En dernière analyse, la tête est maintenue vers ses points d'articulation, comme le corps d'une boîte l'est par ses charnières à son couvercle. La tête du crocodile et les mouvemens de ses parties donnent lieu de recourir à cette image : c'est le corps d'une boîte renversée qui s'ouvre et qui se ferme sur son couvercle, que des circonstances auraient privé de mobilité. Les deux mâchoires, capables seulement d'un mouvement simple de haut en bas, ne peuvent se porter ni à droite ni à gauche, et sont ainsi privées de faire subir à la proie, et généralement aux alimens une sorte de trituration.

« Il a des ongles extrêmement forts, et une peau écailleuse qui est impénétrable sur le dos. »

Les crocodiles ont cinq doigts aux pieds de devant et quatre à ceux de derrière; et, de ces doigts, trois sont armés d'ongles à chaque pied. Quoique forts et robustes, ils ne constituent point de griffes offensives; les crocodiles s'en servent seulement pour traîner, dépecer et aller cacher au fond des eaux une proie qu'ils se sont appropriée et qu'ils ont déjà mise à mort.

La peau écailleuse du crocodile est aussi une condition organique qui le caractérise exclusivement; mais d'ailleurs c'est moins l'écaille, laquelle en forme la couche extérieure, que sa base entièrement osseuse, qui est impénétrable. Il faut se servir de lingots de fer pour entamer une telle cuirasse : la balle de plomb ne pénètre pas, elle s'applatit; à moins cependant qu'elle n'atteigne le crocodile sous l'aisselle ou près des oreilles.

Le système osseux, qui révèle nettement et plus sûrement que tout autre les véritables affinités des êtres, forme, par sa prédominance effective, un sujet de haute et très-importante considération. Or, il arrive qu'après avoir satisfait chez le crocodile à toutes ses exigeances comme de coutume, je veux dire qu'après avoir fourni un squelette parfait, et même plus complet qu'ailleurs, dans ce sens qu'il est des cercles osseux pour enceindre l'abdomen et pour prolonger le coffre pectoral jusqu'au bassin ; il arrive, dis-je, que ce même système abonde en outre dans le tissu de la peau, principalement sous les plaques écailleuses de la nuque. Là sont des os parfaitement achevés. Une déviation de l'ordre commun a-t-elle produit dans ce lieu un accroissement extraordinaire des extrémités nerveuses cutanées, ce ne sont plus des gaînes terminales pour un bulbe de poils ou pour la racine d'une écaille. Ces gaînes, agrandies à l'excès, sont autant de bourses qui, en s'étendant, acquièrent la consistance et les facultés de sécrétion du périoste.

Les tatous chez les mammifères, le polyptère et le lépisostée chez les poissons, sont les seuls animaux que je connaisse, qui se rapprochent du crocodile par ces particularités d'organisation.

« Il voit mal dans l'eau, mais en plein air sa vue est très-perçante. »

Procope a constaté que les crocodiles voient très-bien et de loin en plein air : il a souvent essayé d'en approcher assez pour tirer dessus, et il les a toujours vus disparaître et plonger dès qu'il en a été aperçu. J'ai répété la même observation à l'île de Thèbes et à celle d'Hermontis. Aussitôt que les crocodiles m'eurent aperçu, je les vis se retourner lentement et se diriger vers le fleuve : ils s'y rendirent d'abord en paraissant s'observer et à pas comptés ; mais, parvenus à une certaine distance, ils sautèrent brusquement et tous à-la-fois dans le fleuve. Je me portai de suite sur la rive qu'ils venaient de quitter, et je jugeai à l'impression de leurs pas sur le sable que le plus grand d'entre eux avait franchi un espace de deux à trois mètres.

Je me suis, de plus, assuré que les crocodiles entendent de très-loin ; mes conducteurs, qui ne l'ignoraient point, avaient soin de recommander le plus grand silence, comme le seul moyen de les approcher de plus près.

Or, ces remarques, que les crocodiles ont l'ouïe fine et la vue perçante, sont importantes, car elles s'appliquent à un animal chez qui d'autres organes ont d'autres fonctions prédominantes ; et, en effet, nul n'a les organes du goût et ceux de l'odorat dans une anomalie aussi grande pour l'étendue de leur volume, comme pour leur toute-puissance d'action, relativement aux conditions communes. Par conséquent, il nous faut reconnaître que les organes des sens, qui ont leur siège dans la tête, sont tous simultanément et également amplifiés ; conclusion qui encore n'a été admise pour aucun autre animal. On sait au contraire que partout ailleurs le développement d'un organe des sens nuit au développement d'un autre, et que réciproquement les habitudes, ajoutant à ces premières données, exaltent aussi la puissance de l'un aux dépens de celle de l'autre. Cependant la loi du balancement des organes ne reçoit pas en cette occasion de démenti ; et il n'est effectivement arrivé aux organes qui goûtent, odorent, entendent et voient, d'être ensemble et sans se nuire avec un excès de volume, que parce que la boîte cérébrale leur a pour ainsi dire été sacrifiée. Il n'y a que chez le crocodile qu'elle est aussi excessivement petite; et l'on conçoit alors que c'est également et uniquement chez lui que se puissent rencontrer d'aussi singuliers rapports. Chez tous les mammifères, le crâne, eu égard aux fonctions des parties molles, celles-ci étant prises pour les occupans de l'édifice, forme une sorte de maison ayant un vaste sallon qui aboutit à deux fois quatre petits appartemens, le sallon répondant à la boîte cérébrale et les petits appartemens aux chambres qui contiennent les organes de perception. Mais, chez les crocodiles, ces proportions sont changées, le sallon commun est la plus petite pièce de l'édifice; ce qui a permis aux chambres occupées par les organes des sens, d'être aussi amplifiées que nous venons de le rapporter.

« Comme il se nourrit particulièrement dans le Nil, il a toujours l'intérieur de la gueule tapissé d'insectes qui lui sucent le sang (tapissé de *sangsues, sanguisuga*, ont écrit les précédens traducteurs). Toutes les espèces d'animaux terrestres ou d'oiseaux le fuient; le *trochilus* seul vit en paix avec lui, parce que ce petit oiseau lui rend un grand service. Toutes les fois que le crocodile sort de l'eau pour aller sur terre, et qu'il s'étend la gueule entr'ouverte (ce qu'il a coutume de faire en se tournant vers le vent du midi), le *trochilus* s'y glisse et avale tous les insectes qui s'y trouvent. Le crocodile, reconnaissant, ne lui fait aucun mal. »

Ce passage est un de ceux qui ont le plus exercé la sagacité des commentateurs. Quelques-uns n'y ont vu qu'un conte fait à plaisir, quand d'autres, pour s'élever avec plus de force contre une aussi odieuse imputation, ont poussé le zèle jusqu'à imaginer et créer de toutes pièces un animal qui pût imposer au crocodile et se trouver capable des actions attribuées au *trochilus*. Mais nous allons voir que notre historien a été aussi maladroitement défendu qu'injustement attaqué.

Tout ce qui dépend du renouvellement des êtres, que nous voyons réapparaître avec une même conformation et de mêmes habitudes, tient à l'éternelle jeunesse de la nature. Or, ce qui est dans le passage ci-dessus, ce pacte d'une bête énorme et cruelle consenti par un très-petit oiseau sans défense, ce mélange d'intérêts si variés, ces scènes d'affection réciproque, tout cela s'est constamment et également reproduit d'âge en âge; et, en effet, comme ces tableaux ont été vus, il y a deux à trois mille ans, par les prêtres de Thèbes et de Memphis, je devais les revoir, je les ai retrouvés; et, sans distraction d'un trait, de la moindre nuance, j'en ai eu aussi sous les yeux l'intéressant spectacle; détails vraiment précieux, qu'on n'invente pas, qu'on ne saurait imaginer et embrasser dans un tel degré de convenance et de parfaite simplicité.

Arrivé à mon tour sur les plages égyptiennes, et y ayant observé, après tant de siècles écoulés, toutes les actions sous les apparences desquelles la vie se manifeste en ce lieu, j'ai trouvé le passage, objet de mon actuel commentaire, vrai dans le sens général, inexact à quelques égards. On va voir, par le caractère des inexactitudes que je ne puis me dispenser de relever, qu'elles mènent à penser qu'en ce point Hérodote n'aurait pas vu par lui-même, mais qu'il aurait raconté sur ouï-dire. En effet, son récit aurait conservé sa lucidité ordinaire, l'extrême clarté qui caractérise son talent, s'il eût pris une connaissance personnelle des animaux qu'il y emploie. Tout au contraire, l'espèce si fâcheuse pour le crocodile, il ne la désigne que par un terme équivoque, βδελλα, *bdella*[1], *animal qui suce*. Or, il ne nous fournit là, ou plutôt on ne lui avait à lui-même fourni qu'une idée incomplète, puisque son récit nous laisse toujours ignorer quel animal en particulier, parmi ceux qui ont cette faculté, s'en va tourmenter le crocodile.

Toutefois, les traducteurs et les commentateurs du texte n'ont point été arrêtés par cette difficulté; et mieux, ils étaient pleinement autorisés à agir de la sorte. En effet, le mot *bdella*, modifié plus tard, descendit de sa généralité étymologique pour devenir le nom spécifique, en grec, des vraies sangsues, *hirudo*. De là, il est arrivé que tous les traducteurs, à l'exception de M. Miot, qui s'était mis au courant de mes recherches sur ce point, s'en sont tenus au sens particulier et à la signification que comporte le

---

[1] L'auteur de l'*Etymologicon magnum*, page 174, édit. de Leipsick, dit que le mot βδελλα dérive du βδελλω, *traire*; car, ajoute-t-il, la sangsue, en suçant le sang, ressemble à ceux qui traient. Du mot βδελλα, les Grecs ont fait cet autre verbe βδελυσσομαι, *détester, avoir en horreur*. C'est l'aversion qu'ils avaient pour les sangsues, qui les a portés à exprimer leurs plus vifs sentiments d'horreur, en y employant comme racine du mot, le nom même des sangsues.

terme de sangsue. Il faut croire qu'Hérodote y inclinait lui-même; car s'il eût voulu désigner d'autres suçeurs parmi les insectes, il en connaissait de tels, extrêmement incommodes par leurs piqûres, si bien qu'il leur a consacré tout un paragraphe [1].

Sans doute que, mieux informé au sujet de l'animal *bdella*, il ne se fût pas servi de la locution: « *comme le crocodile se nourrit particulièrement dans le Nil,* » et qu'il lui eût substitué cette leçon, seule d'accord avec les faits de sa narration : « *attendu que le crocodile vit à portée des eaux à la surface desquelles voltigent des myriades d'insectes, il a tout le dedans de la gueule exposé à leur morsure.* » Il se pourrait, toutefois, que la locution critiquée le fût mal-à-propos; car de très-petits animaux aériens ne sont point uniquement répandus autour du crocodile; il en est d'aussi petits qui vivent dans l'eau, telles sont principalement plusieurs de leurs larves. Mais je ne crois point faire erreur pour les deux motifs ci-après : 1°. ma détermination des êtres incommodes au crocodile, et qui se trouve reproduite et conséquemment confirmée, dans un cas analogue, par M. le docteur Descourtils, ce qu'on verra plus bas; 2°. la circonstance qu'il n'y a point de vraies sangsues, *hirudo*, L., dans les eaux vives qui battent la tête des îles. Il en existe en Égypte, mais c'est seulement dans les puits, dans des bassins fermés, et généralement dans des eaux tranquilles.

[1] « L'incommodité des cousins est extrême en Égypte, et fait recourir à divers expédiens pour s'en garantir : ceux qui habitent au-dessus de

Aristote, qui, cent ans plus tard, confirme le récit d'Hérodote en ce qui concerne les soins rendus au crocodile par l'oiseau dit le *trochilus*, évite de s'expliquer sur le sens du mot *bdella*; on va voir de quelle manière : « Lorsque le crocodile, dit Aristote, a la gueule ouverte, le *trochilus* y vole et lui nettoie les dents. Le *trochilus* trouve là de quoi se nourrir : le crocodile sent le bien qu'on lui fait, et il ne cause aucun mal au *trochilus*. Quand il le veut faire envoler, il remue le cou, afin de ne le pas mordre. » (Arist., *Histoire des animaux*, liv. ix, chap. 6, traduction de Camus, tome 1, page 555.)

Cependant, si ce passage échappe sur un point à l'erreur, il y retombe sur un autre. Doit-on effectivement admettre que l'alliance de deux êtres aussi différens, que le dévouement réciproque du plus grand des lézards et d'un très-petit oiseau, n'aient jamais eu d'autres motifs qu'un soin de propreté à l'égard d'un aussi puissant allié que l'est le crocodile? Il suffit sans doute de cette réflexion pour qu'on croie inutile de plus insister à cet égard. On sent que quelques élémens manquent au récit d'Aristote, comme à celui d'Hérodote; et il est évident qu'on les y introduirait par une détermination directe et exacte des espèces qui s'y trouvent comprises.

1.°. *Sur le trochilus.* On n'avait, jusqu'à moi, encore connu l'oiseau affectionné du crocodile que par les

la partie marécageuse, profitent des tours; et montent sur leur sommet pour dormir; car le vent empêche les cousins de voler à cette hauteur......» (Article xcv.)

contes ridicules qu'il a fait imaginer pour satisfaire aux explications du texte d'Hérodote.

Blanchard, entre autres, dans les Mémoires de l'Académie des inscriptions, faisant sans doute allusion à certaines assertions de Scaliger [1], lui attribue des épines sur le dos et au bout des ailes : j'ai cherché où il aurait, en outre, trouvé des motifs à une pareille supposition, et je crois avoir démêlé qu'il aura confondu, avec les données de son sujet, ce que Strabon [2] rapporte des *porcus*, poissons qui ont le dos et les nageoires pectorales (membres correspondant aux ailes) armés de fortes épines. Ces moyens tout-puissans de défense inspirent aux *porcus* [3] une confiance sans bornes, qui est partagée par d'autres poissons, les mugils; lesquels se mêlent avec ceux-là pour être également respectés. Ce sentiment, chez les premiers, s'exalte jusqu'à la témérité, puisqu'ils défient le crocodile. Aussi, dans le Nil, où ces animaux sont souvent en présence, c'est le crocodile qui fuit devant le *porcus*. Blanchard aura d'autant plus facilement admis que Strabon avait fait une confusion de noms et transporté les habitudes d'un animal à un autre, qu'il rencontrait dans ce passage tout ce qui lui était nécessaire pour concevoir à sa manière les motifs des relations du crocodile et du *trochilus*.

[1] *Candidam aiunt (aviculam), turdi magnitudine, cristam pluma acuta plicatili, quam surriget, ut belluæ palatum figat, si claudatur intus.* (*Exerc. ad card. de subst.*, cap. 196, n°. 5.)

[2] *Crocodilos verò porcis absti-nere; qui cùm rotundi sint, et spinas ad caput habeant, periculum ipsis creant.* (Strab. l. XVII, p. 825.)

[3] *Porcus*, ainsi nommé de ce qu'il grogne comme un cochon. *Voyez* ci-dessus, pages 316 et 317, le travail de mon fils sur le scheilan. Ce pois-

Marmol, qui n'était pas mieux instruit, bien qu'il eût visité la patrie de ce dernier, se borne à répéter, avec Scaliger, que c'était un oiseau blanc de la grosseur d'une grive.

La plupart des traducteurs, Du-ryer entre autres, mais le voyageur Belon auparavant, se fondant sur un passage de Pline[1], l'ont rapporté au roitelet. Cette erreur a été relevée par le célèbre Larcher, lequel a judicieusement observé que le roitelet est un oiseau des bois, qui hante les lieux secs et les haies. Larcher n'ayant rien pu mettre à la place, a imité les traducteurs latins, en adoptant et écrivant, dans sa version en français, le mot même du texte grec.

Aldrovande, qui parut avant tous les érudits des temps modernes, avait le plus approché de la vérité, quand il conjectura, sur quelques données que sa sagacité lui fit découvrir dans Aristote et dans Athénée, que le *trochilus*, signalé par eux comme un oiseau aquatique, était sans doute le *coure-vite*, petite espèce à longues jambes, palmipède, légère à la course, ayant le bec droit et effilé.

Le *trochilus* avait été cependant aperçu dans les temps modernes : le P. Sicard, l'un des missionnaires envoyés dans le Levant, en prit connaissance; car il l'indique sous son nom arabe de *saq-saq*. Mais ce

---

son, de la famille des *silures*, a la tête cuirassée et terminée, à dos et sur les flancs, par des épines fortes et très-robustes.

[1] *Parva avis quæ trochilus ibi (Ægypto) vocatur, rex avium in Italiâ.* (Plin. *Histor. nat.* lib. VII, cap. 25.)

nom, placé dans un catalogue, resta une vague indication, inutile tout aussi bien aux ornithologistes qu'aux antiquaires.

Enfin, je me portai dans la haute Égypte ; j'y arrivai avec l'espoir d'atteindre et de me procurer le *trochilus* des anciens, ce sujet de conjectures si diverses parmi les modernes ; et je fus assez heureux, en effet, pour apprendre, dans un séjour prolongé que je fis à Thèbes, qu'il y existait un petit oiseau, lequel, voltigeant sans cesse de place en place, s'en va fureter en tous lieux, jusque dans la gueule du crocodile endormi ou feignant de l'être, attiré qu'il est par des insectes, dont il fait le fond de sa nourriture. On aperçoit cet oiseau en tous lieux, sur les bords du Nil. Or, lorsque je parvins à me le procurer, je le reconnus pour une espèce publiée déjà par Hasselquist, sous le nom de *charadrius Ægyptius*. Nous avons, en France, un oiseau très-voisin, s'il n'est le même ; c'est le petit pluvier à collier.

Avec son bec fin, il ne peut prendre que de très-menus insectes, du frai de poisson, et généralement que ces débris moléculaires, ces fragmens de *detritus* animal, que le mouvement des eaux porte et rejette sans cesse sur le rivage.

Toutefois, avant de croire à l'identité du petit pluvier et du *trochilus* des Grecs, j'aurai à examiner si notre oiseau, courant et sautillant sans cesse, se propose réellement de procurer au crocodile le soulagement dont il est parlé dans les auteurs. Ceci nous ramène à notre seconde question, savoir : quels animaux se rendent incommodes au géant des reptiles?

2°. *Sur les bdella.* Des insectes fourmillent, voltigent et bourdonnent à la surface du fleuve, en Égypte : tels sont ceux des régions humides et chaudes, que l'on connaît sous le nom de cousins en Europe, et de maringouins en Amérique. Hérodote traite, dans son chapitre xcv, de leur excessive incommodité; il les y nomme, ainsi qu'on le fait encore aujourd'hui, *conops*. Or, ce n'est point ce nom, mais celui de *bdella*, qui figure dans le texte dont nous nous occupons. Mais, cependant, si c'était ce premier nom que la nature des choses y appelait, je serais de plus en plus confirmé dans l'opinion qu'Hérodote n'aurait rédigé son paragraphe *crocodile*, que sur des notes que lui auraient transmises les prêtres de Memphis. C'est ce que je crois pouvoir établir par ce qui suit :

J'ai été fort attentif à toutes les allures du petit pluvier; et l'ayant vu poursuivre sa proie, dont il est très-friand, jusque dans la gueule du crocodile, je suis resté fixé sur les faits de détermination, dont j'avais la connaissance si fort à cœur. Or, ce que j'ai d'abord observé, c'est que ce n'est point pour nettoyer les dents, à quoi pouvaient suffire et suffisent les pieds de derrière, que le *trochilus* ou le petit pluvier s'agite et se porte sur le crocodile. Celui-ci est livré à d'autres soins; j'ai pu l'observer, et même plusieurs fois, surtout en m'y appliquant, à l'égard d'un crocodile fraîchement mort; ce qu'il était plus facile d'expérimenter. Or, ce que j'ai appris, et par moi-même et par le rapport des pêcheurs, c'est que tout crocodile arrivant au repos, sur le sable, est aussitôt assailli par un essaim de cousins, qui volent en quantité innombrable à portée et au-dessus des eaux. Sa gueule n'est pas si hermétiquement fermée que ces insectes ne trouvent à s'y introduire : ils y arrivent et s'y rangent en tel nombre, que la surface intérieure de tout le palais, d'un jaune vif partout, est recouverte d'une croûte brune-noirâtre, qui est le produit de ces cousins rangés côte à côte. Tous ces insectes suceurs enfoncent leurs trompes dans les orifices des glandes qui abondent dans la gueule du crocodile.

Circonstance bien digne de remarque! il existe à Saint-Domingue un crocodile si voisin de celui d'Égypte, que j'ai eu beaucoup de peine à en saisir les caractères différentiels. Se distinguant surtout par ses mâchoires plus longues, d'où son nom latin de *crocodilus acutus*, il a la langue aussi plus longue, et par conséquent encore plus exactement renfermée dans les tégumens intérieurs et extérieurs qui sont répartis entre les branches maxillaires. Voilà donc un autre crocodile, qui, privé de l'usage de sa langue, ne peut pourvoir à tous les soins que nécessite la bonne tenue de son palais : alors mêmes causes et mêmes effets. Des insectes également nuisibles, analogues, si même ils ne leur sont entièrement identiques, dits *maringouins* à Saint-Domingue, existent en ce lieu comme en Égypte. Le crocodile de Saint-Domingue, arrivant aussi au repos sur les rampes des rivières, est donc également exposé aux mêmes tourmens que le crocodile du Nil; mêmes douleurs, par conséquent mêmes remèdes. Cependant ceux-ci seraient-ils administrés également par le petit pluvier? Cette espèce existe en terre-ferme. Quoi qu'il en soit, on connaît en tous lieux des oiseaux, ayant pareilles habitudes, se nourrissant de frai de poissons, de larves et de petits insectes, continuellement occupés à la recherche de cette menue nourriture, sautillant, courant de place en place, et ne manquant point à faire curée quand ils en ont le sujet. Or, cette occasion leur est toujours fournie par des maringouins, qui ne peuvent négliger d'assaillir le crocodile, d'entrer dans sa gueule et d'en tapisser toute la surface.

L'oiseau qui rend ce bon office au crocodile de Saint-Domingue, est, dit-on, le todier, espèce plus petite que le *charadrius Ægyptius*, à bec frêle, déprimé et très-plat. Il peut donc entrer sans difficultés dans la gueule du crocodile, et repu, en sortir de même : excepté que c'est une autre espèce qui remplit le rôle du petit pluvier, ce sont les mêmes scènes qu'en Égypte, la répétition des mêmes habitudes.

Cette coïncidence de mœurs a été observée par M. le docteur Descourtils[1], qui a fait un long séjour à Saint-Domingue, et qui, ayant eu connaissance de mes recherches sur ce point, n'a pas manqué de

[1] *Voyage d'un naturaliste à Saint-Domingue*, tome III, page 26. Cependant M. Descourtils ne se serait-il pas mépris? Le todier n'est pas un oiseau du littoral des fleuves : il vit sur les arbres et à portée de bocages frais et abrités.

donner aux siennes la direction dont les sciences viennent heureusement de recueillir le fruit.

Ni l'un, ni l'autre de ces crocodiles, qui sont également privés de l'usage de leur langue, comme organe de mouvement, ne peuvent en remplacer l'office par un recours à leurs membres de devant; ceux-ci sont trop peu souples et beaucoup trop courts pour atteindre à la gueule[1]. La nature aurait donc établi les crocodiles sans les moyens de pourvoir personnellement à leur bien-être, aux soins de leur conservation. Dans ce cas, misérablement abandonnés aux morsures d'insectes minimes par leur volume, mais qu'un concours bizarre de circonstances rendait tout-puissans, il fallait, ou que ces crocodiles succombassent sous l'excès de leurs maux, ou qu'ils pussent les soulager en implorant la charité d'autrui.

Le récit des anciens s'accorde pour montrer en tout ceci conflit d'habitudes, devoirs réciproques, affection mutuelle. Mais alors que répondre à la demande : Lequel des deux, du crocodile ou du *trochilus*, a le plus d'intérêt à commencer et à maintenir

---

[1]. Les seules jambes de devant sont frappées de cette incapacité : le crocodile se sert, au contraire, très-habilement de celles de derrière. Il les emploie en imitant les animaux qui se grattent, et, s'il ploie son corps en arc, il les porte à sa gueule. Il ne lui arrive pas toujours de happer sa proie et de l'avaler tout d'une fois : s'il la prend par partie, et que ses dents en accrochent et retiennent quelques fragmens, il n'a ni lèvres, ni langue pour y remédier : il y supplée alors par un jeu prompt et très-bien entendu de ses doigts de derrière. Ainsi il est bien vrai que le crocodile a parfois ses dents encombrées, devant être *nettoyées*, mais il est non moins certain qu'il n'a besoin pour cela d'aucun secours étranger, et qu'il peut lui-même y pourvoir.

l'alliance ? Il me semble qu'avant qu'on eût appris ce qui se passe à Saint-Domingue, on n'avait, pour être fixé à cet égard, que le seul raisonnement, nécessairement accompagné de ses chances ordinaires d'erreur; mais présentement la question gagne un point d'appui dans des faits précis et bien dégagés. Le plus intéressé des deux est évidemment le crocodile. Il est certain que si, dans l'état d'imperfection de ses organes, le crocodile eût été, au grand jour de la création, réduit à ses seuls moyens, c'est-à-dire qu'il eût été délaissé sans autre ressource, cette espèce n'aurait pu traverser les siècles et arriver à nous. Nous sommes donc ici dans le cas de donner toute créance à un autre récit plus affirmatif et plus spécial quant aux motifs qui déterminent le crocodile : c'est le passage où Pline expose que le *trochilus* et le crocodile s'invitent mutuellement à se rendre réciproquement service : *Le crocodile ouvre le plus qu'il peut sa gorge, qui est délicieusement affectée par les picotemens de l'oiseau.* (Pline, traduction de Guéroult, liv. VIII, chap. 25.)

Ainsi, à défaut d'une organisation complète, la nature serait venue au secours du crocodile, en lui inspirant du moins une industrie qui a sauvé l'espèce du malheur d'être détruite aussitôt que créée. Or, quelle assistance, en effet, pouvait lui être plus utile que celle d'un petit oiseau, très-léger à la course, ardent à la poursuite de sa proie, et fort preste à s'en saisir ? Son nom arabe de *sag-sag*, *sexaq*, ou mieux *tek-tak*, lequel signifie *qui touche*, selon l'interprétation que m'en a donnée l'un des orientalistes les plus instruits de l'expédition, M. de Laporte, devenu depuis chancelier de Tripoli, exprime l'habitude familière aux petits pluviers, qu'on voit constamment occupés à frapper le sable du bout du bec, pour y découvrir et en extraire tous les corpuscules dont ces oiseaux se nourrissent.

J'ajoute, pour dernière preuve en faveur des précédentes déterminations, que s'il y avait dans le Nil de véritables sangsues, *hirudo*, L., et nous avons dit plus haut qu'il n'en existe point dans les eaux vives du fleuve, j'ajoute que le bec des petits pluviers serait trop faible pour les entamer, pour les dilacérer, et pour les amener au point qu'elles puissent lui être profitables comme nourriture.

On voit bien, par ce qui précède, quels grands et réciproques avantages fondent la liaison du crocodile et du petit pluvier; mais serait-ce, toutefois, comme cédant chacun à une conviction intime, comme ayant la conscience qu'ils sont nécessaires l'un à l'autre? Le crocodile, qui est sensible au plaisir d'être soulagé; qui se montre reconnaissant d'un service qu'on lui rend; qui avertit doucement son compagnon de se dégager, quand tous deux doivent penser à la retraite; la parfaite sécurité de celui-ci, entré dans une gueule immense et pour tout autre si cruellement meurtrière; le renoncement du plus fort à sa férocité naturelle, et l'audace intrépide du plus faible, qui deviennent une concession mutuelle et leur sont respectivement avantageux; tant d'allures bien concertées, tant de relations aussi fidèles : voilà des faits de mœurs dont les anciens n'ont pas craint de nous présenter le tableau, qu'ils ont, au contraire, énoncé sans réserve ni détour, sans jamais chercher à les affaiblir : voilà ce qu'ont affirmé, dans le sens absolu de ces paroles, les Hérodote, les Aristote, et ce que sont venu confirmer, à leur suite, Pline[1], Élien[2], Philon[3], et quelques autres écrivains des premiers siècles de l'ère chrétienne. C'était dans un temps où l'on accordait plus qu'on ne le fait de nos jours aux observations d'habitudes : ce qui alors avait été remarqué, était raconté avec une naïve confiance.

Mais, dans l'âge actuel, nous sommes passés à d'autres principes; le vrai frappé du caractère d'invraisemblable est écarté; nous raisonnons les faits pour les dépouiller systématiquement d'une partie de leur portée. Le plus savant interprète des écrits d'Aristote, Camus lui-même, incline à rejeter ce qu'il ne conçoit pas parmi les détails de mœurs attribuées par son auteur au crocodile et au *trochilus*.

C'est que nous avons pris dans les temps modernes, au sujet de l'intelligence des animaux, un parti dans lequel il nous convient de persévérer : nous ne voulons reconnaître en eux, ni actes réfléchis, ni jugemens, où l'on ait à signaler la moindre apparence de moralité. Une barrière est placée entre les idées de l'homme et ce qui leur ressemble chez

---

[1] *Hist.* lib. VIII, cap. 25.
[2] *De naturâ anim.* lib. III, cap. 11, et lib. XII, cap. 15.
[3] *Iambi*, n°. 82.

les animaux; et cette barrière nous est tracée par des différences de facultés, lesquelles se rapportent, les unes aux lumières de la *raison*, et les autres aux déterminations innées de l'*instinct;* distinctions plus nominales peut-être que réelles, plus favorables à d'orgueilleuses prétentions qu'applicables au positif des choses. Mais, enfin, cet état précaire, fruit d'un *à priori* respectable dans son motif, satisfait au moins comme classification des opérations de l'esprit; ce qui est d'ailleurs adopté sous la réserve que chacun étend ou resserre, suivant le degré de son instruction et la mesure de sa conviction, l'intervalle d'une faculté à l'autre.

Au contraire, les anciens, sans entraves, ou plutôt sous l'influence d'autres inspirations philosophiques et religieuses, qui voyaient dans tous les ouvrages de la création des témoignages de toute-puissance et de sagesse infinie, qui considéraient tous les actes de la vie chez les animaux, comme des manifestations personnifiées, comme de hautes conceptions appliquées au magnifique arrangement des choses, qui avaient embrassé toute la série animale sous un seul et même aspect, et qui, enfin, croyaient qu'à l'égard de tous les êtres sans distinction, l'intelligence se modifiait et apparaissait en plus ou moins grande quantité, selon le plus ou le moins de complication et de perfection de la structure organique; les anciens, appuyés sur cette doctrine, que les progrès de la physiologie générale sont peut-être destinés à ramener un jour, ont bien pu et ont dû recueillir, commenter et admettre les actions des animaux, comme ils les ont établies dans le cas particulier que je viens d'examiner[1].

« Toutes les espèces d'animaux terrestres ou d'oiseaux fuient le crocodile. »

Le héron ordinaire vit cependant près de lui : mais s'il en recherche le voisinage, ce n'est point comme lui étant personnellement affectionné; car il a soin de se mettre hors de sa portée et sur une autre rive du fleuve. Aussi, en voyant des hérons faisant le guet, nous ne doutions pas qu'il n'y eût assez près de là quelques crocodiles. Je me rappelle que la présence de ces oiseaux nous dirigea, le 21 octobre 1799, sur une troupe de quinze crocodiles qui reposaient tranquillement à terre. Épouvantés par un coup de canon chargé à mitraille, ils sautèrent dans le fleuve et disparurent; les hérons seuls ne furent point effrayés, et continuèrent à rester à leur même place et en chasse. Ils se tiennent ainsi à la portée du crocodile, pour profiter de la terreur que celui-ci répand dans le fleuve, et pour être plus à même de se saisir des poissons que sa présence fait fuir et disperse de toutes parts. Il y a tout lieu de croire que le crocodile, à son tour, fait grand fond sur cette habitude des hérons pour en tirer également quelque profit; car des poissons, se trouvant lancés du côté des hérons, et ren-

[1] J'ai écrit un article *ex professo* sur l'affection mutuelle de certains animaux, et spécialement sur les services rendus au requin par le pilote. (Voyez *Annales du Muséum royal d'histoire naturelle*, t. IX, p. 469.)

contrant là, au lieu de sécurité, un autre sujet d'épouvante, sont nécessairement jetés dans un désarroi qui les livre sans défense à leur plus redoutable ennemi.

Le pélican imite le héron, mais il ne s'en tient point uniquement à cette manière d'attendre et de se procurer sa proie : au héron seul appartient cette patience infatigable qui le tient plusieurs heures et quelquefois des jours entiers attaché au guet.

« Toutes les fois que le crocodile sort de l'eau pour aller sur terre, il s'y étend, la gueule entr'ouverte; ce qu'il a coutume de faire en se tournant vers le vent du midi. »

Il est remarquable que j'aie pu vérifier ce point, et c'est de la manière suivante. Aux îles de Thèbes et d'Hermonthis, j'ai très-distinctement observé sur le sable humide des traces de crocodiles qui prirent la fuite à mon approche : ils avaient presque tous la gueule dirigée vers le nord-ouest; ils s'en trouvaient qui avaient reposé sur le flanc, et leur gueule à demi ouverte, qui était très-bien dessinée sur le sable, m'a rappelé la remarque faite par Hérodote.

Mes guides profitèrent de cette occasion pour me montrer les signes au moyen desquels ils distinguaient les mâles des femelles, m'assurant que ces mêmes différences étaient constantes. Je crus en effet remarquer que les empreintes qu'ils attribuaient aux mâles figuraient une tête plus forte et un peu plus courte. Ils exaltèrent beaucoup la supériorité des mâles sur leurs femelles, ajoutant que les mâles savent très-bien s'en faire obéir, en les mordant ou en les frappant rudement de la queue.

Les crocodiles avaient laissé de leur fiente sur le rivage; elle était moulée comme celle de l'homme, partagée en deux tronçons d'un diamètre un peu plus gros, et d'une longueur de dix à onze centimètres pour un crocodile de trois mètres : sa consistance était peu considérable, son odeur nulle, et sa couleur d'un vert-brun.

« Les crocodiles sont sacrés dans quelques parties de l'Égypte, et ne le sont pas dans d'autres, où on les poursuit même en ennemis. »

Les Égyptiens étudiaient l'ordre de l'univers dans le mouvant tableau que formaient autour d'eux les productions de leur sol et surtout les animaux, où ils croyaient apercevoir que s'en réfléchissait une plus vivante et plus expressive manifestation : ainsi les espèces les plus malfaisantes leur rappelaient ces actes de toute-puissance funeste, ces événemens désastreux d'une nature comme atteinte de vertiges, qu'amène le désordre des tempêtes. Cependant ces calamités étaient diversement ressenties dans les diverses provinces égyptiennes; car tel est l'inévitable effet de la force injuste : ici, son ressort, fortement tendu, dispose à plus de docilité, quand ailleurs il se brise en inspirant le courage de la résistance. Ainsi le crocodile était honoré en certains lieux, et au contraire détesté et poursuivi dans d'autres.

Mais d'ailleurs le crocodile sacré était choisi dans une espèce à part, petite, inoffensive, utile même. Je traiterai ce point, en parlant des espèces. « A Arsinoé, dit Strabon, page 811, ville située sur les bords du lac Mœris, on distinguait un crocodile, le *Suchus* : on l'entretenait à part ; on le tenait pour sacré, des prêtres étaient préposés pour en prendre soin ; ils s'employaient et réussissaient à l'apprivoiser, et ils le nourrissaient de pain, de viande et de vin, apportés par les étrangers qui le venaient voir ; dans chaque occasion, ils couraient à lui, s'en saisissaient, et, suivant les emplois assignés à chacun, l'un d'eux lui ouvrait la gueule, et d'autres y jetaient le gâteau et y versaient le vin apportés. »

J'ai vu des crocodiles entretenus vivans dans de grandes cuves, et je me suis convaincu qu'ils se privent très-facilement[1]. Tous les animaux qui vi-

---

[1] En publiant ce fait, je n'entends pas donner pour cela créance à celui qui est consigné par l'auteur d'une Histoire naturelle des reptiles, faisant suite à la réimpression des Œuvres de Buffon, dirigée et publiée par Sonnini. Cet auteur, Daudin, a consigné dans son article *Crocodile* « que j'avais essayé, pendant mon séjour en Égypte, de dompter et d'apprivoiser des crocodiles à l'exemple des anciens, et que mes tentatives n'ont point été couronnées du succès que j'en avais espéré. »

Je dois à la vérité d'avertir que je n'ai fait aucune tentative de ce genre. Voici ce qui a donné lieu à ce bruit, qui fut effectivement répandu. Dans le temps de nos triomphes, à l'époque mémorable où l'armée d'Orient possédait à sa tête un chef qui s'est illustré avec elle, une croisière de la marine anglaise fut chargée de surveiller le port d'Alexandrie : envoyée pour s'opposer à nos glorieux exploits, elle ne trouvait nulle part occasion de nuire ; fatigués des ennuis d'une croisière insignifiante, les marins anglais voulurent s'égayer, et ils crurent qu'ils atteindraient du moins leur ennemi en essayant contre lui quelques traits malins, en cherchant à couvrir de ridicule les principaux personnages de l'armée : ils firent quelques carricatures qu'ils envoyèrent en Angleterre, d'où elles se ré-

vent de chair, surtout les plus gourmands, y sont naturellement enclins : se trouvant rassurés contre tous les genres d'hostilité auxquels ils sont en butte, ils s'accoutument très-volontiers à la distribution journalière d'une proie qu'ils acquièrent sans travail ni danger. Mais, à l'égard du crocodile, il est encore d'autres motifs qui développent en eux le goût de la vie sociale : ils sont long-temps petits et nécessiteux; leur éducation se prolongeant, ils n'en sont que mieux fixés sur les soins dont ils auront été l'objet; enfin, un moyen de leur plaire et, en en doublant le ressort, de les dominer entièrement, c'est d'agir sur l'extrémité de leur museau, où gît une sensibilité exquise. Les nerfs qui viennent se perdre dans les lèvres des mammifères, qui s'épanouissent dans les barbillons des chats; qui impressionnent et qui font grimacer la figure de l'homme, portent et rassemblent leurs dernières ramifications à l'extrême pointe de la mâchoire supérieure du crocodile : une lame cartilagineuse, très-mince, recouvre cet organe d'un toucher fin et délicat; qu'on y porte les doigts sans trop presser, l'animal y ressent un doux chatouillement auquel il paraît se plaire; et au contraire, que l'on vienne à fortement serrer, il témoigne de la souffrance et fait tous ses efforts pour échapper : mais d'abord il ouvre la gueule; ce qui fournit un moyen facile de

---

pandirent en France et en Allemagne. On me fit l'honneur de penser à moi, de me placer dans une scène grotesque avec plusieurs crocodiles; et cette production éphémère donna lieu à la méprise dont je viens de parler.

lui prescrire d'agir ainsi, pour le cas où l'on veut lui administrer sa nourriture.

Si telles sont les habitudes des crocodiles, Hérodote et Strabon ont pu voir et justement raconter que les Égyptiens des environs de Thèbes et du lac Mœris réussissaient à en apprivoiser; en d'autres lieux, au contraire, les crocodiles, les grandes espèces du moins, avaient guerre à soutenir contre des ennemis acharnés à leur poursuite. « Les Tentyrites, ainsi nommés d'une île qu'ils habitaient en dedans du fleuve, s'étaient, dit Pline, acquis une grande réputation pour leur intrépidité dans la guerre qu'ils faisaient au crocodile : ils l'attaquaient de front, le chassant dans l'eau, l'abordant et se plaçant sur lui comme à cheval. Terrible pour qui le craint et l'évite, le crocodile fuit lâchement devant d'aussi redoutables ennemis; les Tentyrites attendaient qu'il essayât de mordre, qu'il ouvrît la gueule pour passer dans celle-ci une massue, dont ils saisissaient les deux bouts et dont ils se servaient comme d'un mors : le crocodile, effrayé, se laissait conduire à terre, mais surtout consentait à rendre les corps qu'il avait dévorés. » La haine des Tentyrites pour cette bête cruelle avait pris sa source dans des motifs religieux : les crocodiles privaient de sépulture les animaux dont ils se nourrissaient, et c'était à leur faire rendre gorge et pour ensevelir honorablement des débris restitués, que ces insulaires se montraient si ardens, si dévoués, qu'enfin ils s'étaient pieusement consacrés.

« On ornait ses oreilles d'anneaux d'or et de pierres vitrifiées, et ses pieds de devant de bracelets. »

J'ai pu vérifier jusqu'à cette circonstance du récit d'Hérodote. Ayant ouvert une momie de crocodile et l'ayant débarrassée des langes dont on l'avait enveloppée, j'ai eu la satisfaction d'apercevoir, aux opercules formant les oreilles externes, des témoignages non équivoques qu'ils avaient été percés pour y suspendre des pendans; les trous visiblement destinés à cet usage avaient été pratiqués à la partie antérieure de l'opercule. On est exposé à ne pas distinguer cette oreille externe, quand on ne l'a vue que sur des sujets préparés pour l'usage de nos cabinets, et parce que l'action lente du desséchement lui fait subir un retrait considérable : méconnaissable comme conque auriculaire par sa forme operculaire, par sa situation supérieure et par son renversement en lame sur le travers du conduit auditif, elle se montre rendue aux conditions de toute oreille externe, sous ce rapport qu'elle est essentiellement cartilagineuse et qu'elle provient de l'os temporal; celui-ci, qui fait partie du plancher supérieur du crâne, a donc occasioné de cette manière des anomalies; il a en effet provoqué, par sa position tout extraordinaire, les nouvelles formes de cette oreille externe, son changement d'une conque en un opercule. Cette transformation n'avait point été reconnue par les anciens membres de l'Académie des sciences; d'où ils se sont crus en droit de continuer leurs attaques contre Hérodote, d'argumenter contre ce point de ses écrits; croyant que des pendans d'oreilles portaient à l'idée d'une conque dégagée et saillante, et niant qu'Hérodote en eût observé de semblables.

Cependant il paraît que des anneaux d'or ne formaient la parure que des crocodiles privés et spécialement recommandés par les prêtres à la dévotion des peuples; car j'ai vu plusieurs autres crocodiles embaumés qui n'avaient point eu les oreilles percées.

« On ne lui donne à manger qu'une certaine quantité déterminée d'alimens, soit de pain, soit de la chair des victimes. »

Strabon visita le crocodile sacré d'Arsinoé et put sur toutes ces circonstances fortifier de son témoignage le récit d'Hérodote. Nous venons de voir, dans le précédent paragraphe, que chaque visiteur n'était admis auprès de l'animal-dieu qu'en apportant un cadeau consistant en nourriture, que ce présent était immédiatement remis au *Suchus*, qu'il lui était au besoin administré avec contrainte, qu'on lui ouvrait la gueule, et qu'un moyen infaillible de l'y disposer était de peser sur l'extrémité très-sensible du bout de son museau.

« Les crocodiles étaient donc entretenus avec le plus grand soin pendant leur vie : ils étaient enterrés après leur mort dans des cellules consacrées. »

Cette vénération des Égyptiens pour leurs animaux sacrés, qu'ils leur continuent dans la tombe, et qui est même après leur mort rendue plus explicite par des soins multipliés et par une grande variété de pratiques très-dispendieuses, forme un fait d'histoire, dont la singularité frappe vivement l'esprit. Mais combien se prolonge et redouble cette impression, si l'on considère que ce fait d'histoire, qui date de plusieurs centaines d'années au-delà de l'ère chrétienne, arrive à nous, Européens du dix-neuvième siècle, comme un fait perceptible actuellement! Ces cellules consacrées, je les ai visitées; ces crocodiles enterrés et d'abord pieusement embaumés, je les ai vus en place. Que de nombreuses générations aient depuis et durant trois mille ans succombé, qu'elles aient mêlé leurs cendres avec celles des générations antérieures, que les dépouilles des derniers siècles soient venues accroître les bancs déjà considérables des antiques dépôts, néanmoins tous ces débris de l'antiquité sont toujours là : ce qui fut autrefois et comme il fut alors, tout est resté visuel. Les institutions, la religion, la langue, les combinaisons sociales de l'ancien peuple de l'Égypte ont disparu : mais son matériel mortuaire est resté debout : il crée pour nous, postérité vivante à l'égard de ces curieux débris, des circonstances inouïes jusqu'alors, puisque là ne sont pas seulement des motifs pour nos souvenirs, mais vraiment des tableaux refaits, des scènes renouvelées de ce qui fut, de ce qui était dans le lointain des siècles. Là sont effectivement des matériaux d'un genre nouveau d'histoire, qui redisent actuellement le passé, en le ramenant lui-même, en le rendant perceptible tout autant pour les yeux du corps que pour ceux de l'esprit. Entré dans la demeure mortuaire des crocodiles à Thèbes, j'en ai retrouvé les parties comme elles avaient été distribuées : là étaient des crocodiles empaquetés, sans la moindre altération ; de la main qui en avait fait le pieux dépôt, ces restes vénérés ont passé dans les miennes, sans qu'aucun événement n'eût croisé cette relation consécutive. Les deux actes se sont en effet succédés, sans autre interruption qu'une nuit de trente siècles écoulée entre l'un et l'autre.

J'ai retiré un crâne d'une de ces momies de crocodile, et je l'ai trouvé si parfaitement conservé et donnant si exactement toutes les sutures du système ostéologique, que je m'en suis servi, de préférence à des crânes d'animaux contemporains, pour la détermination des pièces osseuses de la tête ; j'ai donné le résultat de ces recherches et la figure du crâne antique dans les Annales du Muséum d'histoire naturelle, in-4°, 1807, tome x, pages 67 et 342 ; pl. 3, fig. 2, 3 et 4.

J'ai vu ici, depuis mon retour en France, beaucoup d'autres crocodiles sortis des antiques nécropolis d'Égypte : un de ces sujets, long de plus de deux mètres, fait partie des richesses du Muséum d'histoire naturelle, a qui il a été généreusement donné par le célèbre et infatigable voyageur M. Cailliaud. J'en ai aussi rencontré un autre, étant de deux à trois décimètres plus long, dans le basar de la rue Saint-Honoré; la bibliothèque de Marseille en possède un exemplaire long d'un mètre, et celle de Lyon aussi un autre un peu plus petit; enfin, je rappellerai que j'ai traité de six autres individus, n'ayant, les uns, que la taille du crocodile au sortir de l'œuf, et les autres n'étant qu'un peu plus grands: je les ai observés dans la collection d'antiquités recueillies et vendues au roi de Prusse par un voyageur italien, M. Passalacqua. Voyez le Catalogue raisonné de cette collection, pag. 236, publié à Paris (1826) par cet habile et savant artiste.

« Les habitans d'Éléphantine se nourrissent au contraire de la chair des crocodiles et sont loin de les considérer comme sacrés. »

L'espèce de confusion d'idées qu'Hérodote prête aux Égyptiens, quand il les déclare également disposés, et à se nourrir du crocodile, et à lui rendre des honneurs, tient, je pense, à ce que ce grand homme ignorait qu'il y avait plusieurs espèces de crocodiles dans le Nil : mais alors les Égyptiens qui avaient cette connaissance, n'étaient que justes et conséquens dans leurs sentimens. Ils détestaient et poursuivaient les grandes espèces dont ils éprouvaient journellement de grands dommages, et ils cédaient au contraire à un mouvement tout naturel de gratitude, quand ils épargnaient la petite espèce. En effet, celle-ci est inoffensive; elle voyage chaque année avec les eaux de l'inondation; elle porte ainsi dans les contrées éloignées du fleuve la nouvelle de la crue du Nil; enfin, qu'elle arrive un peu plus tôt que de coutume, et l'on compte sur une plus grande inondation, sur une moisson plus abondante : ceci explique le bon accueil que l'on faisait à cette petite espèce, son nom de *crocodile sacré*, les honneurs divins qu'on lui rendait[1] : en traitant des espèces, je reviendrai sur ce sujet.

« Du reste, le nom de l'animal, en Égyptien, n'est point *crocodile*, mais CHAMPSA : ce sont les Ioniens qui lui ont donné le nom de crocodile, par la ressemblance de sa forme avec celle des lézards, que l'on voit sur les murailles et qu'ils nomment ainsi. »

La vérification de ce point n'est sujette à aucun équivoque. Le crocodile se nomme encore aujourd'hui, comme au temps d'Hérodote : Jablonski, Paw, Larcher, etc., l'avaient avant moi remarqué. La prononciation de l'ancien nom a cependant un peu varié, principalement la consonnance de la première lettre : on dit présentement *temsah*.

Ce mot est cité dans plusieurs vocabulaires copte-arabes, entre autres dans le Vocabulaire saïdique (*Manuscrits de la Bibliothèque royale*, 44, fol. 54).

[1] Sur les hommages rendus au crocodile, *consultez* la description d'*Ombos* et celle de *Crocodilopolis* du nome Arsinoïte, par MM. Chabrol et Jomard. Ce dernier a fait remarquer que les villes où le crocodile était honoré, se trouvaient toutes au milieu des terres : il conjectura que c'est la petite espèce seule qui pénétrait jusqu'à ces villes intérieures, avec les nouvelles eaux du Nil, et que c'est pour ce motif qu'elle était l'objet d'un culte particulier, tandis que la grande espèce, animal vorace, ne quittait pas le lit du Nil, et exerçait ses ravages sur les rives du fleuve ; ce qui explique jusqu'à un certain point l'opposition qui existait entre les Tentyrites, d'une part, et les habitans d'Ombos et des deux Crocodilopolis, de l'autre. *Consultez* aussi la carte de l'Égypte ancienne, par le même auteur.

Il est écrit *emsah* : d'un autre côté, Jablonski l'a trouvé écrit *hemsa*, qu'on peut aussi prononcer comme *khemsa*, forme sous laquelle il s'approche davantage du mot rapporté par Hérodote.

On se servait au-devant de ces mots de l'article masculin *pi*, quand on voulait désigner le crocodile mâle, et de l'article féminin *t*, en parlant de la femelle : cependant l'emploi du féminin prévalut ; d'où les Égyptiens s'en tinrent à la seule forme *t-emsah*. Les Arabes, maîtres de l'Égypte, n'ayant point fait cette distinction, adoptèrent ce terme, mais en le faisant précéder de leur propre article *el* ou *al*; ils nomment aujourd'hui le crocodile *el-temsah*. Nous avons fait au surplus la même faute pour des mots que nous avons empruntés à ces mêmes Arabes ; nous disons l'alcoran, l'almanach, l'alambic, etc., termes dans lesquels l'article arabe est employé conjointement avec l'article français.

Le nom de crocodile, sous la forme de MSAH, MSOH, est répété dans plusieurs papyrus récemment découverts ; M. Champollion jeune en donne l'étymologie : il est composé de la préposition *dans*, rendu par M, et du mot SAH, SOH, traduisible par *œuf*.

Or, le sens de ce nom composé n'est point équivoque, et porte sur les motifs qui l'ont fait imaginer : on rend par lui le trait le plus saillant du crocodile. On aura voulu présenter à l'esprit le contraste sans doute fort extraordinaire du plus grand animal provenant d'un corps minime, d'un œuf à peine plus gros que celui d'où sortent les poules. Ce fait, d'essentielle différence, a été saisi avec une grande sagacité par les inventeurs du terme, dès qu'il exprime exactement le caractère propre et exclusif des crocodiles. C'est cette idée qui, exagérée, avait fait croire et dire aux Égyptiens que les crocodiles naissaient d'un point imperceptible, et, comme les mouches, de la corruption des viandes. Pierius donne ces faits, et explique ainsi comment le crocodile était devenu l'emblême de tout homme qui, né dans l'abjection, était tout-à-coup porté par un caprice de la fortune au plus haut point de puissance et de richesse.

Quant au terme de *crocodilus*, mot grec, on n'a pu s'accorder sur la fixation du sens de ses composans, dans la supposition que son origine soit due à deux racines primitives.

Mais d'abord nous remarquerons que les Grecs ont fait preuve de savoir zoologique et vraiment d'une grande sagacité, en ne voyant, dans les formes du grand lézard du Nil, animal qui leur fut long-temps inconnu, qu'une répétition de la conformation des lézards ordinaires. Les dernières éditions de notre célèbre Linné, celle même posthume publiée par Gmelin, n'ont point autrement donné les affinités naturelles de ces animaux, puisque le crocodile est resté, dans toutes les classifications de cette époque, confondu avec les lézards sous le nom de *lacerta crocodilus*.

La plupart des érudits, qui s'en sont tenus aux

élémens étymologiques du mot *krokodeïlos*, se sont partagés, en dérivant la première partie de ce terme, les uns de *krokos*, safran, et les autres de *kroke*, rivage. La seconde partie est *deïlos*, craintif, timide. Dans la première hypothèse, le crocodile aurait été ainsi nommé, parce que le crocodile de terre passe pour craindre la vue ou l'odorat du safran; et dans la seconde, parce que le crocodile de mer redoute de tomber dans des pièges aux embouchures des rivières, et qu'il craint ainsi d'approcher des rivages.

Cependant Bochart (*Hierozoic.* lib. IV, cap. 1) veut qu'on rejette toutes ces étymologies, qu'il traite de ridicules : le crocodile, selon lui, a toujours porté ce nom chez les Ioniens, sans qu'on eût jamais songé à le tenir de l'association de deux termes. C'est ainsi que Bochart entendit et adopta dans un sens absolu le passage d'Hérodote.

NOTA. Le surplus du texte que nous avons commenté n'étant susceptible pas plus de controverses que de modifications, je termine ici mes explications à son sujet.

ORGANISATION.

Je n'entends point donner ici une œuvre didactique qui ne conviendrait qu'à de certains lecteurs; et sans m'assujettir à des règles que ne m'impose point mon sujet, je ne reviendrai pas sur ce qui a été disséminé et suffisamment établi dans l'exposé précédent. Je passe sans autre transition aux considérations suivantes.

Le crocodile, au sortir de l'œuf, est déjà, sauf la tête, ce qu'il sera ultérieurement. Il surprend par un caractère qu'il partage avec les poissons, quant à la même étendue, mais non pour le même degré d'utilité, par la longueur de sa queue; et généralement il montre une tendance d'affinité avec les serpens pour les proportions allongées de ses parties. Cependant cet excès de longueur est compensé par moins de volume dans le diamètre transversal : c'est fidélité au principe du balancement des organes; et en effet, une dimension perd toujours sur un point ce qu'elle a de trop gagné sur un autre. Le resserrement transversal se remarque davantage à la région dorsale : là des écussons ou plaques du système tégumentaire sont plissés; ils proviennent de l'épanouissement de chaque houppe nerveuse et vasculaire à la périphérie du corps; une saillie longitudinale partage par le milieu chacune de ces plaques parfaitement circonscrites; ce qui n'était point ou ce qui paraissait d'abord peu apparent se prononce davantage; car la saillie, avec le temps, devient une crête vive. Toutes ces formes sont imposées au système épidermique : tel est chaque écusson, et telle se montre l'écaille placée en dehors; c'est-à-dire, que comme est la forme du moule, apparaît la figure de l'objet moulé. Chaque emplacement de la peau et son écaille sont donc semblablement plissés. Alors il n'y a point d'écailles imbriquées, superposées comme chez les poissons, mais elles sont rangées côte à côte; et n'anticipant point les unes sur les autres, elles maintiennent le crocodile dans l'arrangement qui est usuel et classique pour tous les reptiles.

La tête varie beaucoup : le front du crocodile à sa naissance est saillant, la région cérébrale ample relativement à ce qu'elle sera plus tard, et toute l'arrière-partie bombée; le museau est au contraire respectivement très-court. Pour prendre de ces proportions et de l'étendue de cette variation une idée exacte, qu'on se représente la tête partagée en trois segmens, une première partie formée du museau depuis son extrémité nasale jusqu'à l'œil, une seconde étendue d'un angle à l'autre de l'orbite, et la troisième comprenant tout l'arrière-crâne à partir de l'œil. Or, voici quelles en sont les principales proportions dans les différens âges. A l'époque de la naissance, il y a moins de longueur dans la première que dans la troisième portion ; mais après quelques jours et quand le jaune de l'œuf est entièrement absorbé, on observe une parfaite égalité entre ces mêmes parties ; puis, les proportions deviennent inverses ; le museau gagne de plus en plus en longueur, jusqu'à devenir double de l'étendue de l'arrière-crâne.

Ces changemens s'opèrent dans tous les sens ; car, si le front s'abaisse et disparaît, le vertex s'aplanit dans une même raison. Toutes ces parties se confondent pour former, en comprenant les régions de la joue et des tempes, une surface uniforme, une sorte de table ou plancher supérieur; pour cela faire,

la joue et les tempes sont en partie enlevées au-
dessus des yeux, en les contournant et en se rangeant aussi en arrière.

Ce qui produit un résultat aussi extraordinaire,
est l'extrême grandeur, oserais-je dire, l'incroyable
dimension des parties maxillaires; les choses en sont
au point, que les plus savans naturalistes de notre
époque n'ont encore pu y soumettre leur esprit,
qu'ils persévèrent dans d'anciennes préventions, et
qu'ils doutent de ce qu'ils voient. Ce développement
disproportionné des parties maxillaires supérieures,
étant inattendu et non compris, a eu d'abord pour
premier résultat, ainsi qu'on l'a vu plus haut p. 421,
d'entraîner Perrault et Duverney dans d'injustes reproches contre Hérodote; mais il a mis, de plus,
dans ces derniers temps, sur une fausse voie, il a
produit de fâcheux erremens à l'égard des recherches entreprises pour la détermination des pièces
crâniennes. Ainsi, les branches maxillaires supérieures développent, au-devant des inférieures, un
bord ample et prolongé, qui a, en effet, contraint
les portions jugales et temporales, ordinairement
descendues sur les flancs et jouant le rôle de parties
latérales, a passer derrière et autour de l'orbite;
ainsi repoussées loin et rejetées vers le haut dans
une composition déjà remarquable par son peu
d'épaisseur, les pièces de la joue et des tempes fournissent nécessairement une partie de leur volume à
la large table que nous venons de dire formant le
plancher supérieur de la tête. Ce n'est point ce que

d'abord j'ai cru, et ce que j'ai dit en 1807. A cette époque, personne n'avait traité *ex professo* de la détermination des pièces crâniennes ; je m'en suis le premier occupé, par conséquent avant que l'on eût même soupçonné que ce fût une question à éclaircir. Dans cette nuit obscure, sans précédens ou méthodes qui servissent de guide, des erreurs étaient alors inévitables. J'ai donc pendant les dix dernières années plus ou moins partagé les illusions et les opinions des naturalistes qui se sont depuis livrés aux mêmes recherches ; et si depuis j'ai pris confiance dans mes derniers résultats, c'est après y avoir long-temps songé. Chaque année je repassais sur les mêmes voies, et je l'ai fait, tant que des difficultés sans cesse renaissantes, le vague de mes expressions à chaque publication, la nouveauté des termes employés, une absence évidente de lucidité dans l'énoncé de quelques propositions, m'avertissaient que les véritables analogies n'étaient pas sur tous les points encore trouvées. Au fond, la difficulté du problème par rapport au crocodile, provenait de ce que son crâne était justement l'inverse de celui de l'homme quant aux proportions de ses parties ; savoir, grandeur excessive de la face, et en revanche petitesse extrême de la boîte cérébrale.

C'est l'accroissement du contenu qui règle l'étendue et la disposition des parties enveloppantes : comme est le cerveau, se montrent les os qui sont répandus à sa surface. Or, dans un jeune sujet, le cerveau présente une ampleur qu'il perd successivement; les tubercules olfactifs s'accroissent et en même temps s'écartent de la masse encéphalique pour se porter en avant; les pédoncules qui les y rattachent ont en longueur une fois et demie celle des tubercules eux-mêmes; les lobes cérébraux sont plus étendus latéralement que d'avant en arrière : c'est le contraire dans le premier âge. Les lobes optiques ou lobes nommés quadrijumeaux chez les mammifères, parce que chez eux un profond sillon les partage et leur donne une apparence quaternaire, les lobes optiques suivent immédiatement les hémisphères cérébraux; ils sont sous-doubles de ceux-ci et sphériques; enfin, la masse encéphalique est complétée à la suite et sur la ligne médiane par un cervelet unique, pouvant égaler par son volume l'ensemble des deux lobes qui le précèdent. Ce ne sont pas ces rapports qui sont visibles dans les figures 115 et 117, planche 5, de l'ouvrage de M. le docteur Serres, *Sur le cerveau dans les quatre classes d'animaux vertébrés* : les figures rappelées ici représentent le cerveau d'un crocodile au sortir de l'œuf.

A la petitesse de cette masse encéphalique, que l'on oppose la grandeur de la moelle allongée, ce contraste donne l'idée d'un autre cerveau à la suite. Le volume, qui en est considérable, cesse toutefois de surprendre, quand on le voit en rapport et d'accord avec le développement inouï des parties de la face : et en effet, il ne fallait rien moins qu'une telle masse médullaire pour que celle-ci pût suffire à être le noyau ou le point de départ des nerfs volumineux qui y prennent naissance, les nerfs trijumeaux, ou ceux de cinquième paire.

Les nerfs oculo-moteurs ou de troisième paire sont aussi très-volumineux, et le nerf facial fort petit. Celui-ci ne trouverait pas à se disséminer comme à l'ordinaire ; car il n'est plus, il n'y a point de parties cutanées et charnues au museau du crocodile : un mince feuillet, un léger voile épidermique suffisent pour en revêtir la masse entièrement osseuse.

Cependant la petitesse des masses encéphaliques pourrait surprendre chez un animal que nous avons vu plus haut susceptible de calculs, suppléant par la ruse à l'insuffisance de quelques organes, réglant des actes de société, et portant la prévoyance à se garantir dans l'avenir, à se ménager des conditions et motifs de sécurité pour le temps de son sommeil.

Mais c'est le cas sans doute de redire de nouveau que la tête du crocodile, toute faite qu'elle est avec les identiques matériaux ordinaires, est néanmoins, eu égard aux proportions de ses parties, établie dans une manière inverse de la tête de l'homme. Or, faisons, qu'attentifs à cette observation, et l'esprit dégagé de ses liens, ou d'idées toutes faites et acquises en anatomie humaine, nous puissions nous élever assez et dominer notre sujet au point de faire abstraction des formes des choses, nécessairement variables et secondaires, pour n'en considérer que la première condition, celle de leur essence; oublions surtout ces arrangemens d'ordre numérique, exprimés par les mots de première paire de nerfs, seconde, troisième, et ainsi de suite, pour saisir sans prévention les faits, comme nous les donne la moelle allongée, c'est-à-dire son renflement dans le trou occipital, ce premier renflement des parties médullo-rachidiennes.

Or, qu'apercevons-nous là chez l'homme indépendamment de la forme, qu'y voyons-nous comme fait plus général? la moelle allongée s'y subdivise en deux parts, l'une qui pénètre dans l'intérieur des os crâniens, et l'autre qui se répand à l'extérieur. Dans ce cas, ce serait donc qu'on aurait donné une attention trop exclusive aux volumes de ces parties, à leur différence en ce point, c'est-à-dire qu'on se serait laissé prévenir par ce qui n'aurait été là qu'une circonstance secondaire : ainsi l'on aurait jugé d'un fait de subdivision, non point sur ses conséquences immédiates, mais sur toutes ses apparences qui résultent d'un accident de forme.

Cependant, faisant abstraction des conditions secondaires, que reste-t-il dans le sujet qui nous occupe? La moelle allongée, en tant qu'elle n'est considérée que dans ses enveloppes, se divise en parties externes et en parties internes; ses subdivisions, des deux côtés également, se prolongent à peu près parallèlement : elles quittent et reprennent la même ligne, et par une définitive anastomose y produisent autant de cercles qu'il y a eu de doubles rameaux appelés à y concourir. Ainsi ce sont, au fond, deux appareils nerveux pour former les organes des sens, pour constituer les principales conditions d'existence de chacun, deux appareils qui se confondent respectivement et qui reçoivent sans doute du seul caractère de leur position différente toutes les modifications importantes qui les distinguent. L'un est en très-grande partie renfermé dans un étui osseux, l'appareil *intra-crânien*, et l'autre est distribué autour, ou l'appareil *extra-crânien*. Or, tout autant que le premier est encaissé, qu'il remplit la boîte crânienne, et qu'il est par conséquent protégé par l'ensemble de ses pièces solides, par une muraille osseuse répandue à sa surface, il se manifeste sous la figure d'une vessie qu'on aurait soufflée; des particules médullaires y sont en grand nombre répandues, s'y voient accumulées et comme entassées : sa capacité dépend de leur nombre, et généralement toutes ses subdivisions retiennent, tant qu'elles sont cloisonnées, la forme d'une bourse remplie. Quant au second appareil, il garde l'apparence et la consistance des parties hors crâne du premier; et, dans tous les cas, les extrémités de l'un, comme celles de l'autre, ont la même tendance, aboutissent respectivement aux mêmes points, entrent dans des services identiques, et, par leurs insertions et leurs actions réciproques, deviennent et constituent réellement les organes des sens, l'appareil vasculaire y portant aussi un rameau terminal.

J'ai été conduit à ces idées générales, en examinant la structure des appareils olfactifs chez les animaux qui odorent dans l'eau, en voyant cette structure, particulièrement chez le congre [1] : elles sont immédiatement applicables au crocodile. Par induction, nous en venons à comprendre comment l'excès de grandeur de la cinquième paire ou du nerf trijumeau (*appareil nervo-céphalien externe*), qui caractérise ce reptile, lui devient une utile compensation de l'excès de petitesse de son cerveau (*appareil nervo-céphalien interne*); car alors les actions physiologiques qui dépendent de la fonction des nerfs, les phénomènes vitaux dont on comprend l'ensemble comme toutes les manifestations variées sous le nom d'habitudes, tant de facultés pour la ruse, l'adresse et la prévoyance, que nous avons reconnues au crocodile, ne seraient point, autant qu'on l'a cru jusqu'à ce jour, hors de proportion avec les faits de structure organique. Il n'y aurait ainsi pas plus de produits obtenus, que n'en pourraient, selon la règle, accorder ou faire supposer les agens producteurs.

Effectivement, s'il n'y a, chez le crocodile, qu'un très-petit cerveau pour tant de sagacité et d'astuces, le crocodile en est sans doute suffisamment indemnisé par le plus de volume et par la texture de son nerf trijumeau. Nul autre, parmi les animaux qui respirent dans l'air, n'a ce nerf, à partir de la moelle allongée, aussi gros, et de plus ne l'a aussi long;

---

[1] Voyez, *Annales des sciences naturelles*, tome 6, page 322, Sur les usages et la structure des appareils olfactifs dans les poissons, suivi de Considérations sur les animaux qui odorent dans l'air.

ce qui ne pouvait être autrement, ce nerf ayant à se rendre et à se répandre dans des maxillaires d'une grandeur démesurée. Sa masse que, dans ce cas, il convient d'estimer, en multipliant le produit de la longueur des rameaux par celui de la grosseur des diamètres, donne en effet une somme totale dont le volume est considérable. Dans une tunique forte et résistante se voit un tissu spongieux, composé de filets nombreux et très-fins. Je donne, n'osant courir la chance d'une erreur, cette observation, comme elle m'a frappé, sans essayer d'en déterminer ou du moins d'en pressentir la nature avec plus de précision.

Mais ce n'est point assez d'avoir trouvé que la grandeur des résultats, chez le crocodile, c'est-à-dire que les actions virtuelles, que les manifestations de son vouloir soient, à l'égard des organes producteurs, dans une raison proportionnelle et directe; un autre arrangement se fait encore apercevoir : les perceptions de ce reptile y gagnent d'être plus spéciales relativement à chaque organe des sens, de façon que, si tous les motifs d'action naissent, se poursuivent et se complètent dans chacun des rameaux de la cinquième paire, chaque faculté se caractérise par un plus haut degré d'isolement. Dans ce cas, il y a peu de réaction de l'une sur l'autre : l'organe du goût par exemple, dans les choses de sa dépendance, sera pour soi, à quelques égards, un centre de perception; il en sera de même de celui de l'ouïe, et ainsi de suite.

Or, de tels résultats donnent aux crocodiles cette sorte de rapports avec les insectes, que de l'isolement des parties naissent des déterminations plus arrêtées, plus dominées par les influences du dehors, beaucoup moins voulues par l'animal, si je puis me permettre de m'exprimer ainsi, et généralement des actions placées plus impérieusement sous les impulsions de l'instinct. Chez l'homme, au contraire, les opérations de l'intellect se distinguent, comme étant plus raisonnées, et alors, pourrait-on ajouter, comme étant plus sujettes à l'erreur; mais si la précieuse essence caractéristique de l'humanité n'échappe point à un tel danger, il s'en suit que les chances pour se tromper croissent comme le nombre de motifs entre lesquels il faut choisir pour se déterminer. Cependant ces chances dépendraient-elles de ce que les masses cérébrales seraient uniquement chez l'homme considérablement volumineuses, entassées, et généralement de ce que cet entassement les tiendrait en contact intime, pouvant occasioner la disjonction de quelques parties des enveloppes immédiates?

Cette manière d'envisager la cinquième paire porte à beaucoup d'autres aperçus comme à des rapports plus étendus; elle peut aussi faire concevoir pourquoi Willis et Meckel l'ancien considéraient ce riche appareil comme une sorte de grand sympathique pour la tête, qu'ils appelaient le *petit sympathique*. Mais ce n'est point ici le lieu d'en dire plus sur cela.

Non moins que les maxillaires, le palais, et l'organe du goût, le canal crânio-respiratoire est répandu d'un bout à l'autre de la tête; ses deux ordres de fonctions sont distincts; il y satisfait également, soit comme siége d'odoration, soit comme devenant un premier segment de voies aériennes pour la respiration.

Comme canal nasal, il est double dans toute sa longueur; une lame verticale, mince et cartilagineuse, le sépare par le milieu. Celle-ci, étendue du sphénoïde antérieur sur les premiers maxillaires, reproduit, aux dimensions près, ce qui est, dans le même lieu, moins distinct chez l'homme; savoir, la série du corps ethmoïdal, de la lame du même nom, et d'une troisième partie qui s'atrophie et se perd dans les lèvres, mais qui grandit et devient un os à part chez les mammifères à boutoir. Je nomme ces pièces *ethmosphénal*, *rhinosphénal* et *protosphénal* dans mon travail intitulé *Système crânien*. La lame cartilagineuse, qui les réunit sans divisions bien tranchées, est figurée dans les Annales des sciences naturelles, tome III, pl. 16, fig. 13.

Autour de ces os sont, chez le crocodile, aussi bien que chez l'homme, des parties qui les accompagnent : savoir, sur les côtés du *premier*, les cornets supérieurs (*ethmophysal*); du *second*, les cornets inférieurs (*rhinophysal*); et du *troisième*, les intermaxillaires (*adnasal*). L'ethmophysal remplit tout le fond de la cavité. Il intervient, chez le crocodile, dans le plancher extérieur du crâne, n'offrant, en ce point, d'autre différence avec l'homme, si ce n'est que sur celui-ci sa portion externe est renversée dans l'orbite, où elle est connue sous le nom d'*os planum*, et que chez le crocodile, en qui presque toutes les surfaces de la cavité orbitaire pourvoient à l'accroissement et profitent à l'immense superficie de la face, le segment d'*os planum* est rangé dehors de l'orbite, entre les nasaux et les lacrymaux. Voilà donc ce même segment, qui, formant toujours un bord nasal à l'orbite dans les mammifères, y avait été nommé *os planum*. On a cru que cette situation d'un os rentré et comme refoulé dans une cavité était en soi essentielle; d'où il est arrivé, que quand le crocodile, chez lequel moins de lames crâniennes s'enfoncent dans l'orbite, faisait voir cet os en dehors, on fut persuadé qu'une pièce nouvelle frappait la vue pour la première fois. Cependant elle n'est pas de surcroît, et en même temps elle ne manque à aucune de ses obligations comme connexions; car elle longe, chez le crocodile, ainsi que chez l'homme, le côté externe des frontaux; elle porte sa partie antérieure sur les nasaux, et son bord externe sur les lacrymaux. Enfin, comme occupant en avant et avec les frontaux le bord interne de l'orbite, elle offre encore une petite partie d'elle-même dedans l'orbite, restant donc, sous ce rapport, toujours fidèle à l'analogie.

Cependant, pour l'avoir vue saillir dehors en avant des frontaux, M. Cuvier en a donné une autre détermination : il l'a crue un fragment du frontal; et comme d'ailleurs il avait remarqué que ce prétendu démembrement du frontal était propre à tous les ovipares, il ajouta aux matériaux crâniens celui-ci, qu'il appela *frontal antérieur*. Cette innovation n'allait à rien moins qu'à renverser ma théorie des analogues; celle-ci n'admet pas que ses règles soient suivies dans la plupart des cas et faussées dans une ou deux circonstances particulières; c'est-à-dire que le crâne des ovipares se montre une répétition de celui des vivipares, hors dans un seul point; à quoi il serait pourvu comme à l'égard d'un type à part. Cette manière de voir ne fut généralement point goûtée, surtout par Oken, qui allégua (*Isis*, 1818, 2ᵉ cahier, page 276) *et opposa que c'était faire des noms nouveaux pour des os qu'on ne connaissait pas.*

Les différences de famille à famille ne portent point sur le caractère essentiel des matériaux, mais sur leurs formes; et quant à ceci, nous conviendrons que les rapports d'analogie des cornets du nez ou des ethmophysaux ne frappent point à la première vue. Nous ne trouvons plus les mêmes lames plissées et contournées chez les ovipares, les mêmes feuilles roulées en cornet, comme chez les mammifères : il est pourvu autrement, chez ceux-là, au déploiement de la membrane pituitaire, autrement quant au mode d'arrangement, mais toujours par l'emploi de matériaux similaires.

A l'autre extrémité des canaux olfactifs, les choses se passent de la même manière; on voit là, pour ailes de la seconde moitié de la lame cartilagineuse centrale, pour ailes du rhinosphénal, un corps osseux sous la forme d'un manchon. Tel est le cornet inférieur (antérieur chez les animaux), ou le *rhinophysal;* il est très-promptement soudé dans la cavité où il est engagé, y tenant lieu d'une sorte de pilier entre les lames supérieures ou les os du nez, et les lames inférieures correspondantes ou les os du vomer; car il y a deux de ces os, un pour chacun des canaux olfactifs.

Les vomers portés chez les crocodiles à un maximum de composition, s'y montrent avec des usages distincts; savoir, de contribuer par leur face supérieure aux parois des chambres olfactives, s'en trouvant former le plancher, et par leur face inférieure à devenir le plafond du canal nasal, lequel, prolongé au-delà de la portion olfactive, est en entier dévoué à l'organe respiratoire. Une petite portion des vomers, non chez tous les crocodiles, mais chez un caïman, intervient dans les os du palais.

Les deux cavités de l'appareil olfactif sont-elles redevables de leur disposition et de l'arrangement que nous venons d'y observer, aux causes ci-après, savoir : la grandeur des maxillaires décidant d'abord de leur plus grande capacité relative, et la vaste étendue de ces chambres odoratives ayant subséquemment rendu inutiles les replis, et généralement tous les effets d'entassement qui nous avaient paru une nécessité pour l'odoration, parce qu'accoutumés aux formes de l'anatomie humaine, nous ne pouvions croire à un autre arrangement?

Les canaux olfactifs doivent être repris et considérés sous le point de vue qu'ils forment aussi les voies aériennes et le premier compartiment de l'organe respiratoire. Ils sont en effet étendus sous toute la tête, s'y prolongeant de façon que leurs ouvertures pour déboucher, ou les arrière-narines, paraissent au-dessous et même par-delà la région occipitale. Il était difficile que le larynx fût amené sur ces voies aériennes; celles-ci vont donc comme le chercher à l'arrière-gorge. Cela s'exécute en vertu d'un mécanisme et procure un accroissement de fonctions; lesquels sont d'un grand intérêt, et forment, à proprement parler, l'essentiel caractère du crâne d'un crocodile. Essayons de faire connaître cette singulière organisation.

Ailleurs, le canal nasal, indépendamment de toute participation du vomer, est dans toute sa longueur clos inférieurement par la jonction, suivie de soudure, de lames en retour appartenant aux branches maxillaires. C'est à partir des ouvertures nasales externes, des intermaxillaires, puis des maxillaires, et enfin des os palatins, que naissent ces lames; elles arrivent sur la ligne médiane bord contre bord, s'engrènent, et enfin se soudent ensemble : les fonctions et l'appareil olfactifs s'arrêtent où commencent les parois internes des lames palatines; et de l'origine de ces parois, le canal nasal appartient en propre à l'organe respiratoire. Cependant l'appareil ostéologique gustatif n'est pas complet avec les seuls os palatins; il y a de plus, sur les flancs et par-delà ces lames, une seconde paire de plaques osseuses, que quelques naturalistes ont proposé d'appeler *palatins postérieurs*;

ce sont des os distincts chez les fœtus, les apophyses ptérigoïdes internes des sujets adultes, des matériaux enfin que j'emploie, dans ma Nouvelle nomenclature, sous le nom d'*hérisséal*. Réunis aux palatins, ils n'en sont pas moins asservis au larynx, et se ressentent de ses modifications. Or, ces os ne sont pas joints l'un à l'autre sur la ligne médiane, mais, au contraire, renversés sur les flancs chez les mammifères, où ils favorisent, par leur écartement, l'approche et le contact momentané du larynx quand l'élément respirable arrive à celui-ci par le canal nasal. J'ai été obligé d'exposer au long ce qui caractérise à cet égard les autres animaux, et principalement les mammifères, pour que l'on conçoive mieux les différences de structure des hérisséaux chez les crocodiles; différences où réside, pour moi, l'essence crânienne du genre crocodile, parce que là sont en effet des ordonnées qui assujétissent à elles le plus grand nombre des organes du voisinage.

Au lieu que les hérisséaux soient, vers les flancs des palatins, disposés en ailes, ce sont de très-larges plaques immédiatement situées à la suite de ces os; ils y sont joints transversalement et en dépendent comme superficie du palais, dont ils augmentent l'étendue d'une manière extraordinaire; ceci n'a pu avoir lieu que les hérisséaux ne fussent dégagés de presque tous les os du crâne, et maintenus à une certaine distance des flancs maxillaires : écartés des bords maxillaires, ils sont amenés sur la ligne médiane de la même façon que les palatins, l'un à l'égard de l'autre ; l'hérisséal de droite s'unit à son congénère de gauche, de telle sorte que ce n'est plus après le bord postérieur des palatins que se montrent les arrière-narines, mais bien vers l'extrémité des os à la suite, qui sont de longs et larges hérisséaux. Voilà comment ces plaques, détachées en partie des pièces crâniennes supérieures, ont pu dépasser toute la région cérébrale et prolonger le palais dans des proportions gigantesques ; dimensions qui d'ailleurs ne sont autres que celles dont nous avons traité plus haut au sujet des branches maxillaires. Je n'ai point encore donné toutes les modifications des hérisséaux ; les plus merveilleuses restent à connaître. Nous venons de voir qu'ensemble les hérisséaux forment une large table, qui, réunie à la superficie des os palatins, devient la voûte palatine la plus spacieuse qu'on connaisse, toutes proportions gardées. Mais, de plus, cette table a sur ses flancs des lames de retour qui s'élèvent sur les pièces de la boîte cérébrale ; savoir, au côté interne de chaque hérisséal, une lame verticale, et au côté externe, une autre lame fortement infléchie ; ces lames s'insèrent sur le sphénoïde, à peu de distance l'une de l'autre, formant ainsi des murailles qui circonscrivent de grands espaces évidés. Avec l'âge, ces espaces s'accroissent considérablement, et portent en dehors et dans le voisinage de l'œil des renflemens ellypsoïdaux, chez les crocodiles proprement dits, et sphéroïdaux chez le sous-genre des gavials ; renflemens desquels il faut retrancher un fort segment, celui servant à leur insertion.

J'ai fort attentivement examiné ces renflemens creux, dont sont composées les parties latérales des hérisséaux, et je les ai trouvés propres à contenir de l'air, qu'il devenait possible de condenser, et dont on pouvait ensuite disposer à volonté. Pour cet effet, des valvules sont répandues à l'entrée des narines; ces valvules, ordinairement fermées, tiennent emprisonné l'air contenu dans le canal nasal, qu'il est ici plus exact de nommer canal crânio-respiratoire. Cependant le pharynx peut ajouter une bourse d'une certaine capacité à ces réservoirs d'air, c'est lorsque le larynx est abaissé et refoulé du côté de la poitrine; qu'à ce moment les valvules nasales viennent à s'ouvrir, une masse d'air assez considérable occupe les deux capacités consécutives, le canal nasal et l'emplacement du pharynx. Un contre-mouvement qui n'est point modifié par l'ouverture des valvules nasales, cette contre-action produite par le retour du larynx, dont le résultat est d'anéantir la capacité du pharynx, opère la condensation de l'air contenu dans l'ensemble des canaux sous-crâniens. Un orifice de communication existe de ces canaux aux renflemens particuliers à l'hérisséal : une soupape règle les conditions d'entrée et de sortie de ces transports de l'air. Ainsi arrangé, chaque hérisséal, pièce creuse et renflée, fait office d'un magasin de réserve; et non-seulement cet os a ce rapport avec la culasse creuse d'un fusil à vent, il lui ressemble de plus par la manière dont il reçoit et dépense de l'air condensé.

Une explication anatomique et physiologique plus détaillée de ce mécanisme, exigerait le secours de figures : je me contenterai ici d'annoncer que j'ai fait ce travail, et que je l'ai consigné dans les Mémoires du Muséum d'histoire naturelle, tome XII, pl. 5. Il me suffit d'avertir que les vieux mâles voient s'accroître leurs moyens de se procurer et de tenir de l'air en réserve. Les valvules et l'appareil tégumentaire de l'entrée des narines grandissent considérablement, et deviennent de véritables bourses nasales [1], et, suivant toute apparence, doivent être employées à prendre de l'air et à le refouler dans les canaux crânio-respiratoires : en même temps les hérisseaux gagnent en capacité par une augmentation très-notable des renflemens latéraux.

Voilà beaucoup de précautions prises, une mécanique très-ingénieuse, de nouvelles ressources qui enrichissent l'organe respiratoire. Disons de quelle manière l'animal se les rend profitables. Si le crocodile est à terre, sa respiration est simple et sans aucune différence de celle de ses congénères, qui vivent et respirent dans le milieu atmosphérique. C'est donc à ses excursions dans le milieu aquatique que tant de

---

[1] Les bourses nasales n'existent qu'en vestiges chez le crocodile, et je n'eusse sans doute rien compris à leur structure, si je ne les avais pas examinées dans un état de *maximum* de composition chez les crocodiles de la rivière du Gange. Voyez dans les *Mém. du Mus. d'hist. nat.*, t. XII, p. 111, mes *Recherches sur l'organisation des gavials*, et en particulier le chapitre intitulé : *Des bourses nasales chez les gavials mâles*.

précautions doivent pourvoir; car s'il ne se plaisait qu'à des promenades tranquilles, il pourrait les faire à fleur d'eau, ou du moins de façon à humer de l'air, en amenant de temps à autre, dehors et dans l'air, l'extrémité de son museau, où sont les ouvertures nasales. Mais c'est de vivre qu'il s'agit; et vivre, pour le crocodile, c'est entrer dans toutes les voies, ardeurs et fatigues d'un chasseur. Il est infatigable dans la poursuite : il n'a de cesse qu'il n'ait atteint et mis à mort une proie qui est non moins excitée pour échapper et non moins rapide pour fuir. S'il fallait que le crocodile fût détourné de son but par la nécessité de venir humer une gorgée d'air, il le manquerait.

Mais cependant il ne faut pas croire qu'en sa qualité d'animal à sang froid, il puisse à volonté, longtemps, suspendre sa respiration : c'est tout au plus ce que, déterminé à un repos parfait, il lui est donné de faire pour quelques heures. Si le crocodile chasse, et tant qu'il chasse, il respire; ses mouvemens sont-ils précipités, sa respiration l'est dans une même raison : l'activité appelle la consommation; c'est-à-dire que l'oxigénation du sang et la chaleur qui se développe alors sont proportionnelles à l'action excitatrice. S'il en est ainsi, la provision d'air condensé et tenue en réserve au dedans des hérisséaux, trouve emploi. Et, en effet, sans cette ressource le crocodile ne se mettrait point en campagne, n'y pourrait développer les facultés d'un courageux et infatigable chasseur; c'est-à-dire qu'il n'y aurait point de crocodile. Voilà comment l'hérisséal, à l'existence duquel tient la possibilité d'emmagasiner de l'air, forme une pièce fondamentale, et la plus significative, pour donner le caractère essentiel de la famille des crocodiles.

Cependant un âge avancé prive-t-il les crocodiles de l'énergie et de toutes les ressources de leur caractère, leur agilité diminue. Leurs chasses ne pouvant plus suffire à les nourrir, s'ils ne succombent point, c'est qu'une heureuse circonstance leur permet de remplacer la force par de la ruse. Or, nous avons vu que les plus âgés ont les tégumens de l'entrée de leurs narines transformés en de véritables bourses, pouvant puiser de l'air en dehors et le refouler dans les canaux sous-crâniens, et qu'en même temps la capacité des hérisséaux se trouvait accrue pour recevoir cet air condensé. Si donc les crocodiles perdent sous quelques rapports, ils s'enrichissent du moins de ce plus de provision d'air qu'ils peuvent former ; à quoi il faut ajouter le volume d'air que doit recevoir la poche elle-même du pharynx, qu'il n'est plus utile dans cette nouvelle combinaison d'employer comme agent de condensation.

Il est encore une autre cause qui enseigne aux crocodiles de moins compter sur la force que sur la ruse, c'est le terme atteint au-delà duquel toute tyrannie succombe sous l'excès de sa violence. Quand le crocodile est parvenu à un volume considérable, et que le souvenir de ses chasses sans cesse reproduites, de ses affreuses dévastations, l'établit l'impitoyable tyran des eaux, tout ce qu'il y a d'animaux dans le fleuve le fuit : les anciens ont insisté sur cette remarque. Le premier châtiment que lui inflige la haine de tous, c'est de le laisser seul dans la nature; seul, quand il ne saurait exister sans vivre de rapines. Jeune, sa vélocité et sa souplesse lui sont de secours en l'animant à la poursuite des fuyards : mais vieux, ce sont d'autres combinaisons; il n'a plus que ce choix, ou de mourir de faim, ou de conjurer cet extrême malheur par une patience industrieuse, par des ruses habilement calculées. Sa ressource unique, en ce moment, c'est de se cacher au fond des eaux, dans des marécages abondans en fragmens de substance animale, de s'envelopper de vase, et de rester immobile et inaperçu en cette retraite. Il admet qu'après un ou deux jours de calme, les poissons qui vivent de particules animales mêlées à la vase, reviendront à la curée, et lui rameneront ainsi les objets de la sienne. Ces longs jours d'attente, il peut s'y résigner, bien que tenu au mode de la respiration aérienne; car, d'une part, restant inactif, il consomme peu; et, de l'autre, il a emporté au fond de sa retraite une abondante provision d'air qui suffira à sa dépense.

Le crocodile, qui cherche à dissimuler sa taille gigantesque, qui se blottit pour se soustraire à la vue des animaux, qui se flatte d'en être bientôt oublié, et qui se résigne patiemment à l'attente d'événemens aussi chanceux, agit comme le lion. L'un et l'autre, pour les mêmes motifs, dressent une embuscade semblable. Le lion a les mêmes antécédens;

le souvenir de ses mises à mort, de ses dernières dévastations, répand la terreur dans toute la contrée qu'il habite : sa grandeur et la puissance de ses armes n'aboutissent qu'à faire un désert des lieux qu'il parcourt : c'est cet état de choses qu'il doit prévenir, et qu'il fait effectivement cesser, en se rendant secrètement dans une autre contrée et en s'y cachant sous des feuillages. Il est ainsi animé des mêmes sentimens que le crocodile, tant qu'il reste tapi dans son fossé, qu'il est inaperçu sous un amas de broussailles qu'il a répandu autour de lui.

Les habitudes, et nous sommes appelés à le redire sans cesse, les habitudes sont ce qu'en ordonnent les conditions de l'organisation; elles se nuancent sous le ressort des plus petites modifications de l'organisme. Bien que ce que nous venons de rapporter des habitudes du lion et du crocodile ne contrarie pas ce résultat, puisque le lion et le crocodile restent, à tous égards, fidèles aux conditions matérielles de leur existence, et qu'ils convoitent, saisissent et dévorent la proie nécessaire à leur alimentation par l'emploi d'organes également et convenablement appropriés à cet usage, il y a cependant à remarquer que ces communes habitudes se rencontrent en des animaux extrêmement différens. En effet, l'un exerce ses ravages en courant et bondissant sur le sol, et l'autre, en précipitant ses allures dans le milieu aquatique, à la manière des animaux nageurs : l'un et l'autre agissent de même dans l'attaque comme dans la défense, bien qu'ils y appliquent des armes et moyens de structure de conditions très-différentes. Il faut bien que nous rapportions nos inspirations, nos sensations, et généralement tous nos motifs de détermination aux affections du système sensitif; or, celui-ci exerce une si grande influence, que, suivant ce qu'enseigne une doctrine qui compte présentement en sa faveur de très-honorables suffrages, il suffit de la plus faible modification, en certaines parties du cerveau, pour introduire de légitimes causes de différences dans l'instinct et les habitudes des êtres.

Mais à l'égard des deux espèces qui nous occupent, les différences de l'encéphale ne sont point minimes, elles ne consistent point seulement en des nuances légères. Le lion est pourvu d'un grand cerveau, et le crocodile d'un cerveau d'une exiguité extrême; et cependant, si les circonstances deviennent semblables, s'il est également question pour tous deux d'être ou de ne vivre point, ils n'hésitent pas : ils dégagent également d'une foule de combinaisons possibles, la seule qui convienne à leur position, il leur arrive à l'un comme à l'autre d'imaginer la même ruse, de tendre les mêmes pièges, de prendre confiance dans les détails et le mérite d'une même embuscade. Cependant opposerait-on que l'aptitude du système sensitif explique suffisamment cette rencontre des mêmes effets? nous venons tout-à-l'heure de remarquer que ces systèmes ne sauraient différer davantage. Serait-ce que divers arrangemens puissent fortuitement amener le même résultat? mais ceci est trop vague et vraiment ne dénoue point la difficulté. Cherchons donc ailleurs. La portion du monde extérieur accessible à nos sens pourrait-elle être considérée comme suffisamment inspiratrice? C'est sans doute trop lui accorder, bien qu'elle soit pour beaucoup dans les élémens de nos déterminations, et quoique véritablement nous ne puissions être excités que par les choses qui sont en dehors de nous, et lorsqu'elles arrivent à notre connaissance. Mais cela même serait, qu'il resterait toujours évident qu'il n'y a point d'application à en faire à nos deux animaux, puisque leur propre monde extérieur offre chacun le contraste le plus frappant, étant formé en très-grande partie de deux milieux différens; l'un de ces animaux vivant dans le milieu atmosphérique, et l'autre ne s'abandonnant aux allures de la vie active que dans le milieu aquatique.

Je me trouve donc encore ici acculé sur les difficultés [1] que j'ai signalées plus haut, lorsque je m'occupais du cerveau du crocodile. Sans qu'alors j'aie voulu présenter ma distinction des systèmes intra-crânien et extra-crânien comme donnant très-certai-

[1] Les difficultés de ce sujet s'étaient déjà présentées aux pères jésuites occupés en 1686 de missions dans l'Inde. Ces religieux étaient en même temps commissionnés par l'Académie des Sciences. Ils décrivirent le crocodile de Siam, qu'ils eurent toute faculté d'examiner vivant et après sa mort. Riches de faits, ils en cherchèrent dès cette époque les plus importantes conséquences : la petitesse du cerveau les avait frappés. « Cette petitesse, ont-ils écrits, dans un animal dont on a toujours vanté *la ruse*, confirme ce qu'on a déjà remarqué, que le défaut de cervelle est moins une marque de peu d'esprit que de beaucoup de férocité. » (*Observat. physiques*, etc., page 45, in-8°; 1688)

nement un élément de solution dans des questions aussi compliquées, je suis ramené sur les mêmes réflexions par le retour des mêmes difficultés. Cependant ne faudrait-il qu'étendre tout ce qui a été dit d'une partie au corps entier, lui reporter les explications produites pour le crâne? Devrais-je effectivement placer tout le système sensitif sous la même distinction, celle d'un système profond et d'un système superficiel; celui-là étant intra-rachidien, et celui-ci extérieur au rachis et rejeté dans le derme?

Les poissons, comme présentant des conditions moyennes, sont en pareil cas utilement consultés. Leur système intra-rachidien est dans un degré intermédiaire de développement; mais, en revanche, le système sensitif répandu dans le derme en est sensiblement augmenté. Le nerf de la quatrième paire, ou le pathétique, ne se montre qu'en eux l'une des essentielles parties de l'organisation, se répandant au loin et abondant dans le derme. La ligne latérale est un autre exemple de la richesse de ce système. Les anatomistes n'ayant guère considéré la quatrième paire que dans l'homme, et l'ayant trouvée dans un état de *minimum*, n'y ont aperçu qu'une utilité partielle, et à l'égard d'un muscle de l'œil; utilité qu'ils auraient à tort placée sous l'influence d'une donnée générale de l'organisation.

Enfin, on trouve de plus, quand on descend les degrés de l'échelle animale, d'autres espèces, comme les crustacés et les insectes, chez lesquelles le système sensitif, consiste dans un appareil unique, l'externe : le rachis manque chez eux.

Suit-il de ce qui précède, que je me flatte d'avoir résolu les questions que je viens de soulever? Non, certes; je n'ai pensé qu'à montrer le rapport de plusieurs de ces faits, qu'à les présenter comme dans une sorte d'équation, ainsi que font les géomètres occupés de problèmes compliqués : voilà seulement ce que je me suis proposé, et tel est le point où j'arrête ces considérations.

Mais surtout je n'ai point voulu en faire un sujet de critique à l'égard des dernières recherches sur les fonctions du système nerveux. Ce qui a paru vrai touchant l'influence de plus ou de moins de renflement de quelques parties cérébrales, peut être légitimement acquis à la science, dans les limites où se sont tenus les observateurs. Ils ont examiné et comparé les espèces d'un genre naturel; par conséquent, opérant sur des sujets dans lesquels le système sensitif superficiel restait le même, ils ont bien pu et ils ont dû trouver des différences d'habitudes sous la dépendance de quelques différences dans les régions cérébrales.

Ceci n'empêcherait pas que le système superficiel fournissant au système profond ce qui lui manque, et *vice versâ*, il y eût, par des structures en apparence très-différentes, de mêmes effets produits. Or, c'est où reportent les singulières conformités de mœurs, qui ont donné lieu à cette digression. Le lion et le crocodile, devenus vieux et ayant perdu de leur agilité, n'avaient plus qu'à succomber sous les inconvéniens d'un pouvoir sans bornes. Leur taille gigantesque et leurs habituelles cruautés en ont-ils fait un objet d'épouvante et d'horreur, tous les animaux les fuient. Pourront-ils résister au malheur de cet affreux isolement, au danger imminent de périr de faim? Nous allons apprendre que cette situation n'est point encore désespérée. Il leur reste quelques ressources, celles des êtres impuissans et malheureux : ils pourront tromper; et, en effet, l'un et l'autre prennent aussitôt leurs mesures pour demeurer inaperçus. S'il n'est qu'une bonne ruse, ils la découvrent; qu'un plan excellent d'embuscade, il est mis aussitôt en pratique. Or, cette suite de vues est également inspirée à des animaux, autant différens que le lion et le crocodile.

Je reviens à l'hérisséal : je me suis étendu sur sa structure; mais je ne l'ai encore considéré qu'en lui-même.

La langue, l'hyoïde et le larynx vont aboutir sur le bord postérieur de l'hérisséal, et reçoivent de sa disposition, sous la forme d'un large plateau, des conditions d'essence et d'activité. La membrane qui tapisse la voûte palatine ne s'étend que peu et antérieurement sur les hérisséaux. Par-delà, conservant son extrémité libre, elle devient un vaste réseau : c'est le voile du palais, dont l'étendue est remarquable. Pour le surplus, les hérisséaux semblent à nu; car il n'est plus au-delà qu'un périoste mince et transparent qui les préserve d'exfoliation. Les arrière-narines, qui sont à leur partie médiane et terminale, s'ouvrent dans une petite cavité, laquelle est assortie de forme et comme taillée, pour être occupée et remplie par la glotte. C'est derrière le voile du palais, et en s'appuyant sur la partie nue des hérisséaux, qu'arrive le large cuilleron de l'hyoïde, que je nomme ainsi de sa ressemblance avec ce qui forme le cuilleron d'une pelle de bois. Cette large plaque, roidie par des efforts musculaires, repousse le voile du palais en avant, y procure également une forte tension, et, durant cette manœuvre, rapproche si intimement tout le pharynx, que l'arrière-bouche est close hermétiquement : tout cela s'exécute pendant que les mâchoires restent ouvertes et béantes, c'est-à-dire pendant que le crâne est relevé et tiré par derrière, la mâchoire inférieure demeurant étrangère à ces mouvemens.

Les crocodiles, lorsqu'ils cèdent au besoin de se rendre et de se reposer sur la grève, usent de cette ressource pour se prémunir contre l'accès et les incommodités d'insectes qui voltigent sans cesse autour d'eux, et dont ils craignent l'introduction dans leur trachée-artère. Il est vrai qu'ils n'en peuvent en même temps défendre leur voûte palatine et leur langue; mais ils se confient sur ce point aux soins du *trochylus* (petit pluvier), lequel ne manque point d'arriver et de faire bonne et prompte justice d'aussi fâcheux assaillans.

Les appareils hyoïdien et laryngien, la langue et le voile du palais, s'emploient de même à fermer l'arrière-bouche quand les crocodiles demeurent gisans sur les rampes inondées du fleuve. Ces reptiles dressent leur tête de manière à n'apporter à fleur d'eau que l'extrême pointe de leur museau, ne plaçant par conséquent dehors que les ouvertures de leurs narines. Telle est leur continuelle manœuvre, au moment de se mettre en course : ils pourvoient leurs cellules pulmonaires, et généralement leurs voies aériennes, des provisions d'air qui leur sont nécessaires.

Je ne connais que l'hyoïde d'une tortue, la *testudo imbricata,* qui ressemble à l'hyoïde des crocodiles par son ampleur et son état cartilagineux : il n'y a d'entièrement osseux qu'une paire de cornes ou d'appendices. M. Cuvier (*Oss. fossiles,* tom. v, 2ᵉ partie, page 91) dit l'hyoïde des crocodiles un appareil des plus simples : je n'en puis convenir ; et cela va résulter de la description de plusieurs parties omises, et que je vais faire connaître. De l'emploi journalier de l'appareil, occupé continuellement à devenir un moyen d'intersection de l'entrée du pharynx, il suit que la grande et large plaque dont est formée la partie avancée de l'hyoïde, reste en deçà de son développement possible, et se perpétue dans l'état cartilagineux ; elle est liée à la langue, dominée et entraînée par l'action toute puissante de celle-ci ; laquelle, engagée entre les branches maxillaires inférieures, n'en a pas moins le pouvoir de s'allonger ou de se raccourcir, surtout à son fond, par conséquent de refouler ou de ramener l'hyoïde. Dans cette activité continuelle, les points osseux à verser sur cet appareil ne peuvent trouver où prendre position, où se rassembler et se souder : l'état primitif subsiste donc. Il est de plus une autre raison pour que la large plaque reste cartilagineuse, c'est son ampleur; car toute solidité croît en raison inverse de l'étendue des surfaces, dans tout ce qui concerne le système osseux.

Ainsi maîtrisé dans son développement, l'hyoïde s'en tient à n'offrir qu'une vaste conque cartilagineuse, un long plateau, comparable, quant à sa forme, au cuilleron d'une pelle de bois. Ses parties élémentaires, qui ne révèlent leur essence, et surtout leur individualité, que dans des os entièrement achevés, n'y sont point apparentes, et tout le cuilleron peut être seulement présumé formé des glossohyaux, du basihyal et de l'urohyal : le bord antérieur, ou sous-lingual, est en demi-cercle, le postérieur coupé carrément : de chaque flanc descend une corne hyoïdienne coudée à son milieu et terminée à son extrémité par quatre muscles, dont le tirage entraîne l'hyoïde du côté de la poitrine; les muscles externes sont ronds, et les internes aplatis. Cette corne représente-t-elle seulement l'apohyal? Quoi qu'il en soit, du point où commence cet os allongé, le cuilleron est encore flanqué d'une bandelette solide, qui est plus résistante que du cartilage, mais qui n'a point encore acquis la consistance osseuse.

C'est le moment d'exposer les intimes liaisons de l'hyoïde avec le larynx et les hérisséaux. Le larynx des crocodiles est une répétition de celui des oiseaux, sauf que ses pièces ont un peu chevauché les unes à l'égard des autres. M. Cuvier a pensé que le cuilleron hyoïdien y tenait lieu de thyroïde, quand il a dit (même page déjà citée) que le larynx des crocodiles était seulement composé d'un cricoïde et des deux arythénoïdes. Tout ce qui se voit dans les oiseaux, cartilages de glotte, de thyroïde, de cricoïde et d'arythénoïde, se trouve dans le crocodile ; mais ce qui occasione une apparence trompeuse à cet égard, c'est que les muscles thyro-hyoïdiens sont excessivement contractés et forment les chaînes d'union du thyroïde avec le centre du cuilleron hyoïdien. Les cartilages de la glotte, plus allongés et plus indépendans des autres pièces que chez les oiseaux, se trouvent reportés sur le bord antérieur du thyroïde et emmenés par devant jusque sur la langue par une longue membrane, laquelle devient une très-large épiglotte : le cuilleron hyoïdien agissant en dessous, la soulève ; il la plisse ou l'étend. En revanche, les pièces arythénoïdales sont plus descendues et ne joignent que postérieurement les arcs du thyroïde, alors que ces arcs atteignent et saisissent le cricoïde. Celui-ci, par le refoulement en arrière des arythénoïdes, est à son tour refoulé dans la même direction, et alors rejeté si loin, qu'il n'y a que son sommet d'engagé dans les arcs thyroïdiens, et qu'une longue queue va se prolonger en arrière à quelque distance. Cet excédent du cricoïde est reçu dans les intervalles des demi-anneaux, qui, au nombre de dix, commencent sous cette forme la trachée-artère : celle-ci est donc cerclée en ce lieu, comme chez les mammifères, tandis que dans le reste elle est composée, ainsi que chez les oiseaux, d'anneaux complets et entièrement soudés.

La glotte, dont ses bords sont limités et rendus résistans par ses pièces cartilagineuses, est, chez les oiseaux, dans une position centrale, eu égard au thyroïde et successivement au larynx, de manière à être débordée et par conséquent suffisamment protégée : elle est au contraire, chez les crocodiles, tout-à-fait excentrique, reportée et rangée sur la tranche antérieure du thyroïde; mais cependant elle ne souffre nullement de cette position, s'y trouvant non moins protégée à son tour comme occupant le centre du cuilleron hyoïdien. Cette diversité de formes en entraîne d'autres ailleurs, celles qui suivent de sa fixation au centre de l'autre appareil : mariés ensemble, le larynx et l'hyoïde agissent de concert; la langue, aussi bien que les muscles hyo-glosses et génio-glosses, les mettent pareillement en mouvement, de façon que quand l'hyoïde s'emploie derrière le voile du palais à intercepter le passage du pharynx, la glotte, cédant au même effort, se trouve portée sur les arrière-ouvertures du canal crânio-respiratoire, ouvertures traversant l'hérisséal, et dans ce lieu si improprement nommées *arrière-narines*.

A ce moment, le canal crânio-respiratoire ne forme plus qu'un seul conduit aérien avec la trachée-artère; le relief de la glotte, en s'engageant dans la cavité des arrière-narines, embranche l'un sur l'autre ces deux appareils : c'est différemment en d'autres temps, quand, pour satisfaire à d'autres combinaisons, ces appareils se séparent et se tiennent éloignés ; c'est-à-dire alors qu'il devient nécessaire de tenir largement ouverte l'entrée de l'œsophage.

En occupant l'intérieur du cuilleron hyoïdien, le crocodile présente en ce point le premier degré d'une organisation très-merveilleuse ailleurs. Une combinaison du même genre, que les plus bizarres suppositions n'eussent jamais fait imaginer, se voit en la tortue matamata, *testudo fimbria* : non-seulement le larynx, mais de plus une partie de la trachée, sont dans cette espèce venus se loger dans un long canal osseux, formé par un des os de l'hyoïde, par un os qui, pour cet effet, a acquis une longueur démesurée.

Si ces observations diffèrent de celles[1] publiées dans l'ouvrage des *Ossemens fossiles,* on peut se l'expliquer par la différence des méthodes employées pour les faire. Au commencement des trente dernières années, l'anatomie comparative, fécondée par les inspirations de la zoologie, se plaisait à la recherche

[1] Une partie de ces considérations aurait-elle été puisée dans le travail de 1686, sur le crocodile de Siam ? Ce qui est tout l'hyoïde, se méprenant sur la détermination de son large cuilleron, les jésuites correspondans de l'Académie des Sciences le donnèrent pour une des pièces du larynx, qu'ils appelèrent l'*os thyroïde.* L'on fut d'autant mieux disposé à leur accorder une entière confiance, que l'on dût penser qu'ils y avaient mûrement réfléchi, quand on vit les dessins de ces pièces, qu'ils se décidèrent à publier ; savoir, sous le n°. 5, l'*os thyroïde, vu par la face cave,* et sous le n°. 6, *le même, par la partie convexe.*

des différences : pour le peu qu'aidassent les apparences, l'on ne se rendait point difficile sur ce que pouvaient offrir de bien distinctes tant et de si merveilleuses singularités. Mais l'esprit de ces recherches a totalement changé dans la nouvelle école : l'on se porte aujourd'hui, de préférence, sur la considération des ressemblances : l'induction scientifique est de supposer de communs rapports et de s'en proposer la découverte : on n'en arrive que mieux sur les points qui s'y refusent, c'est-à-dire sur tous les faits de réelle différence.

La trachée-artère, un peu avant de se diviser en deux branches et d'entrer dans les poumons, se replie et se contourne du côté gauche : ce coude disparaît, et elle est droite quand l'hyoïde se porte aussi loin que possible en devant. Les anneaux pleins et entiers, après les dix premiers, sont séparés par un autre anneau petit et membraneux. Les tégumens qui complètent et réunissent les anneaux interrompus, sont susceptibles d'être aussi tendus que la peau d'un tambour : l'air intérieur des poumons, s'en venant frapper dessus, procure au crocodile ce cri ou plutôt ce mugissement sourd qui a été signalé par plusieurs voyageurs. Alors la fente de la glotte est fermée par les bourrelets musculeux qui la bordent de chaque côté.

Les poumons sont deux sacs coniques dont les sommets sont dirigés du côté de la tête : leurs faces internes, qui s'appuient sur l'œsophage, en conservent l'empreinte par un sillon longitudinal. Leur longueur[1], dans le *crocodilus vulgaris* que j'ai disséqué, était 0^{m}33, et leur largeur, prise à la base, de 0^{m}22. Une figure qu'en a donnée Perrault les représente aussi ovoïdes-allongés. Il n'en faudrait point confondre la structure avec ce qui est connu chez les lézards. Les poumons de ceux-ci ne sont que des sacs allongés dont les parois internes sont, dans de certaines places, seulement tapissées de petites fibres charnues entrecroisées et de vaisseaux sanguins. Les poumons des crocodiles se font au contraire remarquer par la grandeur des feuillets dont ils sont fournis, et qui forment comme autant de petits murs : c'est un vaste réseau composé d'une quantité de mailles pareilles à celles qui se voient dans le second des estomacs des animaux ruminans. Chacune de ces mailles sert d'entrée à une petite poche qui s'ouvre dans une seconde et quelquefois dans une troisième; elles sont composées de deux ordres de fibres, les unes circulaires et parallèles entre elles, et les autres perpendiculaires, qui coupent les premières transversalement à angles droits. Le centre de chaque espace pulmonaire reste entièrement vide et forme une cellule servant de réservoir à air. Les cellules, en s'ouvrant, s'en remplissent; et c'est, quand par un effort contraire, l'air y est comprimé, qu'elles portent une petite portion d'air sur le sang, par conséquent à peu près sans le concours des organes qui pèsent

---

[1] Les mesures que je vais rapporter s'appliquent aux parties d'un sujet mâle que j'ai examiné anatomiquement au Kaire : ce crocodile, ayant été mesuré du bout du museau jusqu'à l'extrémité de la queue, avait une longueur de 2^{m}22.

sur toute la masse pulmonaire. Il suffit de ce jeu pour accomplir la fonction respiratoire, quand l'animal est calme; mécanisme qui se répète sans le recours à de nouvelles inspirations, jusqu'à ce que l'air remplissant le poumon soit entièrement vicié. Il n'y aurait que cette disposition organique pour doter l'organe respiratoire de moyens secourables, que nous saurions nous expliquer comment il arrive aux crocodiles de ne venir respirer à la surface de l'eau qu'après un certain laps de temps. Par cette structure des poumons, aussi bien que par quelques points de celle de leur hyoïde, les reptiles ressemblent aux tortues marines. Enfin, je termine cette description en déclarant que d'autres anatomistes m'ont précédé à cet égard : on connaît effectivement les importantes recherches, à cet égard, de Vésale, de Sloane, de Perrault, d'Hasselquist, celles, plus circonstanciées, des pères jésuites missionnaires à Siam, auxquelles Duverney a encore beaucoup ajouté.

Je considère les autres viscères.

Le cœur. J'ai trouvé sa hauteur égale à 0^m07, et sa base à 0^m05 : l'oreillette était à droite plus grande qu'à gauche.

Le diaphragme. Il était ouvert à son milieu, principalement composé de deux muscles très-étendus.

L'œsophage. Son ouverture est comme chez les animaux, où il est gouverné par les appareils hyoïdien et laryngien, et qu'on a vu plus haut réunis l'un à l'autre : il n'est plus de pharynx, ni d'ouverture œsophagienne, si ces appareils sont portés sur le palais; mais s'ils sont tirés en arrière et abaissés, ils rendent béante l'entrée de l'œsophage ; à quoi correspond et se rend utile, pour l'entraînement de l'objet alimentaire, la langue, tout engagée qu'elle est sur ses bords ; car en se fronçant par ondulations successives, elle aide à la déglutition de la proie engagée. Perrault donne à l'œsophage d'un jeune crocodile qu'il a observé, un diamètre plus grand qu'à l'estomac, et il compare celui-là au gésier, il aura voulu dire au *jabot* d'un oiseau qui vit de grains, et il suppose en conséquence, alors contre toutes les indications de l'analogie, que la digestion s'opère en grande partie dans l'œsophage. Mes observations sont directement contraires à celles de ce célèbre anatomiste : j'ai trouvé que le plus grand diamètre de l'œsophage donnait 0^m06, quand les deux diamètres de l'estomac sont 0^m17 et 0^m15.

L'estomac, comme on le pressent déjà par ces mesures, existe sous la forme d'un ellypsoïde qui serait légèrement comprimé sur les côtés : au surplus, ce n'est point à un gésier qu'il ressemble. La tunique veloutée est très-épaisse, et la musculeuse bien moins. L'intérieur était cependant rempli de petits cailloux dont le poli annonçait qu'ils avaient servi à la trituration des matières alimentaires. L'estomac était surmonté d'une poche, laquelle se trouvait terminée par le pylore.

Intestins. Leur égalité de volume et leur simplicité étaient remarquables : le dernier tronçon, ou le rectum, présentait seul un diamètre plus grand. Leur longueur totale, dans le sujet que j'ai examiné, était de 3^{m}467 : un peu au-dessous du pylore, le duodénum formait un double contour s'élevant de bas en haut dans une longueur de 0^{m}14; ses replis, qui se touchaient, étaient unis par une panne de graisse refendue en trois endroits divers. Le reste des intestins, parmi lesquels on n'apercevait aucune trace de cœcum, était fortement attaché aux lombes par le mésentère.

Le foie. Il était composé de deux lobes inégaux : l'un avait la forme d'un parallélipipède (0^{m}14 sur 0^{m}09), l'autre était grêle et plus allongé (0^{m}19). Ce viscère m'a offert une organisation remarquable, dont aucun anatomiste n'a, je crois, fait encore mention. La surface convexe de chaque lobe est couverte d'une membrane qui est l'aponévrose des muscles diaphragmatiques. Ceux-ci commencent au bord postérieur et inférieur des lobes, et vont s'insérer très-près du bassin, à la dernière pièce du *sternum abdominal.* Je donne ce nom à une partie de squelette qu'on ne trouve que dans les crocodiles : je dirai plus tard ce qui en est. L'action de ces deux muscles est d'abaisser le foie et de procurer par-là plus de capacité à la poitrine : telle est partout la fonction du diaphragme. Or, la considération intéressante, à ce sujet, est de faire ici retrouver un organe, qu'un défaut d'attention et le fait inattendu de sa division sur la ligne médiane y avaient fait méconnaître chez les ovipares, et principalement chez les oiseaux.

La vésicule du fiel (0^{m}08 sur 0^{m}03) était ovoïde et adhérente au lobe droit du foie.

La rate, ovoïde, allongée, de 0^m10 sur 0^m04, à face inférieure légèrement concave, à face supérieure relevée par deux crêtes, dont une très-petite.

Les reins, composés de mamelons et de nombreuses sinuosités formées par l'amas des glandes, de 0^m12 sur 0^m055.

Les organes génitaux. Les organes sexuels des crocodiles sont si compliqués et ont montré des différences si grandes, que les auteurs, craignant sans doute de ne pouvoir suffire à leur explication, n'ont qu'effleuré ce sujet : c'est que la composition de ces organes, comme ce que nous venons de rapporter de la conformation de la tête, des poumons, du système cérébro-spinal, etc., établissent avec certitude que le crocodile n'est point seulement, ce qu'on a cru long-temps, un lézard, qui ne diffère de ses congénères que par sa taille gigantesque.

Organes génitaux femelles. Le sexe femelle donne mieux les conditions les plus générales du type commun aux deux sexes. Cette circonstance m'engage à interrompre la description de l'individu mâle, dont j'ai traité jusqu'à ce moment, pour m'occuper d'abord de l'appareil sexuel de la femelle. J'aurai à faire connaître les dimensions de ses principales parties : je préviens que je les ai prises sur une femelle d'un quart plus grande que l'individu mâle.

En m'en reposant sur de certaines inductions, j'avais pensé que j'observerais chez le crocodile une répétition des organes sexuels des tortues : j'ai trouvé, à ma très-grande surprise, que ces organes, chez le crocodile, paraissent plutôt établis conformément au type des oiseaux ; ce qui est principalement vrai, des relations de ces organes avec les parties terminales des appareils intestinaux et urinaires.

Y a-t-il une vessie urinaire? du moins elle n'est pas distincte; elle ne forme point une poche à part, comme chez les mammifères et les tortues. Le sac où arrivent et se déposent les urines, n'est, à proprement parler, qu'un tronçon de l'intestin. Si c'est là bien décidément une vessie urinaire, ainsi que son emploi et quelques relations un peu équivoques avec les voies urinaires semblent l'indiquer, l'intestin se serait porté vers son fond, l'aurait pénétré, et en se continuant ainsi dans cette vessie, aurait changé sa forme habituelle d'une bouteille avec un seul goulot en celle d'un manchon ouvert à ses deux extrémités. Admettrait-on que ce compartiment servant de réceptacle à l'urine, n'est toutefois qu'une dernière et plus grande dilatation de l'intestin, ou la partie qu'on nomme le rectum? Cette autre détermination porterait à dire que la vessie urinaire manque entièrement, et qu'il est pourvu à son défaut par de nouveaux services imposés à la dernière portion intestinale, surajoutés à ceux de son emploi ordinaire. Quoi qu'il en soit, cette conformation si remarquable chez le crocodile est précisément ce que j'ai fait connaître à l'égard des oiseaux. (*Philosophie anatomique*, tome II, page 321.)

J'ai mesuré le canal intestinal du crocodile femelle, que j'ai trouvé long de trois mètres. Le renflement qui est au-delà, rectum ou vessie urinaire, est pyriforme. La plus petite portion, au sortir de l'intestin, qui est cylindrique, porte, en diamètre, $0^m 055$, et l'autre partie qui est globuleuse, le double ou $0^m 11$. Cela formait une poche beaucoup plus évasée que l'intestin réduit au diamètre de $0^m 03$.

Ce compartiment se versait dans un autre à la suite : il y avait, pour établir les limites des deux tronçons, un étranglement, ou col simulant un sphincter. Les dimensions de cet autre compartiment étaient en longueur $0^m 19$, et en diamètre $0^m 08$. Enfin, de ce compartiment on arrivait à la dernière poche ($0^m 09$), laquelle débouche, en dehors et à l'anus, son extrême limite.

J'ai donné, en traitant de ces appareils, par rapport aux oiseaux, des noms à ces divers compartimens; je vais les rappeler. Ainsi je nomme le dernier emplacement *vestibule commun;* il prend de l'anus et se rend sur le précédent. Le compartiment intermédiaire est la *poche urétro-sexuelle*, et le suivant, qui confine et qui s'unit à l'intestin, est la grande dilatation pyriforme dont il vient d'être parlé, et dont la détermination nous a paru offrir quelques difficultés. Cependant nous la croyons réellement et justement ramenée à ses analogues, si nous la nommons *vésico-rectale*, c'est-à-dire si nous la considérons comme le produit de la vessie combinée et associée avec le rectum; et, de plus, ce ne serait sans doute pas abuser des inductions de la théorie des analogues, que d'affecter le col de cette poche pyriforme au rectum, et de voir dans la partie sphéroïdale les élémens d'une vessie distincte; ses connexions, proportions, dimensions et fonctions formant des circonstances qui militent en faveur de cette manière de voir. Si cependant il en manque une autre fort importante et d'un caractère décisif, celle d'une subdivision marquée, du moins c'est le fait de plusieurs oiseaux, chez lesquels, en effet, la vessie et le rectum sont distincts au moyen d'un sphincter qui en intercepte la communication, suivant l'exigeance des cas. Ceci, qui n'est pas chez tous les oiseaux, en laisse donc une partie dans un rapport maintenu à tous égards avec le crocodile.

Le vestibule commun doit, dans un cas déterminé, de passer à une forme régulièrement cylindrique, aux effets d'un certain tirage; cependant, sous l'action du muscle rétracteur du clitoris, il fournit vers le haut et postérieurement une anfractuosité qui est une sorte de bourse préputiale pour le clitoris. Celui-ci est triangulaire, large à sa base et terminé par une pointe un peu arrondie. Ce qui est ici une anfractuosité peut, durant l'activité des organes génitaux, se déployer en saillie, servir de gaîne au muscle rétracteur alors en restitution, et, tenant lieu d'une sorte de pédicule, porter au dehors le clitoris, qui est aidé, dans ce moment par les effets de l'érection.

La poche urétro-sexuelle, qui est au-delà du vestibule commun, est ainsi nommée de ce qu'elle forme le segment du canal où débouchent les uretères et les oviductus. Chez les oiseaux et les tortues, où cette poche est longitudinalement très-étroite, les quatre orifices sont une même ligne, ceux des uretères au centre, et les pertuis des oviductus de chaque côté. Mais la poche urétro-sexuelle du crocodile ayant plus de longueur, les oviductus qui conservent cette même position latérale s'ouvrent plus profondément, et les uretères à une certaine distance antérieurement : les méats des uretères se reconnaissent facilement à une aréole noire et à une petite saillie des lèvres. Chez tous les animaux, la poche urétro-sexuelle vient elle-même porter au dehors tous les produits des appareils qui y ont leurs pertuis; toujours alternativement, tantôt ceux des organes sexuels et tantôt ceux des voies urinaires, et pour le cas où la vessie ne forme plus qu'une poche avec le rectum, tout à-la-fois le produit des voies urinaires et intestinales. A cet effet, chez les oiseaux, le vestibule commun se renverse et s'enroule sur lui-même; mais chez le crocodile, où les tégumens extérieurs, qui fournissent les lèvres de l'anus, sont recouverts d'écailles et rendus par-là résistans, ce mouvement n'est point possible. Cependant le vestibule commun trouve toujours à perdre de sa capacité et à se raccourcir dans le sens de sa longueur : c'est en se plissant et en s'aidant de la résistance même des lèvres de l'anus. Ce résultat profite principalement au clitoris et à la bourse qui le contient, lesquels, de cette manière, sont mis à l'abri de tout contact fâcheux. La bourse est fortement tirée par le muscle rétracteur du clitoris, et profondément remontée vers les vertèbres coccygiennes. Cette action aide puissamment à diminuer la capacité du vestibule commun, en même temps qu'elle soustrait les nerfs nombreux de l'appareil génital excitateur aux incommodités d'un contact irritant.

Le crocodile urine et fiente à-la-fois; mais je n'ai point remarqué que ses fèces fussent, comme cela se voit chez les oiseaux, mélangés de matière blanche. Cela tiendrait-il à l'énergie différente des deux systèmes organiques? Tout produit organique abonde dans une raison proportionnelle au degré de la vitalité; et, sous ce rapport, les oiseaux doivent produire et verser plus de cette matière blanche.

Un point sur lequel je dois encore insister, c'est l'indépendance, comme structure, des uretères et de la vessie destinée à recevoir leur produit. Il nous paraissait si bien établi et si naturel que les uretères allassent, chez les mammifères, déboucher directement dans la poche qui reçoit la décharge des reins, qu'il ne vint à l'esprit de personne qu'un autre arrangement fût possible. Cependant cette autre disposition est justement le cas le plus général : c'est le fait de tous les vertébrés ovipares. La structure de l'ornithorinque a pour la première fois fixé sur cela mon attention.

Plusieurs descriptions des organes sexuels et urinaires de l'ornithorinque avaient été publiées; mais dans aucune on n'avait fait entrer une circonstance singulière restée inaperçue : c'est que les uretères n'aboutissaient point à la vessie urinaire. A cette singularité s'en joignait une autre; les méats des oviductus venaient, de chaque côté; déboucher dans l'intervalle des orifices des organes de la dépuration urinaire. La vessie prédestinée à servir de réservoir à la liqueur excrémentitielle séparée par les reins, se trouvait à une certaine distance des canaux chargés de la lui transmettre; on pouvait se permettre d'ajouter, se trouvait ainsi contrariée par l'interposition d'un autre système organique. Ces faits, inaperçus, avaient fait méconnaître la nature de la poche étendue de l'extrémité des uretères au cloaque : objet d'un dissentiment universel, elle fut prise tantôt pour le *vagin* (sir Éverard Home), tantôt pour l'*urètre* (Cuvier), une autre fois pour une partie innominée encore, l'*urétro-vagin* (Meckel), et enfin pour le canal *urétro-sexuel* (Geoffroy Saint-Hilaire). Ce dernier nom offre un sens différent du précédent et se rapporte à un travail général publié dans la *Philosophie anatomique*, tome II, et relatif aux oiseaux.

Beaucoup d'autres difficultés étaient soulevées à ce sujet : je ne puis toutes les relater ici, et je renvoie à cet égard au volume déjà cité, page 416, et à un article, *Appareils sexuels et urinaires des ornithorinques*, imprimé dans les Mémoires du Muséum d'histoire naturelle, tome XV, page 1. J'étendis ces recherches aux tortues et puis enfin aux crocodiles.

Je les rappelle ici comme m'ayant donné un nombre suffisant d'observations, c'est-à-dire comme ayant placé sous mes yeux assez de structures variées pour que je pusse concevoir et exposer d'après elles la disposition habituelle des uretères à l'égard du premier segment du canal vésico-rectal du crocodile.

Déjà nous avons fait connaître comment les uretères sont, pendant le versement de tous les produits excrémentitiels, approchés de l'anus : en tous autres momens, ils sont portés du côté opposé ; les deux boutons et les orifices qui les constituent sont, par un effet d'affaissement des membranes formant l'ensemble des canaux, entraînés dans la poche vésico-rectale : ils viennent ainsi boucher son entrée, les deux orifices plongeant dans cette même poche. Par conséquent, il est admirablement pourvu, au défaut d'une communication directe permanente des uretères avec la vessie, par cette communication habituelle durant l'inactivité de tous les canaux. Ces faits de physiologie se lisent en quelque sorte avec une évidence parfaite sur la structure anatomique des ornithorinques, et par induction sont donnés, avec une très-grande probabilité, comme facilitant l'écoulement lent et successif, et généralement l'arrivage du fluide séparé par les reins dans le réceptacle urinaire prédisposé à cet effet.

C'est présentement le cas de rapporter un fait récemment découvert sur le crocodile, et élevé à toute sa valeur scientifique par une comparaison attentive avec d'autres faits semblables. De jeunes anatomistes, MM. Isidore Geoffroy Saint-Hilaire et Joseph Martin, ont aperçu, chez le crocodile femelle, deux routes de communication allant du péritoine dans le vestibule commun. Déjà ces routes, qu'ils nomment *canaux péritonéaux*, les avaient frappés chez la tortue. Dans le mémoire sur ce sujet qu'ils ont communiqué à l'Institut, ils s'en expliquent de la manière suivante : « Rien de plus facile que de trouver les canaux péritonéaux du crocodile, lorsqu'on connaît ceux de la tortue : leur situation est la même que chez celle-ci, et il est tout-à-fait impossible de se méprendre à leur égard. Il faut remarquer cependant qu'ils sont beaucoup plus courts, parce que leurs ouvertures péritonéales, placées sur les côtés du cloaque, sont plus reculées : leur forme générale est aussi la même ; très-larges dans leur première moitié, et très-étroits dans la seconde, ils sont exactement comparables à des entonnoirs dont la partie évasée se trouverait du côté du péritoine, et la partie rétrécie du côté du clitoris. Celle-ci se termine à peu près au même niveau que chez la tortue : mais il y a cette différence très-remarquable, que les canaux péritonéaux, dès qu'ils sont arrivés près du gland, ne s'ouvrent point, comme chez la tortue, dans les corps caverneux, ou dans le tissu érectile, mais vont directement s'aboucher dans le cloaque (vestibule commun). Leurs deux orifices, entourés de petits bourrelets arrondis, s'aperçoivent très-facilement, l'un à droite et l'autre à gauche, en dehors de la base du gland. La structure des canaux péritonéaux du crocodile paraît semblable à celle de leurs analogues chez la tortue : leur intérieur ne contient aucune valvule, mais seulement de petits replis placés à l'entrée de leur partie étroite et qui s'effacent presque entièrement lorsqu'on vient à la dilater. Nous nous sommes assurés que l'injection les traverse avec une égale facilité d'avant en arrière et d'arrière en avant. »

Ces faits sont exacts, je les ai vérifiés. A leur intérêt, comme nouveaux, ils joignent celui, bien autrement remarquable, d'être généralisés dans une certaine limite avec beaucoup de sagacité. En effet, ces jeunes auteurs ont très-bien, suivant moi, établi que les canaux péritonéaux qu'ils ont découverts chez la tortue et chez le crocodile, ont leurs analogues dans des parties anciennement décrites par les naturalistes, mais qu'aucun anatomiste n'avait cependant imaginé de ramener à la même considération.

Tels sont d'abord, à l'égard des mammifères, les tubes *vagino-utérins*, dont il est question dans les ouvrages de Malpighi, Fantoni, Peyer, Haller, Morgagni, et qui, de nos jours, n'ont été bien compris et parfaitement établis que par les soins et les descriptions de M. Gartner, chirurgien militaire danois. M. de Blainville a reproduit le travail de ce dernier et l'a accompagné de figures dans le Bulletin des Sciences par la Société philomatique, année 1826, page 109. Les tubes vagino-utérins n'ont encore été trouvés que chez les mammifères à sabot.

Tels sont encore les deux conduits qui débouchent chez quelques poissons cartilagineux (raies, squales et lamproies), en arrière, par dehors, mais assez près de l'anus, qui ont été reconnus et décrits par plusieurs anatomistes, par M. Cuvier surtout avec exactitude dans ses *Leçons d'anatomie comparée*. « Dans ce cas, dit M. Cuvier, tome IV, page 74, le péritoine n'est plus un sac fermé de toutes parts, comme dans les mammifères et les reptiles; il est percé dans deux endroits, et communique à l'extérieur par autant d'ouvertures de plusieurs millimètres de diamètre, qui se voient de chaque côté de l'anus. Elles conduisent directement dans le fond de ce sac, qui répond à la partie la plus reculée de l'abdomen. L'eau de la mer peut sans doute y entrer et en sortir à la volonté de l'animal, comme l'air entre dans les cellules des poissons. »

En rappelant ce que nous venons d'exposer touchant les conduits vagino-utérins des ruminans, et les canaux de la cavité abdominale des raies, MM. Isidore Geoffroy Saint-Hilaire et Joseph Martin insistent avec beaucoup de mesure sur les rapports de ces canaux avec ceux qu'ils ont trouvés chez la tortue et le crocodile, en même temps qu'ils recherchent et établissent habilement les différences que ces rapports laissent en dehors. Ainsi ils voient ces rapports dans un fond commun d'organisation : c'est une même analogie de structure qui ramène à la théorie de l'unité de composition; et ils signalent trois sortes de différences : 1°. le cas où les canaux ont leurs deux extrémités ouvertes (les crocodiles et les raies); 2°. le cas où l'extrémité cloacale est fermée, et va plonger dans le tissu caverneux (la tortue); 3°. et enfin le cas inverse où le tube est fermé à sa naissance du côté de l'abdomen (la truie et les ruminans). Les holothuries sont dans le premier cas : les canaux répandus dans leur abdomen, et que l'analogie doit faire considérer comme péritonéaux, y occupant proportionnellement une plus grande capacité. Les deux jeunes auteurs ajoutent même à ce sujet, que là sans doute est le plus haut degré du développement des canaux péritonéaux; proposition à laquelle il me paraît difficile de se refuser. Cela posé, l'état classique serait chez les animaux des derniers embranchemens : et seulement des traces de cette organisation se trouveraient conservées chez ceux du premier embranchement; où, comme cela s'observe toujours en pareil cas, des modifications plus ou moins grandes changent, en l'altérant plus ou ou moins profondément, le caractère du type principal, et exercent surtout une telle influence sur les fonctions qu'elles diffèrent quelquefois du tout au tout d'un genre à l'autre.

A l'égard des holothuries, l'eau qui pénètre dans les canaux décrits, en agissant comme dans la respiration branchiale sur le fluide circulatoire, y apporte l'élément respirable. M. Tiédemann, auteur principal sur cette question, n'en doute aucunement : également, M. Cuvier semble indiquer dans le passage rapporté ci-dessus, qu'il en est ainsi à l'égard des raies; enfin, je citerai, comme apportant le sceau de l'évidence dans cette matière, le travail de MM. Audouin et Lachat sur une larve apode trouvée dans le bourdon des pierres (Voyez *Mémoires de la Société d'histoire naturelle de Paris*, tome 1, pag. 329, pl. 22).

Les auteurs de cet article, se proposant de donner l'appareil respiratoire de la larve (*conops rufipes*), décrivent deux tubes trachéens, qu'ils disent ressembler à deux arbres taillés en quenouille, parce que ces tubes fournissent, de distance en distance, des rameaux qui aboutissent à la peau : ces tubes naissent chacun par un orifice distinct de la partie postérieure du corps, et se rendent droit et longitudinalement vers la bouche. Que ce soit là des organes de respiration, ce point est incontestable; leurs branches latérales sont de vraies trachées, et elles ne sont que les subdivisions des troncs principaux : mais ce qu'on peut aussi ajouter, c'est que ces longs tubes sont, à tous égards, analogues aux canaux péritonéaux des raies et des crocodiles.

Or, il y a plusieurs années que, m'occupant de recherches sur les organes sexuels des raies, et ne connaissant encore aucun de ces travaux, j'avais été fortement préoccupé des ouvertures introduisant de l'eau dans l'abdomen des poissons cartilagineux. Je voyais en ces ouvertures placées, sur les côtés de l'anus, des orifices de trachées; je regardais donc le sac où elles conduisaient comme une vaste trachée aquatique, comme réalisant en ce lieu et y faisant connaître des organes accessoires de respiration, principalement utiles à ceux des poissons qui se cachent et s'enfouissent dans la vase.

Je n'ai pu me dispenser d'entrer dans ces détails, d'ailleurs nouveaux pour la plupart; ayant par eux à mettre en évidence toutes les curieuses conséquences de la découverte de mon fils et de son habile collaborateur en ce qui concerne le crocodile. Ce reptile possède donc également, et même sur une plus grande échelle que la raie, un organe de respiration aquatique. Toute la cavité abdominale y est employée : et en effet, on conçoit que de l'eau qui s'y trouve introduite, n'approche pas en vain l'élément respirable des nombreux vaisseaux qui tapissent les surfaces baignées ; l'énergie de l'animal en est sensiblement augmentée, cette circonstance dépendant de l'oxigénation du sang. Mais cependant il n'y a résultat de respiration aquatique, ainsi que je m'en suis assuré, en étudiant attentivement le jeu de l'appareil branchial des poissons, qu'autant qu'une certaine force s'appliquant sur la masse du fluide contenu, parvient à désagréger mécaniquement les particules d'air interposées entre les molécules de l'eau, qu'autant que cette masse d'eau, mise en mouvement par cette impulsion, rencontre plusieurs issues, où elle se brise et se subdivise à l'infini. Or, toutes ces conditions se remarquent comme possibles, comme évidemment éventuelles dans l'entonnoir qui forme la première moitié du canal péritonéal, et dans l'action des muscles abdominaux qui, pressant et diminuant les capacités de l'abdomen, force l'eau de s'écouler par la petite partie du canal péritonéal, c'est-à-dire par un tube fort étroit et nécessairement avec lenteur. Que le sternum placé au-devant des poumons soit tiré par les muscles pectoraux et fasse dans le sens de la diagonale un mouvement en avant, le sternum d'au-dessous (car, par exception à ce qui, sous ce rapport, existe chez les autres animaux, il est, pour le crocodile, un second sternum étendu sur tout l'emplacement de l'abdomen); alors, dis-je, le sternum abdominal est entraîné à la suite de l'antérieur. Un second effet de ce mouvement est qu'il soit soulevé au même moment. La cavité de l'abdomen augmente en capacité et donne lieu à l'eau d'y affluer, passant par le canal péritonéal, comme en vertu du même mécanisme, l'air, chez les animaux de la respiration aérienne, afflue dans les sacs pulmonaires, en s'y introduisant par la trachée-artère.

Ainsi, voilà le crocodile qui attire de nouveau notre attention comme être privilégié, comme doué encore d'une autre organisation supplétive, enfin comme réunissant les organes des deux sortes de respiration; le voilà véritable amphibie, dans ce sens qu'il est animal aérien par sa poitrine et animal aquatique par une modification de l'état de son abdomen. Il n'a fallu pour le doter de ce dernier avantage que rallier, pour ainsi dire, et y approprier les débris d'un système qui est classique et parfaitement normal, seulement chez les animaux invertébrés. J'avais déjà trouvé qu'il y a des crustacés, entre autres le *birgus latro*, qui ont les organes des deux respirations. Mais nous ne sommes cependant pas sur les mêmes faits : ces organes occupent le même emplacement chez les crustacés, étant parvenus à se loger également dans la cavité du thorax, et à s'y établir dans un accord parfait l'un à côté de l'autre. Ce sont de véritables poumons et des branchies, comme chez les poissons; chacun entre alternativement en action, suivant les milieux qui lui correspondent. Mais si, chez le crocodile, le même but est atteint, c'est d'une façon différente; l'appareil branchial est remplacé par un appareil trachéen : les deux systèmes respiratoires occupent chacun une cavité particulière, savoir, le système pulmonaire, la cavité du thorax, et le système trachéen, celle de l'abdomen.

Nous avons donc maintenant des données certaines pour comprendre ce qui, des habitudes des crocodiles, était d'observation, ce qu'il fallait admettre comme incontestable, et pourtant, ce qu'alors la réflexion devait porter à considérer comme tout-à-fait contraire aux allures d'un animal à sang-froid, et vraiment à rejeter comme une chose impossible. Animal aérien par sa respiration pulmonaire, à terre seulement le crocodile aurait dû se complaire, et pour y puiser les moyens de sa plus grande vitalité, dès que ces moyens sont toujours proportionnels à la quantité de respiration, aux plus riches résultats de l'oxigénation du sang. Mais tout au contraire, nous savions à n'en pouvoir douter que le crocodile hésite et vit inquiet hors de l'eau; il ne sait prendre aucun parti pour attaquer et se défendre, s'il est à terre; il ne s'y rend que pour dormir, ce dont nous avons plus haut donné les motifs. Sa toute-puissance, il la déploie quand il est dans le milieu aquatique : là, seulement, il est un animal indomptable : alors sa vélocité est extrême, et son ardeur l'emporte au-delà de sa prévision. Elle lui rend possibles, faciles même, les plus grands excès : c'est toute l'énergie et la puissance d'un animal à sang chaud. Nous avions ce spectacle sous les yeux, que, fascinés par toutes nos idées d'affinités naturelles, nous étions restés dans la persuasion que c'était avec une certaine provision d'air que le crocodile fournissait à une si grande dépense, qu'il pourvoyait à tous les travaux d'un chasseur infatigable. Mieux informés présentement, nous pouvons assigner à tous ces effets leur véritable cause : le crocodile respire dans l'eau, et il le fait avec d'autant plus de profit qu'il se livre davantage à l'ardeur de la chasse. L'un des excès produit l'autre, et réciproquement. Le degré de sa vitalité dépend de l'étendue des surfaces abdominales et intestinales qui ressentent les effets de l'oxigénation; et cette plus grande vitalité, à son tour étant mise à profit, fait agir les muscles avec plus de force pour exercer une plus grande compression sur les intestins, et avec plus de vitesse, pour augmenter les bénéfices de ces phénomènes d'oxigénation ou de respiration aquatique.

Or, tous ces effets me paraissent produits par une natation rapide. La natation du crocodile s'effectue par le jeu de ses deux paires d'extrémités : qu'il arrive aux muscles de la paire thoracique, alors reportée vers le haut, d'être dans la restitution, la chaîne des os sternaux avec ce qui les revêt est entraînée du côté du bassin; mais elle y est surtout amenée violemment, si la contraction des muscles abdominaux accroît à ce mouvement : les eaux contenues dans l'abdomen sont alors sollicitées à refluer vers l'entonnoir des canaux péritonéaux. Dans ce cas, se produisent les effets de la respiration aquatique; et ils ont lieu avec une intensité de résultat qui est naturellement proportionnelle au degré de contraction des muscles abdominaux. Mais qu'au contraire les membres thoraciques soient abaissés et disposés le long du corps, les deux sternums et leurs tégumens sont, par la contraction des muscles qui se portent à l'épaule et sur l'humérus, ramenés du côté de la tête; ce qui ne saurait arriver que tout le plastron du sternum abdominal ne soit soulevé, les muscles qui y sont répandus étant, à leur tour, dans la restitution. Sous cet effort, il s'établirait un vide, s'il était possible dans une cavité ayant une double issue à l'extérieur. Mais, au lieu de ce vide qu'on sait, en pareil cas, impossible, vous trouvez que ce qui se pratique à l'extrémité thoracique du tronc, est exactement reproduit vers l'autre extrémité : il n'y a de changé que le lieu de la scène et le fluide ambiant. Ce n'est plus l'air, mais l'eau que déplace la pression de l'atmosphère; le fluide ambiant, sur lequel pèse l'atmosphère, afflue vers les deux issues du cloaque; il y pénètre, et, se portant dans les canaux péritonéaux, il vient remplir les espaces agrandis de la cavité abdominale.

Je me croyais déjà plus haut (page 480) autorisé à demander, comme lorsqu'il s'agit de signaler des nouveautés tout-à-fait inattendues, que l'on voulût bien demeurer fixé sur tant de ressources ménagées, sur une mécanique aussi ingénieuse, sur tant et de si nouveaux moyens, dont je trouve l'organe respiratoire enrichi. Cependant qu'est-ce cela auprès d'une aussi puissante faculté que celle de la respiration de tout l'abdomen? Ajoutez que ce résultat si remarquable est acquis sans des moyens proportionnels à son importance; c'est-à-dire sans qu'il y soit pourvu par les complications d'un nouveau système de conformation.

Mais alors que de singularités nous avons déjà passées en revue, qui recommandent puissamment l'organisation des crocodiles à l'attention des physiologistes! cependant celle-ci surpasse toutes les autres. En effet, rien de nouveau ne vient ici surprendre : c'est moins un système qui serait construit à grands frais, qu'une sorte d'altération du plan commun : il a suffi pour cela d'une légère déformation, d'une double perforation des membranes diaphragmatiques qui séparent les emplacemens où sont logés d'une part les intestins, et de l'autre les organes sexuels. Pour faire ressortir notre explication, j'allais dire que ces nouveaux arrangemens seraient devenus l'effet d'une négligence, en songeant à ces faits d'arrêt de développement que j'ai tant de fois signalés dans mes recherches sur la monstruosité. Si j'insiste autant que je le fais sur ces considérations, c'est qu'il me paraît nécessaire de montrer jusqu'à quel degré et comment les moindres modifications apportent des changemens dans les composés organiques. On ne saurait trop revenir sur cela, trop insister sans doute sur le caractère de toute-puissance de la nature, non moins étonnante dans l'admirable simplicité de ses moyens que dans la variété infinie de ses ressources.

Enfin, je comprendrai encore dans ces développemens quelques réflexions sur l'insuffisance de la respiration aquatique, pour le moment où les crocodiles doivent prendre du repos et se livrer au sommeil. Comme la respiration abdominale, pour être possible, exige une préalable séparation des molécules de l'air d'avec celles de l'eau, et que, pour cet effet, l'emploi d'une grande force musculaire est nécessaire, ce mode de respiration est sans résultat pour un crocodile endormi. Par conséquent, que ses forces soient épuisées, un crocodile ne saurait se dispenser de se rendre à terre et de s'y conduire comme un animal restreint aux seules ressources de la respiration aérienne. Ainsi, ce que nous venons de faire connaître d'un second mode de respiration n'implique point contradiction avec ce qu'on lit, page 413, touchant la conduite du crocodile durant son sommeil. Cessant de gouverner les pièces qu'il devrait mettre en jeu pour respirer l'air mêlé à l'eau, il est nécessairement rendu aux communes conditions des animaux à poumons; c'est-à-dire qu'il ne peut obvier aux inconvéniens d'une surprise que par un sommeil léger et pénible.

Des organes génitaux mâles. Quant à ces organes, on les a crus une répétition de ceux des lézards. Mais d'abord il y a différence dans le nombre des pénis. Chez les lézards, il s'en trouve deux qui occupent une position latérale, et le crocodile en a un seul, situé sur la ligne médiane. Là où les pénis paraissent doubles, ce ne sont, à vrai dire, que les corps caverneux qui se sont désassociés et écartés. Ils consistent dans une expansion de la peau que terminent deux appendices cartilagineux. Deux glandes qui sont à l'intérieur versent une liqueur assez abondante pour qu'on se soit mépris sur sa nature, et qu'on l'ait considérée comme du fluide séminal. Chaque pénis joue dans un fourreau fourni par une duplicature de peau, et un muscle allongé et constamment renfermé dans une gaîne membraneuse le termine en arrière et l'oblige à rentrer dans l'intérieur.

Le crocodile, différent à cet égard, soit des lézards, soit des serpens, tient plus, sur ce point, des animaux supérieurs. Son unique pénis occupe à la région moyenne un repli du cloaque commun, qui est une sorte de bourse de prépuce. Une prostate très-forte est à la base de l'organe, et un gland cartilagineux en forme le sommet. Un profond sillon qui, sur la ligne médiane, partage le pénis en deux parties, le montre évidemment formé de la réunion de ses deux portions écartées dans les lézards, et où nous considérons deux pénis distincts. L'analogie y fait aussi apercevoir les deux corps caverneux de la verge des mammifères : car il n'y aurait qu'à prolonger le canal urinaire, qu'à établir un urètre dans le sillon médian de ces corps caverneux, pour ramener presque entièrement les formes plus compliquées de cet organe des animaux vivipares. Quoi qu'il en soit, le pénis des crocodiles est, quant à ses divers élémens, une répétition presque complète de l'organe pénial de la tortue et de la plupart des oiseaux.

Cependant la modification dont il vient d'être question au sujet des reptiles, réapparaît quant aux glandes de l'anus et aux deux muscles rétracteurs des corps caverneux. Ces muscles sont même si considérables, que c'est leur présence qui cause le renflement de la queue à son origine; renflement qui, dans ce point, montre la queue de même épaisseur qu'est le tronc en avant de l'anus. Ces muscles sont terminés et articulés avec les vertèbres caudales, par un bord aigu d'un côté, et par un bord libre et arrondi du côté opposé. Ce qu'il y a en outre de remarquable, c'est qu'ils sont renfermés, comme les muscles rétracteurs dont il vient d'être parlé, dans une gaîne propre d'une grande épaisseur et de nature fibreuse. Cette gaîne se prolonge peu avant en une aponévrose qui se répand et s'insère sur le bassin; de sorte que les usages de ces muscles changeant avec le système général d'organisation, acquièrent la faculté de contribuer au mouvement latéral de la queue.

Érection du pénis. Nous n'avons encore reconnu qu'une utilité au canal péritonéal; mais y ayant donné une très-grande attention en l'étudiant chez le crocodile mâle, nous le croyons susceptible de servir à deux fins. Nous ne nous occuperons présentement que de son mode d'action à l'égard de l'organe pénial; question physiologique entièrement nouvelle, et, ce nous semble, d'un très-grand intérêt.

Les canaux péritonéaux, avons-nous vu plus haut, débouchent chez la femelle, dans le cloaque, sur les côtés de l'organe pénial : cette circonstance est exprimée visuellement dans une planche qui accompagne le Mémoire de MM. Isidore Geoffroy Saint-Hilaire et J. Martin (voyez *Annales des sciences naturelles*, tome XIII, planche 6, figure 4); il en est de même à l'égard du mâle. Mais de plus, nous avons aperçu distinctement chez celui-ci que le canal, peu avant de s'ouvrir au dehors, se bifurque, et que par une très-courte branche il se rend et il plonge à la base du pénis dans le tissu cellulaire de ses enveloppes tégumentaires.

L'emploi des deux branches est nécessairement alternatif; l'une est fermée à l'accès du fluide, ce dont l'autre se trouve favorisée : c'est réciproque. Pour frapper d'inactivité la branche qui plonge dans l'organe pénial, et pour enfermer le méat, il suffit de la contraction du muscle rétracteur : le pénis est renfermé plus profondément dans sa bourse, en même temps que les tégumens de sa racine y sont appliqués et comme collés. La longue branche et son orifice sont alors plus librement ouverts.

Nous allons admettre le cas contraire, celui de l'emploi de la courte branche. Le muscle rétracteur est en restitution, et tout au contraire celui qui revêt le cloaque se contracte. Sous cette double influence, les orifices des longues branches sont fermés. Qu'il y ait pression exercée à l'abdomen et subséquemment écoulement des eaux y contenues à travers le canal péritonéal, l'eau suivra la courte branche; elle s'engagera et sera reçue dans les tégumens de la base du pénis.

Cela posé, deux phénomènes consécutifs attirent notre attention. Le premier se borne à une action mécanique : l'eau, se répandant et s'accumulant à la base du pénis, l'injecte et le distend outre mesure. Sous le ressort de cette excitation, le pénis est ébranlé et disposé à sortir de sa bourse. Le second phénomène est chimique : l'eau répandue dans le tissu cellulaire, et acculée au fond de la courte branche, s'y trouve en présence de pores nombreux qui communiquent avec le tissu des corps caverneux. Cette circonstance a été aperçue sur la tortue par les jeunes auteurs que nous avons cités, et se trouve être l'objet de la figure 5 de la seconde des planches qui accompagnent leur mémoire.

Or, voici des résultats nécessaires pour cette position des choses. La pression alors exercée détermine la désagrégation des molécules d'air interposées et mêlées à celles de l'eau; cet air, devenu libre, se porte aussitôt et directement sur le sang veineux, dont on sait que le tissu spongieux ou caverneux du pénis se trouve en partie rempli. Tout ceci est conséquemment ramené à un simple phénomène de respiration : ainsi, chose inaperçue jusqu'à ce moment, du sang veineux passerait directement à la qualité de sang artériel; et, en effet, tant que dure cet effet de respiration ou d'oxigénation, le sang acquiert une haute température, par conséquent plus de fluidité et de volume. Rendu plus fluide, il pénètre dans les vaisseaux capillaires, où n'avait pu s'introduire le sang veineux visqueux et surchargé de carbone ; augmenté de volume, il porte les tissus qui le contiennent à la condition de tissu érectile[1], en réagissant contre les parois des cloisons contenantes, lesquelles sont alors forcées de s'étendre.

Je viens de rapporter une manière toute nouvelle de concevoir et d'expliquer le phénomène de l'érection. Tout ce que je puis sur ce point affirmer, c'est qu'en ce qui concerne le crocodile, il y a organes à cet effet. Que ce phénomène dépende d'une action locale de la respiration, je n'en puis être surpris, après que j'ai vu l'odoration tenir à une cause toute semblable : toute trachée isolée chez les animaux inférieurs donne le même fait.

Je pense que ces mêmes phénomènes caractérisent plus ou moins la plupart des ovipares ; mais je n'étends aujourd'hui qu'à eux et non pas aux mammifères mes prévisions d'analogie.

M. de Blainville a décrit les issues péritonéales chez le squale pèlerin dans son Mémoire (*Annales du Muséum d'histoire naturelle*, tome XVIII, page 111). Ces routes lui ont paru « une sorte de papille molle, flasque, longue d'un pouce, et libre intérieurement

---

[1] Dans l'esprit de ces recherches, le tissu érectile ne formerait point un tissu *sui generis*, mais il deviendrait tel sous le ressort de causes incessamment agissantes : une tension extrême des mailles possible en toute membrane y développe momentanément le caractère.

de valvules. L'eau de la mer, ajoute ce savant académicien, doit, au gré de l'animal, entrer dans l'abdomen et y porter un volume d'eau qui aide à la natation en l'absence de la vessie aérienne. » Mais cette eau introduite dans l'abdomen n'y arriverait-elle point plutôt afin de porter, aux conditions du sang artériel par le bienfait de l'oxigénation, des masses d'un sang noir et coagulé, que M. de Blainville a observées dans certaines parties de l'abdomen, et sur lesquelles il a appelé l'attention?

Quelques fonctions de la rate pourraient tenir à ce mode particulier de respiration aquatique.

Qu'on veuille bien me pardonner cette digression. Je reprends la description des organes sexuels des crocodiles.

Les *testicules* se rapprochent à quelques égards de ceux des poissons : ils sont étroits et allongés. On les aperçoit un peu au-dessus et en avant des reins.

La semence est apportée dans deux vésicules assez grandes, contiguës et logées en arrière du cloaque commun : ces vésicules sont en partie formées par un sac cartilagineux; elles s'ouvrent dans la poche urétro-sexuelle, disposées circulairement autour des orifices des uretères.

Il reste à décrire le *système osseux* : j'en ai souvent fait le sujet de mes études; mais je redoute, pour cela même, d'avoir à m'en occuper ici. En considérant l'étendue que je viens de donner à cet article, je me fais un devoir d'être sobre de détails qui y ajouteraient considérablement, qui sont publiés ailleurs et auxquels je puis renvoyer ceux des lecteurs de cet écrit qu'ils pourraient intéresser. J'ai donné un travail *ex-professo* sur les os de la tête des crocodiles dans les Mémoires du Muséum d'histoire naturelle, *première collection*, tome II, page 53, et tome X, pages 67 et 342; et *deuxième collection*, tome XII, page 97 : ces considérations sont reprises et très-étendues dans les Annales des Sciences naturelles, tome III, page 245, et tome XII, page 338. Duverney a décrit toutes les autres parties du squelette dans les Mémoires de l'Académie des Sciences pour l'année 1669, tome III, partie III, page 161.

DES ESPÈCES DE CROCODILES QUI VIVENT DANS LE NIL.

Mes derniers travaux en portent le nombre à cinq espèces que je vais décrire sous les noms de *crocodilus vulgaris, croc. marginatus, croc. lacunosus, croc. complanatus* et *croc. suchus*.

PREMIÈRE ESPÈCE.

Du crocodile sacré, ou *crocodilus suchus*.

Pour dégager tous les faits de simple observation des points difficultueux et contestés de la question concernant les espèces de crocodiles anciennement connues, je traiterai d'abord du crocodile sacré, *suchus* ou *suchos* par les anciens.

Je reviens à d'anciennes idées; car j'ai déjà rappelé et établi, selon les règles des nomenclatures modernes, cette espèce qui fut d'abord mentionnée dans Strabon. Le mémoire que je publiai sur ce sujet parut à la date de 1807, dans le recueil des Annales du Muséum d'histoire naturelle, tome x. Je revois par conséquent et je reproduis en l'étendant ce même travail.

J'avais, il y a vingt ans, peu d'élémens et de motifs pour une détermination rigoureuse; c'étaient principalement une tête embaumée que j'avais moi-même recueillie dans les hypogées de Thèbes, et un crocodile existant dans le Muséum, mais qui venait du Sénégal, d'où il avait été rapporté par Adanson. Or, ces matériaux étaient-ils suffisans pour devenir un sujet de recherches ? Loin de m'abuser, j'avais souhaité d'en accroître le nombre. Car faire concorder une dépouille, venant d'être prise parmi des objets vivans au Sénégal, avec un seul débris des demeures mortuaires de l'ancien peuple égyptien, m'avait paru à moi-même une hardiesse qu'il fallait justifier ou abandonner. En effet, il n'était point certain qu'on découvrirait un jour, dans le Nil, un crocodile comme celui d'Adanson. L'espérer, devais-je me le permettre? M. Cuvier, ne voyant là que des preuves insuffisantes, s'en tint à mentionner le *suchus* dans son tableau des crocodiles, mêmes ouvrage et volume, en ne l'y faisant figurer qu'à titre d'une race particulière : il ajouta que cette réserve lui était en outre commandée par un autre motif, par un doute de son esprit, qui portait sur le nom même de *suchus*, dont il lui paraissait que les érudits n'avaient pas fait un emploi judicieux. Le public goûta cette sage réserve et le témoigna par un acquiescement contre lequel il ne s'est élevé qu'une seule réclamation [1].

Cependant, n'aurais-je alors commis qu'une heureuse imprudence ? Je n'en puis présentement douter. Je suis aujourd'hui en possession de ce plus de matériaux qu'appelaient mes vœux, et je suis assuré par eux que le *suchus* est une espèce distincte. Nous avions, M. Cuvier et moi, ensemble et dans le volume cité de nos Annales, donné notre dissertation sur les espèces de crocodiles, M. Cuvier, pour arriver à une classification mieux ordonnée des genres et des espèces, et moi, pour me maintenir dans mes droits de priorité à l'égard des crocodiles du Nil, et d'une autre espèce venue de Saint-Domingue [2].

Tenu à n'omettre aucun de mes matériaux, et, comme voyageur, principalement obligé à faire emploi du crâne de mon crocodile embaumé, je me voyais, par une comparaison que j'en faisais avec le crâne d'un autre crocodile pris par moi dans le Nil, ramené à la considération de quelques différences spécifiques. Tout entraîné que j'étais, je balançai long-temps : le célèbre Visconti me décida enfin. Il m'ap-

---

[1] Celle du colonel et académicien Bory de Saint-Vincent, dans le *Dictionnaire classique d'histoire naturelle*, au mot *Crocodile*.

[2] Le général Leclerc, commandant une armée française envoyée en 1803 à Saint-Domingue, nous fit l'envoi de crocodiles trouvés dans les environs du cap Français : ils étaient très-voisins, mais toutefois spécifiquement différens de ceux d'Égypte. Je fis connaître ce fait, dont la connaissance importait à la théorie des pays qu'habitent d'une manière exclusive les animaux de la zone torride des deux continens. Ma description comparative de ces crocodiles se trouve dans les *Annales du Muséum d'histoire naturelle*, tome II.

prit que les savans, versés dans les études d'érudition et d'antiquités, tenaient pour avéré qu'il y avait dans le Nil au moins deux espèces de crocodiles, qu'on les disait de mœurs différentes, et qu'elles avaient des noms distincts, l'une s'appelant *champsés*, et l'autre *suchus*.

Trois autorités m'étaient citées en faveur de ce système, celles de Strabon, d'Élien et de Damascius.

La plus ancienne mention remonte à Strabon. Cependant il ne faut pas oublier que le manuscrit de ce géographe a traversé le moyen âge pour arriver jusqu'à nous. Or, ce n'est pas sans y avoir été modifié et corrigé par divers commentateurs. Ainsi on avait d'abord lu le passage concernant le *suchus*, comme il suit : *Les habitans du nome Arsinoïte ont le crocodile sacré, qu'ils nourrissent séparément dans un lac, qui est doux pour les prêtres et qu'ils nomment* SUCHIS. Mais Spanheim, d'après les manuscrits de Photius, vint à proposer une autre interprétation de ce passage. Il ne fallait point, suivant lui, l'entendre en termes particuliers, mais tout au contraire dans des termes généraux et conformément à la version suivante : *Le crocodile est sacré chez eux* (les Arsinoïtes) : *il est nourri séparément dans un lac, doux pour les prêtres, et nommé* souchos *ou* suchus.

Élien semble donner au passage de Strabon son vrai sens, quand ayant à rappeler quelques faits de superstition d'un prince dévot à la divinité des crocodiles, d'un Ptolomée qui les consultait à titre d'oracles, il ajoute que ces hommages ne s'adressaient toutefois qu'au plus distingué et au plus anciennement renommé des crocodiles : *Quum ex crocodilis antiquissimum et præstantissimum appellaret* (Anim., lib. VIII, 4).

Le philosophe Damascius, écrivant la vie de son maître et prédécesseur Isidore, s'explique d'une manière encore plus positive. Car, ayant eu l'occasion de parler de la douceur habituelle des *suchus*, et de l'opposer aux qualités malfaisantes de l'hippopotame, Damascius continue, dans cet écrit qui nous a été conservé par Photius, par un développement de sa pensée, dont le but est manifestement de mettre le lecteur à l'abri de toute méprise. *C'est*, ajoute-t-il, *une autre espèce de crocodile, qui est inoffensive.* Jablonski a traduit du grec et rapporté ce passage, comme il suit : *Suchus justus est* (*justus* par opposition à l'hippopotame qui avait été qualifié dans la phrase précédente par l'épithète d'*injusta bellua*); *suchus justus est; ita nominatur aliqua crocodili species, quæ nullum animal lædit*.

Ce fut sur ces autorités que Jablonski d'abord, puis Larcher, et Visconti en dernier lieu, crurent à l'existence de deux espèces de crocodiles vivant dans le Nil. Il me parut, en 1807, que l'histoire naturelle qui aurait à s'enrichir de ces recherches d'antiquités, leur devait à son tour son tribut. Je vis moins le petit nombre que l'utilité des faits dont je pouvais disposer. C'est ainsi qu'autorisé par ce qui avait paru certain à des hommes aussi recommandables, je n'hésitai plus : l'espèce du *crocodilus suchus* fut dès-lors établie.

Cependant, un des motifs de M. Cuvier pour rejeter, comme espèce, ce que déjà il venait d'admettre comme distinct à titre de race particulière, fut qu'il se trouvait dans un complet dissentiment avec Jablonski, Larcher et Visconti. Il donna ses motifs, et ce morceau très-remarquable d'érudition forme l'un des plus intéressans chapitres de son ouvrage, intitulé : *Espèces de crocodiles*.

Avant d'entrer en matière, il faut satisfaire la curiosité du lecteur, qui, dans de telles conjonctures, s'il voit les maîtres de la science, les *Cuvier* et les *Visconti*, se contredire sur des questions de faits et entrer dans des vues différentes, doit en être surpris et pourrait en souhaiter une explication.

Deux circonstances décident ordinairement de pareilles divergences; d'une part, les faits sont incomplets, et dès-lors ils sont insuffisans pour une conclusion évidente ; et, de l'autre, quelques vues élevées et diverses, formant d'autres points de départ, frappent d'abord et deviennent des élémens de conviction, auxquels toutes les autres parties de la discussion sont nécessairement subordonnées.

Ainsi, dans le cas qui nous occupe, M. Cuvier est préoccupé de l'idée que des institutions adoptées pour le bœuf, ont servi de règles et sont reproduites pour le crocodile; que des bœufs choisis pour le service des temples y prenaient individuellement un nom qui rappelait leur consécration. « Le bœuf sacré de Memphis s'appelait *Apis,* celui d'Héliopolis *Mnévis,* et le bœuf d'Hermonthis *Pacis*. Apis, Mnévis et Pacis n'étaient pas des races particulières de bœufs, mais bien des bœufs individuels consacrés. » Et de ces faits, que M. Cuvier tient pour certains, il conclut par induction [1], et il ajoute : « Pourquoi n'en serait-il

[1] Les Égyptiens honoraient d'un culte trois sortes de bœufs qu'ils nommaient Apis, Mnévis, et Onuphis, et qu'ils adoraient comme divinités principales à Memphis, à Héliopolis et à Hermonthis. Si ces animaux étaient tous trois pris également dans l'espèce vulgaire, ce n'était pas cependant au hasard ; mais chacun devait au contraire être pourvu de qualités propres, que les rites religieux prescrivaient impérieusement.

Ainsi le bœuf Apis se reconnaissait à plusieurs caractères ; d'où Pline, liv. VIII, chap. 46, l'a considéré comme un être à part, ainsi qu'il l'a fait pour tous les animaux de condition diverse, d'organisation distincte. Apis était noir, marqué de deux grandes taches blanches, l'une triangulaire au front et l'autre en croissant au côté droit ; les poils de sa queue étaient de deux sortes, et il fallait encore qu'il eût le dessous de la langue embarrassé d'une nodosité ayant à peu près la forme d'un scarabée, *cantharus*. Pline dit seul, et sans doute par erreur, que la tache du front était carrée : une momie d'Apis, du Musée Charles X, où cette tache est triangulaire, confirme en ce point les autres témoignages historiques. En exigeant la réunion de tant de conditions organiques, les Égyptiens rendaient fort chanceuse la découverte de cette variété accidentelle : ils étaient ainsi exposés à manquer d'Apis, et l'histoire nous a conservé qu'ils en furent effectivement privés durant plusieurs années ; d'abord sous le règne de Darius, qui a succédé au faux Smerdis, et plus tard sous l'empereur Adrien. Or, c'était volontairement se placer sous le coup de très-grandes calamités ; car à la mort du dieu de Memphis, la population de toute l'Égypte prenait le deuil, qu'elle observait, en s'imposant les plus austères privations, jusqu'à l'installation d'un nouvel Apis. Darius prit en pitié les douleurs et l'extrême misère des Égyptiens ses sujets, et fit promettre cent talens à qui découvrirait un veau portant robe d'Apis ; et sous Adrien, la capitale privée de ses relations commerciales, fatiguée et exaspérée par un deuil prolongé durant plusieurs années, se mutina et fit soulever tout le pays ; dit Spartien.

Un bœuf ne devenait donc point Apis uniquement par le fait de son admission dans le temple : il était précédemment veau Apis, alors élevé par un collége de prêtres à Nilopolis, d'où il était transporté à Memphis par la voie du Nil en très-grande pompe ; les femmes avaient le privilége de défiler nues devant le jeune Apis peu avant son départ : la ferveur religieuse les poussait à cette démarche, dit Eusèbe. En dernière analyse, les bœufs sacrés étaient Apis du droit de leur naissance, comme possédant quelques conditions organiques bien dé-

point ainsi à l'égard des crocodiles ? » Voyez *Ossemens fossiles*, tome v, deuxième partie, page 46.

C'est cela que mon savant confrère entreprend d'établir. Les interprétations favorables à ce système sont préférées; Spanheim est par lui approuvé dans la correction qu'il a proposée, et au moyen de laquelle le passage de Strabon s'entendrait dans un sens restreint, devrait être traduit en termes particuliers.

terminées. Apis était consacré à la lune, et en avait un signe sur le flanc droit. Son nom signifiait, dans l'idiome égyptien, *je mesure*: on peut sur cela consulter le Panthéon égyptien de M. Champollion jeune.

C'était aussi des bœufs d'une conformation distincte, que les animaux sacrés d'Hermonthis et d'Héliopolis; mais comme on avait été moins exigeant sur les caractères organiques à réunir, il n'y avait pas autant de difficulté à leur trouver un successeur : aussi n'est-il nulle part question que le deuil au décès d'un Onuphis et d'un Mnévis ait jeté les peuples dans le désespoir.

Onuphis était un bœuf noir, caractérisé de plus par une bande blanche sur l'arête dorsale : on en voit au Musée Charles x deux forts beaux portraits sculptés et peints, occupant chacun le milieu d'un bas-relief. *Pacis* était un autre nom de ce bœuf : ce mot signifiait le *mâle*; allusion sans doute à sept vaches placées auprès de lui comme ses épouses, et qu'on désignait sous le titre de vaches divines. Il paraît qu'Onuphis ou Pacis était un étalon destiné au perfectionnement des belles races. Le terme d'Onuphis exprimait le *beau*, le *parfait*.

Il en était sans doute ainsi du bœuf sacré d'Héliopolis. Le taureau Mnévis devait être le plus bel animal de l'époque, aussi remarquable par sa haute taille que par sa force et la beauté de ses formes. Consacré au soleil, et sans doute pour ce sujet, on le choisissait d'un rouge vif et sans tache. Son nom *mné*, auquel les Grecs, suivant leur coutume, avait ajouté la désinence *is*, pour le rendre déclinable dans leur langue, exprime qu'il vivait solitairement : un étalon est souvent dans ce cas. Le Mnévis a été vu par M. Champollion jeune, représenté et colorié sur la caisse sépulcrale d'une momie humaine des collections de Turin.

Ainsi, des conditions organiques parfaitement définies dans les livres du sacerdoce égyptien, caractérisaient chaque sorte de bœuf sacré : les choix étaient motivés. L'induction est présentement légitime : de ces bœufs, dont cette discussion fait connaître les cas distincts, vous pouvez conclure au crocodile sacré. Or, cette conclusion est précisément celle de la thèse soutenue dans cet écrit, thèse dont l'Académie des sciences a bien voulu entendre le développement.

Car ce passage peut aussi bien se lire de cette autre manière : *L'hippopotame est injuste, le suchus est juste; c'est un nom ou une espèce de crocodile* (Ou bien : IL A LE NOM ET LA FIGURE D'UN CROCODILE); *il ne nuit à aucun animal.* Cette explication prendrait consistance et force, suivant M. Cuvier, « de la considération que Damascius vivait dans un temps où l'on ne nourrissait plus d'animaux sacrés en Égypte. A cette époque, sous le règne de Justinien, il ne restait de l'ancien culte que des traditions, ou même seulement ce que les livres en rapportaient. Damascius, peut-être ignorant et crédule, aura lu ou bien aura entendu dire que le *suchus*, ou le crocodile sacré d'Arsinoé, ne faisait point de mal; et il en aura fait aussitôt une espèce particulière et innocente. » (*Oss. fossiles* cités, page 48.)

Cependant Jablonski [1] dit avoir trouvé, par l'érudition, qu'un nom différent était donné à chaque espèce de crocodile : il cite l'autorité du P. Kircher, qui aurait aperçu le nom de *pi-suchi* dans un vocabulaire qobte. Mais M. Cuvier a répondu à cette objection, en accusant *Kircher d'avoir introduit ce mot dans la langue qobte et de l'avoir forgé d'après Strabon* (page 49). L'accusation s'est trouvée parfaitement fondée : le manuscrit que le P. Kircher était censé avoir consulté, s'est retrouvé, et le nom de *pi-suchi* n'y existait pas.

Si toutefois Jablonski fut mal inspiré dans la confiance qu'il avait accordée à la citation précédente,

[1] *Pantheon Ægyptiorum*, lib. v, cap. II, §. 12, *de Typhone.*

il le fut mieux dans son pressentiment que l'idiome vulgaire des Égyptiens avait deux noms appellatifs pour les espèces de crocodiles. La lecture des papyrus a fait depuis connaître ce point d'une manière irrécusable.

En 1807, j'avais donc cédé à une toute légitime conviction, quand je me déclarai pour le sentiment de Jablonski. Mais, si l'on devait souhaiter toutefois plus d'élémens pour la proposition, que deux espèces de crocodiles étaient en Égypte, l'une d'un naturel farouche et indomptable, dont la religion encourageait la destruction, et l'autre, d'un caractère plus doux ; plus d'élémens pour ce fait, que dans l'espèce du *suchus* étaient choisis les individus destinés au service des autels, cela qui était alors si désirable, ces élémens nécessaires pour faire partager ma conviction, je les possède présentement; car non-seulement j'ai sous les yeux huit crocodiles de la petite espèce, huit *suchus* de divers âges, les uns ayant été apportés du Sénégal, et les autres du Nil, mais je puis aussi produire de nouveaux témoignages, desquels il résulte incontestablement qu'on avait, à diverses époques, connu et distingué la grande et la petite espèce de crocodiles.

Je place ici la description du *suchus*; je l'avais déjà comparé au crocodile vulgaire et à celui de Saint-Domingue, surtout à ce dernier, dont il m'avait paru le plus se rapprocher. Afin de faire porter mes études sur un plus grand nombre de sujets, j'ai visité plusieurs collections publiques, et, de plus, celles particulières de MM. Brongniart, Kéraudren, Banon,

Florent-Prévost, Passalacqua et Bibron. Cependant les exemplaires dont j'ai tiré le parti le plus avantageux, sont, 1°. un individu de 1^{m}280 des galeries du Muséum d'histoire naturelle : il y avait été déposé par Adanson, qui l'avait rapporté du Sénégal et étiqueté de sa main, *crocodile vert du Niger;* et 2°. un autre individu de 1^{m}190, lequel provient authentiquement d'Égypte, comme rapporté et donné à notre cabinet, par le fils de M. Thédenat-Duvant, vice-consul à Alexandrie.

J'insiste sur les dimensions de ces deux sujets : des recherches fort attentives à cet égard ne m'en ont pas fait connaître de plus grands, si ce n'est cependant l'individu auquel s'applique le passage suivant : « Je ne crois pas que le *suchus* croisse au-delà de cinq pieds : j'en juge par un crâne de neuf pouces que j'ai sous les yeux et dont les sutures sont presque effacées ; ce qui n'a lieu ordinairement que dans les crocodiles adultes et même d'un certain âge. » Je rappelle ce passage écrit en 1807 (*Annales du Muséum d'histoire naturelle,* tome x, page 85), au défaut de l'objet lui-même, qui n'est point resté à ma disposition.

Nul autre crocodile que le suchus n'est plus allongé, plus grêle et plus effilé : la tête est par conséquent fort longue, moins cependant que celle du crocodile de Saint-Domingue. J'en ai employé les dimensions avec confiance, ayant remarqué qu'elles portaient à des proportions exactes, sauf quelques différences qu'y introduisent les conditions de l'âge et des sexes. Or, l'on sait les têtes des crocodiles établies sous la figure d'un triangle isocèle : prenant le rapport des longs côtés à celui de la base, l'on possède une mesure comparative et d'une utile application à la détermination des espèces. Ainsi, dans le cas actuel, mes trois crocodiles se distinguent par les chiffres et la série qui suivent, savoir : le crocodile vulgaire 2,07, le crocodile *suchus*, 2,22, et le crocodile de Saint-Domingue, 2,44; quantités qui ont un diviseur commun, le chiffre 1,00, dont je fais l'unité de mesure et que je prends pour l'expression de la base du crâne : de cela résulte que l'unité exprime la plus grande largeur du crâne, existant et prise à la base de celui-ci, et que le chiffre 2, plus une fraction, exprime de même la longueur de la tête ; cette longueur mesurée sur une des branches maxillaires. Ces rapports $\frac{7}{100}$, $\frac{22}{100}$, $\frac{44}{100}$, ou, en négligeant les diviseurs, les chiffres 7, 22 et 44, fournissent une expression caractéristique simple et commode des grandeurs respectives de la tête à l'égard des espèces.

La queue du *suchus* est également d'une plus grande longueur ; car elle est non-seulement plus longue proportionnellement que celle du crocodile vulgaire, mais de plus, on la trouve accrue dans sa moitié antérieure de deux et quelquefois de trois rangées d'écailles.

La tête en tant que resserrée partout transversalement, est, en outre, un sujet d'importantes considérations pour la détermination de l'espèce *suchus* :

les maxillaires sont plus exactement rectilignes, les bords sous-orbitaires sont soutenus plus verticalement; mais ce qui est surtout prédominant et devient un caractère exclusif et d'un haut intérêt zoologique, c'est la forme sinueuse du bord sur-auriculaire, du contour jugo-temporal, aboutissant, en arrière, à un angle émoussé, semi-curviligne et rentrant.

Un système de coloration non moins constant et non moins caractéristique distingue encore le *suchus* de tous ses congénères; car, au lieu d'une grivelure très-fine et d'un ton plus ou moins rembruni, ce sont en dessus des taches noires variées de formes et le plus souvent orbiculaires, irrégulièrement disséminées sur un fond vert. Elles ne sont ni assez multipliées, ni assez rapprochées pour empêcher les teintes générales d'être dominantes; d'où Adanson avait pris occasion de nommer sa *première* espèce *crocodile vert du Niger*. Les taches de la queue sont très-grandes, carrées, et disposées comme les cases d'un damier.

Les écailles sont : 1°. les *nuchales*, petites, au nombre de quatre rangées, en demi-cercle, et jointes deux à droites et deux à gauche.

2°. Les *cervicales*, rassemblées sur deux lignes, groupées et serrées en écusson : elles sont grandes, à vives arêtes, et au nombre de huit, si l'on comprend dans ce compte deux fort petites, écartées en dehors et en arrière; les externes de la première rangée sont assez descendues pour porter un tiers de leur largeur sur la seconde rangée.

3°. Les *dorsales*, au nombre de treize rangées : la première se compose de deux sortes d'écailles, de deux grandes en dehors et d'une petite au milieu; les rangées suivantes, de six écailles à arêtes peu élevées, telles sont principalement les paires médianes : une ligne d'écailles le long des flancs, écartées et irrégulièrement espacées, ajoutent à ce nombre.

4°. Les *pelviennes*, formées de trois rangées de quatre. Ce n'est pas seulement parce qu'elles se voient au-dessus des membres pelviens qu'elles sont ici distinguées des dorsales, mais parce que, moins nombreuses, elles commencent une autre série, sous le point de vue que leurs arêtes externes rompent la ligne des écailles dorsales, d'une part par plus de saillie, et, de l'autre, par une situation intermédiaire à l'égard des arêtes précédentes.

5°. Les *sexuo-caudales*, ou les caudales antérieures, ayant deux ou trois rangées de plus que le crocodile vulgaire. J'en ai compté dix-neuf chez le *suchus* du Nil et chez un très-jeune sujet provenant du Sénégal, et vingt chez le crocodile vert d'Adanson et chez d'autres individus aussi du Sénégal.

Or, une rangée de plus d'écailles a cette importance, qu'elle nous révèle l'existence d'un segment vertébral de plus. La queue, dans sa première moitié, contient l'organe pénial en avant et son muscle rétracteur en arrière. En raison du plus de volume de ces parties chez les mâles, la queue y est aussi sensiblement plus grosse à son origine. Ceci explique les formes différentes des écailles sexuo-caudales. Les dix premières rangées sont formées de quatre écailles à peu près de même grandeur; les extérieures ont la crête un peu plus élevée, les neuf ou dix autres rangées, qui vont s'atténuant insensiblement, sont composées d'écailles internes, qui s'atrophient et qui s'effacent de plus en plus, et d'externes, qui gagnent en volume et qui ont des crêtes très-élevées. J'engage à vérifier si la différence entre le nombre des rangées et celui des vertèbres de la queue ne tiendrait pas à la différence des sexes.

6°. Les *postéro-caudales*, ou les dernières écailles de la queue. Elles forment une série distincte et ne sont en rapport, à vrai dire, que dans un point avec les antérieures. Le nombre des rangées est de dix-neuf : mais d'ailleurs ce nombre n'exprime qu'une seule circonstance dans les rapports communs, c'est d'indiquer celui des segmens vertébraux; car les écailles de cette dernière partie de la queue sont uniques par chaque rangée : et comme s'il arrivait que tous les élémens multipliés des régions antérieures ne fussent ici que réunis et confondus et qu'ils dussent se montrer en tendance de reparaître, les arêtes sont beaucoup plus grandes. Et en effet, l'unique arête de chaque unique rangée est prolongée sur la ligne médiane en une crête haute et vive, assez longue à la base. La forme de ces dernières écailles est celle d'un triangle dont un des bords, le postérieur, est découpé quand l'angle du sommet est réfléchi.

Telle est cette seconde et longue moitié de la

queue, dont l'animal, quand il est à l'eau, tire parti en l'ajoutant à ses autres moyens et instrumens de natation, mais qu'à terre il traîne sur le sol comme une surcharge embarrassante. Tant de volume pour si peu d'utilité rappelle la queue plus inutile encore de la plupart des mammifères. Cependant ces appendices se rattachent sous d'autres rapports à la philosophie de la science : ils se composent de tronçons imparfaits, venant après des tronçons plus soigneusement et plus amplement développés, surtout très-nécessaires : c'est le mode de terminaison d'une organisation riche et puissante. Ainsi se restreint par appauvrissement insensible et se réduit finalement à rien le système vertébral.

Pour compléter cette description, il faudrait donner quelque chose de précis sur les dimensions absolues du crocodile ici décrit. J'ai fait plus haut mention d'un crâne, long de $0^m 243$ (neuf pouces), dont l'état des sutures osseuses que j'ai trouvées presque entièrement effacées, est une induction pour présumer qu'il avait acquis tout son accroissement. Or, la tête des crocodiles est très-exactement la septième partie de la longueur totale; en faisant les calculs qu'indique cette proportion, le crocodile dont j'ai vu la tête aurait eu $1^m 701$ [1].

Dans ce cas, dois-je croire que c'est où s'arrête la taille la plus élevée du crocodile *suchus*? Je le

---

[1] J'ai fait, à l'occasion de cette partie de mon travail, des recherches dans toutes les collections où j'ai eu l'espoir de trouver des crocodiles, et je n'en ai trouvé aucun de l'espèce du *suchus* qui ait atteint la dimension de $1^m 624$.

pense ainsi : toutefois, je ne présente ce résultat qu'avec une extrême défiance ; car il ne faut pas qu'à mon tour j'oublie que je me suis ici engagé dans la défense d'une thèse, et que je dois me préserver de l'entraînement des inductions, de la chaleur de l'argumentation. Aussi je me serais en effet gardé, sur le peu d'élémens que je possède, même à présent, d'admettre définitivement la conclusion que le Nil nourrit un crocodile de petite taille, si à ces matériaux je n'en pouvais ajouter d'autres véritablement incontestables.

Or, voici en quoi consistent les nouveaux renseignemens sur lesquels je me fonde :

1°. Un auteur arabe, A'bd-el-latyf, qui a voyagé et séjourné en Égypte en l'an 1200 de notre ère, et qui a donné de ce pays une description très-étendue, y dit des crocodiles qu'il s'en trouve de grands et de petits [1].

Un voyageur anglais, John Antés, qui a demeuré en Égypte depuis 1788 jusqu'en 1800, rapporte en ces termes cette même circonstance : « J'ai observé deux espèces de crocodiles, l'un généralement plus long, plus effilé, plus grêle que l'autre, qui est, au contraire, plus épais et plus trapu. La queue du premier a sensiblement plus de longueur :

---

[1] *On est petit avant d'être grand*, m'a-t-on objecté, *et ce serait cela seulement qu'aurait signifié la remarque d'A'bd-el-latyf.* Je ne crois pas qu'il en soit ainsi : car autrement A'bd-el-latyf eût reproduit la même remarque, en parlant de beaucoup d'autres animaux de la vallée du Nil ; il eût dit pareillement qu'il y avait de son temps des hommes petits et grands, les enfans et leurs pères.

c'est dans l'espèce trapue, qui est d'ailleurs remarquable par une peau plus rugueuse, qu'on trouve des individus de la plus petite taille [1]. »

3°. Et enfin des papyrus trouvés dans les hypogées de l'Égypte, qui me furent communiqués et interprétés par le profond et savant antiquaire M. Champollion jeune, ne laissent plus lieu à aucune incertitude. Ce que Kircher avait donné comme un fait, quand ce n'était encore qu'une conjecture à l'égard des sources où il avait puisé, est vrai au fond. Plusieurs noms appellatifs ont effectivement été donnés aux grands et petits crocodiles; tels sont les noms *pi-amsah* et *pi-suchi* : les textes hiéroglyphiques des papyrus les reproduisent souvent, avec la variante dont nous avons parlé à la page 458; laquelle résulte principalement de la forme différente des articles prépositifs. M. Champollion s'est assuré que ces noms *amsah* et *suchi* ne sont point donnés indistinctement, tantôt à un, et tantôt à un autre crocodile; leur étymologie, dont l'ancienne langue égyptienne rend parfaitement compte, montre que ces noms ne sauraient convenir qu'à des animaux distingués par des qualités propres.

Le mot M-SAH (*em-sah*) est traduisible par *le-œuf* : voilà ce que, plus haut, nous avons déjà fait connaître d'après M. Champollion. Or, d'après la même autorité, l'autre nom, SOUK (*suchus* ou *suchi*) est une modification du mot SËV, lequel signifiait *le temps*, ou encore, était le nom du Saturne égyptien.

[1] *Observations on the manners and customs of the Egyptians; by John Antes.*

Nous trouvons les motifs de cette dénomination dans les circonstances suivantes. Le *suchus*, qui formait une plus petite espèce, était plus promptement versé avec les premières eaux de l'inondation dans l'intérieur des terres. Les Egyptiens virent en cela une source, pour eux, de bienfaits, et leur pieuse reconnaissance s'exprima par des hommages publics : ils consacrèrent le crocodile voyageur et le firent élever dans leurs temples; c'est que son apparition en des lieux écartés du fleuve se mêlait au plus grand événement pour le pays, au phénomène admirable de la fécondation des terres. Le crocodile sacré, précurseur chaque année des eaux de la nouvelle inondation, semblait amener sur des terres brûlantes et altérées le Nil sorti de son lit et se propageant en canaux fécondans; ou, pour exprimer cette même idée en langage théogonique, le *suchus* s'en venait chaque année *annoncer* à Isis ardente l'approche d'un époux paré des grâces d'une jeunesse éternelle, les prochaines caresses du puissant Osiris. C'était comme avoir concédé au *suchus* une part d'action, un rôle important dans d'aussi grands mystères, que de l'avoir en quelque sorte choisi pour prédire le plus grand des phénomènes. Cette prédiction se recommandait, en tant qu'elle était donnée à heure fixe : mais surtout son apparition intéressait comme liée au moment de la crise. Elle y préparait. Dans l'ordre des temps, le présent conduit à l'avenir, de même que, dans la chaîne des événemens, un anneau est générateur de son suivant. C'est dans cet esprit que le *suchus* devint un symbole, et qu'il fut consacré au père d'Osiris, qui ne pouvait être et qui ne fut que le Temps personnifié et déifié [1]. Comme le Saturne égyptien se nommait *Sëv,* le crocodile qui en était le symbole en avait retenu le nom, qui n'est que fort légèrement modifié dans *souk,* et finalement dans les mots *suchos, suchus* et *suchi.* Ce n'en est point en effet une réelle transformation, que l'addition des désinences qu'y appelait le génie des langues grecque, latine et qobte.

Et ce qui montre que c'est en vertu de qualités propres à toute l'espèce, que le suchus avait été choisi pour recevoir, en certains lieux seulement, les hommages d'une pieuse reconnaissance, c'est la distance de ces mêmes lieux à l'égard du lit du fleuve. La petite taille du crocodile sacré l'y faisait arriver plus tôt qu'aucun autre crocodile. C'était donc comme une mission qui lui avait été conférée : elle aura fixé sur lui l'attention des peuples; et dans cet esprit, en effet, son culte, c'est-à-dire tous les sentimens d'affection que supposent de pareils hommages, ne pouvaient être inspirés et ne convenaient véritablement qu'à des hommes souffrant d'un soleil

---

[1] J'avais tracé ces lignes quand, long-temps après, je vins à reprendre la lecture du *Panthéon* de Jablonski, et que j'y trouvai l'expression de quelques regrets au sujet du crocodile sacré. Horapollon s'en était tenu à reconnaître l'emblème du dieu *Temps* dans cet animal. *Mais quel avait pu en être le motif,* s'est demandé Jablonski; *quelle liaison à ces idées?* Nous aurions donc, mais précédemment MM. Chabrol et Jomard, nous aurions, guidés par l'enchaînement des idées et en cédant à l'entraînement d'une légitime induction, été heureusement inspirés dans les explications qu'on vient de lire.

brûlant, et fatigués de la durée de la sécheresse. Or, telles étaient les populations des villes consacrées au *suchus*, des diverses crocodilopolis bâties sur la lisière du désert : le fleuve en était éloigné par un grand circuit, et baignait le pied des hauts plateaux opposés. Telle était plus spécialement la position du nome Arsinoïte, où Strabon alla rendre visite au *suchus*. Ce lieu, aujourd'hui la province du Fayoum, est une sorte d'*oasis* écartée qui ne recevait, qui ne reçoit que fort tard les eaux de l'inondation. Les deux autres crocodilopolis [1] de la Thébaïde et Ombos étaient à peu près dans le même cas [2]. Le célèbre De

[1] Je crois devoir rappeler la valeur du mot *crocodilopolis* : il n'est point la traduction d'un terme correspondant dans l'ancien idiome égyptien; jamais il n'y eut dans la vallée du Nil de ville ainsi nommée par ses habitans. Ces noms de villes *Crocodilopolis*, *Héliopolis*, *Oxyrhynchus*, etc., n'étaient que des équivalens que les Grecs créèrent à leur usage et qu'ils se rendirent propres pour éviter d'employer des noms qu'ils rejetaient comme peu euphoniques. Cependant ceci ne dura que jusqu'à la dynastie des Lagides; depuis, les Grecs, entrés plus intimement dans la connaissance du pays, de sa géographie et de sa population, nommèrent, comme les Égyptiens, les villes consacrées au culte du crocodile. Hérodote, au contraire, qui appartient à la première époque, a évité de nommer Ombos et la ville du Fayoum, bien qu'il ait voulu désigner ces deux villes, quand il vint à parler des honneurs que l'on rendait au crocodile dans les environs de Thèbes et sur les bords du lac Mœris. En effet, rien de semblable n'avait lieu à Thèbes même; mais dans cette capitale, au contraire, comme dans toutes les villes situées sur la rive du fleuve, on y faisait une guerre active au farouche et insatiable crocodile.

[2] *Voyez* ci-dessus, page 457. La *Carte ancienne et comparée de l'Égypte*, par M. Jomard et le colonel Jacotin, présente quatre villes placées dans cette condition : 1°. *Crocodilopolis*, chef-lieu du nome écarté qui touche à celui de Memphis; 2°. *Crocodilopolis*, dont les restes sont à Adfa, dans le nome Aphroditopolites de la haute Égypte, à l'ouest de Ptolémaïs; 3°. *Crocodilopolis*, dont l'emplacement correspond à Qery, dans le nome Hermonthites, d'après le passage de Strabon (l. xvii, p. 817), qui met cette ville entre Hermonthis et Latopolis; 4°. *Ombos*, chef-lieu du nome Om-

Paw [1] a fait le premier cette remarque, dont il releva le mérite, en y voyant avec raison l'objet d'une réelle découverte. Car d'Anville, qui se trompe rarement, commit une faute en plaçant Ombos sur le bord du fleuve, et dans le milieu de la vallée : De Paw a rétabli Ombos sur la côte arabique, en se fondant sur un passage d'Élien, où il est dit que les Ombites avaient creusé de grandes fosses dans le roc, afin d'y conserver l'eau nécessaire à l'arrosement des terres, et dont, ajoute Élien, ils tiraient encore parti pour y nourrir toute l'année leurs crocodiles sacrés. J'ai passé à Ombos; j'en ai visité les monumens, et tous mes honorables amis et collègues ont, comme moi, étant sur les lieux, rendu hommage à la sagacité de l'auteur des *Recherches philosophiques*. Cependant les ruines de cette ancienne ville se voient aujourd'hui sur le bord du fleuve; mais il n'y a rien à inférer de là contre les remarques précédentes, nos ingénieurs ayant reconnu l'ancien lit du fleuve dans un autre bras situé loin d'Ombos, et ayant très-bien constaté que ce déplacement est récent.

Maintenant tout fait a sa conséquence immédiate, et c'en est une de quelque valeur, sans doute, que l'existence bien établie d'une petite espèce de crocodile vivant dans le Nil auprès d'un crocodile d'une

---

ites, qui, suivant Élien (*Anim.* x, 1), adressait un culte au crocodile, ce qui est bien démontré d'ailleurs par les nombreux tableaux où on l'a représenté sur les monumens. Voyez *Ant.*, vol. 1, pl. 39-46; *Ant. descr.*, ch. iv, (tom. 1, p. 215) et ch. xvii (tom. iv, p. 437 et suiv.).

[1] *Recherches philosophiques sur les Égyptiens et sur les Chinois*, t. ii.

taille gigantesque. Or, qu'on y ait connu un tel crocodile remarquable par des mâchoires susceptibles d'une moindre action en raison de leur plus grande longueur, cela est incontestable; car je viens de décrire ce crocodile: j'en produis des dépouilles obtenues de l'état ancien, aussi bien que fournies par l'état moderne.

Tout fait, ai-je dit, a son immédiate conséquence. L'existence bien constatée du *suchus* est une clef pour l'intelligence de beaucoup de passages répandus dans les livres des anciens; elle y introduit la plus heureuse concordance.

Ainsi est éclairci et justifié, dans ses motifs, un dire d'Eusèbe [1] s'appliquant aux habitans des diverses crocodilopolis. Sous le symbole du crocodile, objet de leur culte, ils entendaient spécifier l'ensemble des avantages dont ils allaient être redevables à l'avénement des nouvelles eaux, leur apportant le bienfait, *pour eux*, d'une boisson plus salutaire, et *pour leurs terres*, d'un arrosement profond et vivifiant: ce qu'ils imaginèrent d'exprimer, dans l'écriture hiéroglyphique, par des bateaux que des crocodiles s'occupaient à remorquer. Donc, quant à cela, du moins, la raison humaine fut et est affranchie du reproche d'absurde superstition, et les anciens Egyptiens de celui de se plaire à une alliance d'idées ridiculement contraires; reproches que l'on fondait

---

[1] *Per hominem crocodilo impositam navem, ingredientem, navemque significare motum in humido, crocodilum vero aquam potui optam.* (Euseb. *Præpar. evang.* liber III, cap. XI.)

sur de certaines allégations, et par exemple sur celles suivantes des récits d'Hérodote : *Les crocodiles sont sacrés dans quelques provinces et ne le sont pas dans d'autres, où on les poursuit même en ennemis.*

Très-probablement, il ne faut attacher d'autre sens à cette phrase que celui d'une vague généralité, laquelle aura été inspirée à l'éloquent historien, uniquement par le besoin d'un effet pour le petit avantage d'une antithèse. Mais, au contraire, que l'on remplace tout le vague de cet énoncé par les faits que cette dissertation rend évidens, et ce passage est éclairci. Les Égyptiens connaissaient des crocodiles de qualités contraires : ils auront, dans ce cas, agi d'une manière conforme aux procédés de la logique humaine, quand ils eurent réglé à l'égard des grands crocodiles, cruels et impitoyables, qu'ils les poursuivraient à outrance, et qu'au contraire ils feraient accueil à de plus petites espèces, qui les intéressaient moins encore par un caractère de douceur que par les utiles documens qu'ils en recevaient.

Celui des deux crocodiles que l'on remarqua d'abord fut nécessairement le plus grand, que des besoins toujours renaissans, qu'une insatiable voracité excitaient brutalement contre le repos des peuples. La religion enseignait que Typhon ou le génie du mal était sans cesse, sous les traits et la forme de pareils monstres, attaché à la poursuite d'Osiris. C'était porter une ordonnance de destruction contre ces affreux animaux : la loi disposait ainsi, au profit commun, de l'action de tous, de la force publique. Par conséquent, elle n'était point privée du caractère auguste qui lui est imprimé dans tout pays bien gouverné, celui d'être une heureuse et fidèle expression des besoins de la société.

Mais cependant il existait, sous les mêmes traits et la même forme, un autre animal, qui se faisait remarquer par un caractère de douceur (*justus est atque mansuetus*), qui était inoffensif (*neminem lædit*). A combien de sentimens on aura dû faire violence, pour en venir seulement à faire cette distinction. Cet être inoffensif devait-t-il rester sous le coup d'une proscription générale? Que d'ardeurs religieuses à tempérer! que de haines à réprimer! Mais si la voix de l'équité s'est à la fin fait entendre, l'on aura été d'autant plus fixé sur le petit crocodile que le contraste de ses habitudes aura causé plus de surprise; surtout lorsqu'on sera venu à découvrir que ce n'était pas seulement un être sans capacité pour le mal, mais de plus, qu'en lui résidait la source des plus grands biens, par l'utilité de ses avis concernant la prospérité publique.

Alors, dira-t-on, comment concevoir des habitudes présentant un aussi grand contraste, des habitudes aussi différentes chez des animaux semblablement organisés, de façon que de précieux documens soient donnés par une espèce, et qu'ils soient impossibles par d'autres? Il y a réponse à ces objections.

1°. Certes, il n'est point d'habitudes qu'elles ne tiennent leurs conditions de l'organisme ; cependant celles-ci se manifestent de deux manières. Considérons d'abord les actions comme émanées du mode de structure. La forme de l'organe les régit, les précise et les caractérise effectivement jusque dans une nuance infinie. Par conséquent, tous les animaux d'un genre parfaitement naturel, c'est-à-dire s'ils sont à fort peu de chose près une répétition les uns des autres, sont tenus d'agir pareillement, comme pourvus des mêmes moyens, comme y employant un même mécanisme. Mais, en second lieu, toute action relève aussi du produit des masses : toutes choses égales d'ailleurs, les puissances croissent comme les volumes; l'enfant est semblable à son père, mais non comme dimension, et il n'est point capable de toutes les fonctions viriles.

Le petit crocodile, conformé comme le grand, est enclin aux mêmes actions, et les produirait telles, si ce n'étaient les modifications introduites en lui par la différence de sa taille. Le grand abuse de sa force et se livre à tous les caprices d'une férocité sans bornes; l'autre, impuissant en raison de sa petitesse, se contente d'une basse proie : celle-ci lui convient, comme à d'autres égards il lui convient d'être et de se montrer inoffensif.

Mais, de plus, toutes proportions gardées, le *suchus* est plus faible que le crocodile vulgaire : ses mâchoires plus longues en sont cause, parce que la puissance, c'est-à-dire les forces musculaires qui existent à l'une des extrémités et résident à la base du crâne, ont une plus grande résistance à vaincre à l'égard de la proie ; laquelle n'est d'abord saisissable qu'au bout opposé, à l'extrémité du museau. Cependant la faiblesse particulière aux mâchoires et la faiblesse de tout l'individu qui résulte d'une trop petite taille, ne constituent un affaiblissement absolu qu'en opposant ces résultats, dans mon raisonnement, qu'à titre d'opposition, et seulement lorsque je compare le plus petit au plus grand des crocodiles. Effectivement, selon qu'un animal est pourvu, n'importe comment et en quelle dose, adviennent ses habitudes, se complètent toutes ses facultés, s'individualise son instinct, parce que, privé de la connaissance d'un mieux relatif, un tel être ne peut éviter d'être lui-même, spécifiquement parlant, et de marcher avec un franc abandon sur les fins de son organisation.

2°. *De l'utilité du suchus pour les anciens Egyptiens.* De Paw a entrevu ce point, se montrant en cela d'une bien rare sagacité; car il était presque dépourvu d'élémens pour un problème dont il donna toutefois une solution satisfaisante. « Il y a tout lieu de croire (a-t-il dit, *Recherches*, tome II, pag. 110) que les Arsinoïtes tiraient de leurs crocodiles sacrés de certains augures sur l'état futur du débordement du Nil, événement auquel ils s'intéressaient encore plus vivement que les villes situées au bord de ce fleuve. » En effet, il n'est personne, en Égypte, qui n'ait intérêt à prévoir jusqu'où pourra s'élever la crue du Nil : tout renseignement à cet égard fournit un élément pour calculer les chances probables de la félicité publique. Les transactions commerciales devant profiter aux mieux informés sur ce point, les villes, situées près le fleuve, possédaient et possèdent toujours un meqyâs exposant d'heure en heure le cours des exhaussemens du Nil. Les habitans des campagnes éloignées, encore plus intéressés à savoir ce qui en adviendra, fixaient leur attention sur certains indices dont ils pouvaient recevoir les instructions comme d'un meqyâs. Or, si les eaux du débordement arrivaient quelques heures plus tôt que l'année précédente vers un point alors remarqué, on possédait là un élément rarement trompeur pour calculer la quotité des eaux qui seraient versées dans l'Égypte, pour juger de la quantité des terres qui participeraient aux bienfaits de l'inondation, et, en général, pour se faire une idée des ressources probables de la prochaine moisson. Tel était l'essentiel service que le *suchus* rendait aux contrées éloignées du fleuve. On comprend qu'il y était aussi impatiemment attendu qu'ardemment désiré. Car, n'y viendrait-il point en raison des basses eaux? c'était le signal d'une affreuse stérilité. Sa non apparition était donc déplorée comme un malheur public, considérée comme le plus douloureux événement.

Cependant De Paw, qui croit à ces précieux renseignemens, se demande s'ils sont fournis par l'espèce entière des crocodiles, ou par l'individu des temples, en qui l'éducation aurait développé certaines qualités : il hésite, ou plutôt il aperçoit là une difficulté dont il souhaite qu'on trouve un jour la solution. Mais, parvenu à cette période de ma dissertation, je ne vois pas que cela puisse faire question. Ce n'était point tous les crocodiles pris en masse, mais seulement les crocodiles d'une espèce distincte qui donnaient d'utiles avis, qui jouaient le rôle de prophètes. La petitesse de cette espèce la rendait seule capable d'excursions rapides et lointaines. Elle tout entière apparaissait avant l'inondation, elle tout entière était consacrée au dieu Temps; puis un seul individu était spécialement entretenu dans les temples, pour recevoir, à titre de symbole, des hommages qui étaient pour tous, puisqu'ils prenaient leur source dans un service rendu par tous.

Au surplus, un passage de Plutarque est décisif sur ce point : « Quoique quelques Égyptiens, dit-il, révèrent toute l'espèce des chiens, d'autres celle des loups, et d'autres celle des *crocodiles*, ils n'en nourrissent pourtant qu'un respectivement : les uns un chien, les autres un loup, et d'autres un *crocodile, parce qu'il ne serait pas possible de les nourrir tous.* » Que l'auteur eût été mieux informé au sujet de la distinction des deux espèces de crocodiles, et la clarté de ce passage aurait rendu inutiles mes recherches sur ce point.

C'était toute l'espèce qu'on nommait *suchus*, tant les individus qui vivaient en pleine campagne que ceux qui étaient spécialement nourris dans les temples. Il n'était point possible de les tous contenir, de les tous nourrir dans le temple : mais d'ailleurs toute l'espèce était honorée, consacrée, parce que, tout entière, elle s'était montrée dévouée aux intérêts du pays. En effet, tous les petits crocodiles étaient et sont encore présentement chaque année versés abondamment sur les terres par les eaux du débordement : étant obligés de se reposer de temps en temps à terre, et par conséquent de chercher un nouveau rivage par-delà les champs inondés, ils précèdent les eaux au fur et à mesure qu'elles se répandent et s'étendent sur les terres. Ils semblent s'en faire suivre, et aussi en dépendre. C'était cette manière de les amener qu'on avait voulu rappeler, et qui fut en effet admirablement bien exprimée par l'emblème que raconte Eusèbe, celui de plusieurs crocodiles attelés à des barques et les traînant à la remorque dans les canaux de dérivation.

J'ai fait, à Sâlehyeh, village touchant au désert de Syrie, et qui est à une très-grande distance du fleuve, un assez long séjour, au moment où cette frontière participait aux bienfaits de l'inondation. J'ai vu, là, pratiquer ce que je suppose avoir eu lieu autrefois à l'égard des jeunes *suchus*. Les cultivateurs y attendaient l'arrivée des premières eaux avec une impatience où se marquait de l'inquiétude : ils faisaient cas de quelques signes conservés de l'année précédente ou ménagés pour cette occasion ; car, pour multiplier les indices, ils creusaient des fossés d'examen de distance en distance : c'était une affaire que d'y voir arriver l'eau, mais surtout que d'y étudier par quelles espèces de poissons ces fosses étaient remplies. Les enfans étaient par imitation non moins ardens et non moins passionnés; car plusieurs de ces poissons allaient devenir leurs jouets et servir à leurs amusemens d'une saison. On les voyait, après la venue des eaux, les mains pleines de petits tétrodons (*fahaca*), s'occuper à les gonfler pour le plaisir de les briser avec fracas. Chaque villageois était en observation, parce que chacun désirait se rendre compte à lui-même de ce qu'il avait à espérer ou à craindre.

Je résume cette discussion; je ne serais arrivé qu'à titre de corollaires, et, même qu'hypothétiquement, à l'idée qu'une espèce de crocodile avait été distinguée par les anciens Égyptiens, et qu'elle (l'espèce tout entière) était devenue un objet de vénération et d'hommages, que ceci devrait à ce moment, je pense, être considéré comme un fait avéré. Il faut bien que ce soit enfin la conséquence évidente, une vérité démontrée, puisque cette déduction, ainsi établie, satisfait complètement à l'explication de tous les anciens textes sur les crocodiles, puisqu'elle leur donne un sens plein et déterminé, qu'elle en fait disparaître l'apparente contradiction, et qu'enfin elle complète un point très-important de l'histoire.

Par conséquent, plus de difficultés maintenant pour rétablir et pour lire les anciens auteurs dans le sens et l'esprit de leurs compositions.

Ainsi, Strabon aura vu que les Arsinoïtes prenaient, dans l'espèce consacrée au dieu Temps, un individu qu'ils élevaient, nourrissaient et honoraient, comme le représentant du seul et propre crocodile digne de leurs hommages, et parce qu'il devenait impossible d'étendre à toute l'espèce ces mêmes soins d'éducation et de nourriture.

Jablonski, Larcher et Visconti auront entendu dans son vrai sens, et conséquemment bien commenté et parfaitement traduit, le passage de Damascius sur le crocodile sacré, autre espèce d'un caractère doux et inoffensif.

Élien, Horapollon et le savant évêque de Césarée auront, dans leurs explications des hiéroglyphes, employé avec le discernement d'un naturaliste instruit certaines habitudes que de leur temps on avait remarquées et attribuées au crocodile sacré. Effectivement, deux motifs devaient le recommander à la reconnaissance des populations des plaines excentriques : il ne nuisait à personne et au contraire il rendait service. Voyageur, en se portant en toute hâte sur la lisière du désert, il était porteur de bonnes nouvelles : il y venait annoncer la prochaine arrivée des eaux de l'inondation.

Sa petitesse fut le principe et devint l'ordonnée d'un autre système d'habitudes : il est inoffensif en effet comme petit et faible, par impuissance ; et c'est aussi sa petitesse et le peu de résistance qu'il pouvait opposer qui lui valurent de se montrer périodiquement sur la lisière du désert : emporté, il suivait le mouvement des eaux que l'excès de leur plénitude faisait sortir et entraînait violemment hors de leur lit.

Mais tout ceci devait nécessairement reposer sur le fait, et nous croyons ce fait présentement et parfaitement établi, que, s'il y a au moins deux crocodiles dans le Nil, l'un est plus grand et l'autre plus petit : or, A'bd-el-latyf, John Antés et mes propres observations mettent ce point hors de doute. M. Thédenat-Duvant, fils du dernier prédécesseur de M. Drovetti, comme consul-général en Égypte, nous a enfin fourni les moyens d'une preuve définitive et complète, en apportant d'Alexandrie et en donnant au Muséum d'histoire naturelle un individu semblable à tous égards au sujet qu'Adanson avait vu et pris dans les eaux du Niger.

SECONDE ESPÈCE.

Du crocodile vulgaire.

C'était, comme on vient de le voir, bien rarement et pour satisfaire à une position déterminée, qu'on avait fait attention au crocodile sacré; mais généralement on ne croyait anciennement qu'à une seule espèce grande, indomptable et principalement célèbre comme appartenant au Nil. Celle-ci fut l'animal que, pour ce motif, M. le baron Cuvier et moi nous appelâmes *crocodilus vulgaris*. Nous ne savions point alors que le même fleuve en renfermait d'autres susceptibles d'acquérir la même taille; et par conséquent le nom spécifique de *vulgaris* serait demeuré d'une application équivoque entre les grandes espèces, ou du moins ne serait plus significatif, si nous n'avions pas eu la précaution de concentrer notre détermination sur une seule. Nous fîmes choix, comme devant nous révéler les qualités de l'espèce, du sujet que j'ai rapporté en revenant d'Égypte, et qui avait été peint sur les lieux par mon honorable collaborateur M. Redouté jeune.

La détermination de ce crocodile et des espèces suivantes fut, dans ma carrière zoologique, ce que j'ai encore trouvé de plus difficile à faire. Deux fois j'ai inutilement passé plusieurs semaines à examiner comparativement tous les crocodiles du Muséum d'histoire naturelle, pour retirer de cette étude des caractères précis et persévérans dans tous les âges : mais plus le nombre des individus s'accroissait, et plus grandes étaient les difficultés d'en juger. Désirant des résultats qui me satisfissent pleinement, je m'y suis repris une troisième fois, et je me suis enfin fixé sur quelques détails que je crois decidément les meilleurs pour tenir lieu de *caractères*.

Rien de plus fugitif que les formes des crocodiles. J'ai dit plus haut, page 462, ce que deviennent les proportions de la tête dans les changemens du premier âge. La tête est d'abord grosse et arrondie en arrière, et courte antérieurement. La planche du crocodile montre un jeune sujet qui est dans ce cas, et un sujet adulte dont, au contraire, la tête est plate postérieurement et longue par-devant. Mais divers individus, dont j'ai suivi les transformations dans un âge plus avancé, me semblent établir que les proportions sont inverses dans la vieillesse. Le museau perdrait plutôt en longueur; du moins il gagnerait considérablement en épaisseur et en largeur. Dans quel degré interviennent ces variations? quelle en est la loi? On est privé de renseignemens exacts à cet égard; car il ne faudrait point appliquer à la lettre la règle que nous avons suivie à l'égard des mammifères et des oiseaux. L'accroissement du corps, et principalement de la tête, se poursuit, chez ces animaux, à heures et momens marqués, jusqu'à ce qu'ils soient entrés dans l'âge de la force, qui est celui des facultés génératrices. S'il en est ainsi pour le premier âge chez les crocodiles, toutefois à une deuxième époque leur crâne satisfait à d'autres exigences : gagnant d'abord d'arrière en avant, il croît plus tard en largeur et sur toute son étendue superficielle. Il ne faut point oublier, d'une part, que le crâne d'un crocodile est considérablement déprimé, et de l'autre, que les pièces qui le composent ne sont point bridées par des enveloppes capables d'en borner le développement. Formé d'os minces et sans cellulosités intérieures, il n'offre point de semblables vides et emplacemens pour recevoir les sécrétions osseuses que le système sanguin continue de produire et de charrier. Ce qui n'est point versé entre des lames l'est à leur extérieur. L'épiderme n'y apporte aucun obstacle, mais il croît lui-même, s'étale et s'amincit. Tout le développement osseux suit le cours des vaisseaux; il est irrégulier, en suivant l'irrégulière terminaison des branches artérielles; et finalement la surface crânienne devient âpre, sillonnée et généralement rugueuse.

Ce point reconnu, cette nécessité d'une variation continuelle dans toutes les parties de la tête, donnent à penser que l'on ne saurait assigner des caractères précis qui aident dans la détermination des espèces. Cependant il ne faut point à son tour trop accorder à cette conséquence : ces variations sont gouvernées par la disposition du système vasculaire. Un certain ordre y introduit un arrangement quelconque, qu'une observation attentive peut y faire découvrir.

Je me suis arrêté long-temps sur ces difficultés, au point que je suis revenu un grand nombre de fois sur le même travail. Je m'étais flatté de donner enfin ici le résultat de ces recherches assidues; mais je prends le parti d'y renoncer. Je ne suis point à temps de faire faire des figures, et, sans l'emploi de quelques-unes, je serais difficilement compris. Toutes mes observations en ce genre reposent sur des considérations de nuances très-difficiles à expliquer avec la seule ressource du langage.

Fort de mon travail, de mes recherches sur tous les cas intermédiaires, et de tous mes motifs pour attribuer telle saillie à un progrès du développement, et telle autre à un cas de différence spécifique, je vais décrire les crocodiles d'Égypte que j'ai sous les yeux et que j'ai cru devoir distribuer en espèces, ainsi que je l'ai plus haut annoncé.

Le sujet qui a été gravé dans l'ouvrage sur les dessins de M. H. J. Redouté, a été déposé par moi et existe toujours au jardin du Roi. Sa longueur est de $1^m 90$; celle de la tête, prise sur la ligne moyenne, de $0^m 27$, et, prise de côté jusqu'aux condyles, de $0^m 29$. La largeur d'un condyle à l'autre, prise à vue d'oiseau, est de $0^m 13$. La plaque fronto-pariétale forme un excellent caractère; j'en rapporte la superficie comme il suit, savoir : longueur des côtés, $0^m 54$; du bord antérieur, $0^m 84$, et du bord postérieur, $0^m 97$.

J'ai sous les yeux un plus grand individu, dont voici les dimensions correspondantes : longueur totale, $2^m 86$; de la tête, l'une $0^m 43$, et l'autre $0^m 45$; largeur des condyles, $0^m 11$; plaque fronto-pariétale, sur les flancs, $0^m 94$; par devant, $0^m 10$, et en arrière, $0^m 22$.

Les écailles *nuchales* sont au nombre de quatre, rangées en cercles, associées deux à deux et oblongues.

Les *cervicales* sont au nombre de six sur deux rangées; les quatre plus grandes d'abord, et les deux plus petites derrière celles-ci. Quelques autres écailles en avant et de côté se montrent dans le plus âgé de nos deux sujets.

Les *dorsales* sont distribuées en treize rangées de quatre d'abord, puis de six et de quatre écailles encore dans les onzième, douzième et treizième rangées.

Les *pelviennes* forment trois rangées, chacune de quatre écailles.

Je n'ai compté que dix-huit rangées à la suite,

comprenant les écailles *sexuo-caudales* ou celles de la première partie de la queue : on sait que ces écailles en diminuant de nombre, s'élèvent en arêtes vives, et que ces arêtes grandissent insensiblement et dans une quantité proportionnelle au décroissement des écailles elles-mêmes, comme nombre et comme étendue superficielle.

Les écailles *postéro-caudales*, ou celles de la dernière partie de la queue, sont, comme les précédentes, en moindre nombre, seize en tout. Une vive arête s'élève de leur ligne médiane et rend d'autant plus sensible l'aplatissement latéral de la queue.

La plaque fronto-pariétale, comme l'établissent les mesures que j'en ai données plus haut, n'est point terminée par des bords exactement parallèles. Son flanc jugo-temporal se détache en une arête vive, régulière et très-légèrement sinueuse au milieu. En devant le bord jugo-temporal est tout-à-coup rentrant, se rendant sur l'œil, et en arrière il finit en pointe; l'angle qu'il forme par sa rencontre avec le bord occipital mérite quelque attention : il est aigu, soutenu à la hauteur de la table frontale, inscrivant les dernières parties de celle-ci sans dépression comme sans saillie.

La couleur est uniforme, d'un ton bronzé, qui est une teinte composée de vert et de noirâtre; le fond est d'un vert d'eau assez vif, mais il est partout varié par des ondes noirâtres qui, comme les rayons d'un cercle, se distribuent dans les écailles, à partir des arêtes qui en occupent le centre.

TROISIÈME ESPÈCE.

Du crocodile marginaire, ou *crocodilus marginatus*.

J'ai sous les yeux plusieurs individus de cette espèce de grandeur différente, et en même temps que de condition très-diverse pour l'époque où ils ont vécu. L'un d'eux a été trouvé dans les catacombes de l'Égypte et nous vient du célèbre et savant antiquaire M. Cailliaud; d'autres, appartenant à l'âge actuel, ont été récemment trouvés dans le Nil par plusieurs voyageurs, entre autres par M. Thédenat-Duvent fils. Trois caractères distinguent principalement cette espèce; 1º. ses écailles nuchales au nombre de six : plus nombreuses de deux, elles sont plus petites.

2º. Le bord jugo-temporal ne forme plus une ligne toute d'une venue, parfaitement droite, et uniformément soutenue à la hauteur de la plaque frontale; mais il est remarquable par un relief très-prononcé supérieurement, beaucoup plus en arrière que par devant. En vieillissant, ces saillies deviennent des bosselures considérables. Le nom de *marginatus* m'a paru rappeler utilement ce caractère.

3º. Les couleurs de cette espèce, qui séparément sont les mêmes que celles des autres crocodiles, diffèrent dans leur distribution respective. C'est le même fond vert, mais il est masqué par une si grande quantité de traits noirs, déliés et rapprochés, que cette dernière teinte domine. Les pêcheurs de Thèbes m'ont parlé de ce *crocodile noir* : c'est ainsi qu'ils l'appellent.

Je ne doute pas que la même espèce ne soit au Sénégal : Adanson me paraît en avoir fait mention. Depuis, le passage de cet auteur a été appliqué à une espèce à laquelle un arrangement anomale des écailles nuchales et cervicales a fait donner le nom de *crocodilus bi-scutatus*.

La tête du crocodile marginaire est plus étroite et un peu plus longue que celle du crocodile vulgaire, mais moins que la tête du *crocodilus suchus*. Le bord orbitaire se prolonge par devant en une arête qui rappelle celle d'un crocodile de l'Inde, le *bi-porcatus*. Comme si le bord jugo-temporal de la plaque frontale ne gagnait en hauteur qu'aux dépens de son étendue en largeur, il y a moins de distance de l'un à l'autre; ils gardent entre eux un parfait parallélisme : la grandeur superficielle de la plaque frontale est sensiblement restreinte, et il arrive, de plus, que celle-ci, sous l'encadrement d'arêtes latérales très-élevées, semble descendre, ou du moins forme un plateau légèrement concave.

Les écailles *cervicales, dorsales, pelviennes* et *sexuo-caudales*, ne diffèrent ni par le nombre ni par la forme de ces mêmes écailles dans l'espèce précédente. J'en ai trouvé davantage dans la deuxième portion de la queue. Les écailles postéro-caudales ou à arête simple sont au nombre de vingt-une; c'est cinq de plus. Je n'ai pas vérifié cette dernière circonstance dans l'individu des catacombes : il avait perdu une partie de sa queue.

QUATRIÈME ESPÈCE.

Du crocodile lacunaire, ou *crocodilus lacunosus.*

Plusieurs caractères distinguent cette espèce : 1°. ses écailles nuchales sont au nombre de deux : je ne connais point d'autres crocodiles dans ce cas, si ce n'est peut-être le *bi-scutatus* de M. Cuvier, chez lequel une rangée de deux écailles nuchales se trouve associée à une seconde et semblable rangée tenant lieu des écailles cervicales. Il n'en est point ainsi dans notre sujet : chaque nuchale est à une certaine distance de la ligne moyenne, et de fortes cervicales se voient loin en arrière, disposées en deux rangées, l'une de quatre écailles et la suivante de deux. 2°. La plaque frontale est sous la figure d'un triangle dont le large côté se compose de la ligne de l'occiput : dans l'espèce précédente, la figure de cette plaque approchait de celle d'un carré parfait. Les bords jugo-temporaux ne gardent plus de parallélisme ; ils convergent l'un vers l'autre, en se rendant sur le bord des orbites. 3°. L'espace inter-oculaire est profondément excavé ; ce qu'il faut attribuer au rapprochement et à une sorte de renversement en dedans des bords orbitaires. De cela résulte que les flancs auriculaires, composés du bord jugo-temporal, sont, pour atteindre les bords supérieurs de l'orbite, rapprochés en devant outre mesure ; que les yeux sont repoussés l'un sur l'autre, et qu'il y a défaut d'orbite ou d'encadrement à l'œil par derrière : c'est une sorte de lacune quant au système osseux. Le jugal est couché en travers, pour qu'il pût, d'une part, fournir sa tête vers le haut à la plaque frontale, et que, de l'autre, il allât gagner par sa longue apophyse l'adorbital écarté et avec lequel il est tenu de s'articuler.

4°. Une forte dépression se voit au bas de l'œil. Cette concavité me paraît résulter de deux effets, pour la double nécessité dans laquelle l'adorbital est entraîné. Sa portion antérieure a suivi le sort du maxillaire addental, et s'est abaissée avec cet os, tenu de s'infléchir pour gagner le maxillaire inférieur; mais, dans le surplus de sa longueur, l'adorbital, de concert avec le cotyléal, qui le suit en le bordant, forme la bande sous-auriculaire où vient aboutir et battre l'opercule. Cette bande répète, dans une situation inférieure, tous les mouvemens du bord jugo-temporal. Or, celui-ci, nous l'avons fait remarquer plus haut, est rentré et a fait perdre de sa surface à la plaque frontale; alors la bande adorbitale, afin de ne s'en point écarter et de se montrer en mesure pour ses relations avec l'oreille externe ou l'opercule, est dans une même raison rapproché du côté intérieur; ce qui ne pouvait et n'a pu s'opérer qu'en étant maintenue élevée : mais alors abaissée en devant par suite de ses connexions avec le maxillaire addental, et au contraire relevée en arrière en raison de ses autres liaisons avec les parties de l'oreille, il a fallu que cet os fût sur un point fléchi, contourné et comme creusé, d'où est résulté la dépression que je signale.

Le bord jugo-temporal se compose de deux parties distinctes : 1°. la partie fournie par le temporal ; elle est en saillie sous l'apparence de petits mamelons agglomérés ; et 2°. celle qui correspond au jugal ; celle-ci présente, à sa ligne d'articulation avec le frontal, une excavation, laquelle résulte de ce que le jugal est comme couché en travers au lieu de s'enfoncer pour gagner l'adorbital.

De l'extrémité antérieure du bord orbitaire naît de chaque côté un bourrelet osseux répandu en ligne droite sur le chanfrein, mais dont la direction a lieu de dehors en dedans. Les deux bourrelets congénères et les deux saillies des orbites ramènent, en l'espèce du *crocodilus lacunosus*, le même losange que M. Cuvier a observé dans le crocodile, qu'il a nommé, de cette considération *crocodilus rhombifer*.

Les rangées d'écailles sont au nombre de quatorze sur le dos, trois à la région pelvienne et dix-sept à la première partie de la queue : la seconde moitié n'était point entière. Il n'y en avait que deux écailles à la première rangée dorsale.

Je ne connais l'espèce que je viens de décrire qu'à l'état de momie. Le sujet que j'ai sous les yeux a été récemment apporté en France par des officiers français qui avaient pris momentanément du service chez le pâchâ, vice-roi d'Égypte. Ils ont déposé leur crocodile à Paris, au Bazar de la rue Saint-Honoré, ayant chargé le chef de cet établissement de leur en procurer la vente.

Les dimensions de ce sujet sont les suivantes :

Longueur totale. 2^{m}496
——— de la tête. 0 378
——— du cou. 0 270
——— occupée par les rangées dorsales. 0 567
pelviennes. 0 135
sexuo-caudales. . 0 657
postéro-caudales. 0 487

Nota. Il n'y avait que quatorze de ces dernières : quelques vertèbres manquaient.
Les couleurs de la peau étaient effacées.

CINQUIÈME ESPÈCE.

Du crocodile mamelonné, ou *crocodilus complanatus.*

Cette cinquième espèce est dans le cas de la précédente : je ne l'ai point non plus retrouvée parmi les êtres vivant actuellement. Ces deux espèces se seraient-elles perdues? rien n'autorise à le croire. Seulement nous regarderons comme un fait aussi nouveau que bien digne de remarque, que deux animaux de l'antique Égypte soient, pour la première fois, inscrits dans nos catalogues des productions de la nature : c'est en effet pour la première fois que les habitations de la mort viennent enrichir la liste des êtres vivans. L'espèce du *crocodilus complanatus* est établie sur un crocodile qui fut trouvé dans les catacombes de Thèbes, et qui, débarrassé de ses langes, fait partie des richesses du musée Charles X : on le tient en réserve dans les annexes de cet établissement.

Sa taille est supérieure à celle du sujet de notre quatrième espèce : sa tête est allongée presque autant que celle du *crocodilus suchus*. Les aspérités de sa face sont disposées par masse et relevées en bosses ou mamelons ovoïdes, moins allongés à la saillie du temporal, larges à celle du jugal : un troisième mamelon reste au milieu, s'appuyant davantage sur le mamelon postérieur. Le bourrelet qui est, au-devant de l'œil, une prolongation du bord orbitaire, est disposé circulairement. Enfin cette espèce diffère de toutes celles que nous avons considérées jusqu'ici par son chanfrein plus élevé.

Les écailles nuchales sont au nombre de deux ; elles sont séparées par paires : les cervicales sont au nombre de six, et sur deux rangées. Les écailles latérales sont sur les flancs de l'une et de l'autre rangée : les intermédiaires se ressemblent de forme et de volume. L'entrée de la fosse temporale est ronde, sans aucune saillie extérieure ; l'extrémité du museau est circulaire : ses bords, réunis à une ligne circulaire et rentrante, encadrent d'une manière très-régulière les ligamens qui revêtent la cavité nasale.

FIN DU TOME VINGT-QUATRIÈME ET DERNIER.

TABLE

DES MATIERES DU TOME XXIV.

HISTOIRE NATURELLE

ZOOLOGIE.

Pages.

DESCRIPTION *des reptiles qui se trouvent en Égypte*, par M. Geoffroy Saint-Hilaire, membre de l'Institut......... 1

§. Ier. Le Trionyx d'Égypte (Reptiles.-*Grande Tortue du Nil*, pl. 1)................................... *Ib.*

La suite de la description *des reptiles qui se trouvent en Égypte a été rédigée* par M. Isidore Geoffroy Saint-Hilaire, aide-naturaliste au Muséum royal d'histoire naturelle.

§. II. Le Tupinambis du Nil (pl. 3, fig. 1), et le Tupinambis du désert (pl. 3, fig. 2).................... 13

Explication de la planche vi................. 22

Anatomie du tupinambis du Nil et du tupinambis du désert......................... *Ib.*

§. III. Le Stellion spinipède (pl. 2, fig. 2), et le Stellion des anciens (pl. 2, fig. 3)....................... *Ib.*

§. IV. L'Agame variable *ou* le Changeant (pl. 5, fig. 3, 4), et l'Agame ponctué (pl. 5, fig. 2)..... 27

§. V. Le Gecko annulaire (pl. 5, fig. 6 et 7), et le Gecko lobé (pl. 5, fig. 5)............................ 32

§. VI. Le Caméléon trapu (pl. 4, fig. 3)................ 41

§. VII. Le Scinque Schneider (pl. 3, fig. 3)............. 43

§. VIII. Le Scinque pavé (pl. 4, fig. 4), et le Scinque ocellé (pl. 5, fig. 1)....................... 49

§. IX. L'Éryx de la Thébaïde (pl 6, fig. 1), et l'Éryx du Delta (pl. 6, fig. 2)......................... 54

§. X. Les Couleuvres (pl. 7, fig. 2, et pl. 8, fig. 1 et 1', 2 et 2', 3 et 3', 4 et 4').... 59

TABLE DES MATIÈRES. 573

Pages.

La Couleuvre oreillard. Pl. 8, fig. 4 et 4'....... 63
La Couleuvre à bouquets. Pl. 8, fig. 2 et 2'..... 66
La Couleuvre aux raies parallèles. Pl. 8, fig. 1
  et 1'.................................... 67
La Couleuvre maillée. Pl. 7, fig. 6............ 69
La Couleuvre à capuchon. Pl. 8, fig. 3 et 3'..... 71
§. XI. Le Scythale des Pyramides (pl. 8, fig. 1)........... 77
§. XII. La Vipère céraste (pl. 6, fig. 3)................. 83
§. XIII. La Vipère haie (pl. 7, fig. 2, 3, 4 et 5)........... 88

EXPLICATION *sommaire des planches de reptiles* (Supplément) publiées par J.-C. Savigny, membre de l'Institut; *offrant un exposé des caractères naturels des genres avec la distinction des espèces*, par Victor Audouin........................ 97
  Observations préliminaires........................ Ib.

SAURIENS.

§. 1er. Geckos, Agames, Lézards (Reptiles.-Suppl., pl. 1). 99
  Genre Gecko, *Gecko*. Daud. (*Stellio*, Schneider;
    Ascalabotes, Cuv.) Fig 1 et 2.......... Ib.
    Fig. 1. Gecko de Savigny (*Gecko Savignyi*). 101
    Fig. 2. Gecko des maisons, Cuv. (*Lac. gecko Hasselquist*, *Stellio Hasselquistii*, Schn.; *Gecko lobatus*, Geoffroy, *Rept. eg.* v, 5)................. 104
  Genre Agame, *Agama*. Daud. Fig. 3, 4, 5, 6... 106
    Fig. 3. Changeant de Savigny (*Trapelus Savignyi*)...................... 108
    Fig. 4. Changeant de Savigny, Var. (*Trapelus Savignyi*, Var.)............ 109
    Fig. 5. Agame agile, Oliv. (*Agama agilis*, Olivier, *Voyage dans le Levant*, pl. xxix, fig. 2)................ 110
    Fig. 6. Agame rude, Oliv. (*Agama ruderata*, Olivier, *Voyage dans le Levant*, pl. xxix, fig. 3)................ 112
  Genre Lézard, *Lacerta*. Fig. 7-11............. 114
    Fig. 7. Lézard gris pommelé (*Lacerta scutellata*)...................... 117
    Fig. 8. Lézard de Savigny (*Lacerta Savignyi*). 118
    Fig. 9. Lézard Bosquien, Daud. (*Lacerta Boskiana*, Daud.)............. 120

TABLE DES MATIÈRES.

	Pages.
Fig. 10. Lézard rude (*Lacerta asper*)	121
Fig. 11. Lézard d'Olivier (*Lacerta Olivieri*).	Ib.

§. II. Lézards, Scinques, Grenouilles (Rept.-Suppl., pl. 2). 123

Genre Lézard. Fig. 1 et 2..................... Ib.
    Fig. 1. Lézard d'Olivier (*Lacerta Olivieri*).. Ib.
    Fig. 2. Lézard d'Olivier, VARIÉTÉ (*Lacerta Olivieri*, Var.)................ 124

Genre Scinque, *Scincus*, Daud. Fig. 3-10....... 125
    Fig. 3. Scinque de Savigny (*Scincus Savignyi*). 126
    Fig. 4. Scinque de Savigny, VARIÉTÉ (*scincus Savignyi*, Var.)............. 127
    Fig. 5. Scinque rayé (*Scincus vittatus*, Oliv., loc. cit., pl. XXIX, fig. 1)......... 128
    Fig. 6. Scinque de Jomard (*Scincus Jomardii*)....................... Ib.
    Fig. 7. Scinque ocellé, Daud. (*Lacerta ocellata*, Forskael; Scinque de Chypre, Pétivier; *Sehlie* des Arabes)...... 129
    Fig. 8. Scinque des Boutiques (*Scincus officinalis*, Schneider; *El-Adda* des Arabes)..................... 130
    Fig. 9. Scinque sepsoïde (*Scincus sepsoïdes*). 132
    Fig. 10. Scinque sepsoïde, VARIÉTÉ (*Scincus sepsoïdes*, Var.)............... 134

BATRACIENS.

Genre Grenouille, *Rana*. Lin. Fig. 11 et 12..... Ib.
    Fig. 11. Grenouille verte, VARIÉTÉ (*Rana esculenta*, Var., Lin.).......... 136
    Fig. 12. Grenouille verte.-Variété à dos blanc (*Rana esculenta*, Var., Lin.)........ Ib.

Genre Rainette, *Hyla*. Fig. 13............... 137
    Fig. 13. Rainette de Savigny (*Hyla Savignyi*). Ib.

OPHIDIENS.

§. III. Vipères (Reptiles.—Supplément, pl. 3)........... 138

Genre Vipère, *Vipera*. Fig. 1................ Ib.
    Fig. 1. L'Aspic haje (*Vipera haje*, Geoff.)... 139

§. IV. Vipères et Couleuvres (Reptiles—Suppl., pl. 4 et 5). 140

HISTOIRE naturelle des poissons du Nil, par M. GEOFFROY SAINT-HILAIRE, membre de l'Institut.................. 141

TABLE DES MATIÈRES.

Pages.

Introduction... 141

§. Ier. Le Polyptère bichir, *Polypterus bichir* (Poissons du Nil, pl. 3)... 148
    Des tégumens du Bichir......................... 149
    De ses nageoires dorsales........................ 151
    De sa nageoire caudale et de la queue............ 152
    De sa nageoire anale............................. 153
    De ses nageoires pectorales et ventrales........... Ib.
    Du sternum et de ses dépendances................ 157
    Des évents...................................... 161
    Des os hyoïdes.................................. 163
    Des arcs des branchies........................... 164
    De la colonne épinière........................... Ib.
    De l'estomac et de ses dépendances............... 165
    Du canal intestinal.............................. Ib.
    Du foie et de la vésicule......................... 166
    De la rate...................................... 167
    Des vessies aériennes............................ Ib.
    Des reins....................................... 168
    Des organes sexuels............................. Ib.
    Des organes des sens............................ 169
    Des dimensions respectives des parties............ 171
    Des rapports naturels du bichir................... 172
    Des habitudes du bichir.......................... 174

§ II. Le Tétrodon fahaka, *Tetrodon physa* (Poissons du Nil, pl. 1, fig. 1, et pl. 2 pour les détails anatomiques). 176
    De sa nomenclature............................. Ib.
    De la description de son extérieur................ 179
    De ses habitudes................................ 181
    Du réservoir aérien, ou de l'estomac.............. 185
    De la vessie aérienne ou natatoire................ 190
    De l'os furculaire, de ses muscles, et de leur influence sur la vessie natatoire........................ 191
    Des pièces osseuses qui composent le coffre pectoral des tétrodons................................... 193
    Des muscles qui meuvent les pièces du coffre pectoral. 197
    Des efforts des tétrodons pour s'élever et se maintenir à la surface de l'eau............................ 201
    De la voix des tétrodons......................... 208
    Du canal intestinal, du foie et des autres viscères abdominaux....................................... 209
    Des parties osseuses............................. 210

TABLE DES MATIÈRES.

Pages.

§. III. Le Tétrodon hérissé, *Tétrodon hispidus* (Poissons du Nil, pl. 1, fig. 2).................................. 214

§. IV. Le Serrasalme citharine, *Serrasalmus citharus* (Poissons du Nil, pl. 5, fig. 2 et 3)........................ 218

§. V. Le Characin néfasch, *Characinus nefasch*, Lac. (Poissons du Nil, pl. 5, fig. 1).......................... 226

§. VI. Le Characin raschal et le Characin Raï (Poissons du Nil, pl. 4)... 236

LA SUITE DE L'HISTOIRE NATURELLE DES POISSONS DU NIL *a été rédigée* par M. ISIDORE GEOFFROY SAINT-HILAIRE.

§. VII. Les Mormyres (Poissons du Nil, pl. 6, 7 et 8)...... 245

    I. Mormyres à museau cylindrique et à nageoire dorsale longue.............................. 256

        Le Mormyre oxyrhynque (*Mormyrus oxyrhynchus*, Geoff. St-Hil., pl. 6, fig. 1)........ *Ib.*

        Le Mormyre d'Hasselquist, Geoff. St-Hil. (*Mormyrus caschive*, Hasselq.? pl. 6, fig. 2)..... 262

    II. Mormyres à museau cylindrique et à nageoire dorsale courte............................... 265

        Le Mormyre de Denderah, Geoff. St-Hilaire (*Mormyrus anguilloïdes*, Lin.; pl. 7, fig. 2). *Ib.*

    III. Mormyres à museau court et arrondi, et à dorsale courte.. 267

        Le Mormyre de Sàlheych (*Mormyrus labiatus*, Geoff. St-Hil., pl. 7, fig. 1)............... *Ib.*

        Le Mormyre de Bebbeyt (*Mormyrus dorsalis*, pl. 8, fig. 1 et 2)......................... 269

    IV. Mormyres à museau court et tronqué, et à dorsale courte.................................. 271

        Le Bané, Geoff. St-Hil. (*Mormyrus cyprinoïdes*, Lin., pl. 8, fig. 3-4 et fig. *a*)............ *Ib.*

        Tableau du nombre des rayons des nageoires.. 275

§. VIII. La Perche latous, *Perca latus* (Poissons du Nil, pl. 9, fig. 1)...................................... 276

§. IX. Le Cyprin lébis, *Cyprinus Niloticus* (Poissons du Nil, pl. 9, fig. 2), et le Cyprin binny, *Cyprinus lepidotus* (pl. 10, fig. 2).................................. 281

§. X. La Clupée du Nil, *Clupea Nilotica* (Poissons du Nil, pl. 10, fig. 1).................................. 289

TABLE DES MATIÈRES.

Pages.

Clupea Nilotica, Geoff. St-Hil.................... 289

§. XI. Le Silure oudney, *Silurus auritus* (Poissons du Nil, pl. 11, fig. 1-2), et le Silure schilbé, *Silurus mystus* (pl. 11, fig. 3-4)......................... 291

§. XII. Le Malaptérure électrique, *Malapterurus electricus* (Poissons du Nil, pl. 12, fig. 1, 2, 3 et 4)..... 299
   Explication de la planche XII................ 307
   Anatomie du malaptérure électrique.......... *Ib.*

§. XIII. Les Pimélodes (Poissons du Nil, pl. 12, fig. 5 et 6; pl. 13 et pl. 14), *et* les Bayad *ou* Bagres (pl. 15)... *Ib.*
  1. Les Schals, *Synodontis*, Cuv............ 308
   Le Pimélode synodonte (*Pymelodus synodontes*, Geoff. St-Hil., pl. 12, fig. 5 et 6)............................. *Ib.*
   Le Pimélode gemel (*Pimelodus membranaceus*, Geoff. St-Hil., pl. 13, fig. 1 et 2). 312
   Le Pimélode scheilan (*Pimelodus clarias*, Geoff. St-Hil., pl. 13, fig. 3 et 4)...... 316
  2. Les Pimélodes proprement dits, *Pimelodus*, Lacép., Cuv.................... 320
   Le Pimélode karafché (*Pimelodus biscutatus*, Geoff. St-Hil., pl. 14, fig. 1 et 2).. *Ib.*
  3. Les Bagres, *Porcus*, Geoff. St-Hil....... 322
   L'Aboureal (*Pimelodus auratus*, Geoff. St-Hil., pl. 14, fig. 3 et 4)............. *Ib.*
   Le Bayad fitilé (*Porcus bayad*, Geoff. St-Hil., pl. 15, fig. 1 et 2)............. 324
   Le Bayad docmac (*Porcus docmac*, Geoff. St-Hil., pl. 15, fig. 3 et 4).......... 326

§. XIV. L'Hétérobranche harmout, *Heterobranchus anguillaris* (Poissons du Nil, pl. 16, fig. 1, 3, 4, et pl. 17, fig. 1, 2, 3, 4, 5, 6 et 7), *et* l'Hétérobranche halé, *Heterobranchus bidorsalis* (pl. 16, fig. 2 et 5, et pl. 17, fig. 8 et 9)........................ 328
   Explication des planches XVI *et* XVII.......... 337
   Anatomie de l'hétérobranche harmout et de l'hétérobranche halé................. *Ib.*
   Hétérobranche harmout................. *Ib.*
   Hétérobranche halé.................... 338

TABLE DES MATIÈRES.

Pages.

HISTOIRE *naturelle des poissons de la mer Rouge et de la Méditerranée*, par M. Isidore Geoffroy Saint-Hilaire, aide-naturaliste de zoologie au Muséum royal d'histoire naturelle, membre de la Société d'histoire naturelle, etc. 339

§. Ier. Les Sargues (Poissons de la mer Rouge et de la Méditerranée, pl. 18, fig. 1, 2 et 4), *et* le Pagre mormyre (pl. 18, fig. 3). .... *Ib.*

   La Sargue enrouée (*Sargus raucus*, Geoff. St-Hil., pl. 18, fig. 1). 340
   La Sargue ordinaire (*Sargus vulgaris*, Geoff. St-Hil., pl. 18, fig. 2). 342
   La Sargue annulaire (*Sargus annularis*, Geoff. St-Hil., pl. 18, fig. 4). 343
   Le Pagre mormyre (*Pagrus mormyrus*, Geoff. St-Hil., pl. 18, fig. 3; *Sparus mormyrus*, Lin.). .... *Ib.*

§. II. La Sciène aigle, *Sciæna aquila* (Poissons de la mer Rouge et de la Méditerranée, pl. 19, fig. 3 et 4), *et* la Sciène corb, *Sciæna umbra* (pl. 19, fig. 5). 346

§. III. La Perche noct, *Perca punctata* (Poissons de la mer Rouge et de la Méditerranée, pl. 20, fig. 1), *et* la Perche sinueuse, *Perca sinuosa* (pl. 20, fig. 2). ... 349

§. IV. Le Serran tauvin, *Serranus tauvina* (Poissons de la mer Rouge et de la Méditerranée, pl. 20, fig. 1), *et* le Serran airain, *Serranus æneus* (pl. 21, fig. 3 et 4). ... 353

§. V. Le Serran mélanure, *Serranus melanurus* (Poissons de la mer Rouge et de la Méditerranée, pl. 21, fig. 1 et 2). 357

§. VI. L'Ombrine barbue, *umbrina cirrhata* (Poissons de la mer Rouge et de la Méditerranée, pl. 22, fig. 1 et 1'). 359

§. VII. Le Vomer d'Alexandrie, *Vomer Alexandrinus* (Poissons de la mer Rouge et de la Méditerranée, pl. 22, fig. 2). 360

§. VIII. Les Caranx (Poissons de la mer Rouge et de la Méditerranée, pl. 23 et 24, fig. 1, 2, 3 et 4). 368

   Le Caranx sauteur (*Caranx petaurista*, Geoff. St-Hil., pl. 23, fig. 1 et 2). 369
   Le Caranx lune (*Caranx luna*, Geoff. St-Hil., pl. 23, fig. 3 et 4). 374

TABLE DES MATIÈRES.

Pages.

Le Caranx ronfleur (*Caranx rhonchus*, Geoff. St-Hil., pl. 24, fig. 1 et 2)...... 376
Le Caranx fuseau (*Caranx fusus*, Geoff. St-Hil., pl. 24, fig. 3 et 4).......... 378

§. IX. Le Maquereau à quatre points, *Scomber quadripunctatus* (Poissons de la mer Rouge et de la Méditerranée, pl. 24, fig 5), *et* le Maquereau unicolore, *Scomber unicolor* (pl. 24, fig. 6)...................... 381

§. X. Les Raies (Poissons de la mer Rouge et de la Méditerranée, pl. 25-27)............................ 383

La Pasténague lit (*Trygon grabatus*, Geoff. St-Hil., pl. 25, fig. 1 et 2).... 384
La Pasténague lymme (*Trygon lymma*, Geoff. St-Hil., pl. 27, fig. 1).......... 386
La Mourine à museau échancré (*Myliobatis marginata*, Geoff. St-Hil., pl. 25, fig. 3 et 4)............................. 388
La Mourine vachette (*Myliobatis bovina*, Geoff. St-Hil., pl. 26, fig. 1)......... 392
La Raie à bandes (*Raia virgata*, Geoff. St-Hil., pl. 26, fig. 2 et 3)............. 393
Le Rhinobate laboureur (*Rhinobatus cemiculus*, Geoff. St-Hil., pl. 27, fig. 3).... 396

DESCRIPTION *des crocodiles d'Egypte*, par M. GEOFFROY SAINT-HILAIRE, membre de l'Institut.................... 401

Organisation............................ 460
Des espèces de crocodiles qui vivent dans le Nil... 527
1re Espèce. — Du crocodile sacré, ou *crocodilus suchus*..................... *Ib.*
2e Espèce. — Du crocodile vulgaire......... 559
3e Espèce. — Du crocodile marginaire, ou *crocodilus marginatus*........... 565
4e Espèce. — Du crocodile lacunaire, ou *crocodilus lacunosus*............... 567
5e Espèce. — Du crocodile mamelonné, ou *crocodilus complanatus*......... 570

FIN DE LA TABLE.

www.ingramcontent.com/pod-product-compliance
Lightning Source LLC
Chambersburg PA
CBHW070409230426

43665CB00012B/1300